U0545313

源進

源進

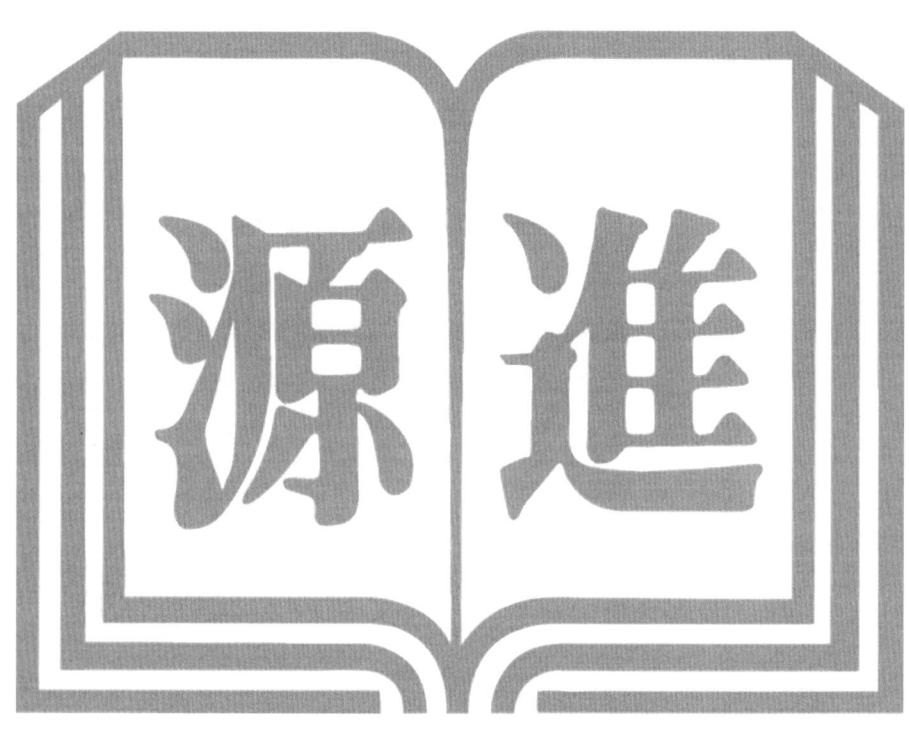

◎擇日經典◎

通書擇日透析

劉賁*BenLiu*編著

源進

進源網路事業有限公司出版

《序言》

世有〔**選擇**〕之說，既論〔**選方**〕，亦論〔**擇日**〕；實務乃在卜選造葬與宮室，作用既在應天之和順，亦求人事之和諧。選擇宜忌之說，自古即風行於社會各個階層；官家固以選擇約制人民，而人們也在趨吉避凶的思維之下，依循而為行事基準，民間更有術家自行編製各式〔**通書**〕為選擇之引導；其大者，明時有《**鰲頭通書**》，清時則《**象吉通書**》與《**永吉通書**》。

唯選擇之學說駁雜，或曰〔**星占**〕，或曰〔**造命**〕，各類選擇之書，汗牛充棟；或論〔**太乙、奇門遁甲、大六壬**〕，或言〔**演禽、卦氣、斗首、蘭台與天星**〕；全託名家、真偽難辨。直至有清一代，朝廷收羅各術、編撰《**欽定協紀辨方書**》收列於《**四庫全書**》子集，至此方有〔**國家標準**〕；地方官家則依此標準再參考各地氣候民情發行《**時憲書**》。……民間術士選擇行事，至此有了較明確的準則。迨清廷崩解、民國成立，《**時憲**》既是不存，民間術士遂自行編篡《**通書**》發行流通至今。

察台灣目前流傳之通書，雖分多家，實宗源同支。早期內容，選方擇日俱宗〔**三合九星**〕，傳至今日，〔**擇日**〕部分則是三元為主、間雜各家；〔**堪輿選方**〕則各自發展、多頭馬車併行。近年民俗與時空俱變，喪葬已捨土葬而就火葬，堪輿選方之論已趨式微；而人情世故依舊，擇日之講究仍深繫人心；《**通書**》遂有〔**厚本、薄本**〕之分；厚者仍各自收錄〔**堪輿選方**〕，薄本則專注〔**擇日**〕。

又察目前印行之《**通書**》編排，既是拘泥古板、天馬行空、邏輯不清；即使是術數老手，亦常丈二和尚、吱喔屈曲，難以卒讀。還是進源林老闆一本〔**功德**〕情懷、相邀為通書擇日注一活水，劉賁敢不竭盡心力？遂不揣淺陋，就〔**擇日**〕部分勉力為之；願各方仁人君子不吝指教，感激不盡！

劉賁謹識

目錄

《序言》 …… 002

總論通書

總論通書 …… 012
〔通書溯源〕 …… 012
〔現時通書概論〕 …… 013
〔從通書〈逐日選擇便覽〉談起〕 …… 014

築基小檔篇

五行小檔 …… 022
〔五行的起源〕 …… 022
〔五行的意象總論〕 …… 027
干支小檔 …… 030
〔地支源理〕 …… 030
〔地支及其陰陽〕 …… 032
〔地支屬性〕 …… 034
〔地支及十二生肖〕 …… 038
〔地支的刑沖會合〕 …… 044
〔天干及其陰陽〕 …… 052
〔天干所屬五行四季及方位〕 …… 053
〔天干五合〕 …… 054

〔天干旺衰十二運〕……055
〔天干五合化氣〕……061
六十甲子……063
〔六十甲子源流〕……063
〔六甲旬〕……063
〔六甲旬捷訣〕……065
〔五虎遁及五鼠遁概說〕……067
〔五虎遁月〕……068
〔五鼠遁時〕……071
〔納音〕……075
二十四節氣……077
〔太陽曆的廿四節氣〕……077
〔廿四節氣釋意〕……080
八卦廿四山與紫白……088
〔後天八卦與廿四山〕……088
〔紫白九星通論〕……090
〔年紫白〕……097
〔日紫白〕……099
〔方位圖說年紫白之用〕……103
二十八星宿……104
〔概論〕……104
〔廿八星宿之星性〕……111
〔廿八星宿輪值日〕……118

擇日理則篇

擇日用事術語解釋 …… 138
建除十二神宜忌解析 …… 150
〔建除十二神導引〕 …… 150
〔建日〕……新開創性。 …… 152
〔除日〕……除舊佈新、除黴除惡。 …… 153
〔滿日〕……滿願，注意過滿則溢。 …… 154
〔平日〕……動態的平衡。 …… 156
〔定日〕……穩定、安定。 …… 157
〔執日〕……固定、抓住、履行。 …… 159
〔破日〕……破壞、突破。 …… 160
〔危日〕……雖帶危意，但可斟酌。 …… 162
〔成日〕……完成、成立。 …… 163
〔收日〕……完備、收穫、告一段落。 …… 164
〔開日〕……開展、開始。 …… 165
〔閉日〕……封閉、關閉、蘊藏不洩。 …… 166
黃道黑道 …… 168
〔總論黃道黑道〕 …… 168
九吉三凶 …… 176
寶義專制伐日 …… 179
凡事皆宜之最吉神 …… 180
忌用任事煞日 …… 185

沖合刑害神煞 …… 193
出行往來神煞 …… 196
通用喜吉神〔祈願吉福神〕 …… 199
通用凶忌煞 …… 203
現代用事選擇闡發 …… 211
〔選擇用事總論〕 …… 211
〔生活與人際類〕 …… 212
〔事業工作類〕 …… 224
〔商業求財類〕 …… 231
〔行業宜忌類〕 …… 235
〔婚姻類〕 …… 238
〔陽宅建設類〕 …… 243
〔神明行事類〕 …… 251
〔陰宅喪葬類〕 …… 258

時辰專論篇

時神起款 …… 264
〔日柱干支察時辰〕 …… 265
〔日干起長生訣〕 …… 266
〔日干直察時辰〕 …… 268
〔日干五合察時支〕 …… 271
〔日干察時干〕 …… 273
〔日干時干之生剋比合〕 …… 277

〔時神從日支起〕……時辰與日辰對論。……279
〔黃道吉時與黑道凶時〕……隨日支行陰陽六辰。……282
〔時神隨月將起〕……286
〔烏兔太陽值時〕……289
時辰選擇法……293
〔綜論〕……293
〔選時法實務〕……294
六十甲子日時局便覽（六甲）……299
六十甲子日時局便覽（六乙）……302
六十甲子日時局便覽（六丙）……305
六十甲子日時局便覽（六丁）……308
六十甲子日時局便覽（六戊）……311
六十甲子日時局便覽（六己）……314
六十甲子日時局便覽（六庚）……317
六十甲子日時局便覽（六辛）……320
六十甲子日時局便覽（六壬）……323
六十甲子日時局便覽（六癸）……326

神明事務專論

神明事務專論……330
〔總論〕……330
〔通書神明事務之摘取〕……330

婚姻實務篇

通書關於婚姻之摘取 …… 352
〔總論通書對婚姻之記錄〕 …… 352
〔訂婚六禮及婚前作業之摘取〕 …… 358
〔嫁娶親迎之摘取〕 …… 367
六禮擇日 …… 377
〔總論〕 …… 377
〔六禮忌例之凶神〕 …… 381
嫁娶日課 …… 385
〔乾造八字演繹〕 …… 387
〔坤造八字演繹〕 …… 389
〔婚嫁年選擇〕 …… 395
〔婚嫁月選擇〕 …… 397
〔婚嫁日選擇之一〕 …… 400
〔婚嫁日選擇之二〕 …… 411
〔婚嫁日選擇之三〕 …… 418
〔婚嫁日選擇之四〕 …… 420
〔婚嫁時辰選擇〕 …… 426
〔日課整體論斷〕 …… 431
〔通書男女嫁娶擇日便覽〕 …… 434

造葬實務篇

總論造葬事宜 …… 442
〔喪葬修墳總論〕 …… 442
〔從通書之論安葬談起〕 …… 443
〔選地直論立坐之忌煞〕 …… 453
〔喪葬日課特忌山方〕 …… 458
〔仙命選地立坐之忌煞〕 …… 467
〔安葬選擇吉日〕 …… 477
〔安葬避諱凶日〕 …… 479
〔仙命安葬擇日忌煞〕 …… 489
〔葬儀選擇實務〕 …… 501
晉塔坐山立向選取要則 …… 512
〔總論〕 …… 512
〔附錄：造葬晉塔分金立穴準則〕 …… 517
〔附錄：塔位層間選擇準則〕 …… 549

通書擇日神煞總覽

總論通書

總論通書

〔通書溯源〕

◎昔人論選擇，實取**敬天**之義，本起義於造葬、宮室以及軍事，其法實在〔**選方擇日**〕併行，多是先選其方位，再次第於擇吉日，後來發展及於人際社會對應之事務，方有今日專檢日時宜忌之〔**擇日**〕。

◎察選擇之學，經典在於**《欽定協紀辨方書》**，該書收祿於**《四庫全書》〈子部〉**。

◎曆書古時稱〔**通書**〕，或稱〔**時憲書**〕。華夏自古以農立國，曆法的準確，直接影響國計民生，所以歷代天子，都十分重視修訂曆法一事。每年都會依時序發佈〔**時憲**〕。

◎明朝以後，民間術數門派亦有編纂通書之舉，**《鰲頭通書大全》《選擇求真》《選擇探原》**是其大者。

◎現時台灣已無憲書之發佈，只有民間為己身需要，編纂〔**通書便覽**〕，此即我們常說的〔**通書**〕。

〔現時通書概論〕

◎台灣現在流通的幾個版本的〔**通書便覽**〕，基本上是師出同源，依循〔**時憲**〕精神，羅列當年〔**廿四山豎造安葬吉課**〕〔**嫁娶選便吉課**〕。但為凸顯己身，會各自填加一些〔**堪輿圖表**〕，也各自填加一些當年〔**消費資訊**〕，例如：〔**設齋醮起鼓法會吉課**〕、〔**神佛開光選便課**〕、〔**酬神祈福選便吉課**〕、〔**移徙入宅安香吉課**〕、〔**入殮選便吉日**〕、〔**火化選便吉日**〕、〔**祭墳掃墓謝土課**〕、〔**訂盟納采選便吉課**〕、〔**開市營商吉課**〕、〔**納畜牧養選便課**〕，甚至加上〔**豎招牌掛匾吉課**〕、〔**出國旅行吉課**〕、〔**買賣車輛及交通吉課**〕。

【劉賁按】

◎通常這些只能用於當年的擇日便覽，**都會刻意以紅字印刷，就被稱為〔紅課〕。**

◎無論那種版本的〔**通書便覽**〕，都會在最後加上當年的〔**逐月逐日之喜忌**〕便覽，以供普羅大眾選擇之用。

〔從通書〈逐日選擇便覽〉談起〕

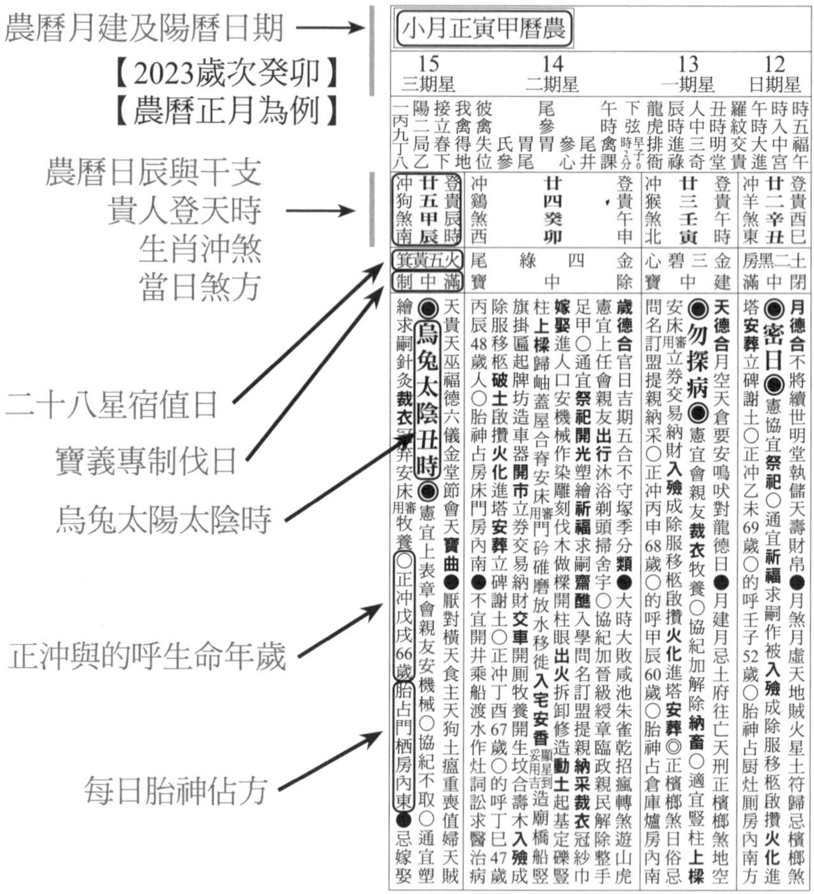

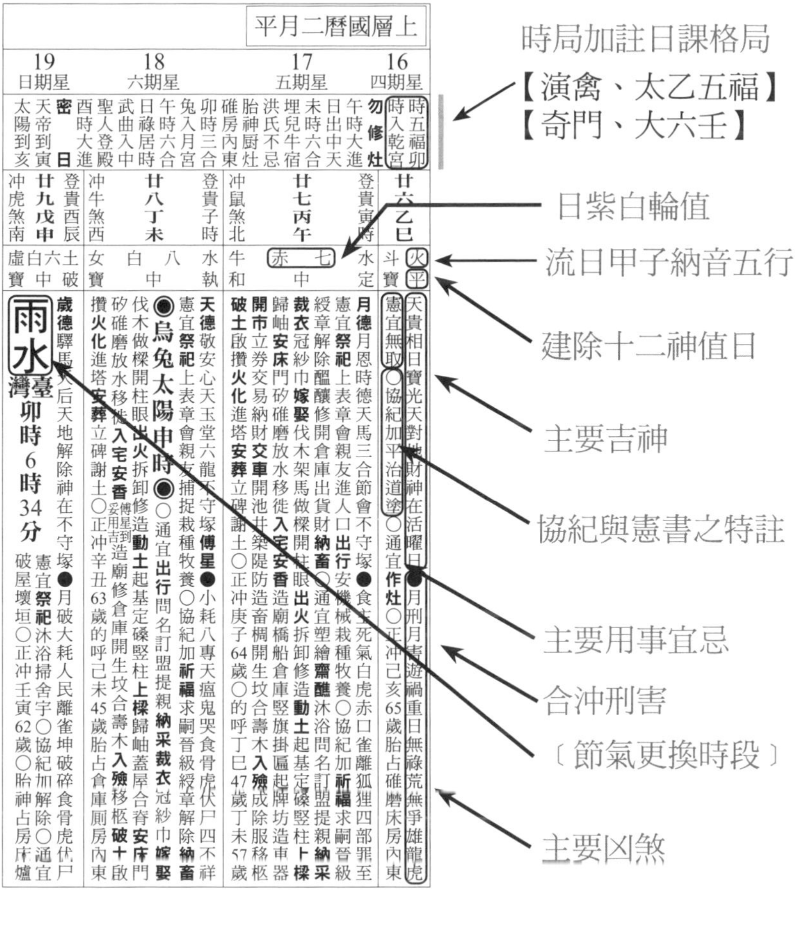

◎通書後面附加〈**逐日選擇便覽**〉，註記了各類擇日資訊。

農曆月建及陽曆日期。……

●註明頁次紀錄所屬**月日**與**星期**，以及**潤月或平月**。

●圖例取〔2023 歲次癸卯，農曆正月〕。

●例如：〈**國曆二月平**〉，該頁屬陽曆二月，平月 28 天。
〈**農曆甲寅正月小**〉指出該業屬陰曆正月、干支甲寅，
陰曆二月小月是 29 天。

農曆日辰與干支。……貴人時、生肖沖煞、三煞方。

●例如：2023 國曆二月 15 星期三，
農曆是廿五日，干支甲辰。

●加註當日〔**貴人登天時**〕，方便選用。

●加註當日〔**相沖之生肖與殺方**〕，以便趨避。

〔旁註：例如干支甲辰，辰戌相沖，故而屬狗者犯沖〕

〔旁註：甲辰日，註明〈**煞南**〉。
申子辰三合，三煞方在巳午未南方〕

時局加註日課格局。……

●此欄位日課格局，標註包括〔**演禽擇日、太乙五福、奇門遁甲、大六壬**〕等專門擇日法門，駁雜而無益。

〔旁註：這些法門，多強調**造命**。意謂擇其日課下葬，
可造出傑出後代命盤，富貴可期〕

●有些通書，會利用此欄來補註：
〔**其他欄位登祿不下**〕之〔**神煞與宜忌**〕。

日紫白輪值。……

●可用以輔助〔**擇日**〕，最簡單的，以〔**紫白**〕為吉。

〔旁註：紫白指1白、六白、八白、九紫〕

●也有術士以日紫白入中順飛九宮，以取八方吉凶。

流日甲子納音五行。……

●通常用於論土葬之造葬，以流日納音與仙命對論；
例如：〔**日支相沖、納音剋仙命**〕為〔**寸土無光**〕。
〔**日辰納音剋仙命納音**〕論〔**掃地空亡**〕
與〔**冷地空亡**〕……。

建除十二神值日。……

●最主要、最完善的〔**擇日準則**〕。

●以月建取〔建日〕起頭，順排〔**建、除、滿、平、定、執、破、危、成、收、開、閉**〕十二日辰，
以論任事之吉凶。

〔旁註：**建**日即是**旺**日、**健旺**之日〕

廿八星宿值日。……

●四方廿八星宿，可觀日月盈缺論〔**朔、望、盈、虛**〕，
從而以斷任事之宜忌吉凶。例如：**真滅沒**之日即是。

寶義專制伐日。……

●乃以〔**流日干支互作生剋**〕，也用來輔助擇日之宜忌。

●例如：日干生日支為**寶**日、日支生日干為**義**日、
日干支比和為**專**日、日干剋日支是**制**日，
日支剋日干為**伐**日。

主要吉神、主要凶煞、主要用事宜忌。……

●列出常用來判斷吉凶的神煞，幫助擇日之確認。

〔旁註：事實上神煞眾多，難以羅列；
編曆術士亦是難以周全，各版本異同難準〕

合沖刑害。……與月建對論。

●日辰若與月建有三合或六合之關係，通常宜於吉事。

●月刑與月害，通常吉事不取。日辰與月建相沖即是
〔**月破**〕，與月建相刑則稱〔**月刑**〕。

〔旁註：**月破**，與建除十二神之**破日**同義〕

節氣更換時段。……主論月令交換時段。

●月令干支切換，實際上要看節氣；
日辰之沖合刑害，也是以月令為主。

正沖與的呼生命年歲。……主要用於喪葬。

●此是針對喪葬而言。
●喪葬儀式，也不是任何人都可以全程參與；
凡與當日日辰正沖或犯的呼煞之年命人，
俱不宜參加凶葬儀式。此欄提醒其人宜於趨避。
〔旁註：正沖即是當日干支犯天剋地沖〕

烏兔太陽太陰時。……

●擇日之後，宜擇吉時：太陽九星論時，最為術士常用。
●〔**太陽、太陰**〕值時為最吉，〔**金、水、木**〕三星次吉，
〔**羅睺、計都、土星、火星**〕，皆是凶星。
●五吉星宜於〔**入宅、安香、修造、動土、**
安葬、破土、修墳〕等事。唯須注意：
陽宅用事宜太陽，陰事宜用太陰。

每日胎神占方。……

- 民俗謂胎神乃保護胎兒的神明，胎神所在宜安靜不動，胎神所佔方位，就不能隨便移動物品，也不可以敲打，釘鐵釘……等，否則動了胎氣，常見造成孕婦流產。

〔旁註：胎神要家裡有孕婦才忌〕

- 每日胎神所佔位置，以〔**六十甲子日**〕輪迴。

  胎神位置有：〔**門、大門、房、床、廚、灶、爐、磨、碓、廁、倉庫、棲**〕。

〔旁註：**門**指**孕婦的房門**、**房**指**孕婦的房間和家具**、**床**則逕指**孕婦的睡床**〕

築基小檔篇

五行小檔

〔五行的起源〕

◎每當我們提到五行，就會想到當伏羲氏在法則河圖洛書而建立先後天八卦，近取諸身，遠取諸物的時候，發現所有的事物都可以歸屬於五大類，**木、火、土、金、水**，也就是我們稱之為五行的東西；實際上，河圖洛書只是個圖形罷了。

◎五行在實際上應用時，又有實體與抽象的分別。我們說〈**木、火、土、金、水是構成這個世界森羅萬象之元素**〉是指實體或實質而說的；至於

水曰潤下、火曰炎上、木曰曲直、金曰從革、土曰稼穡

則又是以氣質來論的抽象五行。

以下就此概略論述五行之屬性：

木。……

●很容易瞭解，就是樹木、草木，代表了生命力，也代表成長性。我們常說的

〈**野火燒不盡，春風吹又生**〉，說的就是這個

生命的成長、向外伸展的力量。

火。……

●火就代表熱能，熱性往上，因此又是一種**昇發的力量**。

土。……

●代表了大地或地球本身，也是一種**蘊藏生命的力量**。

金。……

●金以金屬物質最容易被人瞭解，大多金屬為堅硬的，
因此所有堅硬的東西就用金來代表。

●由金屬的特性來說，又以內聚力為特點，
因此金亦代表**內聚力與凝結力**。

水。……

●流動性是水的特點，而且其性往下，
因此又代表一種**向下變動的力量**。

◎後來發現**木旺於東、火旺於南、金旺於西、水旺於北**，
便以方位論五行，並將之納入河圖，
就成了我們常說的河圖五行。

河圖五行。……

● 一六共宗，屬水，居北方；二七同道，屬火，居南方。

三八為朋，屬木，居東方；四九作友，屬金，居西方。

五十同途，屬土，居中央。

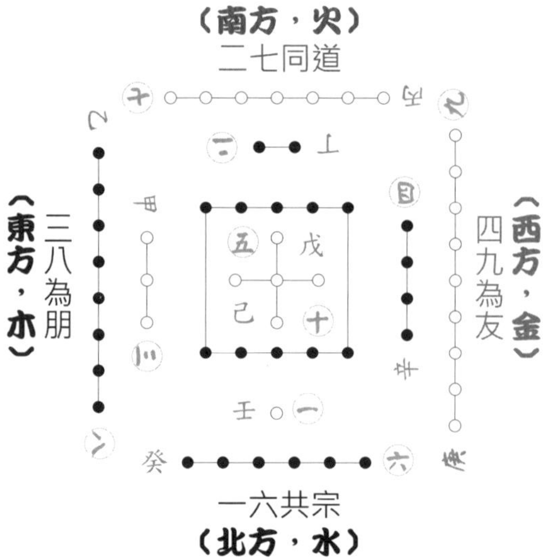

●從河圖的論說，我們知道河圖五行是順生的關係，繪成循環圖，即中央土生西方金，西方金生北方水，北方水生東方木，東方木生南方火，南方火生中央土。

五行相生。……

●**水生木。**有水則木始能生長茂盛，
無水則草木乾枯，甚至旱死。

●**木生火。**缺乏木柴則火滅而無法繼續燃燒。

●**火生土。**火燒盡後則餘下灰燼、回歸大地為塵土。

●**土生金。**大凡金屬均來自礦山，自是土生金。

●**金生水。**金屬加熱之後，融化成液體，具流動性。
一種實驗，將一金屬置於大氣中，清晨起來，金屬物上即有水珠；這說明了金屬可以產生或淬取水。另外，世界河流幾乎都是來自高山溶雪；雪即是晶體，晶即是金。

五行相剋。……

●**金剋木。**

斧頭伐木或鐮刀割草，或以金屬雕刻木頭，均是明證。

●**土剋水。**

樹木的根可以防止土壤流失，造林以做水土保持；

還有，再堅韌的土質，也抵不過樹根的貫穿。

●**土剋水。**水性潤下、可以四散，

但碰到土堤則必然被限制、導引著流動，此即土剋水。

●**水剋火。**無論火勢如何強烈，終必為水所抑制或消滅。

●**火剋金。**金遇火則軟化，並且火能夠將金屬融化。

五行生剋圖

〔五行的意象總論〕

天干。……

●甲乙屬木、丙丁屬火、戊己屬土、
庚辛屬金、壬癸屬水。

地支。……

●寅卯屬木、巳午屬火、申酉屬金、子亥屬水、
辰戌丑未屬土。

方位。……五方。

●東屬木、西屬金、南屬火、北屬水、四季屬土。

身體。……

●筋屬木、脈屬火、皮毛屬金、骨髓屬水、肉屬土。

五官。……

●目屬木、舌屬火、鼻屬金、耳屬水、口屬土。

〔旁註：眼睛為長形、舌頭尖形，鼻準兩翼俱是圓珠。
耳朵外面不動而內在耳膜鼓動，
正合坎卦☵，坎卦屬水。
口形方正，故而屬土〕

五臟。……

●肝屬木、心屬火、肺屬金、腎屬水、脾屬土。

五腑。……

●膽屬木、小腸屬火、大腸屬金、膀胱屬水、胃屬土。

津液。……

●淚屬木、汗屬火、涕屬金、唾屬水、涎屬土。

五元。……

●木代表元性、火代表元神、金代表元情、水代表元精、土代表元氣。

五情。……五賊。

●喜是木、樂是火、怒是金、哀是水、欲是土。

〔旁註：人的情緒過度了，必然盜洩元氣而傷身，所以是為五賊〕

五味。……

●酸為木、苦為火、辛為金、鹹為水、甘為土。

●五味運行的所在，筋為木、骨為火、氣是金、血是水、肉是土。

五色。……

●青為木、紅為火、白為金、黑為水、黃為土。

●酸為木、苦為火、辛為金、鹹為水、甘為土。

五音。……

●角為木、徵為火、商為金、羽為水、宮為土。

五德。……五常。

●仁是木、禮是火、義是金、智是水、信是土。

六獸。……

●青龍屬木、朱雀屬火、白虎屬金、玄武屬水、勾陳及螣蛇屬土。

時辰。……

●早上為木、中午為火、傍晚為土、晚上為金、半夜為水。

氣候。……

●風為木、暑為火、燥為金、寒為水、濕為土。

五魔。……

●財是木、貴是火、殺是金、淫是水、勝是土。

干支小檔

〔地支源理〕

◎中國至遲在夏朝就發現木星的公轉週期大約為十二年，而將其軌道劃分成十二個部分用來紀年，

並將木星稱為〔**歲星**〕，後來更將這十二個部分命名，

這就是〔**地支**〕。因之，十二地支就是：

子、丑、寅、卯、辰、巳、午、未、申、酉、戌、亥。

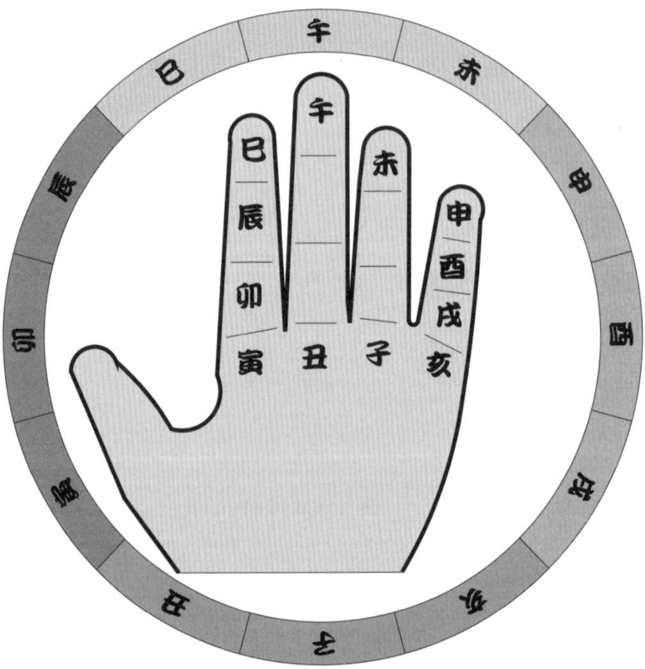

◎至於如此命名的含意，一種易於理解的說法，
認為他是代表一種時序，以植物的生長週期來譬喻，
意義就如：

子：孳。也就是種子孳生於地下，開始萌芽。

丑：紐或系，發芽而彎彎曲曲的樣子。

寅：引。被導引以準備好要伸出地面了。

卯：冒。萬物冒地而出。

辰：伸或震，萬物開始發動、開始舒伸而出。

巳：已、起。指萬物至此已畢盡而起。

午：仵。指萬物盛大枝柯密佈，已經矗立在那裡了。

未：昧。指陰氣已長，萬物稍衰，體暗昧；
就如已過中午，天色將趨暗。

〔旁註：體暗昧，即是體力衰退、強度減弱〕

申：身。伸束以成，萬物的身體都已成就。

酉：就、老。萬物老極而成熟。

戌：滅。成熟之後的衰敗。

亥：核。指萬物收藏，好似核仁藏在堅硬的核殼之內。

〔地支及其陰陽〕

◎十二地支的陰陽，最基本的就是以其排列順序來分，
奇數屬陽、偶數為陰；
也有以地支五行的屬性來分陰陽的。

以奇偶屬性分。……

●十二地支的順序編號，子 1、丑 2、寅 3、卯 4、辰 5、巳 6、午 7、未 8、申 9、酉 10、戌 11、亥 12。
奇數屬陽、偶數為陰。

●陽支：子、寅、辰、午、申、戌等六支為陽支。

●陰支：丑、卯、巳、未、酉、亥等六支為陰支。

地支依排序分陰陽

以五行屬性分。……

●寅陽木、卯陰木；巳陽火、午陰火；申陽金、酉陰金；亥陽水、子陰水。辰、戌屬陽土；丑、未屬陰土。

●陽支：寅、巳、申、亥、辰、戌等六支為陽支。

●陰支：卯、午、酉、子、丑、未等六支為陰支。

地支五行分陰陽

〔地支屬性〕

地支五行所屬。……

●寅卯屬木、巳午屬火、申酉屬金、
亥子屬水、辰戌丑未屬土。

地支方位所屬。……

●寅卯屬東方、巳午屬南方、申酉屬西方、亥子屬北方。
河圖上的分佈，辰戌丑未本屬中央。
如〈**地支五行四時方位圖**〉所示。

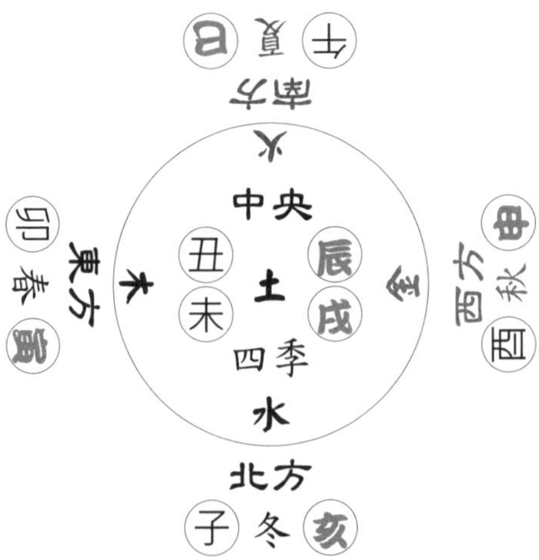

地支五行四時方位圖

●後依其藏屬性分佈四方，則變成如**〈地支五行方位圖〉**
寅卯辰為東方、巳午未屬南方、
申酉戌在西方、亥子丑屬北方。

地支方位圖

地支季節所屬及月份。……

●寅卯辰司春季、巳午未司夏季、
申酉戌司秋季、亥子丑司冬季。
每季有三個月，如若以地支來記算月份，
則寅為一月、卯二月、辰三月；
巳為四月、午為五月、未六月；
申為七月、酉八月、戌是九月；
亥月指十月、子為十一、丑為十二月。

地支配十二月

地支代表十二時辰。……

●子（23~1）　、丑（1~3）　、寅（3~5）　、卯（5~7）、
辰（7~9）　、巳（9~11）　、午（11~13）、
未（13~15）、申（15~17）、酉（17~19）、
戌（19~21）、亥（21~23）。

● 0~1 時為早子時，屬當日；
23~0 時為晚子時，屬次日。
換句話說，過了 23 時，即算次日。

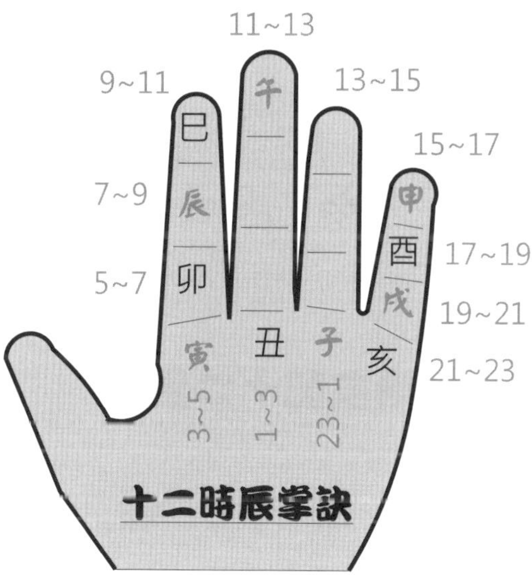

〔地支及十二生肖〕

◎地支生肖代表：

子為鼠、丑為牛、寅為虎、卯為兔、辰為龍、巳為蛇、午為馬、未是羊、申是猴、酉為雞、戌是狗、亥為豬。

地支配十二生肖

◎漢代開始，便採用十二地支記錄一天的十二個時辰，每個時辰相當於現在的兩個小時。

子鼠、丑牛、寅虎、卯兔、辰龍……戌狗、亥豬。

◎天下動物很多，古人為何選擇了這十二種動物為屬相？有一種說法，即是從晝夜十二時辰的角度來解說地支和肖獸的配屬關係；也就是說，十二生肖的選用與排列，是根據動物每天的活動時間或月份確定的。

鼠。……

●夜晚十一時到淩晨一時是子時。

●此時黑天苟地，混沌一片，老鼠最為活躍，將天地間的混沌咬出縫隙，鼠咬天開，所以子屬鼠。

牛。……

●淩晨一時到三時，是丑時。

●天開之後，接著要辟地，地辟於丑，牛耕田，乃是辟地之物；而且此時牛正在反芻；所以丑屬牛。

虎。……

●三時到五時，是寅時。

●寅時是人出生之時，有生必有死，置人於死地莫過於猛虎；寅又有敬畏之義，寅時老虎正到處遊蕩覓食，最為兇猛；所以寅屬虎。

兔。……

●五時到七時，為卯時，這時太陽將昇未昇，
月亮還掛在天上，此時玉兔搗藥正忙。

●又說卯時，為日出之象，太陽本應離卦☲，
離卦象火，內中所含陰爻，為太陰即月亮之精玉兔，
這樣，卯便屬兔了。

龍。……

●上午七時到九時，為辰時，這正是神龍行雨的好時光。

●從月份來說，辰為三月的卦象，也正值群龍行雨的時節。
因此，辰很自然地就屬了龍。

蛇。……

●九時到十一時，為巳時，蛇正歸洞；因此，巳屬蛇。

〔旁註：已為四月的卦象，春草茂盛，蛇正活躍〕

馬。……

●上午十一時到下午一時，
陽氣達到極端，陰氣正在萌生。
馬這種動物，馳騁奔跑，四蹄騰空，但又不時踏地。
騰空為陽，踏地為陰；
馬在陰陽之間躍進，所以成了午的屬相。

羊。……

●下午一時到三時，是未時，羊在這時吃草為最佳時辰，容易上膘而長得更壯；故未屬羊。

猴。……

●下午三時到五時，為申時，是日近西山猿猴啼的時辰，並且猴子喜歡在此時伸臂跳躍，故而猴配申。

雞。……

●五時到七時，為酉時。夜幕降臨，雞開始歸窩。

●酉又為月亮出現之時，月亮屬水，應著坎卦。

坎卦☵，其上下陰爻，

而中間的陽爻代表太陽金烏之精；因此，酉屬雞。

狗。……

●晚上七時到九時，夜幕降臨，是為戌時。

宜於守夜，狗正是守夜的家畜，因此戌屬狗。

豬。……

●晚上九時到十一時，為亥時。

●此時萬籟俱寂，天地間又浸入混沌一片的狀態，
亥時夜裏覆蓋著世間萬物；
〔旁註：亥即核，如同果實包裹著果核那樣〕
豬是只知道吃的混混沌沌生物，此時正在鼾睡；
故此豬成了亥的屬相。

十二生肖之陰陽。……

●按中國人相信陰陽的觀念，也必須將十二種動物
分為陰陽兩類。因為地支在下，所以動物的陰與陽
是按動物足趾的奇偶參差排定的；
其陰陽分類正好與地支順序編號，
子 1、丑 2、寅 3、卯 4……的結果相同。

●動物的前後左右足趾數一般是相同的，
而鼠獨是前足四爪、偶數為陰，後足五爪、奇數為陽，
奇偶同體。
子時的前半部分為昨夜之陰，後半部分為今日之陽，
正好用鼠來象徵子。
物以稀為貴，當然排在第一。

●其後是牛，四趾偶數；虎，五趾奇數。
符合丑是陰、寅為陽。

- 兔缺唇且四趾偶數；龍，五趾為奇數。
  符合卯屬陰、辰為陽。
- 蛇，無趾，如同偶數，且舌分叉為偶。符合巳為陰。
- 馬蹄圓而不分，為一趾奇數。符合午為陽。
- 羊，四趾偶數；猴，五趾為奇；雞，四趾偶數；
  狗，五趾奇數；豬，四趾偶數。
  符合**未陰、申陽、酉陰、戌陽、亥陰**之地支陰陽分類。

〔地支的刑沖會合〕

◎地支三會的氣勢專於一方，其力量最大；
其次是三合、半三合，然後才是六合。

地支三會。……

●寅卯辰三會東方木、巳午未三會南方火、
申酉戌三會西方金、亥子丑三會北方水。

●會方局須三字齊全，如缺一字則不成會局。

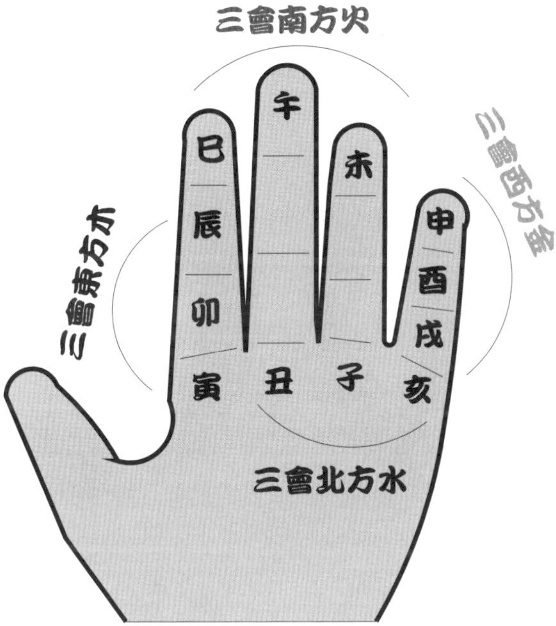

地支三合。……

- 比對地支的長生十二運，你可以發現，
  其實三合就是五行**長生、帝旺、墓庫**之合，
  其化神即其帝旺位或四正位之五行。
- 申子辰三合水局，巳酉丑三合金局，
  寅午戌三合火局，亥卯未三合木局。

巳
午
未
申
酉
戌
亥
子
丑
寅
卯
辰

巳
午
未
申
酉
戌
亥
子
丑
寅
卯
辰

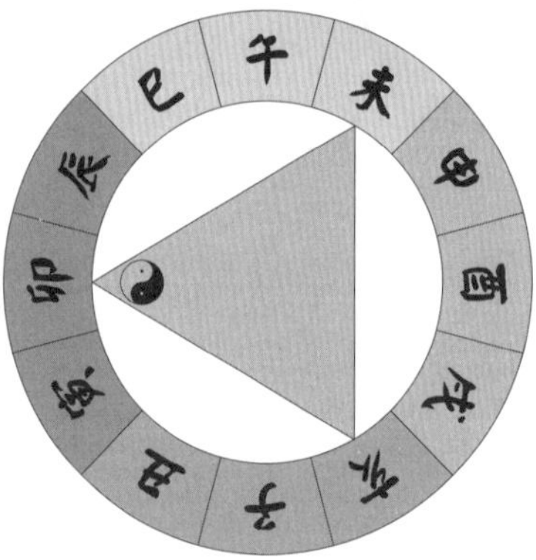
巳
午
未
申
酉
戌
亥
子
丑
寅
卯
辰

巳
午
未
申
酉
戌
亥
子
丑
寅
卯
辰

地支六合。……

●子丑合【化土】、寅亥合【化木】、卯戌合【化火】、
辰酉合【化金】、巳申合【化水】、午未合【化火】

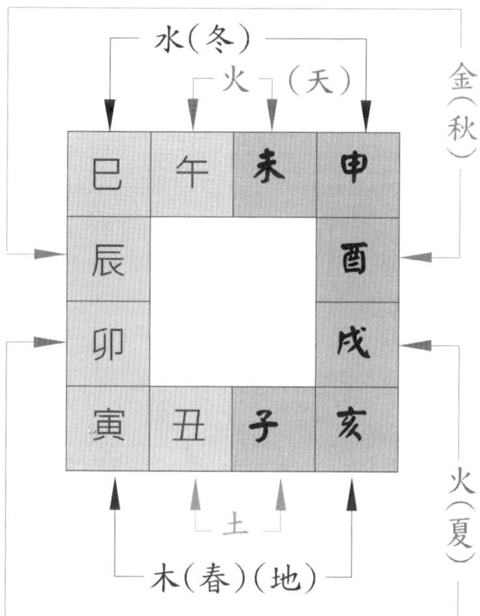

地支六合方塊圖

地支六沖。……

●以十二地支論方位，則每位地支的相隔六位，
即其對面的地支，相互稱為六沖。

〔旁註：地支相沖乃因地支根據方位而來，
故而論沖，較不論剋。
此點與天干不同，天干因性質不同而論剋〕

●**四正之沖：**子午沖，卯酉沖。

●**四生之沖：**寅申沖，巳亥沖。又稱驛馬之沖。

●**墓庫之沖：**辰戌沖、丑未沖。

地支相刑。……

●寅申巳亥、子午卯酉、辰戌丑未，各組內非沖即刑，
然而**亥、午、酉、辰**不與他字相刑，只有**自刑**。

●**無恩之刑：寅巳刑、寅申刑、巳申刑**。
命局逢之，有兩種意象。其一，本人薄情寡義；
其二施恩無功、因恩生害，所以本身經常勞而無獲，
又易遭小人陷害或拖累。

〔旁註：無恩之刑，對人好卻反遭陷害〕

●**恃勢之刑：丑未刑、丑戌刑、未戌刑。**
土刑土則土力加強，
命局逢，則剛愎自用，因而多挫折、傷己害人。

●**無禮之刑：子卯刑。**
子刑卯則木旺，卯刑子則水洩。
命局中逢之，則易刑剋六親、婦女損孕。
因為損及人倫孝悌之禮，故名。

●**自刑：辰辰刑、午午刑、酉酉刑、亥亥刑。**
兩辰相遇則土旺，兩午相遇則火旺，
兩酉相遇則金旺，兩亥相遇則水旺。
缺乏自信心及獨立心，做事易有始無終。

地支相害。……六害。

●子未害、丑午害、寅巳害、卯辰害、申亥害、酉戌害。

●所謂相害，即是**破壞六合**的力量。比如說：

子丑六合，而未來沖丑，所以對子來說，未就是相害。

午來沖子，所以對丑來說，午就是相害。

寅亥六合，而申來沖寅，所以對亥來說，申就是相害。

巳來沖亥，所以對寅來說，巳就是相害。

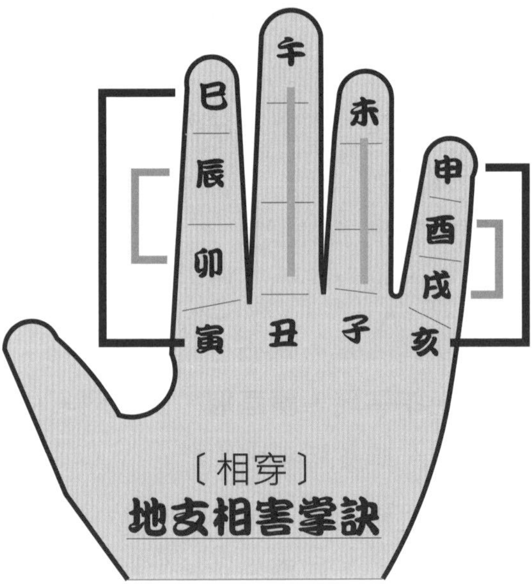

●六害和相刑重複的，應該論刑。
相害之力量甚微，參考即可。

●古有**《地支刑剋訣》**，描述的其實就是六害：

羊鼠相逢一旦休，自來白馬怕青牛；

蛇遇猛虎如刀戳，玉兔見龍雲裡去；

豬遇猿猴似箭投，金雞遇犬淚雙流。

地支相破。……

●**子酉破、午卯破、申巳破、寅亥破、辰丑破、戌未破。**
相破之力量甚微，參考即可。

◎地支的六沖、刑、害、破，
以六沖的為害力量最大，
且應驗速度快。然後才是刑、害、破。

〔天干及其陰陽〕

◎甲、乙、丙、丁、戊、己、庚、辛、壬、癸，共十字，合稱十天干。

◎依排序來分陰陽，單數為陽、雙數為陰：

甲、丙、戊、庚、壬，屬陽，為陽干。

乙、丁、己、辛、癸，屬陰，為陰干。

	1	2	3	4	5
	甲	**乙**	**丙**	**丁**	**戊**
	(陽木)	(陰木)	(陽火)	(陰火)	(陽土)
合					
	(陰土)	(陽金)	(陰金)	(陽水)	(陰水)
	己	**庚**	**辛**	**壬**	**癸**
	6	7	8	9	10

〔天干所屬五行四季及方位〕

◎甲、乙屬木，位東方；屬春季。

◎丙、丁屬火，位南方；屬夏季。

◎戊、己屬土，位中央；屬四季。

◎庚、辛屬金，位西方；屬秋季。

◎壬、癸屬水，位北方；屬冬季。

天干五行四季方位圖

〔天干五合〕

◎甲己合、乙庚合、丙辛合、丁壬合、戊癸合。

◎天干依序，甲一、乙二、丙三、丁四、戊五、己六、庚七、辛八、壬九、癸十，配合河圖之象則如：

甲１陽木與己６陰土合【一六共宗】，

乙２陰木與庚７陽金合【二七同道】，

丙３陽火與辛８陰金合【三八為朋】，

丁４陰火與壬９陽水合【四九為友】，

戊５陽土與癸十陰水合【五十同途】。

◎河圖數之配合，一陰一陽成乎道。

若十干合而化，則屬化合。

甲己合化土、乙庚合化金、丙辛合化水、

丁壬合化木、戊癸合化火。

〔天干旺衰十二運〕

◎天干與五行的金木水火土，依時序的變化，
如若取象於萬物的新陳代謝，以一個人的成長衰敗，
而發生了十二個階段旺衰不同的變化，
這種變化，依其旺衰程度的不同，
而給每階段一個代名詞，而為：
長生、沐浴、冠帶、臨官或稱祿神、帝旺、
衰、病、死、墓、絕、胎、養。
◎此十二階段之意義是這樣的：
長生：猶如人之初生。
沐浴：猶如人出生之後，洗浴以去垢。
冠帶：猶如人漸長成人而戴冠。
臨官：猶如人已長大，可以自立或當官。
帝旺：猶如人壯盛到極點，可以輔佐皇帝出將入相而大有作為了。
但物極必反，旺極必衰，於是由盛極而**衰**，
衰弱了必然生**病**，病至最後難免要**死**，
死了便埋進墳**墓**，一切生氣便**絕**了；
於是又重新受氣，氣續凝結而重新投**胎**，
胎**養**於母親腹中，自是而復長生；
生命即是如此地週而復始，循環不已。

◎天干有陰陽，依據**陽生陰死、陰生陽死**，
以及**陽順陰逆**之原理，彼此互換，自然運行，
循環不息。因此以天干之陰陽分途排列長生十二運，
此是論**形質**。

◎例如甲木長生於亥十月，甲木屬陽干，順行則沐浴於
子十一月、冠帶於丑十二月、臨官於寅、帝旺於卯、
衰於辰、並於巳、死於午五月，墓於未六月，
絕於申七月，受胎於酉八月，養於戌九月等，
如此的十二運，運行於十二個月。
另一方面，陽死則陰生，甲木陽死於午，
此時陰干之乙木則長生於午五月，乙木是陰干，
要逆行，則沐浴於巳四月，冠帶於辰三月，……
而死於亥十月，乙木亥死，陰死則陽生，
故甲木長生於亥。
如此，陰干生則陽干死，陽干生則陰干死，
循環交替，生生不息。

◎其他八干〔**丙、丁、戊、己、庚、辛、壬、癸**〕
亦同此原理而運轉不息。
天干長生十二運列示如**〈天干旺相死絕胎養查對表〉**。
亦可依**〈天干十二運掌訣圖〉**點算出各天干之十二運。

天干旺相死絕胎養查對表

〔天干長生十二運〕

〈天干長生十二運〉

天干	長生	沐浴	冠帶	臨官	帝旺	衰	病	死	墓	絕	胎	養
甲	亥	子	丑	寅	卯	辰	巳	午	未	申	酉	戌
乙	午	巳	辰	卯	寅	丑	子	亥	戌	酉	申	未
丙	寅	卯	辰	巳	午	未	申	酉	戌	亥	子	丑
丁	酉	申	未	午	巳	辰	卯	寅	丑	子	亥	戌
戊	寅	卯	辰	巳	午	未	申	酉	戌	亥	子	丑
己	酉	申	未	午	巳	辰	卯	寅	丑	子	亥	戌
庚	巳	午	未	申	酉	戌	亥	子	丑	寅	卯	辰
辛	子	亥	戌	酉	申	未	午	巳	辰	卯	寅	丑
壬	亥	子	丑	寅	卯	辰	巳	午	未	申	酉	戌
癸	卯	寅	丑	子	亥	戌	酉	申	未	午	巳	辰
備註	○	○	○	祿神	○	○	○	○	○	○	○	○

陰干長生掌訣

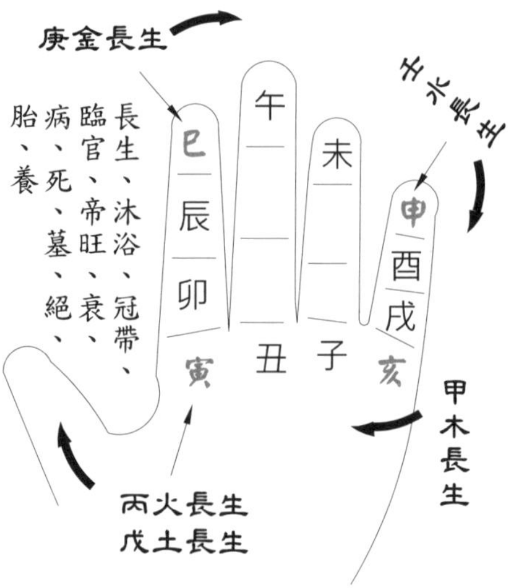

陽干長生掌訣

◎**甲木長生在亥：**沐浴在子，冠帶在丑，建祿在寅，
帝旺在卯，衰在辰，病在巳，死在午，
墓在未，絕在申，胎在酉，養在戌。

◎**乙木長生在午：**沐浴在巳，冠帶在辰，建祿在卯，
帝旺在寅，衰在丑，病在子，死在亥，
墓在戌，絕在酉，胎在申，養在未。

◎**丙火長生在寅：**沐浴在卯，冠帶在辰，建祿在巳，
帝旺在午，衰在未，病在申，死在酉，
墓在戌，絕在亥，胎在子，養在丑。

◎**丁火長生在酉：**沐浴在申，冠帶在未，建祿在午，
帝旺在巳，衰在辰，病在卯，死在寅，
墓在丑，絕在子，胎在亥，養在戌。

◎**戊土長生在寅：**沐浴在卯，冠帶在辰，建祿在巳，
帝旺在午，衰在未，病在申，死在酉，
墓在戌，絕在亥，胎在子，養在丑。

〔旁註：論火土同源，故戊土同丙火〕

◎**己土長生在酉：**沐浴在申，冠帶在未，建祿在午，
帝旺在巳，衰在辰，病在卯，死在寅，
墓在丑，絕在子，胎在亥，養在戌。

〔旁註：論火土同源，故己土同丁火〕

◎**庚金長生在巳：**沐浴在午，冠帶在未，建祿在申，帝旺在酉，衰在戌，病在亥，死在子，墓在丑，絕在寅，胎在卯，養在辰。

◎**辛金長生在子：**沐浴在亥，冠帶在戌，建祿在酉，帝旺在申，衰在未，病在午，死在巳，墓在辰，絕在卯，胎在寅，養在丑。

◎**壬水長生在申：**沐浴在酉，冠帶在戌，建祿在亥，帝旺在子，衰在丑，病在寅，死在卯，墓在辰，絕在巳，胎在午，養在未。

◎**癸水長生在卯：**沐浴在寅，冠帶在丑，建祿在子，帝旺在亥，衰在戌，病在酉，死在申，墓在未，絕在午，胎在巳，養在辰。

〔天干五合化氣〕

◎天干五合合化之情形為：

甲己合化土、乙庚合化金、丙辛合化水、
丁壬合化木、戊癸合化火。

甲己合化土。……

●陽木逢陰土，柔弱的土壤經強大樹根阻攔，
土因而得以保全。這做的是〔**水土保持**〕的工作。

乙庚合化金。……

●陰木逢陽金，軟弱的草木遇強硬的鐮刀或斧頭，
草木去除，刀斧金的功能已經發揮且絲毫無損，
仍然保存下來。這做的是〔**除草或伐木**〕的工作。

〔旁註：亦可論剪枝工作〕

丙辛合化水。……

●陽火遇陰金，猛烈的火焰把相對柔弱的金屬給融化成
液體了。這做的是〔**冶煉或冶金**〕的工作。

〔旁註：凡流動性的，均屬水〕

丁壬合化木。……

●陰火合陽水，溫煦的陽光再加上旺盛的水灌溉，
木質的農作物自然欣欣向榮。這指的是〔**農業**〕。

戊癸合化火。……

●陽土合陰水，厚重的地表下面包覆著暗色的流體，
不是天然氣就是石油。
這指的是〔**能源開發**〕或〔**石化工業**〕，
……也就是火啦！

六十甲子

〔六十甲子源流〕

◎六十甲子又名六十花甲，根據後漢書律曆志記載，
干支為黃帝時代之大撓氏所作，用以作曆書，
以黃帝登基之日為甲子年甲子月甲子日，
六十組干支，週而復始，循環不已。
干即天干之十個字，支即地支之十二個字，
天干由甲開始，地支由子開始，
每一天干字配一地支字，組成六十組干支，
不僅用於記年，也用於記月、記日；
用完之後再從頭循環。

〔六甲旬〕

◎六十甲子之中，分為六旬，十干配十二支，
而多出來的兩支並不入旬，該兩支是謂之**空亡**。
例如，甲子旬由甲子、乙丑……至癸酉止而無戌亥，
故甲子旬內，戌、亥兩字為空亡。
又例，甲戌旬由甲戌、乙亥……至癸未止而無申酉，
故甲戌旬內，申、酉兩字為空亡。

◎因六旬均以甲開頭，故謂之六甲旬，

空亡則又被稱為旬空。

茲將六甲旬及其空亡列示如下：

六甲旬並納音一覽表

甲寅旬	甲辰旬	甲午旬	甲申旬	甲戌旬	甲子旬
(空亡)子、丑	(空亡)寅、卯	(空亡)辰、巳	(空亡)午、未	(空亡)申、酉	(空亡)戌、亥
甲寅 大溪水	甲辰 覆燈火	甲午 沙中金	甲申 井泉水	甲戌 山頭火	甲子 海中金
乙卯 大溪水	乙巳 覆燈火	乙未 沙中金	乙酉 井泉水	乙亥 山頭火	乙丑 海中金
丙辰 沙中土	丙午 天河水	丙申 山下火	丙戌 屋上土	丙子 澗下水	丙寅 爐中火
丁巳 沙中土	丁未 天河水	丁酉 山下火	丁亥 屋上土	丁丑 澗下水	丁卯 爐中火
戊午 天上火	戊申 大驛土	戊戌 平地木	戊子 霹靂火	戊寅 城頭土	戊辰 大林木
己未 天上火	己酉 大驛土	己亥 平地木	己丑 霹靂火	己卯 城頭土	己巳 大林木
庚申 石榴木	庚戌 釵釧金	庚子 壁上土	庚寅 松柏木	庚辰 白蠟金	庚午 路傍土
辛酉 石榴木	辛亥 釵釧金	辛丑 壁上土	辛卯 松柏木	辛巳 白蠟金	辛未 路傍土
壬戌 大海水	壬子 桑柘木	壬寅 金箔金	壬辰 長流水	壬午 楊柳木	壬申 劍鋒金
癸亥 大海水	癸丑 桑柘木	癸卯 金箔金	癸巳 長流水	癸未 楊柳木	癸酉 劍鋒金

〔六甲旬捷訣〕

◎六十甲子與六甲旬的應用與記憶，
離不開十二地支掌訣。
參看前頁的**〈六甲旬一覽表〉**，
六甲旬就是**甲子、甲戌、甲申、甲午、甲辰、甲寅**；
旬頭的**子、戌、申、午、辰、寅**就是十二地支的陽支，掌訣上乃是逆數。旬頭的前兩位地支就是空亡。
例如：甲子旬，**子**的前兩位**戌亥**為空亡……。

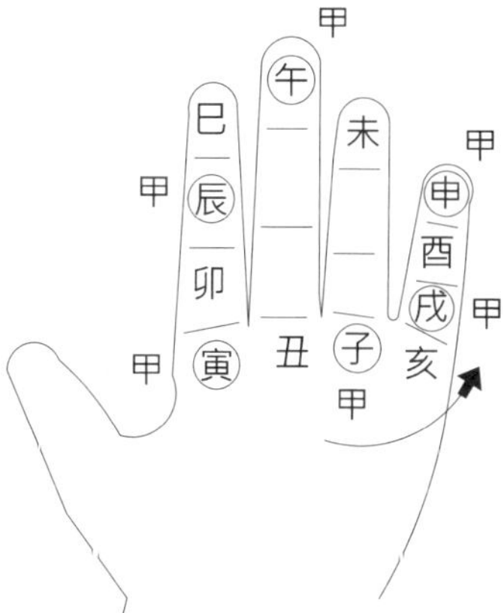

六甲旬順序圖

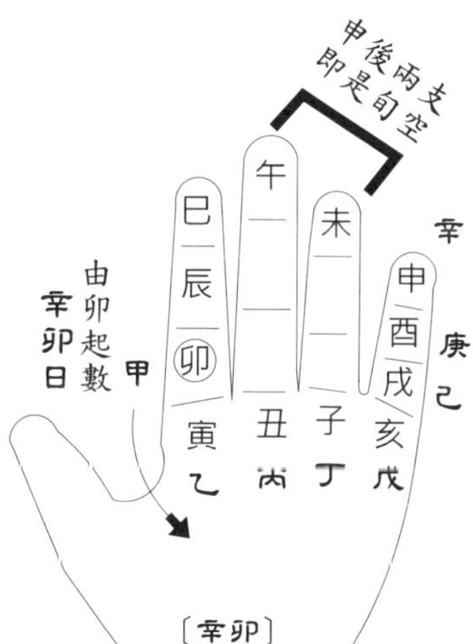

〔辛卯〕
空亡掌訣例

◎在五術的應用上，常會需要知道年日的干支是

屬於哪一旬？再找出該旬的空亡。

當然，**〈六甲旬一覽表〉**可以輕易的查出。

然而，如果人在外面，手邊沒有資料時，

要怎樣才能夠很快的知道年房是屬於哪一旬呢？

現在提供一個快捷的推演方法如下：

尋找年房所屬之旬。……

●首先我們確定年房的干支，

並在十二支掌訣上找到該年的地支位。

●從該地支位，逆時針方向，由含甲起數，

數到年房天干的字為止。

該停止的地支位，就是旬的支位；

加一**甲**字，就是該年日所屬的**六甲旬**。

同時，該停止位置的後兩位地支就是**空亡**。

●舉例來說，如〈**辛卯空亡掌訣例**〉。

辛卯年，在卯的位置反時針由甲起數，數到辛時，

落到申的位置即停止，那申就是旬的支位；

在其前面加上一個甲，就是甲申旬，

則辛卯是屬於甲申旬。

同時，辛卯或甲申旬的空亡就在申後兩位的午跟未。

〔五虎遁及五鼠遁概說〕

◎論六十甲子，曆書以黃帝登基之日為甲子年甲子月甲子日，六十組干支，週而復始，循環不已。
天干地支組成的六十甲子，不僅記年，也用於記月、記日，甚至計時。
年干支以及日干支，年曆或日曆上均有直接的記載，且一年一干支或一日一干支逐步登載，不容易搞錯。
然而月及日的記法，通常都是只以地支來稱呼；
例如：寅月、卯月、辰月……或子時、丑時、寅時……，那麼，天干呢？就需要經過推算了。
推算的方法，正是我們常說的**五虎遁**和**五鼠遁**了。

◎五虎遁為月份天干的演繹法，以年頭的月支**寅**為首，寅月之干支共有**丙寅、戊寅、庚寅、壬寅、甲寅**等五個，寅又為虎，故稱**五虎遁**。

◎五鼠遁為時辰天干的演繹法，由於日頭的月支以子為首，子時之干支共有**甲子、丙子、戊子、庚子、壬子**等五個，子又為鼠，故稱**五鼠遁**。

◎擇日學，例如：〔嫁娶及安葬〕日課，必須包含〔**年柱、月柱、日柱、時柱**〕；月干及時干的推演，五虎遁和五鼠遁就是基礎的訣要。

〔五虎遁月〕

◎五虎遁有訣曰：

甲己起丙寅，乙庚起戊寅，丙辛起庚寅；

丁壬起壬寅，戊癸起甲寅，五虎遁其靈。

年干是甲或己的年份，寅月的天干從丙開始；

而年干是乙或庚的年份，寅月的天干從戊開始……。

依照此訣數算，就可以得到**〈五虎遁月表〉**。

◎依照**五虎遁月表**，若是**戊子**年，則其年的月干支是為

甲寅、乙卯、丙辰、丁巳、戊午、己未、

庚申、辛酉、壬戌、癸亥、甲子、乙丑。

◎如果不想查表，我們可以用**五虎遁掌訣**來推算。

這個掌訣只要把遁月表上的最上三列配到

十二地支掌訣上，同時記住：

寅月是依照**丙戊庚壬甲**五陽干的排序，如圖示。

戊 癸	丁 壬	丙 辛	乙 庚	甲 己	年干／月干／月支
甲	壬	庚	戊	丙	**寅**
乙	癸	辛	己	丁	**卯**
丙	甲	壬	庚	戊	**辰**
丁	乙	癸	辛	己	**巳**
戊	丙	甲	壬	庚	**午**
己	丁	乙	癸	辛	**未**
庚	戊	丙	甲	壬	**申**
辛	己	丁	乙	癸	**酉**
壬	庚	戊	丙	甲	**戌**
癸	辛	己	丁	乙	**亥**
甲	壬	庚	戊	丙	**子**
乙	癸	辛	己	丁	**丑**

五虎遁月

甲己起丙寅
丙辛起庚寅
戊癸起甲寅

乙庚起戊寅
丁壬起壬寅
五虎遁其靈

戊	丁	丙	乙	甲	年干／月干
癸	壬	辛	庚	己	年干／月支
甲	壬	庚	戊	丙	寅

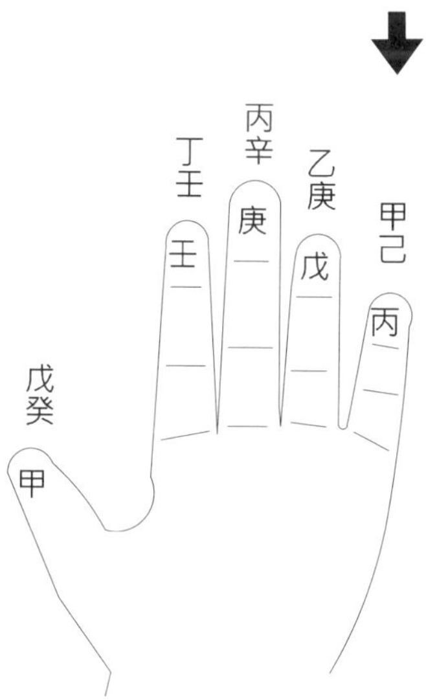

五虎遁 掌訣

五虎遁掌訣例。……戊子或癸酉年的巳月。

●先在五虎遁掌上找到戊或癸年，其對應的是甲寅。

●在十二地支掌上，**寅**的位置，從**甲**開始順數，

數到**巳**的位置為**丁**。

因此戊子年或癸酉年的巳月是為**丁巳**月。

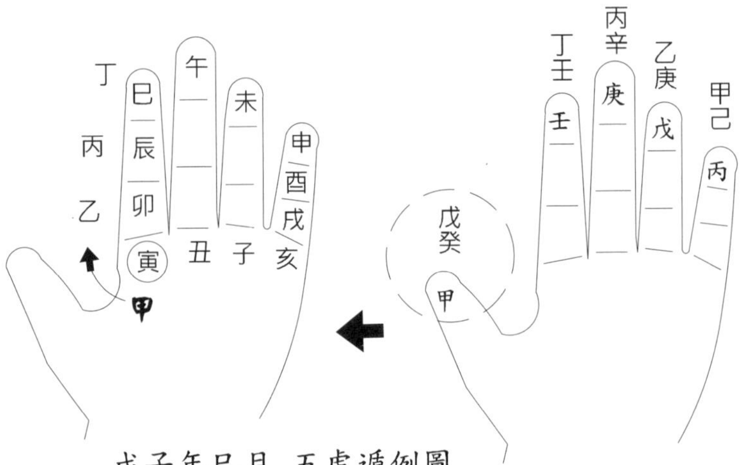

戊子年巳月 五虎遁例圖

五虎遁掌訣例。……辛卯或丙寅年的酉月。

●先在五虎遁掌上找到辛或丙年，其對應的是**庚寅**。

◎在十二地支掌上，寅的位置，從**庚**開始順數，

數到**酉**的位置為**丁**。

因此辛卯年或丙寅年的酉月是為**丁酉**月。

〔五鼠遁時〕

◎五鼠遁有訣曰：

甲己起甲子，乙庚起丙子，丙辛起戊子；

丁壬起庚子，戊癸起壬子，五鼠遁其始。

意思就是：日干是甲或己的日子，子時的天干從甲開始；

而日干是乙或庚的子，子時的天干從丙開始……。

依照此訣數算，就可以得到**〈五鼠遁時表〉**。

◎舉個例來說，依照**五鼠遁時表**，**甲午**日的時干支是為

甲子、乙丑、丙寅、丁卯、戊辰、己巳、

庚午、辛未、壬申、癸酉、甲戌、乙亥。

◎如果不想查表，我們可以用**五鼠遁掌訣**來推算。

這個掌訣，只要把遁時表上的最上三列配到

十二地支掌訣上，同時記住：

子時是**甲丙戊庚壬**五陽干之順序即可。

以下我們就以兩個實例來運用這個**五鼠遁掌訣**。

戊	丁	丙	乙	甲	日干 ╲ 時干
癸	壬	辛	庚	己	時支
壬	庚	戊	丙	甲	子
癸	辛	己	丁	乙	丑
甲	壬	庚	戊	丙	寅
乙	癸	辛	己	丁	卯
丙	甲	壬	庚	戊	辰
丁	乙	癸	辛	己	巳
戊	丙	甲	壬	庚	午
己	丁	乙	癸	辛	未
庚	戊	丙	甲	壬	申
辛	己	丁	乙	癸	酉
壬	庚	戊	丙	甲	戌
癸	辛	己	丁	乙	亥

五鼠遁時

甲己起甲子
乙庚起丙子
丙辛起戊子
丁壬起庚子
戊癸起壬子
五鼠遁其始

戊	丁	丙	乙	甲	日干 ╲ 時干
癸	壬	辛	庚	己	時支
壬	庚	戊	丙	甲	子

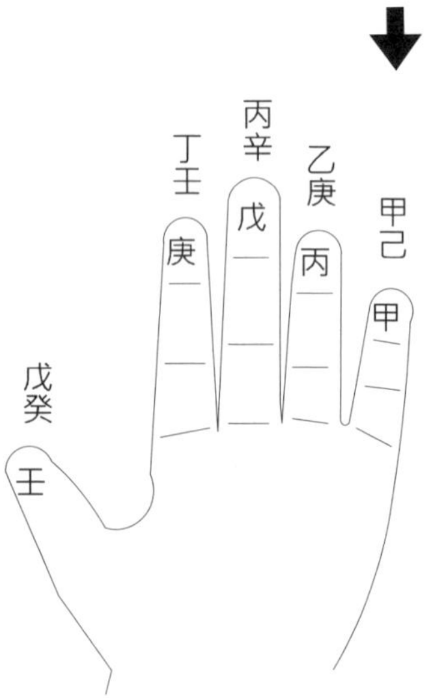

五鼠遁 掌訣

五鼠遁掌訣例。……甲午日或己亥日的辰時。

- 先在五鼠遁掌上找到甲或己日，其對應的是**甲子**。
- 在十二地支掌上，**子**的位置，從**甲**開始順數，

  數到**辰**的位置為**戊**。

  因此甲午日或己亥日的辰時是為**戊辰**時。

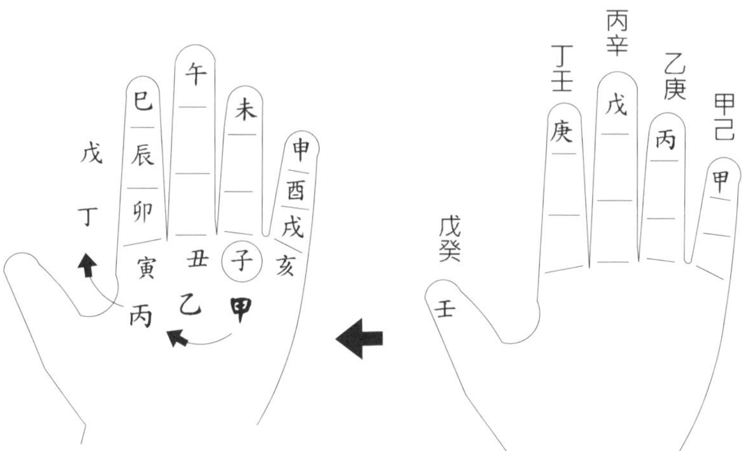

甲午日辰時　五鼠遁例圖

五鼠遁掌訣例。……丙辰日或辛酉日的申時。

●先在五鼠遁掌上找到丙或辛日，其對應的是**戊子**。

●在十二地支掌上，**子**的位置，從**戊**開始順數，

數到**申**的位置為**丙**。

因此丙辰日或辛酉日的申時是為**丙申**時。

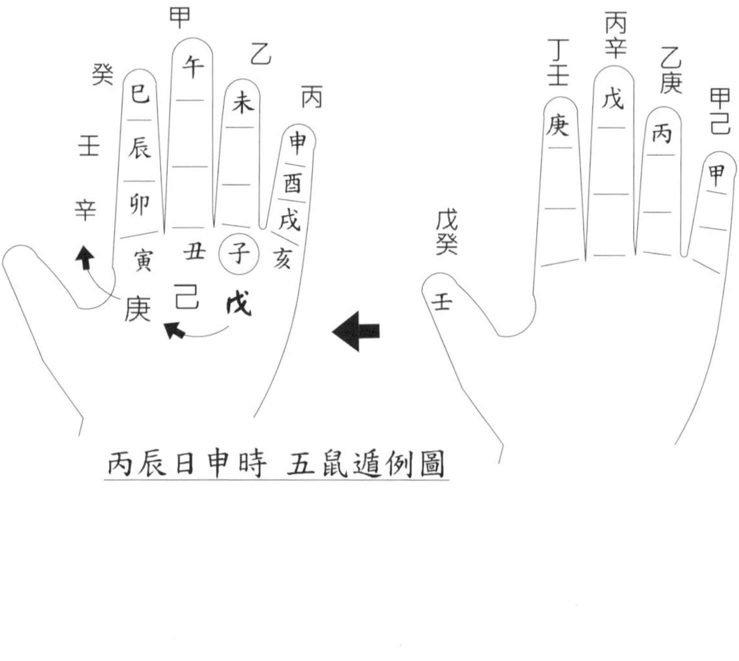

丙辰日申時 五鼠遁例圖

〔納音〕

◎將干支配上五音的作法就是**納音**。
如若將六十花甲之干支全部配上五音，就統稱為
六十甲子納音了。
六十甲子干支再依其所配屬五音來論五行，
該五行即是其**納音五行**。

◎六十花甲納音歌訣：

甲子乙丑海中金，丙寅丁卯爐中火，戊辰己巳大林木，
庚午辛未路傍土，壬申癸酉劍鋒金。
甲戌乙亥山頭火，丙子丁丑澗下水，戊寅己卯城頭土，
庚辰辛巳白蠟金，壬午癸未楊柳木。
甲申乙酉井泉水，丙戌丁亥屋上土，戊子己丑霹靂火，
庚寅辛卯松柏木，壬辰癸巳長流水。
甲午乙未砂中金，丙申丁酉山下火，戊戌己亥平地木，
庚子辛丑壁上土，壬寅癸卯金箔金。
甲辰乙巳覆燈火，丙午丁未天河水，戊申己酉大驛土，
庚戌辛亥釵釧金，壬子癸丑桑柘木。
甲寅乙卯大溪水，丙辰丁巳沙中土，戊午己未天上火，
庚申辛酉石榴木，壬戌癸亥大海水。

六甲旬並納音一覽表

甲寅旬	甲辰旬	甲午旬	甲申旬	甲戌旬	甲子旬
(空亡)子、丑	(空亡)寅、卯	(空亡)辰、巳	(空亡)午、未	(空亡)申、酉	(空亡)戌、亥
甲寅 大溪水	甲辰 覆燈火	甲午 沙中金	甲申 井泉水	甲戌 山頭火	甲子 海中金
乙卯 大溪水	乙巳 覆燈火	乙未 沙中金	乙酉 井泉水	乙亥 山頭火	乙丑 海中金
丙辰 沙中土	丙午 天河水	丙申 山下火	丙戌 屋上土	丙子 澗下水	丙寅 爐中火
丁巳 沙中土	丁未 天河水	丁酉 山下火	丁亥 屋上土	丁丑 澗下水	丁卯 爐中火
戊午 天上火	戊申 大驛土	戊戌 平地木	戊子 霹靂火	戊寅 城頭土	戊辰 大林木
己未 天上火	己酉 大驛土	己亥 平地木	己丑 霹靂火	己卯 城頭土	己巳 大林木
庚申 石榴木	庚戌 釵釧金	庚子 壁上土	庚寅 松柏木	庚辰 白蠟金	庚午 路傍土
辛酉 石榴木	辛亥 釵釧金	辛丑 壁上土	辛卯 松柏木	辛巳 白蠟金	辛未 路傍土
壬戌 大海水	壬子 桑柘木	壬寅 金箔金	壬辰 長流水	壬午 楊柳木	壬申 劍鋒金
癸亥 大海水	癸丑 桑柘木	癸卯 金箔金	癸巳 長流水	癸未 楊柳木	癸酉 劍鋒金

二十四節氣

〔太陽曆的廿四節氣〕

◎地球繞太陽公轉，產生了四季，即春、夏、秋、冬，
再就一年中天地氣候的變遷加以仔細地分辨，
我們的祖先除了將一年分為十二個月外，
並依節氣的變化把一個月又分成二個階段，
一節一氣，合計為廿四個節氣，
這廿四個節氣的順序是：
立春、雨水、驚蟄、春分、清明、穀雨、立夏、小滿、芒種、夏至、小暑、大暑、立秋、處暑、白露、秋分、寒露、霜降、立冬、小雪、大雪、冬至、小寒、大寒。

◎如依節或氣來分，則為：

節：大雪、小寒、立春、驚蟄、清明、立夏、
芒種、小暑、立秋、白露、寒露、立冬。

氣：冬至、大寒、雨水、春分、穀雨、小滿、
夏至、大暑、處暑、秋分、霜降、小雪。

廿四節氣
午
未
申
酉
戌
亥
子
丑
寅
卯
辰
巳
夏至
小暑
大暑
立秋
處暑
白露
秋分
寒露
霜降
立冬
小雪
大雪
冬至
小寒
大寒
立春
雨水
驚蟄
春分
清明
穀雨
立夏
小滿
芒種

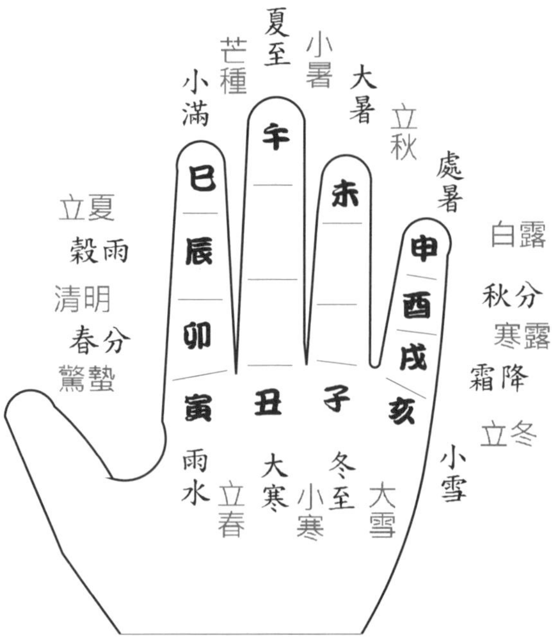
夏至
芒種
小暑
小滿
大暑
立秋
處暑
立夏
穀雨
清明
春分
驚蟄
白露
秋分
寒露
霜降
立冬
小雪
大雪
冬至
小寒
大寒
立春
雨水
巳
午
未
申
辰
酉
卯
戌
寅
丑
子
亥

廿四節氣掌訣

◎五術的範疇，包括命理、擇日學中的十二個月建，
並不是從農曆的每月初一開始到月底為止，
而是從交入節的那一時刻開始，一直到下一個節。
例如：寅月是從交入立春的那一時刻開始，
到交入下一個節的驚蟄為止。
同時，從交入驚蟄的那一時刻就開始了卯月，……。

◎**寅月**：始於立春，歷經雨水，終於驚蟄。
卯月：始於驚蟄，歷經春分，終於清明。
辰月：始於清明，歷經穀雨，終於立夏。
巳月：始於立夏，歷經小滿，終於芒種。
午月：始於芒種，歷經夏至，終於小暑。
未月：始於小暑，歷經大暑，終於立秋。
申月：始於立秋，歷經處暑，終於白露。
酉月：始於白露，歷經秋分，終於寒露。
戌月：始於寒露，歷經霜降，終於立冬。
亥月：始於立冬，歷經小雪，終於大雪。
子月：始於大雪，歷經冬至，終於小寒。
丑月：始於小寒，歷經大寒，終於立春。

〔旁註：廿四節氣乃依循太陽曆，細察月曆，
節必出現在陽曆的前半月，
大致上是每月四日至八日之間，
氣則出現在下半月〕

〔廿四節氣釋意〕

立春。……

●**立**，就是開始，春天降臨大地、天氣回暖，
萬物開始有了生機，也適合開始耕種了。

●俗諺〈**立春天氣晴，百物好收成**〉，
立春那天如是晴天，這一年五穀就會豐收；
相反的，如果這一天下雨，作物就會歉收了。

雨水。……

●立春之後，因為冰雪融化，空中的水氣增加；
進入這個節氣後，降雨的機率明顯增高。
正好符合農夫們春耕播種的需求，
才將這個節氣取名為雨水。

●俗諺〈**雨水連綿是豐年，農夫不用力耕田**〉：
雨水這一天若下雨，今年就會有好收成。

驚蟄。……

●春天到了，春雷初響，大地萬物開始萌芽生長。
那些在嚴寒冬天時躲進土壤內或在石洞裡蟄伏的動物，
被春雷驚醒後，也開始活動；農夫也開始忙著插秧。

●俗諺〈**未到驚蟄雷先叫，四十九日暗天打**〉，
如果在這個節氣前就發生打雷的現象，
表示可能會出現雨水連綿的異常天氣，
而且容易發生災害。

春分。……

●節氣進入春分，代表著春天已經過了一半。
這一天，太陽會直射在赤道，
所以南北兩半球受到日照的時間一樣長，
晝夜平分，所以才稱做春分。
●今天以後，白天會越來越長，夜晚則一天比一天短了。

清明。……

●天氣日漸暖和，花草樹木都萌芽蓬勃生長，
景象清爽明媚，因此命名為清明。
●俗諺〈**清明風若從南起，預報田禾大有收**〉，
清明日吹南風，則稻作豐收；
如果反而吹北風，就可能會歉收。
●俗諺〈**清明晴魚高上坪，清明雨魚埠下死**〉，
清明這一天如果天氣晴朗，日後雨水就會多；
相反的話，就可能會有乾旱。

穀雨。……

●這個時節，雨量非常豐沛，農夫們剛好又忙完春耕，
稻田裡的秧苗也正需要豐富的雨水來滋養，
於是將這時節命名為穀雨。

立夏。……

●**立**，就是開始，夏天來臨囉！

小滿。……

●這時候，中國大陸黃河流域一帶因積雪融化，
前一年種植的**冬小麥**麥苗受到灌溉，漸漸結穗飽滿，
此時農夫期待著豐收的季節來臨，
所以把這個時節稱為小滿。

●俗諺〈**罩茫罩不開，戴笠仔披棕簑**〉，
這個時節如果早上起霧，
就表示今天會下雨，出門一定要帶傘。

芒種。……

●此時稻子已經抽穗，結成穀粒，也就是**種子**。
而穀粒上會長出細芒，所以才將這個節氣稱為芒種。
它預告大家天氣要開始炎熱了。

夏至。……

●這一天的太陽會直射北回歸線，北半球受光最多，
所以是一年當中白天最長、晚上最短的一天。

●不過，這並不代表這一天最炎熱，
真正的炎熱天氣要等到小暑和大暑。

小暑。……

●此節氣，天氣雖然已經很炎熱，但還不到最熱的時候；跟夏天最熱的時節大暑比起來，算是小的。

●俗諺〈**小暑驚東風，大暑驚紅霞**〉意思是：
小暑時節若吹東風，大暑時節如在傍晚時紅霞滿天，
這都是颱風來臨的前兆，一定要做好防颱準備。

大暑。……

●是一年中天氣最熱的時候，會特別感到氣候炙熱難耐。

●俗諺〈**大暑熱不透，大水風颱到**〉，
大暑這一天如果不熱，就表示氣候不順，
今年內必須特別注意水災或風災，
以免影響到農作物的收成！

立秋。……

●立秋是節氣邁入秋涼的先聲，
酷熱難熬的夏天即將過去，涼爽舒適的秋天就要來了。

處暑。……

●雖然是已經進入屬於秋天的第二個節氣，
但是天氣還是很炎熱，一點都不像秋天的季節，
所以人們也將這種炎熱的天氣稱為秋老虎。

●俗諺〈**一雷破九颱**〉，處暑時節颱風最多，
老一輩的人認為：**只要打雷就不會有颱風，**
有颱風就不會打雷。

白露。……

●在此節氣裡，清晨時分的戶外，
地面和葉子上會有許多露珠，
這是由夜晚水氣凝結而形成的。

●四時配五行，秋季屬金，代表色是白色，
因此便將秋天的露水叫做白露。

秋分。……

- 跟春分一樣，這天是日夜等長；
  過了這一天，白天就會越來越短，夜晚會慢慢加長；
  天氣也開始慢慢變涼了。

寒露。……

- 是深秋的節令。這個時候也是東北季風期，
  涼爽的東北季風讓我們慢慢遠離夏天的酷熱，
  可說是最舒適的天氣！
- 名稱雖有**寒**字，但這並不表示天氣像冬天一樣冷。

霜降。……

- 進入秋天這個季節後，暑氣慢慢的消退，
  在夜晚和早晨，地面水蒸汽遇冷就凝結成露珠，
  如果遇到更冷的空氣就會結霜，
  因此將這個節氣稱做**霜降**。

立冬。……

- **冬**有**終**或是**凍**的意思，**立冬**的到來代表著冬天的來臨。
- 臺灣習俗，因為冬天的天氣寒冷，
  立冬時節需要補充營養，就是所謂的補冬。

小雪。……

- 黃河流域在進入小雪節氣之後，天氣越來越冷，
  而且開始下雪；剛下雪，雪量並不多，故稱小雪。

大雪。……

- 中國大陸北方，進入這個節氣時已是大雪紛飛的景象。
- 台灣進入這個節氣後，冬天的味道會越來越濃郁，
  而且也不再有雷電交加的豪雨。
  如果這個節令還聽到雷聲的話，表示天候異常，
  那可就要提高警覺了。
- 有句諺語這麼說：〈**月內若陳雷，豬牛飼不肥**〉，
  它的意思是：冬天打雷會影響往後各種作物生長，
  而且豬羊等六畜都將有災疫，不容易養肥。

冬至。……

● 冬至後，天氣更加寒冷了。冬至的**至**是**最**或**極**的意思，也就是說這一天是冬天裡最寒冷的一天。

● 由於太陽直射南回歸線，
所以北半球的冬至是白天最短、夜晚最長的一天。
過了冬至之後，日光照射逐漸北移，
白天就越來越長，黑夜也越來越短了。

● 冬至這天如果是好天氣，過年可能就會下雨。

小寒。……

● 此時節的天氣依然寒冷，但並不是一年中最冷的時節。

● 俗諺〈小寒大冷人馬安〉，
冬至過後，天氣應該要再冷一點，
這樣才符合季節變化，人畜才會平安沒災害。

大寒。……

● 這個節氣因為天氣最為酷寒，
比小寒時節還要冷，所以才叫做大寒。

● 只要進入大寒當天吹起北風，並且讓天氣變得寒冷，
就表示來年會豐收；相反的，如果這一天是吹南風
而且天氣暖和，則代表來年作物會歉收。

八卦廿四山與紫白

〔後天八卦與廿四山〕

先天為體，後天為用。……

●**先天為體**。先天八卦，描述的是整個大宇宙、大自然的景象，也就是本體或本質。

●**後天為用。**後天八卦是說明大宇宙、大自然的變化，以及運用的法則。

〔旁註：體就是形質，是看得到東西或現象。
先天八卦，天地定位、山澤通氣、雷風相薄、
水火不相射，就是描述大自然的元素〕

〔旁註：用就是效用、應用，也是氣象的變化，
是看不到而必須琢磨或體會的；
例如方向、季節……〕

◎堪輿學上，將羅盤的三百六十度劃分為二十四等分，
稱為二十四山，每山佔十五度。

◎分析二十四山之結構，乃先天十二支位與後天八卦，
以及天干的綜合體；天干因戊己屬中央土，
沒有方向，故略而不用，只用八干；
八卦則取乾坤艮巽，即卦之四維；
八干四維共計十二，與十二地支相對呼應。

〔紫白九星通論〕

◎紫白九星實源出洛書之九數。

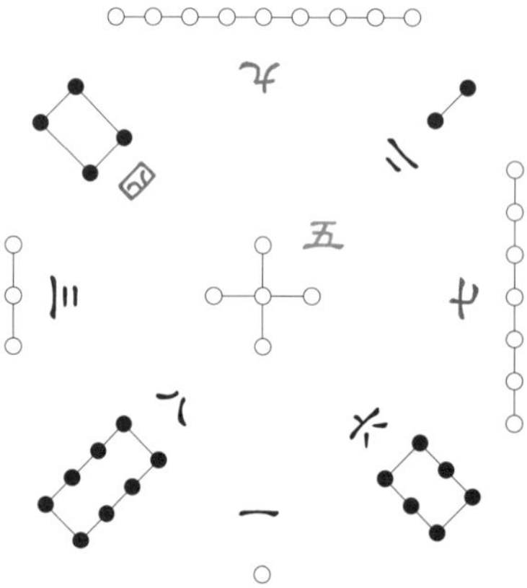

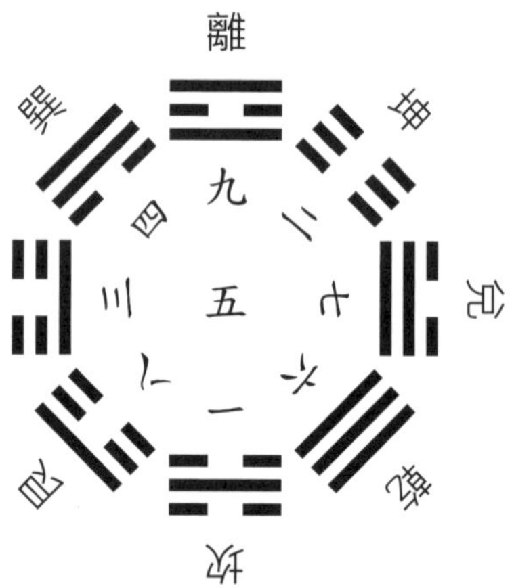

◎**洛書**配置於**後天八卦**，則星卦合一，

〈戴九履一、左三右七、二四為肩、八六為足〉。

戴九在南方，是離卦；履一在北方，北方是坎卦；

左三在東方，東方為震卦；右七在西方，西方是兌卦；

二四為肩，坤卦在西南，巽在東南；

六八為足，西北方為乾卦，東北方為艮卦。

〔旁註：八卦周圍有八宮，加上中宮，即是九宮〕

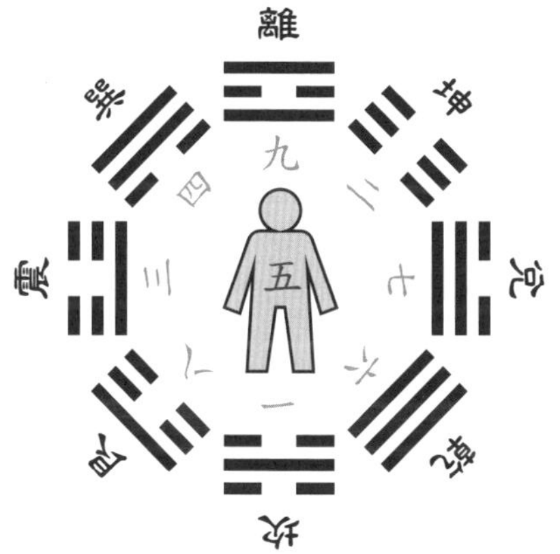

四 巽	九 離	二 坤
三 震	五	七 兌
八 艮	一 坎	六 乾

◎**紫白**，乃指**一白**、**二黑**、**三碧**、**四綠**、**五黃**、**六白**、**七赤**、**八白**、**九紫**等九星而言。

實則將洛書九數配色稱呼。

◎後天八卦配上洛書，論的是**時間與空間**的關係。

後天八卦即是八個方位，洛數色澤即萬物生長的時序。

〔旁註：洛書各時序以大地景觀配之，即是九星配色的原理〕

紫白九星配色原理。……

●**震**在東方，屬木，時序為春天。

萬物在春天開始生長，一片碧翠的顏色，

洛書數為三，即是**三碧**。

〔旁註：碧翠即是黃綠色〕

●**巽**在東南方，屬木，時序為春夏交界。

此時萬物顏色齊一，植物全都生長成綠色。

洛書數為四，故而論**四綠**。

●**離**在南方，屬火，時序為夏季；

夏日炎炎，陽光炙熱到發紫。

洛書數為九，故為**九紫**。

●坤為地，西南方，屬土，時序夏秋之間。

夏天過了，萬物生長在土地上，如被燒炙黑了，

化成黑灰，回歸土地。

洛書數為二，故為二黑。

●**兌**在西方，屬金，時序為秋天，

秋天樹葉泛紅，大地一片赤色。

洛書數為七，故為**七赤**。

●**乾**在西北方，屬金。深秋近冬，寒氣開始入侵，

北方也開始呈現一片白色。

洛書數為六，故為**六白**。

●**坎**在正北方，屬水，時序為冬季，
萬物歸藏或冬眠，世界一片雪白。
洛書數為一，故曰**一白**。

●**艮**在東北，屬土，時序為冬春之間，
萬物終結，而又待春天來臨再開始生長；
此時積雪未除，世界仍是白色一片。
洛書數為八，故稱**八白**。

飛星軌跡。……

●我們來看洛書九數的排列，若依洛書數的次序，
從中央五黃立極開始，先飛排到六、六到七、
七到八、八到九、九到一、一到二、二到三、
三到四，四又飛排回到中央五，
可以成立軌跡週而復始。

●**中宮→乾→兌→艮→離→坎→坤→巽→震。**

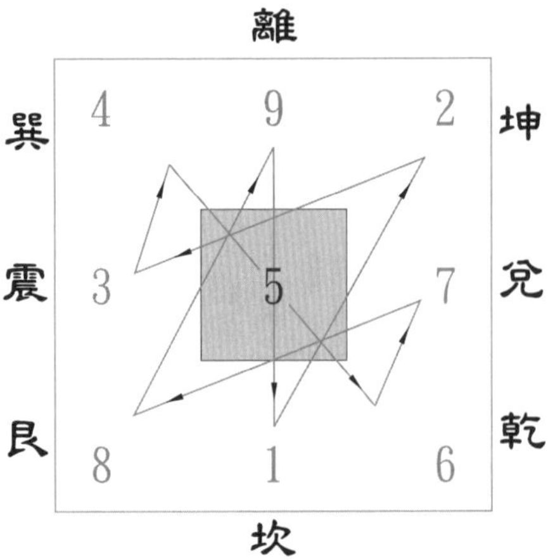

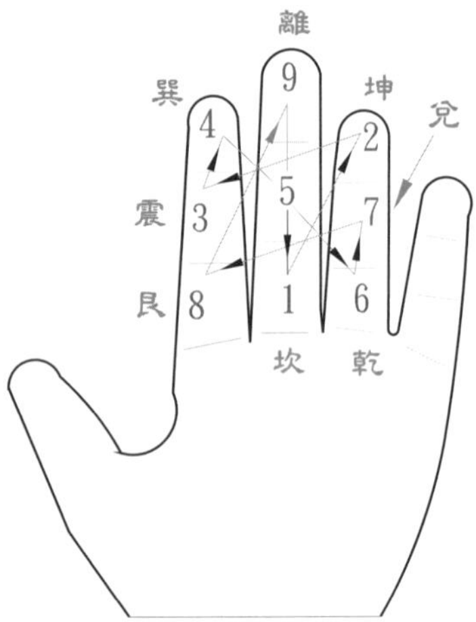

●這種飛排的軌跡，相傳就是北斗七星的運行路程，
就稱之為**飛星軌跡**。九色乃地球上觀察到的色澤。

〔**獨白：飛星軌跡後來被畫成九宮圖，**
配上九星形意、五行生剋，
應用於擇日、命卦、宅卦或宅運的推算〕

◎原始的洛書軌跡圖形是五數在中宮；

實務應用上，任何一個數字均可以進入中宮，

稱為**弔中宮**；其他的數字亦因之循著這個軌跡飛排，

則整個盤局也就跟著變成不同了。

〔旁註：飛星軌跡的運用，有順飛，也有逆飛的情形〕

修方擇吉。……

●紫白依三元九運而定義，有**方位紫白**與**時間紫白**。

時間的紫白分〔**年、月、日、時**〕**紫白**。

●堪輿的應用，重點仍在取有情之龍穴砂水、並合理氣；

然後再擇年月日時紫白之吉來配合；

否則山水形勢及理氣不合，即使日辰擇吉亦無效應。

山水形勢若合理氣形勢，卻選取凶日造作，

則會導致先發禍而後發福，選擇上還是特別注意才好。

●在造葬、修作、動土時，經常會以年紫白、月紫白、

日紫白或時紫白來飛佈九星，

用以勘驗及選擇修方適用之年月日時。

年紫白乃是該年輪值入中的九星，

月紫白為某年某月輪值入中的九星；

同樣的，日紫白為當日輪值星、

時紫白則為特定當日某時辰輪值之紫白星了。

● 以**年紫白、月紫白、日紫白**來弔中宮，順或逆飛九星，
看造葬、修作或動土的方位是否飛到紫白星，
論斷該年月日是否適合該方之修造。
然而通常只論**年紫白**和**日紫白**。
〔旁註：要求精密的，甚至用到時紫白〕

紫白為吉。……

● 一般說到修方擇吉，均以三元九星的紫白為吉；
也就是說，造葬、修作、動土的方位，
如果飛佈到紫或白的星辰，就論吉而利於修造。
● 最簡易的**紫白九星**吉凶論斷，逕以**紫白為吉**。
● **通書直論紫白值日為吉**。

〔年紫白〕

◎**年紫白就是每年所排值到的紫白九星**。

◎**年紫白**的九宮分佈，一律是**順飛九星**。

三元 年紫白一覽表

年紫白			三元 六十甲子						
下元	中元	上元							
7	4	1	戊午	己酉	庚子	辛卯	壬午	癸酉	甲子
6	3	9	己未	庚戌	辛丑	壬辰	癸未	甲戌	乙丑
5	2	8	庚申	辛亥	壬寅	癸巳	甲申	乙亥	丙寅
4	1	7	辛酉	壬子	癸卯	甲午	乙酉	丙子	丁卯
3	9	6	壬戌	癸丑	甲辰	乙未	丙戌	丁丑	戊辰
2	8	5	癸亥	甲寅	乙巳	丙申	丁亥	戊寅	己巳
1	7	4		乙卯	丙午	丁酉	戊子	己卯	庚午
9	6	3		丙辰	丁未	戊戌	己丑	庚辰	辛未
8	5	2		丁巳	戊申	己亥	庚寅	辛巳	壬申

紫白泊宮圖應用例。……

2023 年歲次癸卯之年紫白為何？

- 該年屬於下元，我們看〈**下元年紫白泊宮圖**〉，
  癸卯年落在 4，故該年紫白為 4 綠。
- 以四綠入中宮，順佈九星，成立九宮圖。

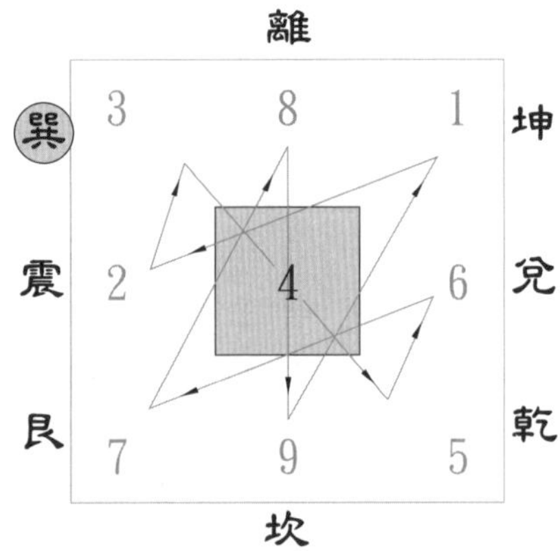

〔日紫白〕

◎日紫白之求法，有訣曰：

日家紫白不難求，二十四氣六宮周；

冬至雨水及穀雨，陽順一四七中游；

夏至處暑霜降後，九三六星逆行求。

◎日紫白的演繹法，依訣將一年的二十四個節氣來分，共分為六個宮位；每個宮位管六十日。

〔旁註：自甲子日至癸亥日，六十日為一甲子〕

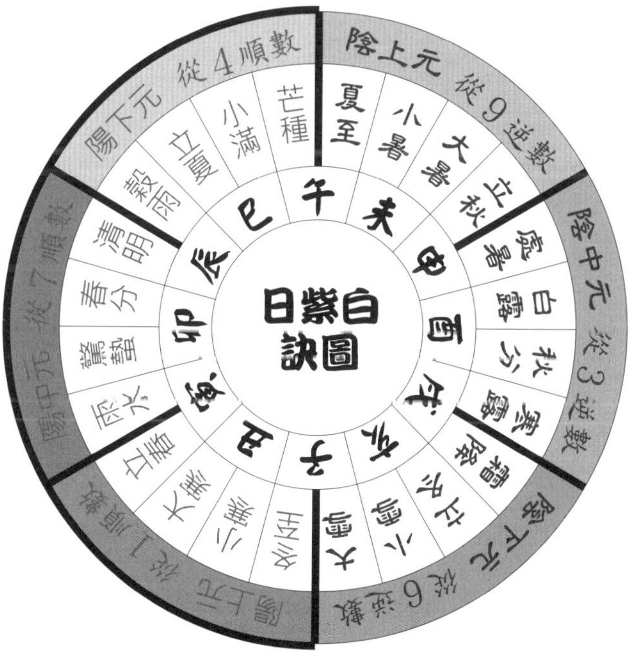

日紫白一覽表

三元 六十甲子							冬至後			夏至後		
							冬至～雨水	雨水～穀雨	穀雨～夏至	夏至～處暑	處暑～霜降	霜降～冬至
甲子	癸酉	壬午	辛卯	庚子	己酉	戊午	1	7	4	9	3	6
乙丑	甲戌	癸未	壬辰	辛丑	庚戌	己未	2	8	5	8	2	5
丙寅	乙亥	甲申	癸巳	壬寅	辛亥	庚申	3	9	6	7	1	4
丁卯	丙子	乙酉	甲午	癸卯	壬子	辛酉	4	1	7	6	9	3
戊辰	丁丑	丙戌	乙未	甲辰	癸丑	壬戌	5	2	8	5	8	2
己巳	戊寅	丁亥	丙申	乙巳	甲寅	癸亥	6	3	9	4	7	1
庚午	己卯	戊子	丁酉	丙午	乙卯		7	4	1	3	6	9
辛未	庚辰	己丑	戊戌	丁未	丙辰		8	5	2	2	5	8
壬申	辛巳	庚寅	己亥	戊申	丁巳		9	6	3	1	4	7

日紫白九宮局佈列法。……陽順陰逆。

●**冬至後、夏至前**，為陽遁；
以日紫白入中宮，**順飛九星**。

●**夏至後、冬至前**，為陰遁；
以日紫白入中宮，**逆飛九星**。

日紫白使用例。……

2022 年歲次壬寅，農曆七月初八庚寅日，

其日紫白為何？其日紫白九宮局如何？

●因為該日在立秋前兩天，已過夏至，是屬於陰上元，
從〈**日紫白一覽表**〉來找，陰上元庚寅日對應 1 ，
故該日的日紫白為一白。

●該日已過夏至，為陰遁。以 1 白入中逆飛九星，
而成 1 白日紫白九宮局圖。

一數入中順飛之例

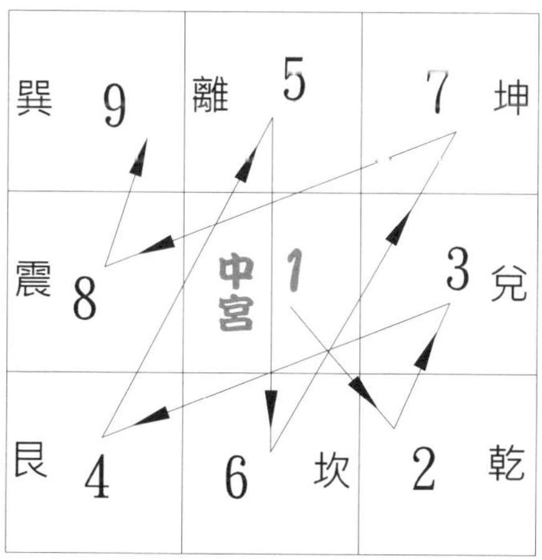

日紫白使用例。……

2022 年歲次壬寅，冬至節當天的日紫白為何？

其日紫白九宮局如何？

- 察萬年曆，其年冬至在農曆十一月廿三，己酉日，
  該日既是冬至，是屬於陽上元，
  從〈**日紫白一覽表**〉來找，陽上元、己酉日，
  對應到 1，故該日的日紫白為一白。
- 該日已臨冬至，為陽遁。
  故以 1 白入中順飛九星，建立日紫白九宮局圖。

一數入中順飛之例

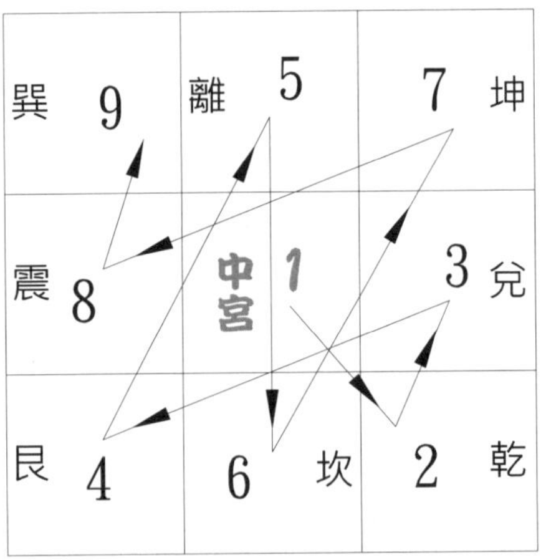

〔方位圖說年紫白之用〕

以紫白星直斷。……

●最簡單的論斷方法是：

以年紫白入中，八方飛到紫白的方位即論吉，

其他紫白星飛到的方位論凶。

●非紫白之方，尤其２黑主病符、５黃主瘟　及火災，

２黑及５黃飛到臨值的方位尤忌造作。

〔旁註：例如 2023 年歲次癸卯，４綠入中，坤卦１白、

兌卦６白、離卦８白、坎卦９紫，俱是為吉〕

五黃飛到乾宮、二黑飛到震宮，

乾方與震方忌造作，多惹災病〕

四數入中順飛之例

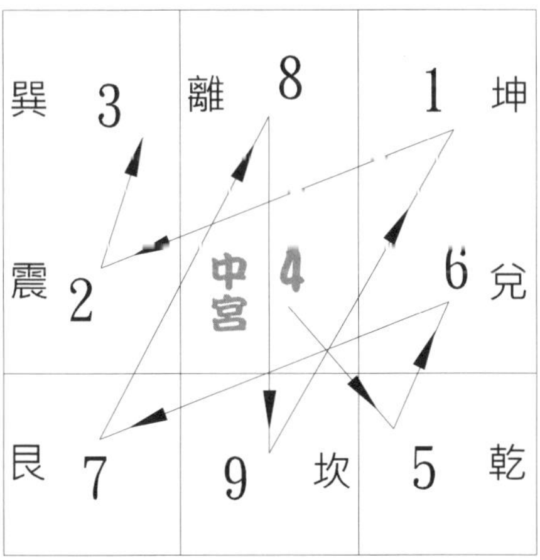

二十八星宿

〔概論〕

◎地球環繞太陽運行，此運行軌跡被我們稱為**黃道**；
太陽直射地球的平均軌跡，就是**赤道**。
月亮就在黃道和赤道之間的天區運行，
其運行軌跡就是**白道**。

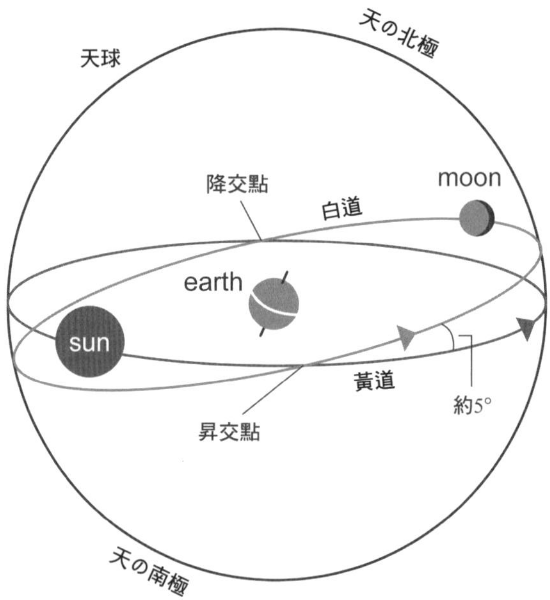

◎月球在其軌道**白道**的運行，回到相同位置，
週期大約是 27 1/3 天。
中國曆法上，把月球行經的天空分割成 28 個星群，
月球依序每天經過其中一個星群，廿八天循環一周。
這個區就稱為**宿**，因此記為**廿八宿**，或稱**廿八星宿**。

〔旁註：星宿即是現代所稱之星座〕

◎古人用廿八星宿來觀察**日、月、金、木、水、火、土**
七星之運轉變化，及計算日蝕、月蝕出現時間等；
晚上也利用廿八宿星來辨認方向。
總而言之，廿八星宿實為時間及方位之代表。

◎廿八宿分為四組，每組七宿，配**日月水火金木土**七曜，
在與東西南北四個方位的**青龍、白虎、朱雀、玄武**
四種動物形象相配，稱為**四象**。

〔旁註：七曜又稱**七政**，既以動物形象取名，故稱**禽星**。
木金土日月火水即是**星宿五行**，日月亦屬火〕

東方七宿。……東方青龍宿。

● 角木蛟、亢金龍、氐土貉、房日兔、
心月狐、尾火虎、箕水豹。

〔旁註：**角、亢、氐、房、心、尾、箕**〕

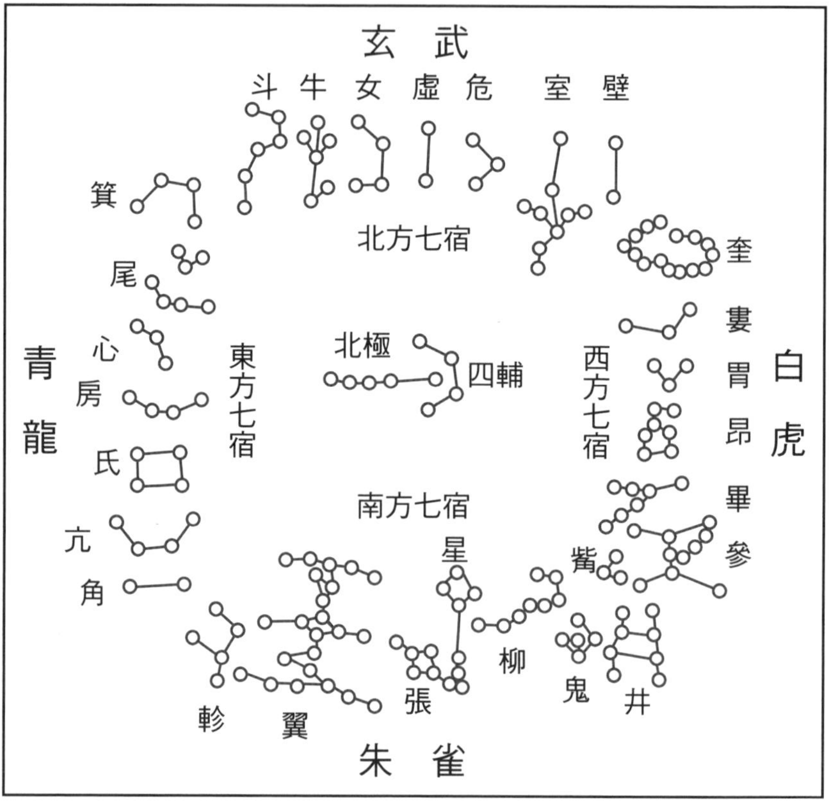

北方七宿。……北方玄武宿。

●斗木獬、牛金牛、女土蝠、虛日鼠、危月燕、室火豬、壁水貐。

〔旁註：**斗、牛、女、虛、危、室、壁**〕

西方七宿。……**西方白虎宿。**

●奎木狼、婁金狗、胃土雉、昴日雞、
畢月烏、觜火猴、參水猿。

〔旁註：**奎、婁、胃、昴、畢、觜、參**〕

南方七宿。……**南方朱雀宿。**

●井木犴、鬼金牛、柳土獐、星日馬、
張月鹿、翼火蛇、軫水蚓。

〔旁註：**井、鬼、柳、星、張、翼、軫**〕

◎二十八星宿稱名中間的字，就是該星宿的五行，
被稱做**廿八星宿五行、渾天星度五行**，
又稱**禽星五行**。
各宿五行的順序依〔**木金土日月火水**〕排列。

◎廿八星宿分佈於黃道之週天，
各星所佔角度範圍並不相同，
其位置也因歲差偏移，每年均有移動，
因此古今星座宿度不同。

〔旁註：由於歲差偏移，恆星每年均有移動，
圖示廿八星宿分佈，
度數與現時真正宿度恐有差異，僅供參考！〕

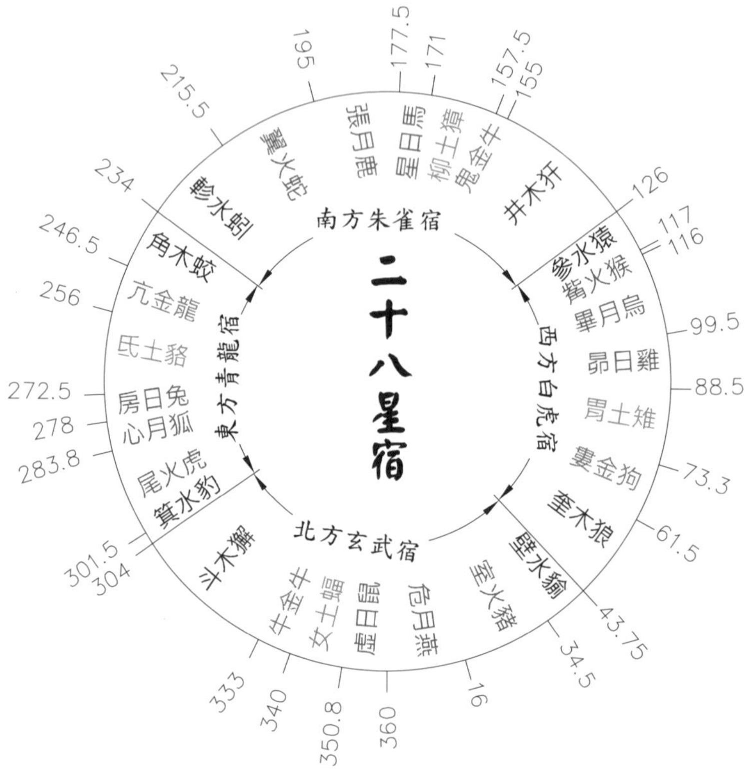

◎若將黃道以十二地支分宮，概略上，有如下之分佈：

女土蝠、虛日鼠、危月燕　在子宮。

斗木獬、牛金牛　在丑宮。

尾火虎、箕水豹　屬寅宮。

氐土貉、房日兔、心月狐　為卯宮。

角木蛟、亢金龍　在辰宮。

翼火蛇、軫水蚓　在巳宮。

柳土獐、星日馬、張月鹿　屬午宮。

井木犴、鬼金牛　在未宮。

觜火猴、參水猿　屬申宮。

胃土雉、昴日雞、畢月烏　屬酉宮。

奎木狼、婁金狗　佔戌宮。

室火豬、壁水貐　坐落亥宮。

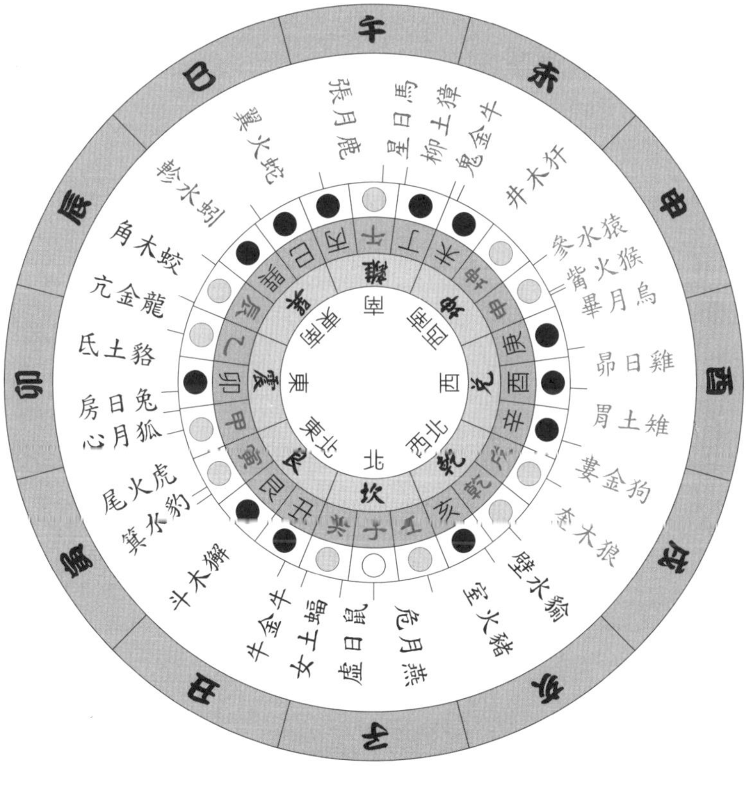

◎二十八星宿在玄學中應用甚廣，地理、擇日、
易學、占卜、中醫……等等。
舉例來說，以每一星宿值日，
則依其星宿可斷其日之行事吉凶，
逢其星宿出生之人亦能依此斷一生吉凶。
如應用在堪輿風水理氣，依〈**天上有星，地下成形，上應天統，下應人統**〉之理，陰陽宅的操作，
舉凡**格龍定向、收水、消砂、造葬日子**，
都與廿八星宿有關。

◎以下我們就最選擇性的，
以常見的堪輿和擇日項目來介紹吧！

〔廿八星宿之星性〕

◎廿八星宿東西南北各有七宿，各宿組之星體多寡不一，有二星相連者，有多至二十二星相連者，各有所司，各有所主。

◎堪輿上的應用上，以羅盤二十四方位與廿八星宿對應，二十四宮所對應的星宿，多寡不一，星體之光度不一、性能不一，星佈之所屬五行也不相同；再加上與其配合的地理形勢更是多變，所主之感應，亦隨之而變化，產生各種不同之吉凶禍福。

◎論吉凶禍福，固與地理砂水形勢、宮位五行生剋有關，然而〈**天上有星，地下成形，上應天統，下應人統**〉，各星性所代表的人事還是必須要有正確的認識，所論之斷驗也才能更精準。

以下就逐條解析各星宿之意涵吧！

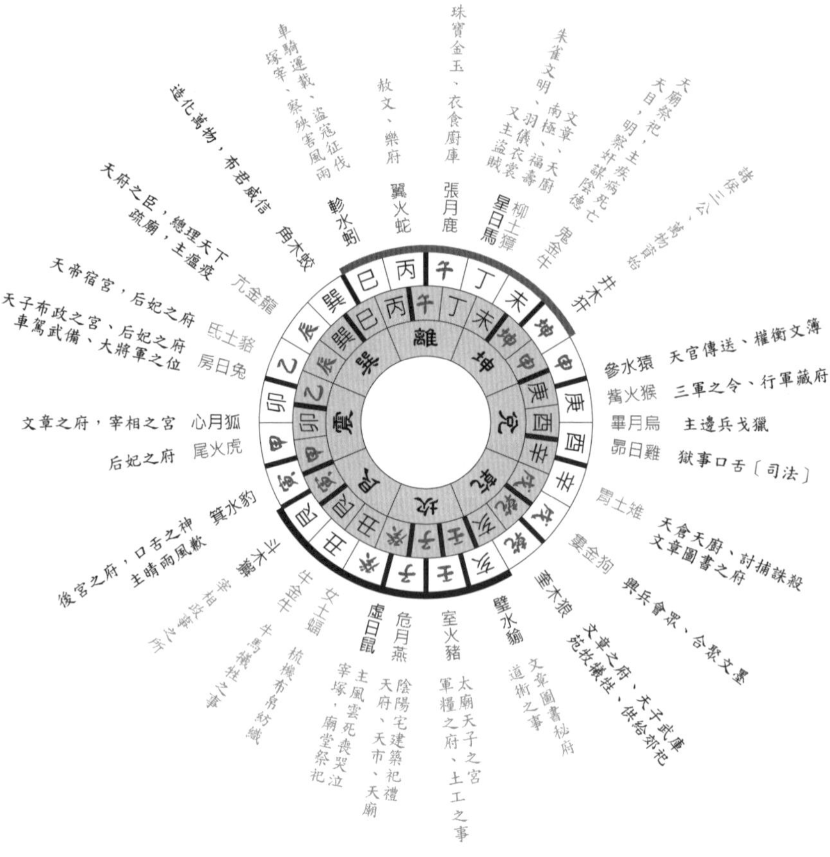

離
坤
兌
乾
坎
艮
震
巽
巳 丙 午 丁 未 坤 申 庚 酉 辛 戌 乾 亥 壬 子 癸 丑 艮 寅 甲 卯 乙 辰 巽
井木犴 諸侯三公、萬物資始
鬼金羊 天廟祭祀，主天目，明察奸謀，疾病死亡陰德
柳土獐 文章、南極、天廚 朱雀文明、羽儀、福壽衣裳 又主盜賊
星日馬
張月鹿 珠寶金玉、衣食廚庫
翼火蛇 赦文、樂府
軫水蚓 車騎運載、盜寇征伐 塚宰、祭殃害風雨
角木蛟 造化萬物，布君威信
亢金龍 天府之臣，總理天下 疏廟，主瘟疫
氐土貉 天帝宿宮，后妃之府
房日兔 天子布政之宮、后妃之府 車駕武備、大將軍之位
心月狐 文章之府，宰相之宮
尾火虎 后妃之府
箕水豹 後宮之府，口舌之神 主晴雨風歉
斗木獬 宰相政事之所
牛金牛 牛馬犧牲之事
女土蝠 杭機布帛紡織
虛日鼠 主風雲死喪哭泣 宰塚，廟堂祭祀
危月燕 陰陽宅建築祀禮 天府、天市、天廟
室火豬 太廟天子之宮 軍糧之府、土工之事
壁水貐 文章圖書秘府 道術之事
奎木狼 文章之府、天子武庫 苑牧犧牲、供給郊祀
婁金狗 興兵會眾、合聚文墨
胃土雉 天倉天廚、討捕誅殺 文章圖書之府
昴日雞 獄事口舌〔司法〕
畢月烏 主邊兵戈獵
觜火猴 三軍之令、行軍藏府
參水猿 天官傳送、權衡文簿

東方青龍七宿。……角、亢、氐、房、心、尾、箕。

●**角木蛟：**位在巽宮。主造化萬物，布君威信；

其星明大，則貴人出，天下安泰。

●**亢金龍：**位在辰宮。

為天府之臣，總理天下，又為疏廟，主疾疫。

其星明則士庶樂業，無疾疫之苦。

●**氐土貉：**位於乙宮。納於坤，為天地之宿宮。

主姤妃妾眷，其星明，則天下棉花熟。

乙納於坤，為天干之二數；

若不能得乾甲之山水而會成天地定位者，

則女多男少，或男多夭折，女則長壽。

〔旁註：氐為后妃之府〕

●**房日兔：**位在卯乙之宮。天子布政之宮，

因與氐宿相連，亦屬后妃之府。

主車駕武備之事，又主大將軍之位，

掌管兵權，號令三軍，其星明則天下盛世。

〔旁註：房主車駕武備之事，主大將之位，故常出武材〕

●**心月狐：**卯甲之間。主文章之府，亦為宰相之宮，

其星明則文明極盛。

●**尾火虎：**位甲宮。甲納於乾，為天干之首，后妃之府，
主大富女貴；如若融合天地定位，則貴而多子多孫。

●**箕水豹：**位在寅宮。為後官之府、口舌之神，主口舌。
若舌端之星光閃動，則大風，不出三日即應；
若星色赤，主大旱不雨；如若其星明大，則五穀豐收。

〔**獨白：箕主風，若寅方犯八煞，則瘋病、眼盲、血光**〕

西方白虎七宿。……奎、婁、胃、昴、畢、觜、參。

●**奎木狼：**位於乾宮。
為文章之府，亦為天子之武庫，主兵權。

〔旁註：易曰戰乎乾，所以乾宮是武庫〕

乾為八卦之首，為天為父為龍，天地萬物亦以乾為首，
三陽開泰，萬物資始。

●**婁金狗：**位於戌宮。主興兵會眾，又主合聚文墨之事，
又主苑牧犧牲，供給郊祀。
其星明則於禮義興，文人治世，天下豐收。

●**胃土雉：**位在辛宮。為天倉，為藏五穀之倉。
亦主文章之府，又主圖書之府。
其星明大，則文名極盛，賢人出，五穀盈倉。

●**昴日雞：**位於酉宮。主獄事，又主口舌奏對。
其星明則獄訟平息，囹圄虛空，無佞臣，天下安泰。

●**畢月烏：**酉庚之間。主邊兵，

主戈獵五穀豐熟，且有軍威。

其星不喜明大。

●**觜火猴：**位在庚宮。主三軍之令，為行軍之藏府，

又主葆旅收斂萬物。

〔旁註：主邊兵、行軍之府。五穀豐熟且有軍威〕

此星明則五穀豐熟，軍儲充盈，邊將得勢。

若明而動，則主賊盜成群，流寇四起。

若明而赤，主兵多將勇。

●**參水猿：**庚申之間。

掌管權衡文簿及大小官員將相。

其星明則風調雨順，五穀豐收，文明昌盛。

北方玄武七宿。……斗、牛、女、虛、危、室、壁。

●**斗木獬：**位在艮宮，亦稱北斗。主市貨之府，

亦為丞相太宰酌量政事之所，其星明則天下安泰。

●**牛金牛：**位於丑宮。為天之關梁，主犧牲之事。

其星明，則天下安，牛馬廣肥，不明則牛馬瘟疫。

●**女土蝠：**丑癸之宮。

為天之少府，主管梳機布帛裁製嫁娶等事。

其星明則文士現，五穀豐收，女工昌盛，府庫充盈。

●**虛日鼠：**癸子間。

家宰之象，主北方城邑廟堂祭祀之事；

又主風雲、死喪、哭泣；其星明大，則天下安樂。

〔旁註：因主風雲，故發富迅速〕

●**危月燕：**位於子宮，子屬坎卦，

坎的洛書數位置在九、六、八之間。

主架屋避藏風雨，以及基墳祠禮之事。

其位臨於一白，九紫對照，八白六白居左右，

兩相輔佐，為天地始終之宮。

●**室火豬：**位於壬宮，為軍糧之府，主土工之事。

其星明則國運日日隆，文明四海；

不明則鬼神不寧、天下疾疫。

●**壁水貐：**位於亥宮。為秘府，

亦即文章圖書之府，又為土木之事；

其星明則主圖書集，道術行，小人退，君子進。

南方朱雀七宿。……井、鬼、柳、星、張、翼、軫。

●**井木犴：**位坤宮，謂天之南門，主諸侯帝戚三公之位。

坤三畫皆陰，為萬物滋生；乾三畫皆陽，萬物資始；

天綱地紀，生成不息。

●**鬼金牛：**處在未宮。管天下士子之陰德，明察奸謀，

天之眼目。又主祠祀，主疾病死亡。

●**柳土獐：**位於丁宮。為天相、天庫、天廚之位。

主人壽福，主御膳飲食，又主雷雨、工匠。

其星明則人壽年豐，酒食昇平。

又是南極星，主健康、長壽，以文章享名。

●**星日馬：**也是丁宮。朱雀文明之粹，羽儀之所；

主衣裳紋繡，又主盜賊。其星明則天下大豐年。

●**張月鹿：**位在午宮。主珠寶、金玉及宇宙所用之物，

也是天子內宮衣服收藏貢物之庫，又主廚事及飲食類。

●**翼火蛇：**位於丙宮。為天之樂府，俳唱戲樂，

文物聲鳴之所；又主三公、化道、文籍及蠻夷、遠客。

又曰赦文，凡墓穴陽宅得丙丁合局者，

為赦文水或門路，主家無凶禍，犯罪即赦，訟必利。

●**軫水蚓：**位於巳宮。主察殃害之事，

又主車騎運載之事；為盜寇、征伐；亦主風雨。

其星明則天下安康，風調雨順，賢人疊出。

〔廿八星宿輪值日〕

◎月球依其軌道循環一週約為27 1/3 天，論二十八天；
中國曆法依每日地支配上二十八宿輪流值日，
一宿一日，二十八宿即二十八天，
若以**日、月、火、水、木、金、土**七曜星代表七天，
則恰好跟現在普遍使用的
每星期七天、每個月有四星期不謀而合。
日曜為星期日、月曜為星期一、火曜為星期二、
水曜為星期三、木曜為星期四、金曜為星期五、
土曜為星期六。

◎通書及農民曆上，可以查到二十八星宿的每日值星。
依其星宿可斷其日之行事吉凶，
當日出生之人，能斷一生吉凶。

◎廿八星宿值日吉凶如下：

角。……角木蛟宿星。吉。

角星造作主榮昌，外進田財及女郎；

嫁娶婚姻出貴子，文人及第見君王。

惟有埋葬不可用，三年之後主瘟疫；

起工修築墳基地，當前立見主人凶。

●角星造作可榮昌，可置田產及早辦喜事。

如果用角星來辦嫁娶則可出貴子，

讀書人的功名可一帆風順。

●不可用角星行埋葬，否則三年之後有瘟疫。

●用角星起工修築墳墓或地基，則主人不利。

●**宜：**婚禮、穿新衣、裁衣、動土、立柱、旅行、搬家。

忌：葬儀。

●此日出生之人，壯年時多為妻子勞苦、晚年萬事如意。

亢。……亢金龍宿星。凶。

亢星造作長房當，十日之中主有殃；

田地消磨官失職，接運定是虎狼傷。

嫁娶婚姻用此日，兒孫新婦守空房；

埋葬若還用此日，當時害禍主重傷。

●亢星造作則長房在十日之中有災殃，
　祖田不保且會失去官職，及會受小人所傷。

●如果用亢星行嫁娶，則兒孫新婦要守空房。
　如果用亢星行埋葬則有災禍、重傷。

●**宜：**婚禮、播種、買賣。
　忌：建屋、下葬。

●此日出生之人少福祿，到老愈凶，
　若不奢侈而持和平者，老而得榮。

氐。……氐土貉宿星。凶。

氐星造作主災凶，費盡田園倉庫空；

埋葬不可用此日，懸繩吊頸禍重重。

若是婚姻離別散，夜招浪子入房中；

行船必定遭沉沒，更生聾啞子孫窮。

●氐星造作會有災殃，田園財產一時空。

●用氐星進行埋葬，則有人會懸吊自縊、災禍接二連三。

●用氐星行婚禮則會離別、婦人不貞。

●航行不利，更會生產聾啞的子孫，而鬧得家庭更窮。

●**宜**：買田園、播種。

忌：葬儀、建造、嫁娶。

●此日出生之人，福祿豐厚，願望如意，到老愈榮。

房。……房日兔宿星。吉。

房星造作田園進，錢財牛馬遍山崗；

更招外處田莊宅，榮華富貴福祿康。

埋葬若然用此日，高官進職拜君王；

嫁娶嫦娥至月殿，三年抱子至朝堂。

●房星造作則財源滾滾來，享受榮華富貴、有福祿，並且身體健康。

●用房星行埋葬則仕途平穩。

●嫁娶用房日，婚姻美滿，三年得貴子。

●**宜**：祭祀、婚姻、上樑、移徙。

忌：買田園、裁衣。

●此日出生之人有威德，有福祿。

少年雖奔波，到老愁，總要修德行。

心。……心月狐宿星。凶。

心星造作大為凶，更遭刑訟獄囚中；

忤逆官非宅產退，埋葬卒暴死相從。

婚姻若是用此日，子死兒亡淚滿胸；

三年之內連遭禍，事事教君沒始終。

●心星造作則大凶，

有囚獄之災，忤逆長輩、惹官非，損失宅產。

●心星埋葬為大凶，

用於婚姻則傷子，凶事接二連三，令人寢食難安。

●**宜：**祭祀、移徙、旅行。

忌：裁衣、其它凶。

●此日出生之人雖有逢災厄，但福祿豐厚、稱心如意。

尾。……尾火虎宿星。吉。

尾星造作主天恩，富貴榮華福祿增；

招財進寶興家宅，和合婚姻貴子孫。

埋葬若能依此日，男清女正子孫興；

開門放水招田宅，代代公侯遠播名。

●尾星造作可榮華富貴、福祿、財源滾滾而來。

●行婚姻則大吉利、子孫有利，有貴氣。

●用尾星行埋葬則子孫興旺，
地理方面的開門放水則財源滾滾而來，並且有名望。

●**宜：**婚禮、造作。
忌：裁衣。

●此日出生之人，雖有福祿，但總有失財之慮，
要慎重注意。

箕。……箕水豹宿星。吉。

箕星造作主高強，歲歲年年大吉昌；
埋葬修墳大吉利，田蠶牛馬遍山崗。
開門放水招田宅，篋滿金銀穀滿倉；
福蔭高官加祿位，六親豐榮樂安康。

●箕星造作可年年大吉昌，埋葬修墳也大吉利。

●風水方面的開門放水，則可升官、仕途平穩，
又財源滾滾而來，六親豐足，
生活過得快樂平安且身體健康。

●**宜：**建造、開池、開門、造屋、收財。
忌：婚禮、裁衣。

●此日出生之人住所不定，年老有災；
若有憐憫愛護他人之心，反而得福。

斗。……斗木獬宿星。吉。

斗星造作主招財，文武官員位鼎台；

田宅家財千萬進，墳堂修築貴富來。

開門放水招牛馬，旺蠶男女主和諧；

遇此吉宿來照護，時支福慶永無災。

●斗星造作可招財、有利於仕途，家業欣欣向榮。

●修築墳地，可招富貴；

開門放水則有進財，可使家庭和睦，有福而無災。

●**宜：**裁衣、建造、開門、放水。

●此日出生之人，

雖屬福薄之人，但有才能，受賢良之所愛而得福。

牛。……牛金牛宿星。凶。

牛星造作主災危，九橫三災不可推；

家宅不安人口退，田蠶不利主人衰。

嫁娶婚姻皆自損，金銀財穀漸無之；

若是開門並放水，牛豬羊馬亦傷悲。

●牛星造作有災厄，天災橫禍不能免，

家庭不安而且傷人口，事業不利。

●若行婚姻則不利，錢財漸退；開門放水則不利六畜。

●**忌**：嫁娶、建造。

●此日出生之人雖有福祿，卻屬短命，若長壽必貧。
積德修善佛自得庇佑。

女。……女士蝠宿星。凶。

女星造作損婆娘，兄弟相嫌似虎狼；

埋葬生災逢鬼怪，顛邪疾病主瘟癀。

為事遭官財失散，瀉利留連不可當；

開門放水用此日，全家財散主離鄉。

●女星造作，不利婦女，恐會損人口；
兄弟互相猜忌，感情不和睦，好比水火不能相容。

●如果行埋葬，則容易招鬼怪，
有怪病發生，作事易惹事生非而失財。

●要是開門放水，則家庭破散，離鄉別井。

●**宜**：學藝。
忌：喪儀、爭訟、裁衣。

●此日出生之人薄福，又好與人爭論而惹禍，
應謹慎為善以補之。

虛。……虛日鼠宿星。凶。

虛星造作主災殃，男女孤眠不一雙；

內亂風聲無禮節，兒孫媳婦伴人床。

開門放水遭災禍，虎咬蛇傷又卒亡；

三三五五連年病，家破人亡不可當。

●虛星造作則有災殃，男女相剋無法成雙。
家庭不和睦，而且兒孫媳婦都不守節操，
甚至亂了倫理。

●如開門放水更有災禍，損人口，有傷亡，
疾病接二連三，直至家破人亡。

●**忌：**開門放水，不論何事，小心退守則吉。

●此日出生之人薄福，又好與人爭而惹禍，
萬事要小心謹慎注意。

危。……危月燕宿星。凶。

危星不可造高樓，自遭刑吊見血光；

三年孩子遭水厄，後生出外永不還。

埋葬若還逢此日，週年百日取高堂；

三年兩載一悲傷，開門放水到官堂。

●危星造作則有刑吊及血光之災，
三年內孩子會遭水厄，損人口，年青出外不歸家。

●若行埋葬則更悲傷，週年或百日年長的有災厄。

●要是開門放水，則會上官堂打官司。

●**宜**：出行、納財。

忌：起造、埋葬、開門、放水，其它要戒慎。

●此日出生之人希望可達成，但中途多挫折。

室。……室火豬宿星。吉。

室星修造進田牛，兒孫代代近王侯；

家貴榮華天上至，壽如彭祖八千秋。

開門放水招財帛，和合婚姻生貴兒；

埋葬若能依此日，門庭興旺福無休。

●室星修造則大吉利，富貴榮華，而且財源廣進，長壽。

●開門放水則可招財進寶，行婚禮則可生貴子。

●要是行埋葬則子孫興旺、福祿無窮。

●**宜**：婚禮、移徙、建造、祭祀、掘井。

忌：喪儀。

●此日出生之人少年不如意，老而有望；
旅行中往往有失物之慮，要注意。

壁。……壁水貐宿星。吉。

壁星造作主增財，絲蚕大熟福滔天；

奴婢自來人口進，開門放水出英賢。

埋葬招財官品進，家中諸事樂陶然；

婚姻吉利主貴子，早播名譽著祖鞭。

●壁星造作可招進財、財源廣進，事業有成。

●開門放水則後代賢能。

●埋葬則可招財，且有利於仕途，家庭生活幸福美滿。

●如果行婚禮則大吉利，早生貴子而有名聲。

●**宜**：婚禮、建造、埋葬。

忌：往南方凶。

●此日出生之人一生多病而短命，

但心正而愛人，節飲食者可保長命。

奎。……奎木狼宿星。凶。

奎星造作得禎祥，家內榮和大吉昌；

若是埋葬陰卒死，當年定主兩三傷。

看看軍令刑傷到，重重官事主瘟惶；

開門放水遭災禍，三年兩次損兒郎。

●奎星造作算得了禎祥，可使家內繁榮而和睦。

●不可用來埋葬，否則一年內必有傷亡，

而且有官事及怪病發生。

●要是開門放水則有災禍，對兒子不利。

●**宜**：出行、裁衣、修屋。

忌：開店。

●此日出生之人雖是長壽，老而多福，但做生意不佳。

婁。……婁金狗宿星。吉。

婁星修造起門庭，財旺家和事事興；

外進錢財百日進，一家兄弟播高名。

婚姻進益生貴子，玉帛金銀箱滿盈；

放水開門皆吉利，男榮女貴壽康寧。

●婁星造作，可家業興旺，財源廣進，兄弟和睦有名望。

●行婚禮。早生貴子。

●開門放水則身體健康而長壽，經濟很好。

●**宜：**婚禮、修屋、造庭。

●此日出生之人少年有凶，老而有福祿；

若放蕩變為貧窮之命。

胃。……胃土雉宿星。吉。

胃星造作事如何，家貴榮華喜氣多；

埋葬貴臨官祿位，夫婦齊眉永保康。

婚姻遇此家富貴，三災九禍不逢他；

從此門前多吉慶，兒孫代代拜金階。

●胃星造作則榮華富貴，喜氣洋洋。

●行埋葬則有利於仕途，夫婦可白首偕老。

●行婚禮則可使家內富貴，兒孫代代有名望。

●**宜：**嫁娶、下葬、公事吉。

忌：私事凶。

●此日出生之人少年時多艱難，中年吉祥。

昴。……昴日雞宿星。凶。

昴星造作進田牛，埋葬官災不得休；

重喪二日三人死，盡賣田園不記增。

開門放水招災禍，三歲孩兒白了頭；

婚姻不可逢此日，死別生離是可愁。

●昴星造作可使家業興盛。

●埋葬則常有官災，且會繼續死人，更會變賣田產。

●開門放水則會招災禍，孩童會得怪病。

●行婚禮則更悲哀，會有死別生離。

忌：結婚，萬事皆凶。

●此日出生之人少年時代多勞苦，中年後多幸福而順遂。

畢。……畢月烏宿星。吉。

畢星造作主光前，買得田園有餘錢；

埋葬此日添官職，田蚕大熟永豐年。

開門放水多吉慶，合家人口得安然；

婚姻若得逢此日，生得孩兒福壽全。

●畢星造作則財源廣進。

●行埋葬則有利於仕途，事業興旺。

●開門放水，則合家歡樂，

●行婚禮則早生貴子而福壽雙全。

●**宜**：造屋、葬儀、嫁娶、造橋、掘井。

●此日出生之人，一生願望難成；
若事事慎謹而行善者反為得福。

觜。……觜火猴宿星。凶。

觜星造作有徒刑，三年必定主伶丁；
埋葬卒死多因此，取定寅年使殺人。
三喪不止皆由此，一人藥毒二人身；
家門田地皆退敗，倉庫金銀化作塵。

●觜星造作則有刑害，會變成伶仃。
●假若行埋葬則容易有暴死的現象，多數應於寅年；
災禍不斷，直至使田地退散而破家。
●**忌：**大惡日，建造、下葬、百事皆凶。
●此日出生之人一生住所不定，至老愈凶。
若有慈善心而積善德，反得平安。

參。……參水猿宿星。凶。

參星造作旺人家，文星照耀大光華；
只因造作田財旺，埋葬招疾哭黃沙。
開門放水加官職，房房子孫見田加；
婚姻許遁遭刑剋，男女朝開暮落花。

●參星造作可旺人家，文星高照，並對田產有利。
●行埋葬則大凶。
●開門放水則有利於仕途，與田產及子孫興旺。

●行婚禮則大凶，會遭刑剋，感情無法和睦。

●**宜**：旅行、立門、建造皆吉。

忌：婚禮、埋葬。

●此日出生之人一生能保福祿，萬事稱心如意。若驕必破財。

井。……井木犴宿星。吉。

井星造作旺蚕田，金榜題名第一光；

埋葬須防驚卒死，狂顛風疾入黃泉。

開門放水招財帛，牛馬豬羊旺莫言，

貴人田塘來入宅，兒孫興旺有餘錢。

●井星造作則財源廣進，可金榜題名。

●埋葬則不利，容易得怪病而命歸黃泉。

●開門放水可招財進寶，貴人重重，兒孫興旺。

●**宜**：祭祀、播種、建造。

忌：裁衣。

●此日出生之人，一生妻子薄祿，但老年環境尚可，對施捨孤兒必有回報。

鬼。……鬼金牛宿星。凶。

鬼星起造卒人亡，堂前不見主人郎；

埋葬此日官祿至，兒孫代代近君王。

開門放水須傷死，嫁娶夫妻不久長；

修土築牆傷產女，手扶雙女淚汪汪。

●鬼星造作則大凶，有傷人口。

●埋葬用此日則可加冠進祿，對兒孫的仕途有利。

●開門放水，則有傷人口。

●要是行婚禮夫妻不長久。

●修土築牆也大凶。

●**宜**：可下葬。

忌：建造、婚禮，往西方亦凶。

●此日出生之人少年時多勞心，
必要刻苦耐勞，事業才能平坦。

柳。……柳土獐宿星。凶。

柳星造作主遭官，晝夜偷閉不暫安；

埋葬瘟惶多疾病，田園退盡守冬寒。

開門放水遭聾瞎，腰佗背曲似弓彎；

更有捧刑宜謹慎，婦人隨客走盤桓。

●柳星造作則有官事，無日安寧。

●埋葬則多疾病，並且田產退敗。

●開門放水，則會產生耳聾及瞎眼的毛病，甚至彎背；
嚴重的話甚至遭刑打，婦人不守婦道。

●**忌**：開門、放水、葬儀。

●此日出生之人一生有福祿，但好與人鬥，要慎謹。

星。……星日馬宿星。凶。

星宿日好造新房，進職加官近帝王；

不可埋葬並放水，凶星臨位女人亡。

生離死別無心戀，要自歸休別嫁郎；

孔子九曲殊難度，放水開門天命傷。

●星日造作，則有利於仕途。

●不可埋葬與放水，否則大凶，會遭生離死別之禍。

●**宜：**婚禮、播種。

忌：喪儀。

●此日出生之人多福，萬事如願。

張。……張月鹿宿星。吉。

張星日好造龍軒，年年並見進庄田；

埋葬不久升官職，代代為官近帝前。

開門放水招財帛，婚姻和合福綿綿；

田蚕人滿倉庫滿，百般順意自安然。

●張星造作，則財源廣進。

●埋葬，有利於仕途。

●開門放水則可招財進寶。

●行婚禮則夫妻恩愛和合福綿綿，事事如意，安然自得。

●**宜：**婚禮、開市、祭祀、埋葬。

●此日出生之人能立身振作，願望達成。

翼。……翼火蛇宿星。凶。

翼星不利架高堂，三年二載見瘟惶；

埋葬若還逢此日，子孫必定走他鄉。

婚姻此日不宜利，歸家定是不相當；

開門放水家須破，少女戀花貪外郎。

●翼星修造，則容易得怪病。

●要是行埋葬，則子孫遠走他鄉。

●行婚禮則不利，婦女不守婦道。

●開門放水則家破，少女會淫奔。

●**忌：**下葬、嫁娶、建造凶，百事皆不宜。

●此日出生之人一生多貧，所以要修身行道天必賜福。

軫。……軫水蚓宿星。吉。

軫星臨水造龍宮，代代為官受皇封；

富貴榮華增受祿，庫滿倉盈自昌隆。

埋葬文昌來照助，宅舍安寧不見凶；

更有為官沾帝寵，婚姻龍子入龍宮。

●軫星造作，利於仕途，榮華富貴，增福壽，財源廣進。

●**宜：**買田園、入學、建造、婚禮、裁衣。

忌：向北方旅行凶。

●此日出生之人一生多福，愈老愈得厚福。

筆 記 欄：

擇日理則篇

擇日用事術語解釋

祭祀。……

●寺廟之拜拜、祠堂公媽之祭拜事宜。

祈福。……

●祈求神佛降福，包括到寺廟求願、還願。

〔旁註：祈福多是針對某特定事務，祈求之餘，
應以達願之後另行祭拜或建立功果，即是許願〕

〔**獨白：做生日，期待更多福氣，亦屬祈福之類**〕

求嗣。……

●向神佛或公媽懇求賜生子息以傳嗣。

〔**獨白：等同許願祈福**〕

開光。……

●神佛像，包括雕刻及畫像，塑成後點眼，
並供奉上位之儀式，俗稱〔**開光點眼**〕。

〔旁註：點眼即是祈請神靈降臨附身〕

塑繪。……

●寺廟建築或神像之雕刻彩繪，稱為〔**塑繪**〕。

〔**獨白：為人畫像及塑像亦須列入**〕

出行。……出行、旅行、旅遊、留學、移民。

●外出遠方旅行，包括：〔**出外求財、遊覽、遊學、留學、移民、出差**〕。條件是需要些時日，
當日短暫之外出不包括在此類。

●出行又應包括〔**遠回歸寧**〕及〔**出軍**〕

〔旁註：遠嫁而回娘家與軍隊開拔〕

齋醮。……

●〔**齋醮**〕本義是〔**做齋、作功果、作功德**〕，
亦即人死安葬前，進行之祭祀儀式。
此處說是〔**建立醮台道場**〕，
事實上另有名辭直稱〔**建醮**〕或〔**設醮**〕。

出火。……移動神明位。

●舊房屋改建或整修，有必須宜動神桌爐位之事。

〔旁註：有神佛公媽香火，請出暫寄他房或其他家宅〕

納采、結婚姻。……訂婚、文定、過定。

●〔**結婚姻**〕，又叫〔**問名、提親**〕。

古禮由男方取得女方年庚，供於神桌上，

過三天如無事發生，再進行討論後續

〔**訂婚、完聘、嫁娶**〕之事。

〔旁註：**結婚姻**應排在**納采**之前〕

●〔**納采**〕指〔**接受聘金、完成訂婚**〕之作業。

〔旁註：俗稱**完聘、大聘、大定**〕

〔獨白：昔俗有小聘、現稱訂婚、文定、過定、暗定〕

〔旁註：**暗定即是按定**〕

裁衣。……

●嫁娶日前，新娘裁製新衣禮服。

●家有喪事，裁做壽衣。

合帳。……

●新婚床新作蚊帳，蚊帳門縫合。

冠笄。……成年禮。

●男女長大成年而舉行成年禮。

〔旁註：男為冠禮、女為笄禮。

現在有人會舉行派對，新潮的還舉行舞會〕

嫁娶。……

●女嫁男娶，舉行結婚典禮的日子。

〔旁註：迎親日。通常由男方選擇後送女家覆驗〕

納婿。……招贅。

●女方招贅。

〔旁註：男子贅入女方〕

沐浴。……齋戒。

●凡是有所祈願而齋戒沐浴之起頭日。

〔旁註：包括到寺廟或自行占卜〕

剃頭。……

●初生嬰兒第一次理髮。

〔旁註：剃胎頭〕

●落髮為僧尼，剃度之擇日。

整手足甲。……

●初生嬰兒第一次修剪手指甲及腳趾甲。

分居。……分家。

●大家庭兄弟分家、各起爐灶。

進人口。……收養、僱傭。

●收養兒女。

●僱請長工或員工屬之。

〔旁註：近年多僱請外勞常照〕

解除。……大掃除、清潔消毒、消災解禍。

●本義是向神佛祈求攘災的祭典儀式。

●廣義上，進行一切有關驅除災厄的情事的吉日。

〔旁註：包括清洗宅舍、消毒等〕

修造。……修方、修作、興修。

●舊房屋改建或修理舊宅。

〔旁註：今日包括裝潢〕

●修繕除擇日之外，尚須選方。

〔旁註：以中宮（廳堂）論宜修方位〕

起基、動土。……動土、整地、興工、開工。

●陽宅建築，開始動鋤頭，頭一下之開挖。

〔旁註：今日推廣至論陽宅各種建築動工之日〕

伐木、伐木做樑。……

●昔時專指〔砍伐樹木〕之事。

〔旁註：舊有通書沒有**做樑**之字眼〕

豎柱。……

●豎起新房屋之立柱或立壁。

〔旁註：今日多指立柱及外壁之灌漿〕

上樑、架馬。……

●建造新房屋，安裝上屋頂大樑之工事。

開柱眼。……

●製作柱木之事。

開屏楄架。……

●製作門扇或屏障等事項。

安門。……

●新建房屋，安設〔**大門、前門**〕，包括〔**安門檻**〕。

蓋屋合脊。……

●蓋房屋裝屋頂之情事。

〔旁註：今日多指屋頂灌漿〕

求醫療病。……

●身體病痛，欲往醫院或診所看病，
主要指求醫久年慢性疾病或動手術。

安床。……

●新婚日前，新房安置新床就定位之事宜。

●為求改運，或久年不孕，重新安新床或搬移舊床，
床鋪新位置定位。

〔旁註：孕婦床移動，須加看六甲胎神佔方〕

移徙。……搬家、移居。

●遷移住所。

〔旁註：搬家，房子是舊的〕

入宅。……入新居、新居落成。

●住進新建大廈或新蓋的房屋，或舉行新居落成典禮。

掛匾。……懸掛招牌、懸掛匾額。

●各種店鋪或公司工廠行號掛名號招牌，或掛上匾額。

〔旁註：包括大堂或主事者辦公室的橫扁〕

開市。……開市、開張、開業、開幕、開工。

●新的公司或商店開業、新建工廠動工。

〔旁註：開業就是開始做生意〕

●公司、工廠或商店，或機關團體，
啟動運作或舉行開幕典禮、剪綵。

●公司店鋪或工廠於過年休息之後，
在新的年頭重新啟動業務或開工。

立券交易。……

●訂定契約或打合約。

〔旁註：白紙黑字、紙上契約，
訂定買賣或合作或合夥契約。

納財。……置產投資、進帳、收帳。

●置產、進貨，或有金錢入帳之事務。

〔旁註：房地產投資、進貨、進倉、入庫〕

〔旁註：收帳、收租、貸款〕

醞釀。……

●釀酒或造醬之事的起頭擇日。

〔旁註：有祈求好收成之意涵〕

捕捉。……

●撲滅農作物害蟲之事。

畋獵。……

●打獵或捕捉野獸。

栽種。……

●種植植物、接枝之類。

納畜。……

●買入六畜養飼吉日。

教牛馬。……

●〔**放牧**〕及〔**訓練牛馬**〕之工作。

破屋壞垣。……拆除。

拆卸……拆除。

●拆除〔**舊房屋、舊建築、舊圍牆**〕之類。

開井、開池。……

●開鑿水井。

●開鑿〔**水池、蓄水池、魚池**〕。

放水、作陂。……

●將水灌入蓄水池。

〔旁註：**作陂**即是**開池**〕

開廁。……

●建設便所之開工。

〔旁註：過去宅院之廁所必作在戶外，
帶煞之物，必要擇日取方〕

造倉庫。……

●建築倉庫或修理倉庫。

塞穴。……

●修補圍牆破洞。

●堵塞鼠穴或蟻穴之類。

平治道塗。……修路。

●整修道路、壓平道路之工程。

修墓。……

●舊風水墳墓之修理。

啟攢。……

●打開舊墳，檢拾骨骸整理後等待遷葬之事宜。

〔旁註：俗稱**拾金**或**洗骨**。**攢**就是**扦**〕

開生墳。……

●〔**開造墳墓**〕或〔**作生基**〕。

合壽木。……

●製造棺材。通常是指將半成品完成之工事。

入殮。……

●把屍體移入棺木內。

移柩。……

●葬儀之時，將棺木移出屋外之事。

成除服。……成服、除服。

●**成服**，指穿上喪服；**除服**，指脫下喪服。

●**成除服**，指親喪後作百日或作對年，子孫除靈喪解服。

〔旁註：月內家無喪事，為他人服喪，
或子孫在外地而服喪，方須擇日〕

破土。……

●挖葬坑，或安葬進金建造墳墓挖土興工。

〔旁註：陽宅建築之開挖稱**動土**〕

謝土。……

●建築物，包括寺廟、大廈……完工，或墳墓完工後，
謝地基主分金神之祭祀儀式。

安葬。……

●通指舉行埋葬之儀式。

刀砧日。……

●忌針灸與穿割六畜。

〔旁註：屠宰業的公休日〕

建除十二神宜忌解析

〔建除十二神導引〕

◎〔**建除十二神**〕不僅僅現於通書典籍，即使最農民曆，或日曆上，也佔著極大份量。觀察通書或年曆，每月交節之後，以月起建，依〔**建、除、滿、平、定、執、破、危、成、收、開、閉**〕等十二神順排日辰，周而復始，使人觀查其所值之日，以定行事吉凶。

〔旁註：日支與月支相同者為建，例如：正月建寅，
則寅日為建日，依序下去，卯為除、
辰為滿、巳為平……〕

〔旁註：建日，與北極星斗杓所指相應〕

◎論其氣息，實與命理論〔**長生十二運**〕有異曲同工之妙；若將兩者對比，則又讓人有茅塞頓開之感。

建【帝旺】、除【衰】、滿【病】、平【死】、
定【墓】、執【絕】、破【胎】、危【養】、
成【長生】、收【沐浴】、開【冠帶】、閉【臨官】。

◎擇日主要先檢核〔**建除十二神**〕之宜忌，
再加上其他值神，綜合選取。

〔旁註：建除神若吉，而其他凶神少，仍可取用；
若建除神為忌，其他吉神多，還得謹慎斟酌〕

月支	寅	卯	辰	巳	午	未	申	酉	戌	亥	子	丑
建日〔龍德〕〔土府〕	寅	卯	辰	巳	午	未	申	酉	戌	亥	子	丑
	建除十二神煞。龍德日同位。〔土府凶日同位〕											
除日〔吉期〕	卯	辰	巳	午	未	申	酉	戌	亥	子	丑	寅
	建除十二神煞。 吉期日同位											
滿日〔天富〕〔福德〕	辰	巳	午	未	申	酉	戌	亥	子	丑	寅	卯
	建除十二神煞。天巫、天富、福德、〔天狗、土瘟〕											
平日〔天罡勾絞〕〔河魁勾絞〕	巳	午	未	申	酉	戌	亥	子	丑	寅	卯	辰
	建除十二神煞。〔陽月天罡、陰月河魁〕											
定日	午	未	申	酉	戌	亥	子	丑	寅	卯	辰	巳
	建除十二神煞、三合。											
執日〔小耗〕	未	申	酉	戌	亥	子	丑	寅	卯	辰	巳	午
	建除十二神煞。 〔小耗凶日同位〕											
破日〔月破〕〔大耗〕	申	酉	戌	亥	子	丑	寅	卯	辰	巳	午	未
	建除十二神煞。 〔大耗〕同位。											
危日	酉	戌	亥	子	丑	寅	卯	辰	巳	午	未	申
	建除十二神煞											
成日〔天喜〕	戌	亥	子	丑	寅	卯	辰	巳	午	未	申	酉
	建除十二神煞。 二合。											
收日〔勾絞〕〔八座凶日〕	亥	子	丑	寅	卯	辰	巳	午	未	申	酉	戌
	建除十二神煞。〔陽月河魁、陰月天罡〕〔八座同位〕											
開日〔生氣〕	子	丑	寅	卯	辰	巳	午	未	申	酉	戌	亥
	建除十二神煞。 生氣吉神同位											
閉日〔血支〕	丑	寅	卯	辰	巳	午	未	申	酉	戌	亥	子
	建除十二神煞。 〔血支凶日同位〕											

〔**建日**〕……**新開創性。**

◎〔**建日**〕為當旺之日，意謂〔**建立、建設、開創**〕之日，適合〔**開創性、建設性、建立性**〕之事物，也就是宜於〔**新的、開創性**〕的事項。

〔旁註：**建日**，與**月建**同字，故為元神之旺〕

〔旁註：**建日**為**旺日**，一般純人事類之擇日均吉；
唯婚姻講究陰陽和合，不宜專旺；
建日過剛，故而不宜〕

宜用建日。……

●〔**上官、上任、祈福、出行**〕，宜於〔**建日**〕。

〔旁註：**上任**，新的工作、新的職位〕

〔旁註：**祈福**，向上天神明祈求新的事項與福氣〕

〔旁註：**出行**，新的動作、新的方向〕

●〔**開工、營造**〕，開始新的工程建設，宜於〔**建日**〕。但若起造之方恰是〔**太歲方**〕或〔**三煞方**〕，則又不宜。

〔旁註：三煞與太歲所值之方，不可動犯；
若涉及選方，不論建除十二神值何日，
該年均不可動工〕

●**其他開創性之事務**，包括〔**開學、拜師學藝、訂盟、打契約、交易、報到……**〕皆宜取〔**建日**〕。

忌用建日。……

●〔**嫁娶**〕現稱〔**結婚**〕，不取〔**建日**〕。

〔旁註：結婚雖屬新的氣息，然夫婦講究陰陽調和，
不可單旺；建日陽氣過盛，因此不宜結婚〕

●喪葬，不取〔**建日**〕。

●動土、放水，不取〔**建日**〕。

〔旁註：動土，只是起頭，難稱圓滿；
放水則是收尾結束之事務，兩事破了天地之氣〕

●收成及開倉之事，不取〔**建日**〕。

〔旁註：兩事俱主收藏，建日旺而不收〕

〔除日〕……除舊佈新、除霉除惡。

◎除日，為〔**旺氣稍減**〕，旺而不極端，
適於〔**除舊佈新、除霉除惡**〕之情事；
此日通常吉利，很少不宜之事。

〔旁註：唯全新事物不宜〕

宜用除日。……

●**求醫療病、服藥**，病痛宜除。

●**解除**，宜於進行〔**大掃除、清潔消毒，祈求攘災**〕。

●**除服**，脫下喪服以〔**除喪**〕。

●**和解、雪冤**，消解冤仇，去除惡名、還我清白。

●**設醮、祭祀、祈福、驅邪、齋戒、沐浴、清淨**，
俱是〔**除舊取新**〕之義。
●**修造、修方**，適合修繕整修或裝潢房屋。
〔旁註：整修宅墳，仍宜注意方位宜忌〕

忌用除日。……
●**新造、婚禮、出行、開井**……之類，
純新而無除舊之義的事務，不宜〔**除日**〕。

〔滿日〕……滿願，注意過滿則溢。

※同日神煞有〔**天富**〕、〔**天巫**〕即〔**天醫**〕。
◎滿日有圓滿之意，取義〔**滿願**〕，
通常宜於吉事，凶事不取滿日。
◎滿日仍須注意〔**過滿則溢**〕，人事上若是必須持續發展
才有成果之事，卻又不宜滿日。
〔旁註：**滿日**，取**圓滿、美滿、充滿、豐碩**〕
〔旁註：吉事亦有分別，有些是宜於圓滿即止，
有些是又必須期待往後有好的發展，
還是必須加以分辨。
見好即止、滿願即收，畢竟帶有止意〕

〔**獨白：凡福財吉事，俱宜滿日，容易滿願。**
滿日易得天應，因此有天富之名〕

宜用滿日。……

●祈福、祭祀，宜於〔**滿日**〕。

〔旁註：期待滿願，然向上天求福，圓滿就好，
不宜貪求，宜參看所祈何事〕。

〔旁註：**天狗日**、**天巫日**，俱與**滿日**同位。
天巫即是**天醫**，宜於醫藥、祭祀、祈願；
天狗，卻又忌祭鬼神與祈願〕

〔**獨白：滿日，俗忌其為〔天狗日〕，不取來祈福祭祀。**
另說，只忌酉月之戌日天狗滿日〕

●**求財**、**造倉**、**修倉**，宜用〔**滿日**〕。

〔旁註：求財宜滿願，倉庫宜滿載〕

●求醫療病、服藥，宜用〔**滿日**〕。

〔旁註：滿則止，取義**病滿則退**；
滿日有**天醫**、**天巫**之喜神名〕

忌用滿日。……

●上官赴任，不宜〔**滿日**〕。

〔旁註：報到雖圓滿，但不宜逢滿則止；
當官嘛，總是期待後續之陞遷，自然不宜滿日〕

●動土、放水，不取〔**滿日**〕。

〔旁註：一般工程事項，宜於圓滿，滿日為吉；
然動土有開始之意涵，起頭難保證圓滿，
且亦含有破意，破了天地之氣。
放水則多是收尾結束之事務。
滿日併臨**土瘟**，動土恐致瘟病〕

●**喪葬事**，如〔**造葬、破土、開墳、修墓……**〕，
忌取〔**滿日**〕。然另有一說〔**滿日宜安葬**〕。

〔旁註：死人不是好事，墳塋宜空不宜滿〕

〔旁註：重點在是否已經有喪，若已有而亟待安葬，
用滿日取其圓滿而止；無喪則不宜為待喪行事〕

●談婚事提親、嫁娶，有宜與不宜。

〔旁註：取圓滿之義為吉，又不宜過份逾越；
與其他吉神相併多則可取，多臨凶神則不宜〕

〔平日〕……動態的平衡。

◎平日，有〔**持平、平穩**〕之意，是一種動態的平衡，
不吉不凶，宜於〔**收斂、平穩**〕之事項。

◎然而，平日過於消極，若是帶積極意涵之事務，
畢竟不宜取用〔**平日**〕。

〔旁註：猶如水滿，過多的流走，留下的與瓶口齊平〕

〔旁註：不好的已經過去，期待後續**平穩**的發展〕

宜用平日。……

●治病、除災，宜取〔**平日**〕。

〔旁註：危險期已過，就等慢慢復元。
然而平日居十二長生之**死**位，有**死神**之名，
若是**重病或開刀之事，還是不用平日為宜**〕

●解除，宜取〔**平日**〕。

〔旁註：守喪總是鬱卒之事，脫下喪服，迎接新的氣息〕

●修造、修方、補垣，宜取〔**平日**〕。

〔旁註：舊的房舍建設或牆壁，總有些破損，
整修既能停止崩壞，又能迎接新的氣息〕

〔定日〕……穩定、安定。

◎定日，取其〔**安住、安定**〕之義；
凡是期待後續發展之事務，不宜〔**定日**〕。
換言之，好的事情宜於定日，不好的事則不宜定日；
或者希望〔**停止、定住**〕的事務，可取〔**定日**〕。

〔旁註：動態的平衡之後，進入完全的**穩定**，定日為吉〕

〔旁註：例如疾病宜除，不可固著在身，不取**定日**〕

宜用定日。……

●安宅、祭禮、祈福……，宜取〔**定日**〕。

〔旁註：宅內平安就是福，

祭祀或祈福也是期待福氣安定，不要溜走〕

●**冠笄**，男女長大成年而舉行成年禮，宜取〔**定日**〕。

〔旁註：男為冠禮、女為笄禮，

定日取其定性、穩定成長〕

●**會親友、訂盟，宴會及協議**之事，宜於〔**定日**〕。

〔旁註：訂定集會日期、或訂定約盟，

取其決定之後即不生變之義〕

忌用定日。……

●醫療、造葬、興訟……忌〔**定日**〕。

〔旁註：論病，宜除而不宜安著在身；

定日求醫，容易成為痼疾不化〕

〔旁註：造葬與訴訟俱凶、宜於化解〕

●選將出師，忌用〔**定日**〕。

〔旁註：定則安靜不動，

授階與期待軍隊開拔，自然不宜故步自封〕

●除服，忌用〔**定日**〕。

〔旁註：外地奔喪或為他人服喪之解喪〕

●公務員之進取行事，不宜〔**定日**〕。

〔旁註：既曰進取，則政事疑推動、不宜固著不動；
定日居四利三元之**官符**〕

〔**執日**〕……**固定、抓住、履行。**

◎執日，取其〔**固執、固定不動**〕、〔**抓住不放**〕之義。
不宜用於已有而〔**維持現狀**〕之事務，
卻宜於〔**尚未到手、等待把握**〕之新事宜。

宜用執日。……

●新船下水、祭祀、求嗣，宜用〔**執日**〕。

〔旁註：尚未開始，宜保握時機、期待後續效果〕

●豎造、起造，宜於〔**執日**〕。

〔旁註：執日於新建，新造建築宮室，必須把握天候〕

●栽種、蒔田，宜〔**執日**〕。

〔旁註：種植與蒔田俱需抓住時機，
蒔田又有用手握執之義〕

●捕捉，宜於〔**執日**〕。

〔旁註：捕捉之事務，例如**狩獵、捕魚、捕鼠……**之類，
必須抓住，方有成果〕

●**平治道途、造作修方、開井，**
俱是必須把握或履行之事項，宜於〔**執日**〕。

●**嫁娶結婚、訂盟、祭祀、祈福……**

俱是必須把握或履行之事項，宜於〔**執日**〕。

忌用執日。……

●**開市、交易、納財、出財貨、開倉……，**

忌用〔**執日**〕。

〔旁註：做生意進財，多多益善，豈可原地踏步；

而且執日居四利三元之**小耗**，必有耗損〕

●**入宅、出行、移徙**，忌用〔**執日**〕。

〔旁註：入宅、移居、旅行之類的事務，

乃人身或物資之流通，忌諱死執不動〕

〔**破日**〕……**破壞、突破。**

●破日，取其〔**打破、突破、破壞**〕之義，

宜於〔**破壞原狀、突破僵局**〕之事務，

其他事務俱是不吉。

〔旁註：破日，即與月令相沖，通稱**月破**〕

宜用破日。……

●**破屋壞垣，**宜〔**破日**〕。

〔旁註：舊屋舊建築必須打掉，方有重建之機〕

●**解除魔咒、攘災**，宜〔**破日**〕。

〔旁註：長年霉災，破而去之〕

●**求醫**，宜〔**破日**〕。

〔旁註：長年痼疾、突發腫瘤，俱宜破而去之〕

●**離婚、分家**，宜〔**破日**〕。

〔旁註：打破牽絆，方有後續發展〕

忌用破日。……

●凡是〔**築起造之工程事項**〕，忌用〔**破日**〕。

〔旁註：營建宜堅不宜破〕。

●**出行、赴任、移居、嫁娶、豎造**，……忌用〔**破日**〕。

〔旁註：此類之變化必須立於原先基礎，方有後續發展；

而且進行後，即不可破壞。

此類事務，破日即使逢**天德月德**，亦是不取〕

●**破土、造葬、喪葬**……等凶事，不宜〔**破日**〕。

〔旁註：凶事宜安靜、避免觸動〕

●**除服、成除服**，忌用〔**破日**〕。

〔旁註：奔喪或為他人服喪之解喪為**除服**。

親喪後作百日或作對年，

子孫除靈喪解服之事為**成除服**〕

●**立券交易、開市、入宅、安香、開光、訂盟**……

忌用〔**破日**〕，此日甚凶。

〔旁註：建立之後必須堅固之事務，不宜破日〕

〔**危日**〕……**雖帶危意，但可斟酌。**

◎**危日**，取其有〔**危險、危難、險惡**〕之義，
宜其衡量並注意安全。
〔旁註：危本是星名。危主杓，杓為把柄，亦為**衡量**〕

宜用危日。……

●會親友、安床……等，
一般無具體危險之事務，取〔**危日**〕為吉。
〔旁註：危主斗杓，方向正確，會有成果〕
●捕獵、伐木，宜取〔**危日**〕。
〔旁註：捕獵、伐木，基本上獲利方向正確，
要權衡厲害〕
●祭祀，宜取〔**危日**〕。
〔旁註：祭禮，敬天敬神是對的，但要得法〕

忌用危日。……

●營建工程類，均忌〔**危日**〕。
〔旁註：必要取其全吉，危日帶凶險而不宜〕
●造葬，忌〔**危日**〕。
〔旁註：造葬是凶事，不得已方才為之，
毫無利益，沒得斟酌權衡〕

●嫁娶，忌〔**危日**〕。

〔旁註：嫁娶是吉事，必要取其全吉，
危日帶凶險而不宜〕

〔成日〕……完成、成立。

◎因事擇日，以〔**十二建除神**〕為主；
〔**成日**〕取其〔**有所成就、有所收成、可以成立**〕。
而且〔**成日**〕即是〔**天喜日**〕，宜於喜吉之事，
一般吉事擇〔**成日**〕可以有成果，
但避之唯恐不及之凶事則不取。

〔旁註：吉福之事，例如**祈福、訂婚、嫁娶、入宅、**
開市、造宅、求子……，成日可以滿願〕

◎依用事擇日，〔**成日**〕雖吉可用，仍須注意：
若當日另逢該擇事特忌之凶煞併臨，仍宜斟酌不取。

〔旁註：凶事宜散〕

宜用成日。……

●**開業、開市、入學、提親、訂婚、上官赴任、移徙**……俱
〔**希望好的開始，並期待成果**〕事務，宜取〔**成日**〕。

忌用成日。……

●**官訟**，忌取〔**成日**〕。

〔旁註：凡逢官訟，必受纏擾，因此最宜不予立案〕

●**拆卸、破屋壞垣**……破舊之事務，不宜〔**成日**〕。

〔收日〕……完備、收穫、告一段落。

◎**收**，取其事務已經完備、已有所成、有所收穫，
事情可以告一段落，應有所〔**收拾、收斂、放緩**〕，
期待下一步之發展之事務，俱宜〔**收日**〕。

◎剛開始起頭之吉事，不宜〔**收日**〕。

◎凶事亦是不取〔**收日**〕。

〔旁註：**收**有發生接受之義，
凶事俱不期待其發生，更遑言還有後續〕

宜用收日。……

●**收五穀、收財物、修倉庫、捕捉打獵**……宜擇〔**收日**〕。

〔旁註：宜於一切收成之事務〕。

忌用收日。……

●**剛開始的事業、出行**……俱是〔**宜於開展、
期待後續發展**〕的事務，忌取〔**收日**〕。

〔旁註：宜於後續發展之事務，忌諱**收縮**與**結束**〕

●**破土、喪葬、求醫、訴訟**……，不宜取〔**收日**〕。

〔旁註：收日只是告一段落，尚有後續發展，
喪葬、疾病、訴訟事宜，皆為忌諱之事〕

●嫁娶，遇吉神多可用，**最好還是不用**。

〔旁註：嫁娶取**收日**，有完備之義；但收日為**魁罡**，
又有**收束**與**暫停**之義，應斟酌取用〕

〔**開日**〕……**開展、開始**。

◎開日，取其〔**打開、開展、開始、再生**〕之義。

宜用開日。……

●**學藝、就業、出行**……，期待後續之開展，
故宜〔**開日**〕。

●**立券交易、開市、開業、開工、移徙、祭祀祈福、種植蒔田**……凡是求名求利，或有打開局面、期待後續開展之事務，俱宜〔**開日**〕。

●若是純宴樂之**會親友**，則無妨〔**開日**〕。

忌用開日。……

●**破土、安葬、、啟攢、畋獵、伐木**……等，有〔**收藏、收穫**〕意義，或是〔**不淨**〕之事，〔**開日**〕則凶。

〔旁註：開日宜於開展〕

●**動土、起造，工程事務**，動及天地之氣，不宜〔**開日**〕。

〔旁註：尤其地氣宜收藏〕

●**談婚事、訂婚、嫁娶結婚**，開日雖有〔**開展**〕之義，但無〔**合意**〕，宜其斟酌。

〔閉日〕……封閉、關閉、蘊藏不洩。

◎閉，取其〔**關閉、封閉、停止、蘊藏、不洩**〕之義，通常說來，諸事不宜。

◎宜於〔**封閉收束、開放則不吉**〕之事物則不取，對於〔**破壞封閉**〕之事務亦是不取。

宜用閉日。……

●**築堤防、補牆垣、塞鼠穴**……之類，封閉孔口之事，宜取〔**閉日**〕。

●**安葬、藏物**，宜取〔**閉日**〕。

〔旁註：有封閉之義，覆土亦可閉地氣〕

●**造六畜欄枋**，宜取〔**閉日**〕。

〔旁註：關閉六畜之所，自宜閉鎖〕

忌用閉日。……

●**開刀、針灸、醫眼疾……**，忌取〔**閉日**〕。

〔旁註：針灸意欲打通經脈、眼睛亦是宜於打開〕

●**動土、破土**，不取〔**閉日**〕，尤其不宜〔**仲冬**〕以後。

〔旁註：冬季萬物收藏，動則地氣洩〕

黃道黑道

〔總論黃道黑道〕

◎古人認為日月運行有九條軌道，細分即
〔**黃道一、青道二、赤道二、白道二、黑道二**〕；
軌道之一有〔**太陽運行的途徑**〕，被稱為〔**黃道**〕，
而〔**月亮運行的軌跡**〕就是〔**黑道**〕。

〔旁註：黃道，其實是地球圍繞太陽公轉的運行軌道〕

◎在地球上觀察日月運行的軌跡，日月在不同的位置，
會在不同的季節對地球產生不同的氣象，
自然就會對人類的生活產生影響。
年月如此，日子亦是相應。

◎以地支配合日月運行軌道，並以十二值日天神相配，
按〔**青龍→明堂→天刑→朱雀→金匱→天德→白虎→**
玉堂→天牢→玄武→司命→勾陳〕之順序輪值日辰，
周而復始，循環不已。

◎〔**青龍、天德、玉堂、司命、明堂、金匱**〕為吉，
稱〔**六黃道**〕；〔**白虎、天刑、朱雀、天牢、玄武、**
勾陳〕為凶，則稱〔**六黑道**〕。

月支	寅	卯	辰	巳	午	未	申	酉	戌	亥	子	丑
青龍	子	寅	辰	午	申	戌	子	寅	辰	午	申	戌
	黃道吉日											
明堂	丑	卯	巳	未	酉	亥	丑	卯	巳	未	酉	亥
	黃道吉日。貴人星											
天刑	寅	辰	午	申	戌	子	寅	辰	午	申	戌	子
	黑道煞日											
朱雀	卯	巳	未	酉	亥	丑	卯	巳	未	酉	亥	丑
	黑道煞日											
金匱〔福德〕〔月財〕	辰	午	申	戌	子	寅	辰	午	申	戌	子	寅
	黃道吉日。 福德、月財吉神 同位。											
天德	巳	未	酉	亥	丑	卯	巳	未	酉	亥	丑	卯
	黃道吉日。寶光											
白虎〔天馬〕	午	申	戌	子	寅	辰	午	申	戌	子	寅	辰
	黑道煞日 〔天馬吉日同位〕											
玉堂〔天成〕	未	酉	亥	丑	卯	巳	未	酉	亥	丑	卯	巳
	黃道吉日。 天成吉神同位											
天牢〔天岳〕	申	戌	子	寅	辰	午	申	戌	子	寅	辰	午
	黑道煞日。〔天岳吉日同位〕											
玄武	酉	亥	丑	卯	巳	未	酉	亥	丑	卯	巳	未
	黑道煞日											
司命〔天府〕〔陽德〕	戌	子	寅	辰	午	申	戌	子	寅	辰	午	申
	黃道吉日，鳳輦星。天府、陽德 同位											
勾陳	亥	丑	卯	巳	未	酉	亥	丑	卯	巳	未	酉
	黑道煞日											

◎〔**六黃道**〕所值之日，通稱〔**黃道吉日**〕，百事吉利、諸事皆宜，不避〔**太歲**〕及一切凶神惡煞，萬事如意。〔**黃道吉方**〕，宜於動作或前往。

〔旁註：興工營造、出行移徙、嫁娶……〕

◎〔**黃道黑道**〕之起訣：

子午青龍起在申，卯酉之日又在寅；

寅申須從子上起，巳亥在午不須論；

唯有辰戌歸辰位，丑未原從戌上尋。

其法乃月起日順排：

青龍、明堂、天刑、朱雀、金匱、天德、

白虎、玉堂、天牢、玄武、司命、勾陳。

◎〔**子午**〕月從〔**申**〕起〔**青龍**〕日，依序順排。

〔旁註：青龍申→明堂酉→天刑戌→朱雀亥→
金匱子→天德丑→白虎寅→玉堂卯→
天牢辰→玄武巳→司命午→勾陳未〕

◎〔**卯酉**〕月從〔**寅**〕起〔**青龍**〕日，依序順排。

〔旁註：青龍寅→明堂卯→天刑辰→朱雀巳→
金匱午→天德未→白虎申→玉堂酉→
天牢戌→玄武亥→司命子→勾陳丑〕

◎〔**寅申**〕月從〔**子**〕起〔**青龍**〕日，依序順排。

〔旁註：青龍子→明堂丑→天刑寅→朱雀卯→
金匱辰→天德巳→白虎午→玉堂未→
天牢申→玄武酉→司命戌→勾陳亥〕

◎〔**巳亥**〕月從〔**午**〕起〔**青龍**〕日，依序順排。

〔旁註：青龍午→明堂未→天刑申→朱雀酉→
金匱戌→天德亥→白虎子→玉堂丑→
天牢寅→玄武卯→司命辰→勾陳巳〕

◎〔**辰戌**〕月從〔**辰**〕起〔**青龍**〕日，依序順排。

〔旁註：青龍辰→明堂巳→天刑午→朱雀未→
金匱申→天德酉→白虎戌→玉堂亥→
天牢子→玄武丑→司命寅→勾陳卯〕

◎〔**丑未**〕月從〔**戌**〕起〔**青龍**〕日，依序順排。

〔旁註：青龍戌→明堂亥→天刑子→朱雀丑→
金匱寅→天德卯→白虎辰→玉堂巳→
天牢午→玄武未→司命申→勾陳酉〕

◎從**《黃道黑道日一覽表》**，我們發現：

〔**黃道黑道**〕乃以月起日，行〔**陽六辰**〕或〔**陰六辰**〕。

〔旁註：陽六辰排序，子→寅→辰→午→申→戌。
陰六辰排序，丑→卯→巳→未→酉→亥〕

青龍黃道。……天貴星、天乙星。

●〔**青龍**〕主聰貴、財喜，又主新吉之事。

●〔**青龍**〕值日宜於喜吉之事及求謀之事，
所作必成；〔**青龍**〕即是天貴星，尤其利於官場。

●出行亦宜於〔**青龍天貴**〕之方，可得遇貴滿願。

明堂黃道。……明輔星、貴人星。

●〔**明堂**〕原指天子早朝之所，也就是貴人匯聚之所，
故有〔**貴人星**〕之名。

●〔**明堂**〕值日用事，容易有貴人相幫，利於求謀。

●出行往〔**明堂黃道**〕之方，得遇貴人滿願。

金匱黃道。……福德星，月仙星。

●〔**金匱**〕本義金質藏書櫃，實指極其珍貴。
〔**金匱**〕值日宜於女人用事，尤其宜於嫁娶。

●〔**金匱**〕又指包藏福德，故有〔**福德星**〕之名，
因此又宜於作法祈福之類的喜吉事項。

天德黃道。……天德星、寶光星。

●〔**天德**〕主上天的慈慧恩德，所作一切大吉，
作事有成、求望大成。

●利於出行，行往天德方，可逢慈善心人佈施喜事。

玉堂黃道。……少微星，天開星。

●〔**玉堂**〕通指豪宅，亦即富貴之家，亦指事業有成。

●既是貴人之家，自然〔**玉堂**〕值日用事大吉，
利於求謀、出行。

〔旁註：尤宜文書喜慶之事〕

●〔**玉堂黃道**〕之方，宜於前往，利於安葬，主有橫財。

〔旁註：只不利泥灶〕

司命黃道。……鳳輦星，月仙星。

●〔**司命**〕主刑罰、掌生命，既是黃道，則宜吉事之用。
〔**司命**〕之方，亦宜於前往。

●〔**司命**〕因主生命壽夭，實亦是死亡之神；
若用於擇時，宜白天，晚上不利。

〔旁註：從寅至申時用事大吉，從酉至丑時有事不吉〕

天刑黑道。……天刑星。

●〔**天刑**〕主權柄，官場人員用事為吉。
然而〔**天刑**〕又主生殺統御懲戒之權，
若非司法或軍事單位之用事，諸事不宜。

〔旁註：天刑，現代詞彙就是刑法〕

●一般人尤其不利詞訟及起造工程。

〔旁註：恐犯司法之刑〕

●〔**天刑**〕值日，不宜出行；且〔**天刑**〕方不宜前往，若犯則易路逢惡人。

朱雀黑道。……天訟星

●〔**朱雀**〕為口舌，有〔**天訟星**〕之名，主官訟是非。通論諸事不宜；若冒然行事，易導致官訟爭執之事。

〔旁註：特忌起訟及起造，一說司法部門不忌〕

●〔**朱雀**〕方不宜前往，若前往則易路逢惡人及爭執。

●〔**朱雀黑道**〕日特忌入宅及開門。

〔旁註：朱雀為開口，入宅安門，則口舌官司入門〕

白虎黑道。……天殺星。

●〔**白虎**〕主武力、狠毒、血光、死喪，有天殺星之名。

●〔**白虎**〕本主血光與殺戮，只宜〔**行兵、出戰、祭祀、出獵……**〕之類事項，其餘諸事不利。

●〔**白虎黑道**〕既主刑傷，則其日忌〔**動土與破土**〕，觸動則恐損人，擇日上亦忌〔**葬埋**〕。

●〔**白虎**〕方不宜前往，前往則多犯血光刑傷。

〔旁註：現代多逢車禍〕

天牢黑道。……鎖神星

●〔**天牢**〕主身陷難拔，凡事不利。

〔旁註：有鎖神星之名。一說女人可用而小吉〕

●〔**天牢**〕方不宜前往，若犯則難脫身而返。

玄武黑道。……天獄星

●〔**玄武**〕主暗昧昏沈，為偷盜、詞訟，又主刑獄。
一切事務不宜，特忌官訟，不光明或不吉之事。

〔旁註：光明、不合法之事，例如賭博、色情之類〕

●特忌於〔**玄武黑道**〕日行埋葬之事，犯則引盜。

●〔**玄武**〕方不宜前往，恐有遭盜賊之失。

勾陳黑道。……地獄星。

●〔**勾陳**〕本屬中央土，是屬土之忌神，故有〔**地獄星**〕
之名；切忌土木工程事務，犯則絕嗣。

〔旁註：特忌動土與破土、起造、安葬……之類〕

〔旁註：土地不生、人命亦同〕

●〔**勾陳**〕本主遲滯與勾纏；此日行事則一切滯礙難行、
有始無終、不得圓滿。忌動土與破土，
故不宜工程或喪葬，犯則纏繞不解。

●〔**勾陳黑道**〕主口舌纏繞，其日不宜出行，方亦不宜；
犯則恐不能到達目的，甚至一去不歸。

九吉三凶

◎歌訣起義：

正寅二申三起卯，四酉五辰六戌先；

七巳八亥九起午，十子十一未上傳。

十二月從何處起，原來丑上起迴旋；

要安玉堂與金堂，龍虎罪至敬心連。

普護福生及受死，聖心益後續世言；

假如正月從寅上，順加要安十二垣。

◎人對〔**禱祀致祭**〕一事設有神煞，乃以

〔**正月寅、二月申、三月卯、四月酉、五月辰、六月戌、七月巳、八月亥、九月午、十月子、十一未、十二丑**〕起而依以下順序排列：

〔**要安、玉宇、金堂、龍虎、罪至、敬安、普護、福生、受死、聖心、益後、續世**〕等十二神煞。

◎神煞包括九吉三凶，三凶即〔**龍虎、罪至與受死**〕，俱是忌行禱祀致祭神明之事。

月支	寅	卯	辰	巳	午	未	申	酉	戌	亥	子	丑
益後	子	午	丑	未	寅	申	卯	酉	辰	戌	巳	亥
	九吉三凶〔禱祀致祭〕。											
續世	丑	未	寅	申	卯	酉	辰	戌	巳	亥	午	子
	九吉三凶〔禱祀致祭〕。											
要安	寅	申	卯	酉	辰	戌	巳	亥	午	子	未	丑
	九吉三凶〔禱祀致祭〕。											
玉宇	卯	酉	辰	戌	巳	亥	午	子	未	丑	申	寅
	九吉三凶〔禱祀致祭〕。											
金堂	辰	戌	巳	亥	午	子	未	丑	申	寅	酉	卯
	九吉三凶〔禱祀致祭〕。											
龍虎	巳	亥	午	子	未	丑	申	寅	酉	卯	戌	辰
	九吉三凶〔禱祀致祭〕。											
罪至	午	子	未	丑	申	寅	酉	卯	戌	辰	亥	巳
	九吉三凶〔禱祀致祭〕。											
敬安	未	丑	申	寅	酉	卯	戌	辰	亥	巳	子	午
	九吉三凶〔禱祀致祭〕。											
普護	申	寅	酉	卯	戌	辰	亥	巳	子	午	丑	未
	九吉三凶〔禱祀致祭〕。											
福生	酉	卯	戌	辰	亥	巳	子	午	丑	未	寅	申
	九吉三凶〔禱祀致祭〕。											
受死	戌	辰	亥	巳	子	午	丑	未	寅	申	卯	酉
	九吉三凶〔禱祀致祭〕。											
聖心	亥	巳	子	午	丑	未	寅	申	卯	酉	辰	戌
	九吉三凶〔禱祀致祭〕。											

●**要安**，所值之日，宜安撫邊境、修葺城隍。

●**玉宇**，值日宜修宮闕、繕亭台，結婚姻、會賓客。

●**金堂**，所值之日，宜營建宮室、興造修築。

●**敬安**，恭順之神，所值之日，宜敦親族、敘尊卑、納禮儀、行慶賜。

●**普護**，神蔭之神，所值之日，宜祭祀禱祠、尋醫避病。

●**福生**，所值之日，宜祈福求恩、祀神致祭。

●**聖心**，所值之日，宜上表章、行恩澤、營百事。

●**益後**，值日宜造宅舍、築垣牆、行嫁娶、安產室。

●**續世**，值日宜結婚姻、睦親族、祀神祇、求嗣續。

〔獨白：益後與續世，利於子息後嗣〕

●**龍虎**，所值之日，忌禱祀致祭之事。

●**罪至**，所值之日，忌禱祀致祭之事。

●**受死**，所值之日，忌禱祀致祭之事。

〔獨白：三凶之日，忌往寺廟或殯儀館之類的就對了〕

寶義專制伐日

寶日。……

●日干生日支，主得天時之吉日。

義日。……

●日支生日干，得地利之吉日。

專日。……

●日干支比和，宜兩利生意。

制日。……

●日干剋日支，干為我，支為他。

●利於出兵、出賽、推銷生意、擴張市場、異地求財。

伐日。……

●日支剋日干，彼勝我，諸事不宜。

〔旁註：支剋干，如辛巳日，巳火剋辛金，無情剋〕

凡事皆宜之最吉神

◎凡事皆宜、百無禁忌之最吉神，包括：

〔**天德、月德、天德合、月德合、天赦日**〕。

◎依〔**建除十二神**〕取日，再逢此處任何一只吉神，

上上大吉、百無禁忌。

◎凡事皆宜吉神一覽表

<table>
<tr><th>月支</th><th>寅</th><th>卯</th><th>辰</th><th>巳</th><th>午</th><th>未</th><th>申</th><th>酉</th><th>戌</th><th>亥</th><th>子</th><th>丑</th></tr>
<tr><td>天德日</td><td>丁</td><td></td><td>壬</td><td>辛</td><td></td><td>甲</td><td>癸</td><td></td><td>丙</td><td>乙</td><td></td><td>庚</td></tr>
<tr><td>天德合</td><td>壬</td><td></td><td>丁</td><td>丙</td><td></td><td>己</td><td>戊</td><td></td><td>辛</td><td>庚</td><td></td><td>乙</td></tr>
<tr><td>月德日</td><td>丙</td><td>甲</td><td>壬</td><td>庚</td><td>丙</td><td>甲</td><td>壬</td><td>庚</td><td>丙</td><td>甲</td><td>壬</td><td>庚</td></tr>
<tr><td>月德合</td><td>辛</td><td>己</td><td>丁</td><td>乙</td><td>辛</td><td>己</td><td>丁</td><td>乙</td><td>辛</td><td>己</td><td>丁</td><td>乙</td></tr>
<tr><td>天赦日</td><td colspan="3">戊寅</td><td colspan="3">甲午</td><td colspan="3">戊申</td><td colspan="3">甲子</td></tr>
</table>

◎〔**天德**〕與〔**月德**〕，主得上天之陰德，是最佳吉神；

凡選擇用事，只要逢〔**天月德、天月德合**〕日，

即使有其他凶煞併臨，亦是無妨。

〔旁註：尤其是涉及上天神佛之行事，例如：祭祀、

祈福、求嗣、還願、謝神……等事宜，

最宜擇天月德、天月德合日執行。

一般凶煞遇到月德則隱伏而不顯，現亦無力〕

◎一般人際事務的擇日，只要該日是天月德，逕用無妨，不致有大患；**只是有些論及方位之選擇，例如：〔開山造作、造葬〕之類，若方位乃是該月日之特忌，則即使逢天月德日亦是難解，該日仍是不取。**

◎〔**天月德**〕本義取上天之恩惠，凡事宜於生旺或興旺；若如〔**畋獵、取魚……**〕之類有殺生、傷及生靈者，忌用〔**天月德日**〕。

◎〔**天德合日**〕與〔**天德日**〕效能相同，效力稍遜；
〔**月德合日**〕與〔**月德日**〕效能相同，效力稍遜；
擇日之用，〔**天月德合日**〕可與〔**天月德日**〕同論。

天德日。……以月起日。

●〔**天德**〕就是〔**三合**〕之氣，例如：
〔**寅午戌**〕三合火局，〔**火**〕為德；
〔**巳酉丑**〕三合金局，〔**金**〕為德；
〔**申子辰**〕三合水局，〔**水**〕為德；
〔**亥卯未**〕三合木局，〔**木**〕為德。

●〔**寅巳申亥**〕陽氣生而陰氣未生，故以〔**陰干**〕為德。
〔**寅月**〕火長生，天德在〔**丁**〕；
〔**巳月**〕金長生，天德在〔**辛**〕；
〔**申月**〕水長生，天德在〔**癸**〕；
〔**亥月**〕木長生，天德在〔**乙**〕。

●〔**辰戌丑未**〕墓庫之地，以〔**陽干自墓**〕為天德。

〔**辰月**〕是水庫，天德在〔**壬**〕；

〔**戌月**〕為火庫，天德在〔**丙**〕。

〔**丑月**〕是金庫，天德在〔**庚**〕；

〔**未月**〕是木庫，天德在〔**甲**〕。

●〔**子午卯酉**〕是四正之地，以〔**四維之卦**〕為天德。

〔**卯月**〕，〔**坤**〕為天德；〔**午月**〕，〔**乾**〕為天德；

〔**酉月**〕，〔**艮**〕為天德；〔**子月**〕，〔**巽**〕為天德。

〔旁註：**寅申巳亥**與**辰戌丑未**月，以**天干**為德，

故稱**天德**。**子午卯酉月不取天德日**〕

◎**天德主得上天之陰德，是最佳吉神；凡選擇用事，**

只要逢天德日，即使有其他凶煞併臨，亦是無妨。

〔旁註：尤其是涉及上天神佛之行事，例如：

祭祀、祈福、求嗣、還願、謝神……

等事宜，最宜擇天德日執行。

一般凶煞遇到天德則隱伏而不顯，現亦無力〕

天德合日。……

●〔**天德合日**〕即是〔**天德日五合**〕之日辰。

●子午卯酉月，既是不取天德日，自是無天德合日。

月德日。……

●〔**月德**〕即〔**月中陽德**〕，取三合五行之〔**陽干**〕為德。

●〔**亥卯未**〕三合木局，甲是陽木，〔**甲**〕就是月德。

〔**寅午戌**〕三合火局，丙為陽火，〔**丙**〕為月德；

〔**巳酉丑**〕三合金局，庚為陽金，〔**庚**〕為月德；

〔**申子辰**〕三合水局，壬為陽水，〔**壬**〕就是月德；

●〔**亥卯未**〕月，〔**甲**〕日是月德日；

〔**寅午戌**〕月，〔**丙**〕日為月德日；

〔**巳酉丑**〕月，〔**庚**〕日是月德日；

〔**申子辰**〕月，〔**壬**〕日為月德日；

●〔**月德**〕實乃太陰之德，亦是清高貴神；

以月德用事而百事吉，其力略遜於天德。

月德合日。……

●〔**月德合**〕日，即是〔**月德日五合**〕之日辰。

●〔**亥卯未**〕月，〔**己**〕日是月德合日；

〔**寅午戌**〕月，〔**辛**〕日為月德合日；

〔**巳酉丑**〕月，〔**乙**〕日是月德合日；

〔**申子辰**〕月，〔**丁**〕日為月德合日；

天赦日。……

●〔**天赦日**〕，以四季取日辰：

春季戊寅日、夏季甲午日、

秋季戊申日、冬季甲子日。

●〔**天赦日**〕是玉皇上帝開恩的日子，當天世人可以向上天懺悔、祈求赦免，也可以請求翻案雪冤。

〔**天赦日**〕百無禁忌，動土修造、祭祀祈福……。

●例如：**2023 年歲次癸卯，天赦吉日**在：

二月三十戊寅日、四月十八甲午日、

六月十八甲午日、七月初三戊申日、

九月初三戊申日、十二月二十甲子日。

忌用任事煞日

◎忌用任事凶煞一覽表

月支	寅	卯	辰	巳	午	未	申	酉	戌	亥	子	丑
日月蝕	日月蝕日【忌勿用】											
四絕日	立春前一日			立夏前一日			立秋前一日			立冬前一日		
四離日	春分前一日			夏至前一日			秋分前一日			冬至前一日		
正四廢	庚申、辛酉			壬子、癸亥			甲寅、乙卯			丙午、丁巳		
正紅紗日			丑			丑			丑			丑
真滅沒日	初一，朔日，逢角木蛟 初15，望日，逢亢金龍 初16、17，盈日，逢牛金牛 初七、初八、初九，上弦日，逢虛日鼠 初22、23、24，下弦日，逢虛日鼠 初26、27、28，虛日，逢鬼金牛											

月全蝕與日偏蝕。……

●凡逢〔**月全蝕**〕與〔**日偏蝕**〕之日，凡事不取。

〔**獨白：例如2023歲次癸卯，三月初一戊申日，**

日環蝕、日全蝕，台灣可見偏食全部過程〕

◎在一年的二十四節氣之中，〔**二分二至**〕以及〔**四立**〕，
正當四季節氣的變換，其前一日即新舊兩氣的接際，
正當陰陽氣化消長的交會，所以不宜波動；
也因此所有建築工程及人際事務皆不宜有大的動作。
◎四離日與四絕日，既忌所有的建築工程事務，
亦忌人事上的大動作，那就可說是**凡事不宜**了。
主要忌事列舉如下：
忌出門遠行，自然不宜出行、上官、入學、會親友。
忌有任何協議，就不宜訂婚與嫁娶、訂契約。
忌開展新事物，不宜入宅、開市、求嗣、收養、納畜。
忌啟動建設工程，故不宜豎造、作灶。
既是節氣交換，氣息紊亂，那自然應該避免開刀醫病。
〔旁註：部分通書特加註〈**忌遠行或出征**〉〕

四絕日。……四立的前一日。

●四季之氣，必須先氣絕才能反轉；
〔**立春、立夏、立秋、立冬**〕乃季節交換之日，
通稱〔**四立**〕，其前一日即為〔**四絕日**〕。
〔**獨白：例如2023歲次癸卯，立夏在三月十七甲子日；**
立夏前一日初十六癸亥日，就是四絕日。
立秋在六月廿二戊戌日；立秋前一日，
廿一丁酉日，就是四絕日〕

四離日。……**二分二至的前一日。**

● 〔**春分、夏至、秋分、冬至**〕乃是當季氣息旺轉折點，此日季氣由旺轉衰。凡此轉折點之前一日即是旺極，開始退氣，通稱〔**四離**〕。

● 〔**四離日**〕指〔**春分、夏至、秋分、冬至**〕的前一日，若論人事，則進退不得之意，凡事不宜。

〔**獨白：例如2023歲次壬寅，秋分在八月初九甲申日；**
秋分前一日，初八癸未日，就是四離日〕

〔**獨白：木氣是向四周發散的氣息，炎上是向上發展，**
金氣乃由外向內束縮，潤下是從上向下的氣息〕

〔旁註：夏至炎上火氣上達於極點，
冬至潤下水氣下達於極點〕

〔旁註：春季木氣（發散）旺，到得春季中線旺極而
開始減弱，轉而火氣（炎上）漸旺，
所以說是**春分**〕

〔旁註：夏季火氣旺，到得夏季中線，旺極而開始減弱，
轉而金氣（收斂）漸旺，所以說是**夏至**〕

〔旁註：秋季金氣旺，到得秋季中線旺極而開始減弱，
轉而水氣（潤下）漸旺，所以說是**秋分**〕

〔旁註：冬季水氣旺，到得冬季中線，旺極而水氣開始
減弱，轉而木氣漸旺，所以說是**冬至**〕

正四廢日。……

● 〔**正四廢日**〕，指〔**春之庚申辛酉，夏之壬子癸亥，秋之甲寅乙卯，冬之丙午丁巳**〕，明言之：

春季〔**寅卯辰月**〕在〔**庚申、辛酉**〕日、

夏季〔**巳午未月**〕在〔**壬子**〕與〔**癸亥**〕日、

秋季〔**申酉戌月**〕在〔**甲寅**〕及〔**乙卯**〕日、

冬季〔**亥子丑月**〕在〔**丙午**〕及〔**丁巳**〕日。

● 〔**正四廢日**〕，是春夏秋冬四季中，日子干支與季節的旺氣完全相反；亦即日辰之氣違反了大環境的氣息，變成無絲毫用處。〔**四廢日**〕即取四季廢棄無用之義。

例如：春季木旺，庚申與辛酉兩日，

其干支卻是金氣通透，金氣內斂，

顯然與季節氣息違逆而無用。

〔旁註：木氣乃向四周發散之氣，金的特色是內斂，

亦即向心力，兩者反向〕

●正四廢日，就是指四季中五行能量最弱的日子。

春季木旺主事，金則休囚而無用；

庚申與辛酉二日，干支俱為金，

因此能量最弱，處於廢亡狀態。

〔**獨白：2023 年歲次癸卯，三月十三庚申日、**

三月十四辛酉日，俱是正四廢凶日〕

●夏季火旺主事，水處於死囚無用，
壬子與癸亥兩日，干支俱是屬水，能量最弱。
〔**獨白：2023 歲次癸卯，五月初六壬子日、**
五月十七癸亥日，俱是正四廢凶日〕
●秋季金盛，秋氣肅殺，萬物收束，木處死囚無用；
甲寅與乙卯兩日干支俱是發散木氣，能量最弱。
〔**獨白：2023 年歲次癸卯，七月初九甲寅日、**
七月初十乙卯日，俱是正四廢凶日〕
〔**獨白：2023 年歲次癸卯，八月初九甲寅日、**
八月初十乙卯日，俱是正四廢凶日〕
◎冬為水旺而潤下，火氣炎上則處死囚無用，
因此丙午與丁巳兩日能量最弱而廢亡。
〔**獨白：2023 年歲次癸卯，十一月初二丙午日、**
十一月十三丁巳日，俱是正四廢凶日〕
◎正四廢日，百事皆忌，尤忌〔**建築工程**〕事項。
惟〔**入殮、移柩、安葬**〕不忌。
〔旁註：喪葬是必須承擔、不能免除之義務、不能規避。
雖說不忌喪事，還是另選一日為宜〕

正紅紗日。……季月的丑日。

●擇日學有所謂〔紅紗日〕，其日百事忌。

但傳抄之訣有兩義，莫衷一是。

然現行的通書及農民曆大多只標示季月的紅紗日，

且會註明為〔**正紅紗日**〕以做區別。

月支	寅	卯	辰	巳	午	未	申	酉	戌	亥	子	丑
正紅紗日			丑			丑			丑			丑

●凡〔**辰、未、戌、月**〕見〔**丑日**〕，即是〔**正紅紗日**〕。

例如 2023 年歲次癸卯，三月初六癸丑日，

通書註〈值正紅紗煞，宜事不取〉。

●紅紗有歌訣：

起屋犯紅紗，百日火燒家；嫁娶犯紅紗，一女嫁三家。

得病犯紅紗，必進閻王家；出行犯紅紗，必定不還家。

依詩訣，

起造取紅紗日，百日內火燒屋；

結婚嫁娶，易喪偶或仳離；

得病求醫犯紅紗，恐有性命危險；

出行犯紅紗，恐終身不還鄉、老死異鄉。

真滅沒日。……

◎**弦日逢虛晦遇婁，朔日遇角望亢求；**

虛鬼盈牛為滅沒，百事逢之定是休。

●農曆每月初一〔**朔日**〕，逢廿八宿**角**星值日，是滅沒日。

●農曆每月月終之**晦日**，逢廿八宿**婁**星值日，是滅沒日。

〔旁註：**朔日**，農曆每月的第一天，也就是**初一**。

晦日，農曆每月的月終，也就是最後一天。

望日，農曆每月十五滿月之日，月相圓滿。

盈日，農曆每月初十六、初十七，

十五月圓後，月相比較充盈的日子。

虛日，接近月尾之日，為農曆每月26、27、28，

月虛一半，其後漸虛。

弦日，每月有六天，**上弦**三天，**下弦**三天。

農曆每月初七、初八，初九是**上弦**日，

月盈及一半；每月初22、初23、初24，

是**下弦**日，是月虛及一半〕

●農曆每月初一〔**朔日**〕，逢廿八宿〔**角木蛟**〕值日；

農曆每月底〔**晦日**〕，逢廿八宿〔**婁金狗**〕值日；

農曆每月初十五〔**望日**〕，逢廿八宿〔**亢金龍**〕值日；

農曆每月初十六、初十七〔**盈日**〕，逢〔**牛金牛**〕值日；

農曆每月的〔**弦日**〕逢〔**虛日鼠**〕值日、〔**虛日**〕逢

〔**鬼金牛**〕值日；以上俱是〔**滅沒日**〕。

真滅沒日	初一，朔日，逢角木蛟 初15，望日，逢亢金龍 初16、17，盈日，逢牛金牛 初七、初八、初九，上弦日，逢虛日鼠 初22、23、24，下弦日，逢虛日鼠 初26、27、28，虛日，逢鬼金牛

〔獨白：例如 2023 年歲次癸卯，
四月廿四庚子日，弦日逢虛宿為真滅沒日；
八月十五庚寅日，月盈逢牛宿為真滅沒日〕

● 日盈昃、月滿虧蝕，天地無完體；虛為滅，盈為沒，皆非天地之全氣；真滅沒日，實乃天地滅絕之日，故凡事不可用，尤其吉事不取。

〔獨白：真滅沒日，凡上官、出行、起造、人宅、婚姻，
百事忌用，尤其結婚不能用〕

〔獨白：例如 2023 年歲次癸卯，四月廿四庚子日，
月夙牛金牛、日宿虛日鼠〕

沖合刑害神煞

◎通用擇日神煞，乃是以〔**月建**〕為基；
〔**日辰**〕若與〔**月建**〕有〔**沖、合、刑、害**〕之關係，
則任事有宜與不宜。

◎〔**月沖**〕即是〔**月破**〕，對一般事務均是不宜，
尤其是喜吉之事。只有在特定事務，例如：
〔**破屋壞垣、除咒攘災、離婚、分家**〕，
或〔**痼疾開刀**〕之類，方才取用。

◎凡企求喜吉之宜事，包括〔**生活與人際類**〕、〔**婚姻類**〕、
〔**事業工作類**〕、〔**神明行事類**〕、〔**商業求財類**〕，
〔**陽宅建設類**〕，必須與對象交際和合者，
均宜擇取〔**六合日**〕〔**三合日**〕。
或有不宜黏合者，例如：〔**官司、靈異……**〕，
則忌取〔**三合**〕或〔**六合**〕之日。

◎凡企求喜吉之宜事，尤其必須與對象交會和合者，
亦忌則取〔**月刑**〕、〔**月害**〕之日。
〔**陰宅喪葬類**〕亦忌〔**月刑**〕、〔**月害**〕之日。

◎沖合刑害一覽表

月支	寅	卯	辰	巳	午	未	申	酉	戌	亥	子	丑
破日〔月破〕〔大耗〕	申	酉	戌	亥	子	丑	寅	卯	辰	巳	午	未
	建除十二神煞。〔大耗〕同位。											
六合日	亥	戌	酉	申	未	午	巳	辰	卯	寅	丑	子
三合日	午、戌	亥、未	申、子	酉、丑	寅、戌	亥、卯	子、辰	巳、丑	寅、午	卯、未	申、辰	巳、酉
月刑	巳	子	辰	寅	午	㊀丑	巳	酉	未	亥	卯	戌
月害	巳	辰	卯	寅	丑	子	亥	戌	酉	申	未	午

月破、月沖日。……破日。

●以月建起日辰，日辰若與月建相隔六位，即是〔**六沖**〕；月建乃當月旺神，日辰較衰而沖旺則破，謂之〔**月破**〕。

●〔**月破**〕，與〔**建除十二神**〕之〔**破日**〕同義。

六合日、日合。……

●以月建起日辰，凡日辰能與月建相合者，

其日即是六合日。例如：

寅月之亥日、卯月之戌日、辰月之酉日……

子月之丑日、丑月之子日。

三合日。……

●以月建起日辰，凡日辰能與月建會成三合局者，
其日即是三合日。例如：
寅月之午日與戌日、卯月之亥日與未日、
辰月之申日和子日……丑月之巳日及酉日。

月刑日。……

●以月建起日辰，凡日辰能與月建相刑者，
其日即是月刑之日。例如：
寅月之巳日、卯月之子日、辰月之辰日……
子月之卯日、丑月之戌日。
〔旁註：寅申巳三刑、丑戌未三刑、子卯刑，
辰辰自刑、午午自刑、酉酉自刑、亥亥自刑〕

月害日。……

●以月建起日辰，凡日辰能與月建相害者，
其日即是〔**月害**〕之日。
●子未害、丑午害、寅巳害、卯辰害、申亥害、酉戌害。
〔旁註：所謂相害，即是**破壞六合**的力量。比如說：
寅亥六合，而申來沖寅，所以對亥來說，
申就是相害；巳來沖亥，所以對寅來說，
巳就是相害。六害和相刑重複的，應該論刑〕

出行往來神煞

◎出行往來神煞一覽表

月支	寅	卯	辰	巳	午	未	申	酉	戌	亥	子	丑
驛馬日	申	巳	寅	亥	申	巳	寅	亥	申	巳	寅	亥
天馬〔白虎〕	午	申	戌	子	寅	辰	午	申	戌	子	寅	辰
	〔白虎黑道同位〕											
氣往亡	立春後7日	驚蟄後14日	清明後21日	立夏後8日	芒種後16日	小暑後24日	立秋後9日	白露後18日	寒露後27日	立冬後10日	大雪後20日	小寒後30日
往亡	寅	巳	申	亥	卯	午	酉	子	辰	未	戌	丑
歸忌	丑	寅	子	丑	寅	子	丑	寅	子	丑	寅	子

◎凡出門進行喜吉之宜事，包括〔**生活與人際類**〕、〔**婚姻類**〕之類，均宜擇〔**驛馬**〕或〔**天馬**〕日；然〔**天馬**〕與〔**白虎黑道**〕同位，出門易犯車關血光，若無其特大吉神匯聚，還是避之為宜。

氣往亡日。……

●〔**氣往亡日**〕乃前人經驗，有感天地間氣化運行，
若逢是日則鬱結不通，故諸多禁忌。
通論〔**是日不宜出行**〕，出行則是往死地走。

●氣往亡日，以廿四節氣之入節（含）順數日數。
寅月〔**立春**〕後第 7 日。 卯月〔**驚蟄**〕後第 14 日。
辰月〔**清明**〕後第 21 日。 巳月〔**立夏**〕後第 8 日。
午月〔**芒種**〕後第 16 日。 未月〔**小暑**〕後第 24 日。
申月〔**立秋**〕後第 9 日。 酉月〔**白露**〕後第 18 日。
戌月〔**寒露**〕後第 27 日。 亥月〔**立冬**〕後第 10 日。
子月〔**大雪**〕後第 20 日。 丑月〔**小寒**〕後第 30 日。

往亡日。……

●依古昔解釋，〔**往亡**〕的意思，就是出去了就不回來。
因此其日特忌〔**出行**〕或〔**出行方能完辦**〕之事項。
〔旁註：往者去也，亡者無也。其日忌**拜官上任、**
遠行歸家、出軍征討、嫁娶、尋醫〕

●事實上，亡就是〔無〕或〔遺失〕，〔往亡〕就是
〔出去必有所失〕；當日若是出行，目的不能達成，
甚至會有損失；因此當日還是留在原地不動吧！

●**往亡**，排列取法：

〔**寅午戌**〕月，順取〔**寅卯辰**〕；

〔**卯未亥**〕月，順取〔**巳午未**〕；

〔**辰申子**〕月，順取〔**申酉戌**〕；

〔**巳酉丑**〕月，順取〔**亥子丑**〕。

歸忌日。……

◎歸忌是從月建引出之凶神，

其日忌〔**遠行歸家、移徙、嫁娶**〕。

〔旁註：另有一說，女嫁為歸爾夫，此歸非彼歸，

因此不忌嫁娶，只忌出行移徙〕

◎〔**孟月**〕即每季的第一個月，歸忌在〔**丑**〕；

〔**仲月**〕即各季的中間月份，歸忌在〔**寅**〕；

〔**季月**〕即每季的最後月份，歸忌在〔**子**〕。

〔旁註：子為一陽、丑為二陽、寅為三陽。

其義取陽氣始盛、主動於外，不可反歸於內〕

通用喜吉神〔祈願吉福神〕

◎通常〔**生活人際**〕之喜吉宜事，例如：〔**嫁娶、作壽、聚會、簽約……**〕，總是希冀求取降福趨吉；
即使無實際祭拜儀式，亦有向天向神祈願之義；
故而〔**通用喜吉神**〕即是〔**祈願吉福神**〕。

〔旁註：所謂**祈願吉福**，並非專指面對神佛之祭拜儀式。
凡是希冀趨吉避凶之心理，皆屬這個範圍〕

◎通用喜吉神一覽表〔祈願吉福神〕

月支	寅	卯	辰	巳	午	未	申	酉	戌	亥	子	丑
天願日	乙亥	甲戌	乙酉	丙申	丁未	戊午	己巳	庚辰	辛卯	壬寅	癸丑	甲子
月恩日	丙	丁	庚	己	戊	辛	壬	癸	庚	乙	甲	辛
天巫〔滿日〕	辰	巳	午	未	申	酉	戌	亥	子	丑	寅	卯
	〔天富、福德〕〔天狗、土瘟〕同位											
天喜日〔成日〕	戌	亥	子	丑	寅	卯	辰	巳	午	午	申	酉
	〔喜神〕神號凶神同位。											
天恩日	甲子、乙丑、丙寅、丁卯、戊辰 己卯、庚辰、辛巳、壬午、癸未 己酉、庚戌、辛亥、壬子、癸丑											

◎幾乎所有的事項，包括〔**神明行事類**〕、〔**事業工作類**〕、〔**生活與人際類**〕、〔**婚姻類**〕、〔**商業求財類**〕、〔**陽宅建設類**〕、〔**各行業宜忌類**〕，甚至〔**陰宅喪葬類**〕，都帶有向上天祈求許願之屬性，均宜擇取此類吉神。

天願日。……

◎據**《神煞起例》**，〔**天願**〕以月逕取日干支：

寅月乙亥日、卯月甲戌日、辰月乙酉日、

巳月丙申日、午月丁未日、未月戊午日、

申月己巳日、酉月庚辰日，戌月辛卯日、

亥月壬寅日、子月癸丑日、丑月甲子日。

◎天願日就是天滿其願、凡事皆宜。包括：祭祀祈福、上任、納財、出行、嫁娶、敦睦親族……。

月恩日。……

◎**《歷例》**曰：

〈**月恩者，正月丙、二月丁、三月庚、四月己、五月戊、六月辛、七月壬、八月癸、九月庚、十月乙、十一月甲、十二月辛**〉

◎〔**月恩**〕即是〔**得到月建五行相生之天干**〕，

〔**陽支**〕生出〔**陰干**〕、〔**陰支**〕生出〔**陽干**〕。

總言：其日得〔**月建之恩**〕。

〔旁註：《**五行論**》曰：〈其日宜營造、婚姻、移徙、
祭祀、上官、納財……〉。

天巫日。……**滿日**。

●〔**巫筮**〕本義是袪病祭解，有向神佛祈願之義，
又與〔**滿日**〕同位，故宜於祈願喜吉之事；
〔**天巫**〕即是〔**天醫**〕，宜於〔**醫藥、祈福、祭祀**〕。

●〔**天巫**〕與〔**天狗日**〕重疊，通常不取〔**祈福祭祀**〕，
然若有其他吉神匯聚，用之無妨。

天喜日。……

●〔**天喜日**〕，又稱〔**喜神日**〕，正月起戌順行。
正月戌日、二月亥日、三月子日、四月丑日、
五月寅日、六月卯日、七月辰日、八月巳日、
九月午日、十月未日、十一月申日、十二月酉日。

●其日尤其宜於〔**結婚、納采、求子**〕等喜吉事。

●〔**天喜**〕與〔**神號日**〕重疊，通常不取〔**祈福祭祀**〕，
然若有其他吉神匯聚，用之無妨。

天恩日。……

◎**《天寶歷》**曰〈天恩者，施德寬下之辰也〉。

然世俗以文取義，其日〔**天降恩典**〕，

〈宜許願、祈福、齋醮、上官、移徒、

訂婚、嫁娶、造葬。百事皆吉〉

◎**《歷例》**曰：〈常以甲子至戊辰、己卯至癸未、

己酉至癸丑，凡一十五日〉

◎**天恩日**共取 15 日：

甲子、乙丑、丙寅、丁卯、戊辰、己卯、

庚辰、辛巳、壬午、癸未、己酉、庚戌、

辛亥、壬子、癸丑。

通用凶忌煞

◎幾乎所有的事項，包括〔**神明行事類**〕、〔**事業工作類**〕、〔**生活與人際類**〕、〔**婚姻類**〕、〔**商業求財類**〕、〔**陽宅建設類**〕、〔**各行業宜忌類**〕、〔**陰宅喪葬類**〕，
事實上因舉事之性質不同，各有特殊忌煞，
除〔**月殺**〕之外很難論〔**通用凶忌煞**〕。
此節僅酌取數例以為點睛，但平活用、不可死執。

◎凡舉事擇日，即使無實際祭拜儀式，
亦有向上天祈求許願之屬性，自然擇日務須通達天聽，
忌中途阻隔或鬼煞偷盜；因此酌取攸關之神鬼忌煞：
〔**天賊、遊禍、帝酷殺、鼓輪殺、重喪日、三喪日、重日**〕以應事。

◎舉事凡牽涉人際，總以〔積極進取、和合不刑〕為貴；
若舉事遇〔**不進反退**〕或〔**人際杆格**〕則不取。
此處酌取〔**月厭、大時、天吏、羅天大退**〕應事。

◎通用凶忌煞一覽表 〔擇日凶忌神〕

月支	寅	卯	辰	巳	午	未	申	酉	戌	亥	子	丑
月煞〔月三殺〕	丑	戌	未	辰	丑	戌	未	辰	丑	戌	未	辰
天賊日	辰	酉	寅	未	子	巳	戌	卯	申	丑	午	亥
遊禍日	巳	寅	亥	申	巳	寅	亥	申	巳	寅	亥	申
帝酷殺	庚申 又逢初二	辛卯、辛亥逢初九	甲戌、庚戌逢初十	癸亥 又逢十一	壬子 又逢十一	癸丑 又逢初十	甲寅 又逢十二	乙酉 又逢十三	甲辰 又逢十三	丁巳、己巳逢初八	丙午 又逢十五	乙未、丁未逢十三
鼓輪殺	甲子、辛未、戊寅	乙酉、壬辰、己亥	丙午、庚申、癸丑、壬辰	甲子、辛未、戊寅	乙酉、壬辰、己亥、丙午	丙午、庚申、癸丑、辛未	甲子、辛未、戊寅、庚申	壬辰、己亥、乙酉	丙午、癸丑、庚申	甲子、辛未、戊寅、己亥	乙酉、壬辰、己亥、甲子	丙午、庚申、癸丑
重喪日(復日)	甲	乙	戊	丙	丁	己	庚	辛	戊	壬	癸	己
三喪日		辰			未			戌			丑	
重日	〔大重凶日〕巳日及亥日											

月殺日、月三殺。……

●流年太歲有〔**歲三殺**〕，亦即〔**劫煞、災煞、歲煞**〕，主論〔**當年太歲之宅墳不利方**〕。例如；2023 癸卯年，三殺方在申酉戌，故當年通書方位圖文註明：〈**不利西方、大利南北**〉。

●以〔**月建**〕為基，亦有〔**月三煞**〕，或稱〔**月三殺**〕，為〔**劫殺、災殺、月煞**〕，主論〔**當月之宅墳不利方**〕，同時以〔**月殺**〕為當月擇日之忌煞。

〔旁註：**月三煞**之理與歲**三煞**相同，唯名稱易致混淆，
月三煞宜註為**月劫殺、月災煞、月殺**〕

●〔**月殺**〕，或稱〔**月煞**〕，乃月中忌煞之神，凡事不宜。

〔旁註：**月殺日**取**月支三合旺字對沖位之順數下一位**，
其理與太歲流年論歲煞相同〕

月支	寅	卯	辰	巳	午	未	申	酉	戌	亥	子	丑
劫煞〔月三殺〕	亥	申	巳	寅	亥	申	巳	寅	亥	申	巳	寅
災煞〔月三殺〕	子	酉	午	卯	子	酉	午	卯	子	酉	午	卯
月煞〔月三殺〕	丑	戌	未	辰	丑	戌	未	辰	丑	戌	未	辰

天賊日。……

●天賊即是月中盜神，若取天賊日舉事，不能滿願。

〔**獨白：此處所錄出自民間通書，**

與《協紀辨方書》所載不同〕

遊禍日。……

●遊禍日，居月建三合旺神之前一位，亦即〔**祿神**〕位。

寅午戌三合，遊禍在巳；**亥卯未**三合，遊禍在寅；

巳酉丑三合，遊禍在申；**申子辰**三合，遊禍是亥。

●遊禍日忌〔祈福、求嗣、解除、醫藥〕。

〔旁註：遊禍居祿神位，**祈求**與**醫藥**過旺為忌〕

帝酷殺。……

●此殺不見於正式經典，但祿於台灣各通書〈**祈福章**〉。

●依其名義，似乎其日天地耍酷，對各方祈求相應不理；因此其日忌用於〔**祈福**〕。

鼓輪殺。……

●此殺不見於正式經典，但祿於台灣各通書〈**祈福章**〉。

●取義**其日忌鑼鼓輪鈸**，故而忌用於〔**祈福、齋醮**〕

重喪日。……復日。

●傳統習俗上認為：

若是親人過世的日子或是出殯的日子，

正好是**重喪**，那就犯了多重喪事。

三百日內可能會導致家人親戚再逢傷損。

●重喪日就是：

寅月甲日、卯月乙日、辰月戊日、巳月丙日、

午月丁日、未月己日、申月庚日、酉月辛日、

戌月戊日、亥月壬日、子月癸日、丑月己日。

〔旁註：凡逢月建藏干主氣即是重喪〕

●例如：2023 歲次癸卯，

2 月初六甲寅日，仍屬寅月，甲寅日值論為重喪。

2 月 15 癸亥交節驚蟄屬卯月，

2 月 17 乙丑日、2 月 27 乙亥日，俱是重喪。

重日、大重。……大重凶日。

●〔**重日**〕，或稱〔**大重日**〕，也就是**巳日**與**亥日**。

●凡逢**巳日**及**亥日**既行喪葬事宜，

則恐重複舉辦喪事，因此趨避。

〔**獨白：事實上，喪葬法會多於巳時跟亥時舉行**〕

三喪日。……

●傳統習俗上認為：

若是親人過世的日子或是出殯的日子，

正好是〔**重喪**〕，那就犯了多重喪事。

三百日內可能會導致家人親戚再逢傷損。

◎**春龍滾滾夏羊肥，秋犬冬牛主事虧。**

埋葬若犯三喪煞，三口同埋共一堆。

春上逢辰日，夏天逢未日，

秋天逢戌日，冬天逢丑日。

●三喪日就是：

春季寅卯辰月逢辰日、夏季巳午未月逢未日、

秋季申酉戌月逢戌日、冬季亥子丑月逢丑日。

<table>
<tr><th>月支</th><th>寅</th><th>卯</th><th>辰</th><th>巳</th><th>午</th><th>未</th><th>申</th><th>酉</th><th>戌</th><th>亥</th><th>子</th><th>丑</th></tr>
<tr><td>月厭日</td><td>戌</td><td>酉</td><td>申</td><td>未</td><td>午</td><td>巳</td><td>辰</td><td>卯</td><td>寅</td><td>丑</td><td>子</td><td>亥</td></tr>
<tr><td rowspan="2">大時
〔大敗〕
〔咸池〕</td><td>卯</td><td>子</td><td>酉</td><td>午</td><td>卯</td><td>子</td><td>酉</td><td>午</td><td>卯</td><td>子</td><td>酉</td><td>午</td></tr>
<tr><td colspan="12">咸池桃花敗地</td></tr>
<tr><td>大退日
（羅天大退）</td><td colspan="12">初一逢子日　初三逢未日　初五逢午日　初九逢酉日　十一逢卯日　十三逢寅日　十七逢丑日　廿一逢子日　廿五逢戌日　廿七逢卯日　廿九逢申日</td></tr>
</table>

月厭日。……地火日。

●月厭日以寅月起戌逆行。

●月厭日凡事不宜，只不忌：

〔**祭祀、施恩行惠、雪冤、入學、清掃、捕獵**〕。

〔**獨白：純粹生活、不作過份企求之事不忌**〕

大時日。……大敗、咸池。

●〔**大時**〕，取月建三合首字之次一位，

寅午戌三合，大時在卯；亥卯未三合，大時取子；

巳酉丑三合，大時在午；申子辰三合，大時是酉。

●〔**大時**〕事實上就是〔**桃花咸池**〕，亦即沐浴敗地。

若取大時咸池日舉事，其事多沈溺洩耗、最後不成。

尤其婚姻類，特忌取用大時日。

天吏日。……

●天吏日，取月建三合神之〔**死地**〕。

寅午戌三合火，天吏在酉；**亥卯未**三合木，天吏在午；

巳酉丑三合金，天吏在子；**申子辰**三合水，天吏是卯。

●天吏既是死極之地，其力已達極限；

若取天吏日舉事，其事不進而漸退。

羅天大退日、大退日。……

- 初一休逢鼠，初三莫逢羊；初五馬頭上，初九問雞鄉。

  十一勿遇兔，十三虎在旁；十七牛耕地，廿一鼠絕糧。

  廿五怕犬吠，廿七虎遭傷；廿九猴做戲，日退最難當。

- 一般的說法，〔**大退日**〕是**五行不足之氣**，

  其日若有動作，則運氣退步很大。

現代用事選擇闡發

〔選擇用事總論〕

◎擇日，先剔除諸事不宜之〔**忌用任事凶煞**〕，包括：
〔**日月蝕**〕、〔**四離日**〕或〔**四絕日**〕、〔**正四廢日**〕、
〔**正紅紗日**〕、〔**真滅沒日**〕。

◎主幹以〔**建除十二神**〕，亦即〔**十二直星**〕來選擇。

〔旁註：**建、除、滿、平、定、執、破、危、**
成、收、開、閉〕

◎擇日取用〔**凡事皆宜吉神**〕，包括：
〔**天德**〕、〔**天德合**〕、〔**月德**〕、〔**月德合**〕、〔**天赦日**〕。

◎以用事之性質屬性來選取吉神，或避開特忌凶煞。

〔旁註：如有**許願祈求**性質，則兼取**神明行事類吉神**；
如是必須**出外辦理或進行**方能成事者，
則剔除**忌出行往來凶煞日**〕

◎擇日不能沖當事人或執事者的〔**生肖午房**〕。

◎參看〔**廿八星宿行事吉凶**〕來選擇。

◎參看〔**年紫白與日紫白行事吉凶**〕來選擇。

〔生活與人際類〕

◎生活與人際類之擇日，俱宜擇〔**百無禁忌最吉神**〕，
即取〔**天德、月德、天德合、月德合、天赦日**〕。
且避〔**忌用任事煞日**〕之〔**日月蝕日、四絕日、四離日、正四廢日、正紅紗日、真滅沒日**〕。

入新居、新居落成。……入宅。成日。

●昔稱〔**入宅**〕，指住進新建大廈或新蓋的房屋，或舉行新居落成典禮。

●入新居，宜取〔**成日**〕，〔**執日**〕吉多則用。

〔旁註：**成日**，吉事宜其成就〕

〔旁註：**執日**，取其執行之義。入宅乃人身之流通，忌諱死執不動，吉星多則可用執日〕

●入新居，忌取〔**破日**〕〔**收日**〕〔**閉日**〕。

〔旁註：入宅乃人身之流通，亦求人口綿延，豈容破絕〕

〔旁註：入宅乃人身之流通，亦求人口綿延，豈容收縮〕

〔旁註：入宅宜有開展，豈可封閉〕

※**入宅特忌凶煞〔白虎黑道、朱雀黑道、受死、氣往亡、往亡、歸忌〕，以及〔火星、瓦陷〕等煞日。**

〔旁註：**白虎黑道**，恐入宅之後多見**破財**、**血光**、健康敗壞或**喪亡**之類憾事。
朱雀黑道則恐多**口舌是非**〕

〔旁註：入宅之儀式即帶有**向上天祈願**之意涵，
受死日入宅則恐招引死亡之事〕

〔旁註：入宅已有**搬遷往來**之義，**氣往亡**、**往亡日**、
歸忌日入宅，恐招出門不歸之不吉〕

〔旁註：**火星日**，避免碰觸出火星、引致火災。
入宅難免祭拜與下廚，所以忌之〕

〔旁註：**瓦陷**，是陽宅豎造修造凶煞〕

搬家、移居。……移徙。開日、成日。

●昔稱〔**移徙**〕，指遷移住所，包括移民。

〔旁註：搬家，房子是舊的〕

●搬家，宜選〔**開日**、**成日**〕。

〔旁註：好的開始，並期待後續發展〕

●搬家，忌取〔**執日**、**破日**、**平日**、**收日**、**閉日**〕。

〔旁註：入宅乃人身之流通，忌諱死執不動〕

〔旁註：搬家必須立於原先基礎，方有後續發展；
而且進行後，即不可破壞。
破日即使逢天德月德，亦是不取〕

※移徙宜臨值吉神〔月恩〕，

忌臨值凶煞〔氣往亡、往亡、歸忌、月厭〕日，

〔旁註：**月恩**，日干逢月建相生，是當月吉神。
另謂喜天願、四相、時德、天馬〕。

〔旁註：入宅已有**搬遷往來**之義，**氣往亡、往亡日、歸忌日**入宅，恐招出門不歸之不吉〕

〔旁註：**月厭**，通論月建凶日，最忌嫁娶〕

〔旁註：另謂移徙忌煞日**月三殺、月刑、月害、五墓、大時、天吏**〕

**〔獨白：月刑、月害，俱主人事感情之刑傷。
五墓指月氣坐墓庫，天吏是月三合死地，
俱主氣運不開展。大時，帶桃花〕**

分家。……分居。破日。

●昔稱〔**分居**〕，指大家庭兄弟分家、各起爐灶。

●分家，宜〔**破日**〕。

〔旁註：打破牽絆，方有後續發展〕

安床。……**危日。**

●新婚日前，新房安置新床就定位之事宜。

或為求改運，或久年不孕，重新安新床或搬移舊床，床鋪新位置定位。

〔旁註：孕婦床移動，須加看**六甲胎神佔方**〕

●安床，屬無具體危險之事務，宜取〔**危日**〕。

〔旁註：**危主斗杓**，方向正確，會有成果〕

●安床，忌〔**破、平、收、閉**〕日。

〔旁註：另謂等同移徙，忌**月三殺、月刑、月害、五墓、大時、天吏**等煞日〕

〔**獨白：月三殺，指劫殺、災殺、月殺，俱是逢月建三合旺神相沖之衰神**〕

出行。……**旅行、旅遊，留學。建、開、成。**

●昔稱〔**出行**〕，指出門在外，離家有一段距離，或一段時間，包括〔**旅行、旅遊、留學**〕。

●出行，宜於〔**建日**〕、〔**開日**〕、〔**成日**〕。

〔旁註：**建日**，建立**新的動作、新的方向**〕。

〔旁註：**開日**，好的開始與開展，出門後海闊天空〕

〔旁註：**成日**，凡進行吉事，宜其順利成就〕

●出行，〔**滿日**〕併吉星可用。

〔旁註：出門本不宜滿止，然有吉星則圓滿〕

●出行，忌用〔**除日**〕、〔**定日**〕。

〔旁註：**除日**，每一次出行俱是新的動作與計畫，
並無除舊之義。**定日**，出行本宜積極行向目的，
豈可安靜不動。昔時有**選將出師**，
期待軍隊開拔、衝鋒陷陣，自然不宜**定日**〕

●出行，酌取〔**執日**〕，併吉星可用。

〔旁註：出行乃人身之流通，忌諱死執不動；
但若是必須外出執行之事務，吉星多遇可用〕

●出行，忌取〔**破日**〕、〔**收日**〕、〔**閉日**〕。

〔旁註：**破日**，出行計畫逢破則難行〕

〔旁註：**收日**，宜於後續發展之事務，忌諱收縮與結束〕

〔旁註：**閉日**，出門宜於開展，忌諱封閉不動〕

※**出行宜臨值吉神**〔**月恩、天喜**〕。

〔旁註：天喜，即是**成日、三合日**〕

〔旁註：另謂喜**三合、天願、四相、時德、
王日、福德、天馬、驛馬**〕。

**〔獨白：四相與時德，俱是四時五行相生之喜神。
王日是親臨任事、主能充分掌握。
福德即是金匱黃道，宜於求財。
天馬、驛馬，宜於出行無礙〕**

※出行忌臨值凶煞〔**氣往亡、往亡、歸忌、天賊、月厭**〕。

〔旁註：另謂忌**月三煞、月刑、五墓、大時、天吏**〕

〔**獨白：天賊，通忌神明事務，出行即有祈願之義，**
出行恐不得天佑，且易逢盜賊之事〕

解除、清潔消毒。……除、平。

◎**解除、大掃除、清潔消毒、消災解禍。**

●本義是向神佛祈求攘災的祭典儀式，
廣義上論進行一切有關驅除災厄的情事。

〔旁註：包括清洗宅舍、消毒等的吉日〕

〔**獨白：昔時流行疾病，稱時疫或瘟疫，必須進行全家，**
甚至全村之清洗消毒；除了除去病毒之外，
尚有驅魔祈福之意。今日若逢新的時疫，
多在院內立即隔離並追蹤接觸者，刻不容緩，
幾乎已不見為此而擇吉了〕

●解除，宜擇〔**除日**〕、〔**平日**〕。

〔旁註：**除日**，除病毒、去魔障、除霉運〕

〔旁註：**平日**，危險期已過，就等慢慢復元〕

●解除，忌〔**建、收**〕日。

※**解除，通宜臨值吉神**〔**月恩**〕。
又喜〔**四相、時德、解神、除神**〕。

〔**獨白：解神、除神，攘災祭解吉日**〕

●解除忌逢凶煞〔**月厭**〕。又忌：〔**月三殺、月刑、天吏、遊禍、五墓、死神、大時、死氣**〕。
〔**獨白：凡事有祈福之意者，忌遊禍日**〕

醫療服藥。……除、滿、平。破、開。

◎求醫療病、服藥。

●昔時醫藥不發達，久病不癒，若得通報往訪名醫，或得秘方而服，為求吉利，訪醫或服藥之日必須擇吉。今日一般醫療已少擇日，然病況不佳、涉及大開刀，則開刀之日特加擇吉亦有。

●醫療服藥，宜取〔**除日、滿日、平日**〕。
〔旁註：除去舊時病痛，開刀除去腫瘤之類〕
〔旁註：病滿則退，**滿日**有**天醫**之喜神名〕
〔旁註：**平日**取危險期已過，就等慢慢復元〕

●醫療服藥，宜取〔**破日、開日**〕。
〔旁註：長年痼疾、突發腫瘤，俱宜破而去之〕

●醫療服藥，忌用〔**定日、收日**〕。
〔旁註：論病，宜除而不宜固著在身；
定日求醫，容易成為痼疾不化〕
〔旁註：**收日**只是告一段落，尚有後續發展，
疾病為忌諱之事〕

開刀、針灸、醫眼。……開。

●開刀、針灸、醫眼疾，宜於〔**開日**〕，亦取〔**滿日**〕。
忌取〔**閉日**〕。

〔旁註：針灸意欲打通經脈、眼睛亦是宜於打開〕

雪冤、和解。……除日。

●昔稱〔**雪冤**〕，因受到冤屈而提出申訴，
要求〔**恢復名譽、還我清白**〕之擇吉。

〔**獨白：今日政治界，有過去曾遭誣陷而遭難，**
日後或後人要求回復清白與公民權者〕

●另有雙方誤解爭鬥或訴訟，終於達成和解，
擇吉宜取〔**除日**〕，

〔旁註：消解冤仇，去除惡名〕

※雪冤和解神，忌臨值凶煞〔**月厭及四廢日**〕。
又忌〔**劫煞、災煞、月煞、月刑、五墓、大時、天吏**〕。

作生日、作壽。……建、除。

●作壽，有祈求神佛降福之義，故宜於〔**建日**〕。

〔旁註：建日取義期待建立更多新福氣〕

●作生日，有除舊佈新之意，故亦宜於〔**除日**〕。

〔旁註：除日取義延續已有事務而除舊佈新〕

成年禮。……定日。

●冠笄即是男女長大成年而舉行成年禮，

〔旁註：男為冠禮、女為笄禮。

現在有人會舉行派對，新潮的還舉行舞會〕

●舉辦成年禮，宜擇〔**定日**〕，忌〔**破、平、收**〕日。

〔旁註：**定日**，取其定性、穩定成長〕

宴會、約會。……會親友、訂盟。定日。

●昔時通稱〔**會親友**〕，指訪問親戚友人，或舉辦宴會。

〔旁註：通常帶有**修好、結盟、請提拔**之類的期待〕

●宴會、約會，宜擇〔**定**〕日，慎用〔**開**〕日。

〔旁註：訂定集會日期或訂**定**約盟，決定之後即應固守〕

〔旁註：**開日**固有開展之義，然無合會之意，吉多可用〕

●宴會、約會，忌〔**破日、平日、收日、閉日、危日**〕。

〔旁註：吉祥事務不取**危**日〕

〔旁註：**破平收閉**，無積極意涵〕

※**會親友，宜臨值**〔**天願、月恩、三合、六合、五合**〕，

亦喜〔**四相、時德、王日、民日、福德、天喜**〕

〔旁註：**福德**與**滿**日同位。**民日**取其親合之意〕

※**會親友，忌臨凶煞**〔**劫煞、災煞、月煞、月刑、**

月害、月厭、大時、游禍、天吏、五離日〕。

〔旁註：**五離日**，五行氣息不調和，離心離德〕

訴訟、官司。……除日。

●昔稱〔**詞訟**〕，指向法院提出告訴，通稱官司。

●提出告訴，忌用〔**定日**〕。

〔旁註：官司本宜於化解，若用定日，恐陷入纏訟〕

●官訟，忌取〔**成日**〕、〔**收日**〕。

〔旁註：**成日**，凡逢官訟，必受纏擾，最宜不予立案〕

〔旁註：**收日**，只是告一段落，尚有後續發展；
拖延乃訴訟忌諱之事〕

※訴訟，宜臨值吉神〔**月恩、天喜**〕。又喜〔**六合、三合、五合、天願、四相、時德、王日、福德、民日**〕日。

〔**獨白：官訟擇日取合，意在兩造和合，易於和解**〕

※訴訟，忌臨值凶煞〔**月厭、四廢日**〕。

又忌〔**月害、劫煞、災煞、月煞、月刑、五離**〕。

〔**獨白：五離日，逢訴訟則不易和解**〕

【劉賁按】

◎**俗謂**〈官司若能打，狗屎就能吃〉**，唯恐避之不及，故而說**〈忌取成日〉**。事實上，被告無擇日之自由，而提出訴訟之原告，就是要立案，官司方能受理，**〈忌取成日〉**之說不宜。**

收養、僱傭、招贅。……進人口、納婿。滿日、收日。

●收養兒女、女方招贅，或僱請長工或員工屬之。
宜於安穩、動態平衡。

〔旁註：男子入贅以女方為主，近年多僱請外勞常照〕

●收養、僱傭、招贅，宜用〔**滿日、收日**〕，
酌用〔**定日**〕。

〔旁註：**定日**，若有吉星並照，可以增添人口〕

●收養、僱傭、招贅，忌〔**破、平、閉**〕日。

※**收養、僱傭、招贅，宜臨值吉神**
〔**天願、三合、民日、六合**〕。

※**招贅收養、僱傭，忌值凶煞**〔**月厭、四廢、往亡**〕日。
又忌〔**劫煞、災煞、月煞、月刑、月害、**
五墓、大時、天吏、四窮、九空〕。

〔旁註：**四窮**，恐其帶來窮困；**九空**，出行忌煞〕

齋戒沐浴。……除日。

●齋戒沐浴，宜擇〔**除日**〕。

※**俗忌**〔**亥日、子日**〕。

※**齋戒沐浴宜臨值吉神**〔**解神、除神**〕，
但忌逢〔**三伏日、社日**〕。

〔旁註：**解神、除神**，功能等同建除十二神之**除日**〕

〔旁註：農曆中的夏季，有一個長達30至40天的時期，
逢**庚午、庚辰、庚寅、庚子、庚戌、庚申**，
即是**三伏日**。夏日火旺，金畏火剋，
呼吸系統容易受損，進入冬天就很容易發病〕
〔旁註：社日，為古代祭祀社神之日。
昔時農莊每逢社日，必四鄰結會祭祀祈福；
春社祈求農作茂盛，秋社則謝天之賜予豐收〕

整理儀容。……除日。

●整理儀容，擇日宜〔**除日**〕，忌〔**建日、破日**〕。
〔旁註：剃頭、整手足甲〕
※俗忌〔**丁日**〕，又忌〔**每月初十二、初十五日**〕。
※整理儀容，宜臨值〔**解神、除神**〕。
忌〔**月厭、劫煞、災煞、月煞、月刑**〕。

〔事業工作類〕

◎各行類職業工作之擇日，俱宜擇〔**百無禁忌最吉神**〕，
即取〔**天德、月德、天德合、月德合、天赦日**〕。
且避〔**忌用任事煞日**〕之〔**日月蝕日、四絕日、四離日、正四廢日、正紅紗日、真滅沒日**〕。

就職、報到。……建、開。

◎**報到、上任、赴任、接掌、上官、臨政。**

●往昔官員上任或接掌事務，會選一個上官或臨政吉日，期許政事順利推展；今則是官場之〔**就職典禮**〕吉日。

●今日工商企業社會，凡是得到新工作或新職位，
要前往報到，以後便在新單位開展工作，宜於擇吉。
企業或政府之駐外單位或代表，取〔**啟程日期**〕吉日。

●報到就職，宜於〔**建、開**〕日。

〔旁註：必須面對新的事物，故宜於建立、建設、開創〕

〔旁註：好的開始，並期待後續發展〕

●報到就職，忌選〔**滿、破、平、收、閉**〕日〕。

〔旁註：**滿日**，新事務必期待後來的發展、無限的延伸；
若滿則止，工作不能推展，事業則發展受限〕

〔旁註：**破日**，任職必須立於原先基礎，方有後續發展；

而且進行後，即不可破壞。

破日即使逢天德月德，亦是不取〕

〔旁註：平收閉日，俱無積極意涵而不取〕

※凡職場赴任之擇日，俱帶〔祈福〕意味，

故宜於臨值吉神〔天願、月恩、天喜〕。

又喜〔守日、相日、臨日、四相、時德、吉期、驛馬〕。

〔旁註：昔時官員實是代替君王牧民者，赴任均取吉神

王日、官日、相日、民日、守日、臨日〕，

取義**臨正親民**。今日公務官員或企業管理階層，

依循選取，或可稱之為〔**公務管理專用吉神**〕。

〔旁註：**四相、時德、吉期**，俱是當月任事之喜吉神；

驛馬日，宜於出行、遷徙〕

※凡職場類之擇日，忌逢凶煞〔氣往亡、往亡、歸忌、

十惡大敗、月三煞、月刑、月厭、五墓、大時、天吏〕。

〔旁註：職場工作，多具**搬遷往來**之義，若擇**氣往亡、**

往亡日、歸忌日，恐招遷動不歸之不吉〕

〔旁註：**十惡大敗日**即是**祿神空亡**之日，

主凡事不成、長久則原有基礎崩解〕

〔旁註：又有民俗**九土鬼、猖鬼敗亡**忌豎造及赴任〕

開工。……開幕、開工。建日、開日。

●凡是啟動工作，例如：

新增機器設備，裝置完成後，擇吉啟用開動。

或機構休息一陣子或暫停營業，重新開始工作運轉。

〔旁註：例如過年後，或受到外力如水火災、颱風、

工運或公權力介入而影響停工〕

●營造事業，雖然俗亦自稱〔**開工**〕，不單是選開工日，

且因涉及動土起造，有方位之宜忌，

應歸類於**〈陽宅建設類〉**。

●開工，宜取〔**建日**〕、〔**開日**〕。

〔旁註：開始新的運作〕

〔旁註：好的開始，並期待後續發展〕

入學。……入學、開學註冊、拜師學藝。建、成、開。

●昔時小孩成長後，好家庭的小孩要入學、

一般家庭的小孩要學一藝之長，即拜師學藝；

現今社會，一般都要進入小學受教育，

其開學第一天就是入學日。

●今日社會，各行各業各有傑出人士，亦有慕其成就而

遇從學者，如受接納，〔**入門儀式**〕亦選〔**入學日**〕。

●入學、拜師，宜選〔**建日**〕、〔**成日**〕、〔**開日**〕。

〔旁註：**建日**，今日始建立關係〕

〔旁註：**成日**，好的開始，並期待成果〕

〔旁註：**開日**，好的開始，並期待後續發展〕

●通常入學無神煞忌日，然仍不宜月破。

〔旁註：俗忌丑日〕

應試、面談。……**赴舉、應試。建、開。**

●應徵新工作、新職位，往赴面談之類，以**赴任**同論，宜於〔**建、開**〕日，忌〔**滿、破、平、收、閉**〕日。

〔旁註：**建日**，雖有建立新關係之意，然旺則易衰，若非當日能決，宜於另取〕

契約。……**建、定、執。**

◎立券、立券交易、結盟、訂盟。結拜、結義。

●人事上或工作上，有新的事物，或雙方當事人有約定，包括政治上的建立同盟、商業上的買賣，或交易契約，或人倫關係的建立。

〔旁註：政治與商業上的同盟，包括結盟、訂盟、姊妹市、關係企業、連鎖店〕

〔旁註：商業交易，包括買賣債券券、股票交易〕

〔旁註：結義、結拜兄弟、結親家〕

●契約，宜選〔**建日**〕、〔**定日**〕、〔**執日**〕。

〔旁註：**建日**，建立新的關係〕。

〔旁註：**定日**，取其決定之後即不生變之義〕

〔旁註：**執日**，必須把握或履行之事項，宜於執日〕

●契約，忌用〔**破日**〕。

〔旁註：契約即是誠信不破〕

施恩、行惠。……開日。

◎特赦、緩刑、恢復名譽，或其他示惠之行為。

●宜取〔**開日**〕。

〔旁註：政府單位可用建日〕。

●忌〔**破、平、收、閉**〕日。

※**神煞宜臨值〔月恩、天喜〕，又須無忌神併臨。**

又喜〔天願、陽德、陰德、王日、
四相、時德、福德、三合〕。

〔旁註：**王日**，是上級任事吉辰〕

〔旁註：**陽德**，司命黃道同位，宜於陽事，如：
買賣、嫁娶、訂婚、開市、入宅、造葬。
陰德，如祭祀拜拜、設齋醮功果、施恩行惠〕

推薦與提名。……舉正直。開日。

●宜取〔**開**〕日，〔**建**〕日亦吉。

〔旁註：上級單位可用**建**日〕。

●忌〔**破、平、收、閉、滿**〕日。

※推薦與提名，吉神宜臨值〔**天願、月恩、四相、時德、吉期、天喜、王日**〕，亦喜〔**臨日**〕。

※推薦與提名，忌避凶煞〔**劫煞、災煞、月煞、月刑、月厭、大時、天吏、四廢日**〕。

接受名位獲表揚。……開日。

●昔稱〔**受封**〕，今日之受勛及接受表揚，宜〔**開日**〕，忌〔**建、破、平、收、閉**〕日。

※神煞宜臨值吉神〔**天願、臨日、福德**〕，忌逢凶煞〔**劫煞、災煞、月煞、月刑、月害、月厭、大時、遊禍、天吏、四廢、往亡**〕日。

陳情、提出報告、發表作品。……**開日**。

●昔稱〔**上表、上表章**〕，宜取〔**開**〕日。

〔旁註：打開過去之鬱積，啟動新的開展〕

●忌〔**建、破、平、收、閉**〕日。

※遞送報告，宜取吉神：

〔**天願、臨日、福德、月空、解神**〕。

〔旁註：**月空**，宜於**中空事務**之吉神，

例如修造床帳、進表上策〕

※遞送報告，忌避凶煞：

〔**劫煞、災煞、月煞、月刑、月害、月厭、**

大時、天吏、四廢日、往亡〕。

〔商業求財類〕

◎商業與求財類之擇日，俱宜擇〔**百無禁忌最吉神**〕，
即取〔**天德、月德、天德合、月德合、天赦日**〕。
且避〔**忌用任事煞日**〕之〔**日月蝕日、四絕日、**
四離日、正四廢日、正紅紗日、真滅沒日〕。

※商業與求財類，俱忌〔**月破大耗**〕之日。

〔旁註：**月破**，即是**破日**，又有**大耗**之名〕

開市。……開市、開張、開業、開幕。成、開、滿。

●新的公司或商店開業、新建工廠動工。

〔旁註：開始做生意〕

●公司、工廠或商店或機關團體，開張啟動運作，
或舉行開幕典禮、剪綵。

●公司店鋪或工廠於過年休息之後，
在新的年頭重新啟動業務或開工。

●開市，宜用〔**成日、開日**〕，酌用〔**滿日**〕。

〔旁註：**成開日**，好的開始，期待成果，期待後續發展〕

〔旁註：**滿日**，圓滿，吉多則用〕

●**一般的開市，忌用〔執日〕。**

〔旁註：做生意進財，多多益善，豈可拘執原地踏步〕

若是**新開張開幕之事業，酌取〔執日〕。**

〔旁註：全新事業，宜於把握，大吉星併臨可以取用〕。

●開市，忌用〔**破日、平日、收日、閉日**〕。

〔旁註：做生意進財，總求綿延，豈可破壞。

又期待後續發展，忌諱收縮與關閉結束，

因此**平日收日閉日**俱是不宜〕

※**開市，吉神宜臨值〔天願、民日、五富〕。**

〔旁註：月建三合首長生字，宜於求財與收成、庫庫〕

※**開市，忌避凶煞〔劫煞、災煞、月煞、**

月刑、月害、月厭、大時、天吏、小耗、四耗、

四廢、四窮、五墓、九空〕。

掛匾。……成、開、滿。

●懸掛招牌、懸掛匾額，擇日等同〔**開市**〕。

若是新事業，通常與開市並行。

交易買賣。……立券交易。滿、開。

●置產、進貨，或買賣生意之事務。

〔旁註：房地產投資、進貨、進倉、入庫〕

●交易買賣，宜選〔**滿日、開日**〕。

〔旁註：**滿日**取發展發展滿意。**開日**取有好的開展〕

●交易買賣不宜用〔**執日**〕。

〔旁註：做生意期待進財滿收，
投資收帳，豈可拘執原地踏步〕

●交易與納財，忌用〔**破日、平日、收日**〕。

〔旁註：**破日**，做生意進財，總求綿延，豈可破壞；
平日無積極進展；**收日**，生意豈可收縮〕

※立券交易，吉神宜臨值〔天願、民日、五合、三合、六合、五富〕。

※立券交易，忌避凶煞〔劫煞、災煞、月煞、月刑、月害、月厭、大時、天吏、小耗、四耗、四廢、四窮、五墓、九空、五離〕。

收入納財。……※進帳、收帳。滿、收。

●純指金錢入帳之事務。

〔旁註：收帳、收租、貸款〕

●收入納財，宜選〔**滿日、收日**〕。

〔旁註：收帳要積極收取，也要有滿意的進度〕

●收入納財，忌用〔**破日、平日**〕

〔旁註：做生意進財，總求綿延，豈可破壞〕

〔旁註：平日過於消極，收帳必須進取〕

●收入納財不宜用〔**執日**〕。

〔旁註：做生意期待進財，

投資收帳，豈可拘執原地踏步〕

※納財，吉神宜臨值〔**母倉、天願、月恩、四相、時德、民日、三合、六合、五富、天倉**〕。

※納財，忌避凶煞〔**劫煞、災煞、月煞、月刑、月害、月厭、大時、天吏、小耗、四耗、四廢、四窮、九空**〕。

開倉、出貨。……開日。

●開倉與出貨，宜選〔**開日**〕、〔**滿日**〕。

〔旁註：**開日**，開倉、容納更多財貨，並期待後續發展〕

〔旁註：**滿日**，必須倉滿，才有貨物可出〕

●開倉與出貨，忌用〔**建日**〕〔**執日**〕，

以及〔**破、平、收、閉**〕等日。

〔旁註：**建日**，即月旺之日。貨旺則堆積，貨衰則出〕

〔旁註：**執日**，倉管，有進有出，豈可拘執固守不動〕

※開倉出貨，吉神宜臨值〔**月恩、四相、時德、五富**〕。

※開倉出貨，忌避凶煞〔**劫煞、災煞、月煞**（月虛）、**月刑、月害、月厭、大時、天吏、小耗、天賊四耗、四廢、四窮、九空、甲日**〕。

〔行業宜忌類〕

◎行業宜忌類之擇日，俱宜擇〔**百無禁忌最吉神**〕，即取〔**天德、月德、天德合、月德合、天赦日**〕。且避〔**忌用任事煞日**〕之〔**日月蝕日、四絕日、**四離日、正四廢日、正紅紗日、真滅沒日〕。

◎主要在祈求順利與好收成，諸事忌取〔**破日**〕，若逢〔**月破**〕必無好收成。

〔旁註：**月破**，即是**破日**，又有**大耗**之名〕

農事、種植、蒔田。……執、開、收日。

※種蒔、栽種、接果、種田禾。

●農業事務，包括〔**種植、蒔田、接枝、收蜂蜜……**〕之類的農事，宜擇〔**執日、開日、收日**〕。

〔旁註：**執日**，種植與蒔田俱需抓住時機，
蒔田又有用手握執之義〕

〔旁註：種植就是期待收成〕

●農事，酌用〔**定日**〕。

〔旁註：**定日**，種植需循序漸進，併吉星可用。
尤其除草欲其安住不再蔓延，用定日為吉〕

●農事種植，忌用〔**建日、破日、平日**〕。

農業收成。……收日。

※收五穀、割蜜、納畜、醞釀。

●農業作業，包括〔**收五穀、割蜜、納畜、醞釀**〕。

●農事收成，宜擇〔**收日**〕。

〔旁註：宜於一切收成之事務〕

修農倉。……修倉庫。收日。

●修農倉，宜擇〔**收日**〕，〔**滿日**〕吉多可用。

〔旁註：**收日**，為的是農事收成〕

〔旁註：**滿日**與**土瘟**同位〕

●修農倉，忌用〔**月建**〕及〔**月破**〕。

獵捕。……捕捉、畋獵、取魚。執、危、收日。

●捕捉，通常指撲滅農作物害蟲之事。

畋獵，指打獵或捕捉野獸。

●獵捕，宜用〔**執日**〕、〔**危日**〕、〔**收日**〕。

〔旁註：**執日**，打獵捕捉之事務，例如：狩獵、捕魚、捕鼠……之類，必須抓住，方有成果〕

〔旁註：**危日**，打獵本帶危險性，但危主斗杓，方向正確，會有成果〕

〔旁註：**收日**，獵補亦是收成〕

伐木。……破日、危日。

●通指砍伐樹木。

還有一種情形，陽宅庭院深深而砍去樹木。

●伐木，宜用〔**破日、危日**〕。

〔旁註：**危日**，伐木本帶危險性，但危主斗杓，
方向正確，會有成果〕

※伐木忌〔**受死、天賊、正四廢、四離四絕**〕，
其日忌入山。

下水典禮。……執日。

●新船完建造成之下水典禮，有祭祀祈福之意。

●下水典禮，宜於〔**執日**〕。

〔旁註：宜保握時機啟用、期待後續效果〕

放水。……

●將水灌入蓄水池，忌〔**月破**〕及〔**閉日**〕。

〔旁註：大者如水庫、大壩之進水典禮，
小者如埤塘或灌溉渠道之啟用〕

※放水忌〔**土瘟、受死、紅紗、瓦陷、四正廢**〕。

〔**婚姻類**〕

◎婚姻類之擇日，俱宜擇〔**百無禁忌最吉神**〕，
即取〔**天德、月德、天德合、月德合、天赦日**〕。
且避〔**忌用任事煞日**〕之〔**日月蝕日、四絕日、
四離日、正四廢日、正紅紗日、真滅沒日**〕。

提親。……**成日**

●昔稱〔**結盟、結婚姻、問名**〕，今日多自由戀愛，
男女論及婚嫁，總要請雙方父母首肯祝福，
男方由媒人或家長拜訪女家提親，表達結為親家之意。
〔旁註：昔時男方於結婚姻日至女方取回女方年庚，
置於祖先公媽供桌之上，過三日無凶事凶象，
即可進行後續之訂婚禮儀〕

●提親，宜選〔**成日**〕，斟酌取〔**建日、滿日、開日**〕。
〔旁註：好的開始，並期待成果〕。
〔旁註：**建日**，期待建立新的關係，但健旺則易退〕
〔旁註：**滿日**，期待建立新的關係，但手續須待嫁娶之後
方才完備，而且兩家結姻，還期待繼續交好；
不能只以滿願為足。須參考併臨之神煞，
吉神相併多則可取，多臨凶神則不取〕
〔旁註：**開日**，雖有開展之意，然無合意〕

●提親，忌用〔**破日、平日、收日、閉日、危日**〕。

〔旁註：提親須合和，不宜破面〕

〔旁註：提親須積極，平則不進。

婚姻宜有發展，不宜**收日、閉日**〕

〔旁註：**危**日宜於有目標之吉祥事務〕

※提親，宜臨值吉神〔**天願、三合、六合、五合、月恩、天喜**〕日，又喜〔**四相、時德、民日**〕。

※提親，忌臨值煞日〔**往亡、劫煞、災煞、月煞、月刑、月害、月厭**〕日。又忌〔**大時、天吏、四忌、四窮、五離、八專、五墓**〕。

〔旁註：**八專日，甲寅、乙卯、戊戌、己未、丁未、庚申、辛酉、癸亥**，干支通透過強〕

訂婚。……成日、執日。

※訂盟、納采、訂婚、文定、過定、裁衣、合帳。

●訂婚也是一種結盟形勢。

●訂婚，宜選〔**成日**〕、〔**執日**〕。

〔旁註：**成日**，完成契約，並期待成果〕

〔旁註：**執日**，必須把握或履行之事項〕

●訂婚，斟酌取〔**建日、滿日、開日**〕。

〔旁註：**滿日**，契約已定，須待嫁娶之後方才完備，
不能只以滿願為足。須參考併臨之神煞，
吉神相併多則可取，多臨凶神則不取〕

〔旁註：開日雖有開展之意，然無合意〕

●訂婚，忌用〔**破日、危日、平日、收日、閉日**〕。

〔旁註：**破日**，訂婚須合和，不宜破面，且為吉祥事務〕

●訂婚，忌用〔**平日、收日、閉日**〕。

〔旁註：**平日**，訂婚是積極事務，平則不進〕

〔旁註：**收日、閉日**，婚姻宜有開展〕

※訂婚宜臨值吉神〔**月恩、天喜**〕日，又喜：
〔**三合、六合、五合、天願、四相、時德、民日**〕。

※訂婚忌臨值凶煞〔**月厭、四廢、往亡**〕日，
又忌〔**劫煞、災煞、月煞、月刑、五墓、月害、
大時、天吏、四忌、四窮、五離、八專**〕。

結婚、嫁娶。……

●昔時稱〔**嫁娶**〕，即今日的結婚典禮。

●結婚嫁娶，宜取〔**成日**〕；
斟酌取〔**滿日、執日、開日、收日**〕。

〔旁註：結婚嫁娶為吉事，宜其**成**就〕

〔旁註：結婚儀式宜取圓**滿**，但又不能只以滿願為足。
須參考併臨之神煞，吉神相併多則可取，
多臨凶神則不取〕

〔旁註：新的人生旅程，宜於把握**執**行；
但又忌拘**執**，若吉星多臨則可以選用〕

〔旁註：嫁娶取**收**日，有完備之義；
但收日又有收束與暫停之義，應斟酌取用；
然慮及婚姻宜有發展，豈可收縮，
最好還是不用〕

〔旁註：**開日**，雖有開展之意，然無合意〕

●結婚嫁娶，不取〔**建日**〕。

〔旁註：結婚雖屬新的氣息，然夫婦講究陰陽調和，
不可單旺；建日陽氣過盛，因此不宜結婚〕

●嫁娶婚禮，忌取〔**破日、除日、危日、平日、閉日**〕。

〔旁註：新婚是全新的人際關係，無除舊之意〕

〔旁註：嫁娶是吉事，必要取其全吉，
危日帶凶險而不宜〕

〔旁註：嫁娶必須立於原先基礎，方有後續發展；
而且進行後，即不可**破**壞。
破日即使逢天德月德，亦是不取〕
〔旁註：婚姻是積極事務，**平**則不進〕
〔旁註：婚姻宜有開展，豈可**閉**鎖〕
※嫁娶宜臨吉神〔天喜、母倉、月恩、天願〕，
以及〔黃道〕、〔益後、續世〕。
又喜〔三合、六合、不將日〕。
〔旁註：**不將日**，嫁娶專用吉辰〕
※嫁娶忌逢凶煞〔月厭、四廢日、四離四絕、往亡、
受死、白虎黑道、朱雀黑道、紅紗、天賊、勾絞〕。
又忌〔劫煞、災煞、月煞、月刑、五墓、月害、
大時、天吏、四忌、四窮、五離、八專、厭對〕。
〔旁註：**厭對日**，厭日不娶親〕
〔旁註：**勾絞日**，忌婚姻。
天罡勾絞，平日之陽月，收日之陰月。
河魁勾絞，平日之陰月，收日之陽月〕

離婚。……破日。

●離婚，宜〔**破日**〕。
〔旁註：打破牽絆，方有後續發展〕

〔陽宅建設類〕

◎陽宅建設類之擇日，俱宜擇〔**百無禁忌最吉神**〕，
即取〔**天德、月德、天德合、月德合、天赦日**〕。
且避〔**忌用任事煞日**〕之〔**日月蝕日、四絕日、**
四離日、正四廢日、正紅紗日、真滅沒日〕。

※凡是營建事項，宜臨值吉神〔**天德、月德、天德合、月德合、天赦**〕，又喜〔**天願**〕日，

※凡是營建事項，忌〔**月厭**〕與〔**四廢**〕日。
又忌〔**劫煞、災煞、月煞、月刑、五墓、土符、大時、天吏、地囊、土王用事日**〕。

〔旁註：建設工程必須挖地基，**土符**及**土王用事**日
皆是不可動及地氣之日〕

〔旁註：**四立**之前的十八天為土旺之時日，土旺起始之
第一天就是**土王用事**，即四立前的第18天〕

動土、起基。……建日。

※動土、整地、平基、起基、興工、開工。

●凡有營造之事務，最起頭基礎的工程，
即是開挖土地、整平地面、開挖地基。

〔旁註：開挖土地為動土，整瓶地面為平基，
開挖地基稱為起基〕

●過去建築工程耗時，〔**動土、平基、起基**〕每一個階段都是一個起頭，都要選擇吉日；今日工法進步而迅速，幾乎全是合併進行，僅選〔**動土**〕吉日。

●動土起基，宜選〔**建日**〕。但若起造之方，恰好是〔**太歲方**〕或〔**三煞方**〕，則又不宜。

〔旁註：建日主開始新的工程建設〕

〔旁註：太歲所值之方，不可動犯，不宜有任何動作〕

〔旁註：動土起基涉及選方，若不吉，該年均不可動工〕

●動土起基，酌取〔**執日**〕。

〔旁註：新建工程，宜於把握，但又忌拘執不動，若多吉星併臨則可用〕

●動土起基，忌取〔**除日、滿日、開日、閉日**〕。

〔旁註：**除日**，新建工程，無除舊之意〕

〔旁註：**滿日**，動土意在後續之建立房舍，不宜滿止〕

〔旁註：**開日**，雖有開展之意，然工程類動及地氣，地氣宜收藏、不可開挖發散〕

〔旁註：**閉日**，宜於開展之事，忌取閉日〕

● **《協紀辨方書》**論〔**動土**〕與〔**修方**〕同，忌〔**建、破、平、收、閉**〕日。

※**動土起基，忌逢凶煞〔天賊、受死、瓦陷〕。**

建造陽宅。……**執日、成日**。

※起造、豎造、營造、建築、蓋房。

●通稱陽宅建築之事務。

〔旁註：昔時蓋屋豎立支柱是主要工程，所以稱為**豎造**〕

●凡是建築起造工事，均宜用〔**執日**〕、〔**成日**〕。

〔旁註：**執日**，新造建築，必須把握天候及工序〕

〔旁註：**成日**，吉事宜其成就〕

●起造新建築，忌取〔**建、除、破、危**〕。

〔旁註：**建日**，當旺之日，旺極易衰〕

〔旁註：**除日**，新建工程，無除舊之意〕

〔旁註：**破日**，工程宜其完滿堅固不破〕

〔旁註：**危日**，宜於取義堅固無危〕

●凡是建築工事，均忌用〔**平日、收日、開日、閉日**〕。

〔旁註：**平日**，建房須有進度，故忌**平日**〕

〔旁註：**收日**，建設工程宜於發展，豈可**收**縮〕

〔旁註：**開日**，雖有開展之意，然工程類動及地氣，
地氣宜於收藏〕

〔旁註：宜於開展之事，忌取**閉日**〕

※蓋屋合脊忌逢〔受死、天賊、火星、瓦陷〕。

〔旁註：**天賊**，本屬神明事務凶煞，泛論高處受損，
建設工程有蓋頂程序，忌有差錯〕

奠基、立柱壁。……定日、成日。

※定磉、起基定磉、豎柱。

●奠基立柱壁，即著手進行基礎工程及立柱外壁之灌漿。

●奠基立柱壁，宜取〔**定日**〕〔**成日**〕。

〔旁註：**定日**，基礎安全工程，必須安定堅固〕

〔旁註：**成日**，基礎安全工程，必須成功〕

※定磉、豎柱、上樑，忌〔**天賊、受死、火星、瓦陷**〕

安大門。……安門、安砛。建日

●大宅院注重廳堂大門及外大門之安置，必要擇吉。

〔旁註：通常同時砌造廳前石階，昔稱**安砛**，今稱**安檻**〕

●安大門，宜取〔**建日**〕。

〔旁註：開始新的工程建設，建日取旺〕

●安大門，忌取〔**破日**〕。

※安門安砛，忌逢凶煞〔**受死、天賊、紅紗、火星**〕。

作灶、造灶、修灶。……平、定、成日。

●作灶，宜取〔**平日**〕〔**定日**〕〔**成日**〕。

〔旁註：**平日**，取其平穩〕

〔旁註：**定日**，取其安定〕

〔旁註：**成日**，取其成果〕

●作灶，忌取〔**破日**〕。

※作灶忌〔**受死、火星、天賊**〕。

造倉、修倉。……造倉庫。滿日。

●建築倉庫或修理倉庫，其意在囤積貨物。

〔旁註：昔時多指收成穀物，
今日應包括能經營或換取盈利之物事〕

●建築倉庫或修理倉庫，宜取〔**滿日**〕，
忌取〔**破日**〕及〔**平日**〕。

〔旁註：收成宜豐碩、倉庫宜滿載〕

開井、打井。……開井、穿井。建日、開日、執日。

●打井，宜於〔**建、開、執**〕日。

〔旁註：**建日**，陽宅之事務，打井是獨立新的工程〕

〔旁註：**執日**，必須把握或履行之事項，宜於執日〕

●打井，不取〔**除日**〕〔**破、平、開、閉**〕日。

〔旁註：純新而無除舊之義的事務，不宜除日〕

修築馬路。……平治道塗、築路、修路。執日。

●昔稱〔**平治道塗**〕，即〔**整修道路、壓平道路**〕之工程。

●修築馬路，宜用〔**執日**〕。

〔旁註：必須把握或履行之事項，宜於執日〕

拆除。……破屋壞垣、拆卸、拆除。破日

●舊屋舊建築必須打掉，方有重建之機，
昔稱〔**破屋壞垣**〕。

●拆除，宜取〔**破日**〕。

〔旁註：破壞原狀、突破僵局之事務〕

●拆除，忌取〔**成日**〕。

〔旁註：既是除舊，即宜破壞，成日難破〕

修繕、裝修、整修房舍、裝潢、補牆。……
※修造、修方、修作、興修。宜滿、平日。

●舊房舍或舊牆垣，破損之後，必須加以修繕、整補，
昔稱〔**修造、補垣**〕，今日則直稱修繕或整修房舍。
房舍部分修繕，除了擇日之外，
亦須注意方位之吉凶，所以又稱〔**修方**〕。

〔旁註：以廳堂為中宮，看所修之方位之宜忌〕

●修繕事務、裝潢、補牆，宜取〔**滿日**〕〔**平日**〕。

〔旁註：維修房舍等容易完成之事務，滿日為吉用〕

〔旁註：平日主最壞已過，宜平穩發展。

舊的房舍建設或牆壁，總有些破損，

整修既能停止崩壞，又能迎接新的氣息〕

●修繕事務，酌取〔**執日**〕。

〔旁註：修繕為舊事物之延續，本不宜拘執，

但若有大吉星併臨則可用〕

●修繕事務，忌用〔**破日**〕〔**危日**〕。

〔旁註：破日，宜其堅固完整，豈宜破壞〕

〔旁註：工程類不宜危日〕

● **《協紀辨方書》**論修方忌〔**建、破、平、收、閉**〕日。

※修宅，忌〔受死、正四廢、火星〕，

〔土瘟滿日〕可權用。

補洞塞穴。……補垣塞穴、塞穴。滿日、閉日。

●修補圍牆破洞，或堵塞鼠穴或蟻穴之類。

●修飾垣牆，宜用〔**平日**〕。

●補洞塞穴，宜取〔**滿日、閉日**〕。

〔旁註：封閉孔口之事〕

修築堤防。……閉日。

●修築堤防，宜取〔**閉日**〕。

〔旁註：築堤意在阻水並導流，不宜開口〕

●修築堤防，忌取〔**開、破、平、收**〕日。

造畜欄。……閉日。

●造畜欄，宜取〔**閉日**〕。

〔旁註：意在關攔六畜，不宜開口〕

〔神明行事類〕

◎神明行事類之擇日，俱宜擇〔**百無禁忌最吉神**〕，
即取〔**天德、月德、天德合、月德合、天赦日**〕。
且避〔**忌用任事煞日**〕之〔**日月蝕日、四絕日、**
四離日、正四廢日、正紅紗日、真滅沒日〕。

◎凡與神佛有關之事務，俱宜〔**開**〕日，
忌〔**建、破、平、收**〕日，〔**滿**〕日斟酌。

◎酉月之戌日、子月之寅日，不取用來祭祀祈願。

〔旁註：**滿日**，俗忌其為〔**天狗日**〕，不取來祈福祭祀。
然〔**天巫日**〕又與滿日同位，可制天狗；
酉月之戌日、子月之寅日，乃是正天狗，
天巫不能制，終是不取用來祭祀祈願〕

※凡與神佛有關之事務，神煞俱宜值〔**月恩、天巫**〕日。

〔旁註：**天巫**與**滿日**同位〕

◎又俗喜〔**普護、福生、聖心、益後、續世**〕，

〔旁註：俱屬**九吉三凶**之吉神〕

祭祀。……除、滿、定、執、危、開。

●祭祀，包括寺廟之拜拜、祠堂公媽之祭拜事宜。

●祭祀宜於〔**除日、滿日、定日、執日、危日、開日**〕。

〔旁註：**除日**，祭祀有**除**舊佈新之意〕

〔旁註：**滿日**，總是感恩過去、期待將來，自宜**滿**願〕

〔旁註：**定日**，祭祀是期待福氣安**定**，不要溜走〕

〔旁註：**執日**，祭祀是期待福氣，宜於把握**執**行〕

〔旁註：**危**主斗杓，方向正確，會有成果〕

〔旁註：開日，好的開始，並期待後續發展。

《協紀辨方書》論〈**祭祀最宜開日**〉〕

※**祭祀宜取**〔**天願、月恩、四相、時德、天巫、普護、福生、聖心、益後、續世**〕。

※**祭祀擇日忌**〔**天狗寅日**〕。

〔旁註：酉月之戌日、子月之寅日，祭祀祈願不取〕

祈福、許願。……建、除、滿、定、執、開。

●祈福與許願，即是向上天神明祈求新的事項與福氣。

●許願祈福，宜於〔**建、除、滿、定、執、開**〕日。

〔旁註：**建日**，是建立新的要求與願望。

但**《協紀辨方書》**論〈**祈福忌建日**〉〕

〔旁註：**除日**，感恩過去、期待將來，有除舊佈新之意〕

〔旁註：**滿日**，既曰祈願，自宜滿願。

唯祈願不宜過大，過滿則溢〕

〔旁註：**定日**，祈福許願，是期待福氣**安住、平穩**，

不要溜走。祈願**安宅**，宅內平安就是福〕

〔旁註：**執日**，祈願之後，必須把握時機**執**行〕

〔旁註：**開日**，好的**開**始，並期待後續發展〕

●許願祈福，忌選〔**破日、平日、收日**〕。

〔旁註：**月破**諸事不宜，**平收**無進取而消極〕

※祈福擇日宜〔**天願、月恩、四相、時德、天巫、**

普護、福生、聖心、益後、續世〕。

※祈福擇日忌〔**劫煞、災煞、月煞、月刑、月害、**

月厭、大時、游禍、天吏、四廢日〕、〔**受死、天賊**〕。

〔旁註：**劫煞、災煞、月煞**，號稱**三煞日**或**三殺日**；

乃以月建三合旺神取對沖三會日辰〕

〔旁註：**受死日**屬**九吉三凶**之凶煞，忌祈禱致祭〕

安神位・……安香、安香火、安神。

●陽宅安神位，有神佛壇位、土地公、灶神、祖先神位。

〔旁註：安土地公俗稱安福德〕

●安神位，忌取〔**破日**〕。

〔旁註：安神必取平安且福德綿延，豈可破壞〕

出火。……移動神明位。開日。

●舊宅舍整修，將原先宅內神佛壇位或祖先神位請走，

暫厝他處；待整修完成再行〔**歸火**〕儀式。

●出火吉日，同〔**移徙搬家**〕。

宜取開日，忌〔**破日、執日**〕。

〔旁註：暫時性，將來還要移回來，不可定執〕

※避宅出火，忌〔**受死、天賊、往亡、歸忌、正四廢、四離四絕、火星日**〕。

歸火。……

●宅舍整建完成，原先移走暫厝之神位重新安置，

忌取〔**破日**〕。

※歸火特忌〔**受死、往亡、歸忌、白虎黑道、朱雀黑道、正四廢、火星、瓦陷、紅紗**〕等日。

塑繪、開光。……塑繪、開光點眼。

●寺廟建築或神像之雕刻彩繪，稱為〔**塑繪**〕。

塑成後，點眼並供奉上位之儀式稱為〔**開光**〕。

●塑繪與開光，忌用〔**破日**〕及〔**閉日**〕。

〔旁註：繪塑開光即祈請神靈降臨庇佑，

總希望福德綿延，豈可用破〕

※開光忌〔**受死、天賊、白虎黑道、朱雀黑道、正四廢**〕。

又忌〔**神號、九空、天瘟、天狗、地賊、鬼神空座、荒蕪、獨火、破敗、神隔、大退日**〕。

※開光日課若取禽星格局，宜取〔**日月齊明格**〕：

日柱與時柱以〔**虛、星、昴、房、日**〕宿，

配用〔**心、危、畢、張、月**〕宿。

求嗣。……求子。開、執。

●向神佛或公媽懇求賜生子息以傳嗣

●求嗣，宜於〔**開日、執日**〕。

〔旁註：等同許願祈福，宜於把握時機〕

●求嗣，忌〔**建、破、平、收**〕日。

〔旁註：**建**日旺極，**破**日無成，**平收**無開展〕

※求嗣擇日神煞，宜〔**天願、月恩、四相、時德、益後、續世**〕。忌〔**劫煞、災煞、月煞、月刑、月害、月厭、大時、游禍、天吏、四廢日**〕。

〔旁註：求嗣等同祈福，但求嗣擇日不宜**天巫**〕

齋醮。……打醮、作醮，除日。

●祭祀祈福或趨邪等事，必須建立道場以進行功德之事，就稱為〔**建醮**〕或〔**設醮**〕，俗稱〔**作醮或打醮**〕。

〔旁註：建立道場，通常必須建立醮台〕

●齋醮，宜擇〔**除日**〕、忌〔**破日**〕。

〔旁註：功果為的是今後的平安與福氣，除舊佈新之意〕

※齋醮擇日神煞忌〔**受死、復日、重喪、三喪、正四廢、天狗**〕，又忌〔**鬼哭、鼓輪殺**〕。

〔**獨白：齋醮雖名為神明之事，然對象實涉陰鬼**〕

驅邪。……除日。

●祭祀祈福法事的一部份。
今日常見因為宅院久廢、欲要重建，
或著陰長病，因而請法師清淨除魔。

●驅邪清淨，宜取〔**除日**〕。

〔旁註：除去久藏之陰靈陰氣，除舊佈新〕

※驅邪擇日神煞，與齋醮相同，
忌〔**受死、復日、重喪、三喪、正四廢、天狗**〕。
又忌〔**鬼哭、鼓輪殺**〕。

齋戒、沐浴。……除日。

●凡是有所祈願而齋戒沐浴之起頭日。

〔旁註：包括到寺廟或自行占卜〕

●齋戒沐浴，宜取〔**除日**〕。

〔旁註：除舊佈新而祈福〕

謝土。……

●建築物，如寺廟、大廈……完工後，或墳墓完工後，謝地基主分金神之祭祀儀式。

●宜忌等同〔**祭祀**〕。

蓋魂。……

●宜取〔**閉日、收日**〕。

●蓋魂經年之後，若要重啟，宜擇〔**除日、滿日、開日**〕。

〔陰宅喪葬類〕

◎陰宅喪葬類之擇日，俱宜擇〔**百無禁忌最吉神**〕，
即取〔**天德、月德、天德合、月德合、天赦日**〕。
且避〔**忌用任事煞日**〕之〔**日月蝕日、四絕日、**
四離日、正四廢日、正紅紗日、真滅沒日〕。

破土。……挖墳坑。定日。

●挖葬坑，或為建造墳墓工程之開始整地，即是〔**破土**〕。
●破土，宜用〔**定日**〕。
〔旁註：造葬為凶事，希望他就此打住，不再發生〕
●破土，忌用〔**滿日、建日、破日、平日、收日**〕。
〔旁註：**滿日**，死人不是好事，墳塋宜空不宜滿〕
〔旁註：**建破平收**，破土凶事宜安靜、避免觸動〕
●破土，又不宜〔**危日、除日**〕。
〔旁註：**危日**，葬是凶事，不得已方才為之，毫無利益〕
〔旁註：**除日**，破土造葬凶事，不符除舊佈新之意涵〕

造葬。……**造墳墓。**

●建造墳墓及有關喪葬類之工程，
除了〔**破土**〕之外，都叫〔**造葬**〕。

●造葬，凶事忌用〔**滿日、定日、建日、破日、平日、收日**〕。又不宜〔**危日、除日**〕。

〔旁註：**滿日**，死人不是好事，墳塋宜空不宜滿〕

〔旁註：**破日**，造葬為凶事、宜於化解〕

〔旁註：**定日**，凶事宜安靜、避免觸動〕

〔旁註：**危日**，造葬是凶事，不得已方才為之，
毫無利益，沒得斟酌權衡〕

〔旁註：**除日**，造葬凶事，不符除舊佈新之意涵〕

修墳、修墓。……

●舊風水墳墓之修理。

●整修墳墓，忌用〔**滿日、破日、除日**〕。

〔旁註：**滿日**，喪葬事不是好事，墳塋宜空不宜滿〕

〔旁註：**破日**，凶事宜安靜、避免觸動〕

〔旁註：**除日**，不符除舊佈新之意涵〕

安葬、入殮、移柩、成服、齋醮。……執、定、閉。

●**安葬**，通指舉行埋葬之儀式。

喪葬儀式中把屍體移入棺木內叫〔**入殮**〕，

將棺木移出屋外就是〔**移柩**〕，〔**成服**〕指穿上喪服。

人死安葬前，進行之祭祀儀式，

俗謂〔**作功果**〕，或稱〔**作功德**〕。

●通常以造葬儀式之日選日，

若是分日進行，自宜分別擇日。

〔旁註：**葬儀**包括**安葬、入殮、移柩、成服**〕

●葬儀，宜取〔**執日、定日、閉日**〕。

〔旁註：**執日**，必須執行的新發生事物〕

〔旁註：**定日**，葬儀凶事，欲其就此打住，不再發生〕

〔旁註：**閉日**，有封閉之義，安葬覆土亦可閉地氣〕

●喪葬事項，俱是凶事，擇日忌取〔**滿日、破日**〕，

又不宜〔**除日、收日、開日**〕。

〔旁註：**滿日**，喪葬事不是好事，墳塋宜空不宜滿〕

〔旁註：**破日**，凶事宜安靜、避免觸動〕

〔旁註：**除日**，不符除舊佈新之意涵；

開日，喪葬涉及地氣之閉藏〕

※安葬不宜〔**白虎黑道日**〕。

※安靈成服，忌〔**受死日**〕，

另忌〔**重喪、復日、重日、鬼哭**〕。

※除靈須察周堂局。

※《協紀辨方書》：〈安葬，宜天德、月德、天德合、月德合、天赦、天願、六合、鳴吠。忌月建、月破、平日、收日，劫煞、災煞、月煞、月刑、月害、月厭、四廢、四忌五窮、五墓、復日、重日〉

除服。……成除服。平日、除日。

●**除服**，或稱〔**成除服**〕，指親喪後作百日或作對年，喪期已滿，子孫脫下喪服、解除靈喪之事。

●除服，宜取〔**除日、平日**〕。

〔旁註：守喪總是鬱卒之事，脫下喪服，
平靜安穩迎接新的氣息〕

開生墳、作生基。……平日、危日、閉日。

●人未死，先找地作墳墓，即是〔**開生墳、開造墳墓**〕，俗謂〔**作生基**〕。

●作生基，宜〔**平日、危日、閉日**〕。

〔旁註：**平日**，不積極而平穩發展之事務〕

〔旁註：**危日**，危主斗杓，方向正確，會有成果〕

〔旁註：**閉日**，做好之後，最好封閉不用〕

●作生基，也是喪葬之事，不宜〔**滿日、除日**〕。

〔旁註：忌真滿，而且不符除舊佈新之意涵〕

※**開生墳，忌〔受死、火星〕，及〔白虎黑道〕。**

合壽木、合板。……閉日。

●製造棺材業，通常將棺材蓋做成半成品備用，
需要時再進行〔**合板**〕工作，將蓋與棺體密合。

●合壽木，也是喪葬之事，宜用〔**閉日**〕。

※**合壽木，忌〔受死〕及〔火星〕。**

啟攢。……

●打開舊墳，檢拾骨骸整理後，等待遷葬之事宜。

〔旁註：俗稱**拾金**或**洗骨**〕

〔旁註：攢就是扦〕

●啟攢擇日忌〔**建、破、平、收**〕日。

時辰專論篇

時神起訣

◎〔**時神**〕之取用，包括以下訣要：

1. 以日柱干支察時辰。

〔旁註：實際上只論**空亡時**〕

2. 日干起長生訣。

〔旁註：以日干起長生訣而取時，總以時辰臨**長生祿旺**
為喜。若是日辰時辰互為生旺，尤其為喜〕

3. 日干直察時辰。

〔旁註：以日干逕察時支是否帶日干之**天乙貴人**及**正官**〕

4. 日干五合察時支。

〔旁註：日干五合化神論十二運，察時支十二運屬性〕

5. 日干察時干。

〔旁註：以日干起五鼠遁，察時干遁到何字，
論其坐下支辰值何時神〕

6. 日干時干之生剋比合。

7. 時神從日支起。

8. 黃道吉時與黑道凶時。

9. 時神隨月將起。

10. 烏兔太陽值時。

〔日柱干支察時辰〕

旬空時。……空亡時。

●時支值日柱干支之〔**旬空**〕。

●**旬空時，忌出行、上官、赴任、求財凶。**

宜開生墳、合壽木吉。

六甲旬空一覽表

甲寅旬	甲辰旬	甲午旬	甲申旬	甲戌旬	甲子旬
甲寅	甲辰	甲午	甲申	甲戌	甲子
乙卯	乙巳	乙未	乙酉	乙亥	乙丑
丙辰	丙午	丙申	丙戌	丙子	丙寅
丁巳	丁未	丁酉	丁亥	丁丑	丁卯
戊午	戊申	戊戌	戊子	戊寅	戊辰
己未	己酉	己亥	己丑	己卯	己巳
庚申	庚戌	庚子	庚寅	庚辰	庚午
辛酉	辛亥	辛丑	辛卯	辛巳	辛未
壬戌	壬子	壬寅	壬辰	壬午	壬申
癸亥	癸丑	癸卯	癸巳	癸未	癸酉
(空亡) 子、丑	(空亡) 寅、卯	(空亡) 辰、巳	(空亡) 午、未	(空亡) 申、酉	(空亡) 戌、亥

〔日干起長生訣〕

◎時神以日干起長生訣一覽表

日干	甲	乙	丙	丁	戊	己	庚	辛	壬	癸
長生	亥	午	寅	酉	寅	酉	巳	子	申	卯
日祿	寅	卯	巳	午	巳	午	申	酉	亥	子
帝旺	卯	寅	午	巳	午	巳	酉	申	子	亥
生旺時 日時干同長生帝旺					戊寅日戊午時	己酉日己巳時				癸卯日癸亥時

日長生時。……日長生。

●時辰為日干〔**長生位**〕。例如：己日長生在酉。

●**長生**，宜〔**求嗣、嫁娶、移徒、入宅、開市、交易、修作、造葬**〕俱吉。

日祿時。……日祿、八祿。

●時辰是日干之〔**祿神**〕，即〔**臨官**〕位。

例如：甲祿在寅。

●**日祿**，宜〔**上官、求財、赴任、見貴、出行、開市、入宅、嫁娶、訂婚、造葬**〕皆吉。

日帝旺時。……日旺時、帝旺時。

●時辰為日干〔**帝旺**〕位。

●**帝旺**，宜〔**求嗣、嫁娶、移徙、入宅、開市、交易、修作、造葬**〕俱吉。

日生旺時。……日生旺。

●〔**時辰**〕與〔**日辰**〕的〔**天干**〕相同，

坐下一為〔**長生**〕、一為〔**帝旺**〕。

●這種情形只有三天：

戊寅日戊午時、己酉日己巳時、癸卯日癸亥時。

〔旁註：戊長生在寅而帝旺於午，

己長生於酉而帝旺於巳，

癸長生在卯而帝旺於亥〕

●〔**長生帝旺**〕宜〔**出行、開市、入宅、移徙、嫁娶、訂婚、造葬、求嗣、交易、求財、修作**〕，百事皆吉。

〔日干直察時辰〕

◎日干直察時辰一覽表

日干	甲	乙	丙	丁	戊	己	庚	辛	壬	癸
日貴時	丑、未	子、申	亥、酉	亥、酉	丑、未	子、申	丑、未	午、寅	卯、巳	卯、巳
天官貴人	酉	申	子	亥	卯	酉	午	巳	丑、未	辰、戌
暗天賊時〔天賊〕	申	申	寅	寅	酉	酉	卯	卯	寅	寅

日貴時。……**日貴。**

●時辰現日干之〔**天乙貴人**〕。一說須分陽貴與陰貴，然論時以輔助用日，實不必細分。

〔旁註：**甲午庚牛羊，乙己鼠猴鄉；**
丙丁豬雞未，壬癸兔蛇藏〕

●**天乙貴人**，宜〔**祈福、求嗣、出行、見貴、求財、嫁娶、訂婚、修作、造葬**〕皆吉。

天官貴人時。……天官貴人。

●時辰伏藏主氣是日干之〔**正官**〕。

〔旁註：甲日酉時、乙日申時、丙日子時、丁日亥時、
戊日卯時、己日寅時、庚日午時、辛日巳時、
壬日丑時未時、癸日辰時戌時〕

●**天官貴人**，宜〔**祭祀、祈福、酬神、上官、赴舉、
出行、見貴、求財**〕，百事皆吉。

暗天賊時。……天賊時。

◎甲乙逢申戊己酉，丙丁壬癸寅時求；
庚辛卯時暗天賊，明星丙婁制無愁。

●甲乙申時、丙丁寅時、戊己酉時、
庚辛卯時、壬癸寅時。

●**暗天賊時，忌祭祀、祈福、設醮。
可以明星吉時或丙時制化吉。**

羅紋交貴。……

●日柱與時柱互換〔**天乙貴人**〕。

〔旁註：時干與日干坐下是對方的天乙貴人〕

●**羅紋交貴**，宜〔**祈福、求嗣、出行、開市、交易、
求財、造葬、嫁娶、訂婚**〕俱吉。

日干	甲	乙	丙	丁	戊	己	庚	辛	壬	癸
羅紋交貴時 日柱與時柱互換（天乙貴人）	甲子日乙丑時、甲寅日辛未時、甲午日辛未時、甲申日乙丑時	乙丑日甲申時、乙未日甲申時、乙酉日丙子時、乙亥日丙子時	丙子日己亥時、丙申日己亥時		戊子日己未時、戊申日己未時	己丑日甲子時、己卯日壬申時、己巳日壬申時、己未日甲子時		辛丑日庚寅時		癸酉日丁巳時、癸亥日丁巳時

〔日干五合察時支〕

羅天大進時。……羅天大進，大進。

●〔**日干合化五行**〕論十二運，時支見其〔**胎**〕位。

〔旁註：**時支**是**日干五合化神**之**胎位**〕

●甲、己、戊、癸日，羅天大進時在早子時。

〔旁註：甲己合而化土、戊癸合而化火，
火土共長生於寅，胎位落在子〕

●乙日、庚日，羅天大進時在卯。

〔旁註：乙庚合而化金，金長生於巳，胎位落在卯〕

●丙日、辛日，羅天大進時在午。

〔旁註：丙辛合而化水，水長生於申，胎位落在午〕

●丁日、壬日，羅天大進時在酉。

〔旁註：丁壬合而化木，木長生於亥，胎位落在酉〕

●**羅天大進，宜祈福、求嗣、嫁娶、訂婚、修造、入宅、開市、交易、求財、造葬，百事皆吉。**

日干	甲	乙	丙	丁	戊	己	庚	辛	壬	癸
羅天大進 〔大進〕	早子	卯	午	㊇酉	甲子	早子	卯	午	㊇酉	甲子

羅天大退時。……**羅天大退，大退。**

●〔**日干合化五行**〕論十二運，時支為其〔**臨官**〕位。

〔旁註：**時支**是**日干五合化神**之**臨官位**〕

●甲、己、戊、癸日，羅天大退時在巳時。

〔旁註：甲己合而化土、戊癸合而化火，
火土共長生於寅，臨官位落在巳〕

●乙日、庚日，羅天大退時在申。

〔旁註：乙庚合而化金，金長生於巳，臨官位落在申〕

●丙日、辛日，羅天大退時在亥。

〔旁註：丙辛合而化水，水長生於申，臨官位落在亥〕

●丁日、壬日，羅天大退時在寅。

〔旁註：丁壬合而化木，木長生於亥，臨官位落在寅〕

●**大退時：忌修方、開光、造葬。忌修造，安葬。**

日干	甲	乙	丙	丁	戊	己	庚	辛	壬	癸
羅天大退〔大退〕	巳	申	亥	寅	巳	巳	申	亥	寅	巳

〔日干察時干〕

◎日干察時干一覽表

日干	甲	乙	丙	丁	戊	己	庚	辛	壬	癸
喜神時〔天兵時〕	丙寅	丙子、丙戌	丙申	丙午	丙辰	丙寅	丙子、丙戌	丙申	丙午	丙辰
天兵時〔喜神時〕	丙寅	丙子、丙戌	丙申	丙午	丙辰	丙寅	丙子、丙戌	丙申	丙午	丙辰
地兵時	庚午	庚辰	庚寅	庚子、庚戌	庚申	庚午	庚辰	庚寅	庚子、庚戌	庚申
雷兵時六戊狗時	戊辰	戊寅	戊子、戊戌	戊申	戊午	戊辰	戊寅	戊子、戊戌	戊申	戊午
截路空時	壬申、癸酉	壬午、癸未	壬辰、癸巳	壬寅、癸卯	壬子、壬戌、癸丑、癸亥	壬申、癸酉	壬午、癸未	壬辰、癸巳	壬寅、癸卯	壬子、壬戌、癸丑、癸亥

◎以日干起五鼠遁，察天干遁到何字，
論其坐下支辰值何時神。
◎時干見〔**丙**〕，為〔**喜神時**〕，又為〔**天兵時**〕。
合論，則宜用於〔**喜吉事**〕，忌用於〔**喪葬及上樑**〕。
◎時干見〔**戊**〕，為〔**雷兵時**〕，又為〔**六戊狗時**〕。
合論則忌〔**修船**〕及〔**焚香祭祀**〕。
◎時干見〔**壬癸**〕，為〔**截路空亡時**〕。

喜神時。……喜神。

●時干見〔**丙**〕，即是〔**喜神**〕。
〔旁註：甲己日丙寅時，乙庚日丙戌及丙子時，
丙辛日丙申時，丁壬日丙午時，戊癸日丙辰時〕
●喜神時須與喜神方併用，且不得日破。
〔旁註：甲己日艮方寅時，乙庚日乾方戌時，
丙辛日坤方申時，丁壬日離方午時，
戊癸日巽方辰時〕
●**喜神，宜祈福、求嗣、嫁娶、訂婚、六禮、
出行、開市、交易、求財、安床吉。**

天兵時。……天兵。〔與喜神時〕

●時干見〔**丙**〕為〔天兵〕。

〔旁註：例如：甲或己日，以甲起子，則甲子、乙丑、
丙寅，則寅為天兵凶時〕

●天兵時，忌上樑、入殮。

地兵時。……地兵。

●時干見〔**庚**〕為地兵。

〔旁註：例如甲或己日，以甲起子，則甲子、乙丑、
丙寅、丁卯、戊辰、己巳、庚午，則午為地兵凶
時〕

●地兵時：忌動土、破土、修造。

雷兵時。……雷兵。

●時干見〔**戊**〕為雷兵。

〔旁註：例如甲或己日，以甲起子，則甲子、乙丑、
丙寅、丁卯、戊辰，則辰為雷兵凶時〕

●雷兵時：忌修船。餘事不忌。

六戊狗時。……六戊時，天狗時。

●時干見〔戊〕為六戊狗時。

●甲日、己日，天狗時在辰時。

●乙日、庚日，天狗時在寅時。

●丙日、辛日，天狗時在戌時、子時。

●丁日、壬日，天狗時在申時。

●戊日、癸日，天狗時在午時。

●**六戊狗時，忌焚香、祈福、設醮、酬神、起鼓，可用明星丙日婁宿制化。**

截路空亡時。……截路空亡，路空。

●以日干起五鼠遁時，遁至時干〔**壬癸**〕所臨地支，該地支即為〔**截路空亡**〕。

〔旁註：例如丁或壬日，以庚起子，則庚子、辛丑、壬寅、癸卯，則寅卯為**截路空亡**〕

●甲己日逢壬申及癸酉時，乙庚日逢壬午及癸未時，丙辛日之壬辰和癸巳時，丁壬日見壬寅與癸卯時，戊癸日則是壬子、癸丑、壬戌、癸亥時。

●**截路空亡時，忌焚香、祈福、酬神、許願、開光、進表章、設醮、上官、赴任、出行、求財、行船凶。**

〔日干時干之生剋比合〕

◎日干時干之生剋比合

日干	甲	乙	丙	丁	戊	己	庚	辛	壬	癸
比肩時	甲	乙	丙	丁	戊	己	庚	辛	壬	癸
五合時	己	庚	辛	壬	癸	甲	乙	丙	丁	戊
福星貴人時	丙寅	丁丑、丁亥	戊戌、戊子	己酉	庚申	辛未	壬午	癸巳	甲辰	乙卯
五不遇時	庚午	辛巳	壬辰	癸卯	甲寅	乙亥、乙丑	丙戌、丙子	丁酉	戊申	己未

比肩時。……比肩。

●時干與日干同字比和之旺。

〔旁註：例如：甲日甲時〕

五合時。……五合。

●時干與日干五合。

〔旁註：例如：甲日己時〕

●**五合，宜祈福、求嗣、嫁娶、訂婚、六禮、出行、開市、交易、求財、安床吉。**

福星貴人時。……福星貴，福星貴人。

●時干逢日干相生。

〔旁註：時干為日干的食神〕

●甲日丙寅時，乙日丁丑、丁亥，丙日戊子、戊戌，丁日己酉，戊日庚申，己日辛未，庚日壬午，辛日癸巳，壬日甲辰，癸日乙卯。

●**福星貴人，宜祭祀、祈福、酬神、嫁娶、訂婚、出行、入宅、求財、造葬俱吉。**

五不遇時。……

●時干剋日干。

〔旁註：時干是日干七殺。例如：甲日庚午時〕

●**五不遇時，忌上官、赴任、出行凶。遇黃道合祿貴德解化，吉多可用。**

〔時神從日支起〕……時辰與日辰對論。

日支	子	丑	寅	卯	辰	巳	午	未	申	酉	戌	亥
日合	丑	子	亥	戌	酉	申	未	午	巳	辰	卯	寅
三合	申、辰	巳、酉	午、戌	亥、未	申、子	酉、丑	寅、戌	亥、卯	子、辰	巳、丑	寅、午	卯、未
日建	子	丑	寅	卯	辰	巳	午	未	申	酉	戌	亥
日馬	寅	亥	申	巳	寅	亥	申	巳	寅	亥	申	巳
日破	午	未	申	酉	戌	亥	子	丑	寅	卯	辰	巳
日刑	卯	戌	巳	子	辰	申	午	戌	巳	酉	未	亥
日害	未	午	巳	辰	卯	寅	丑	子	亥	戌	酉	申
天狗下食	亥	子	丑	寅	卯	辰	巳	午	未	申	酉	戌

日建。……又稱〔時建〕。

●時辰與日辰同字，值日之健旺。

●**日建時，忌造船、行船凶。餘合吉多可用。**

日破。……又稱時破。

●時辰與日辰相沖，大凶，諸事勿用。

〔旁註：例如：子日午時〕

●**日破時，忌祈福、求嗣、上官、出行、嫁娶、訂婚、修造、**
動土、開市、入宅、移徙、安葬，百事皆凶。

日刑。……

●時辰與日辰相刑，次凶。

〔旁註：例如：子日卯時〕

●**日刑時，忌上官、公眾事務。**
遇黃道合祿貴德解化，吉多可用。

日害。……

●與日辰六害之時辰。

●**日害時，忌上官、公眾事務。**
遇黃道合祿貴德解化，吉多可用。

六合。……又稱日合。

●與日辰六合之時辰。

●**六合，宜祈福、求嗣、嫁娶、訂婚、六禮、**
出行、開市、交易、求財、安床吉。

三合。……

●時支與日支半三合。

●三合，宜祈福、求嗣、嫁娶、訂婚、

修造、入宅、開市、交易、求財、造葬皆吉。

日馬。……驛馬。

●時辰是日辰之驛馬位。

〔旁註：日辰三合首字之沖字，現於時支〕

●驛馬，宜上官、赴任、見貴、出行、開市、

入宅、嫁娶、訂婚、造葬、求財皆吉。

天狗下食時。……天狗下食，狗食、下食時。

●以日辰論建除十二神，逢〔**閉**〕為〔**天狗下食時**〕。

實際上乃是〔**子上起亥順排地支**〕。

〔旁註：日辰支前一位之時〕

●子日亥時、丑日子時、寅日丑時、卯日寅時、

辰日卯時、巳日辰時、午日巳時、未日午時、

申日未時、酉日申時、戌日酉時、亥日戌時。

●下食時，忌祭祀、祈福、設醮、修齊。

以明星丙日時婁宿守護制化。

〔黃道吉時與黑道凶時〕……隨日支行陰陽六辰。

◎黃道黑道時辰之定義，與黃道黑道日辰相同。

◎〔福德、寶光、少微、鳳輦、太乙、貴人〕

諸吉曜時，實是黃道之異名。

〔麟鳳吉時〕黃道吉時與黑道凶時

日支	子	丑	寅	卯	辰	巳	午	未	申	酉	戌	亥
○青龍	申	戌	子	寅	辰	午	申	戌	子	寅	辰	午
○明堂	酉	亥	丑	卯	巳	未	酉	亥	丑	卯	巳	未
●天刑	戌	子	寅	辰	午	申	戌	子	寅	辰	午	申
●朱雀	亥	丑	卯	巳	未	酉	亥	丑	卯	巳	未	酉
○金匱〔福德〕	子	寅	辰	午	申	戌	子	寅	辰	午	申	戌
○天德〔寶光〕	丑	卯	巳	未	酉	亥	丑	卯	巳	未	酉	亥
●白虎	寅	辰	午	申	戌	子	寅	辰	午	申	戌	子
○玉堂〔少微〕	卯	巳	未	酉	亥	丑	卯	巳	未	酉	亥	丑
●天牢	辰	午	申	戌	子	寅	辰	午	申	戌	子	寅
●玄武	巳	未	酉	亥	丑	卯	巳	未	酉	亥	丑	卯
○司命〔鳳輦〕	午	申	戌	子	寅	辰	午	申	戌	子	寅	辰
●勾陳	未	酉	亥	丑	卯	巳	未	酉	亥	丑	卯	巳

金匱黃道。……福德。

●子日起子時，順排陽支時。

〔旁註：子、寅、辰、午、申、戌〕

●金匱黃道，宜祈福、嫁娶、訂婚、入宅、造葬吉。

天德黃道。……寶光。

●子日起丑時，順排陰支時。

〔旁註：丑、卯、巳、未、酉、亥〕

●天德黃道，宜祈福、嫁娶、訂婚、入宅、造葬吉。

玉堂黃道。……少微。

●子日起卯時，順排陰支時。

〔旁註：卯、巳、未、酉、亥、丑〕

●玉堂黃道，宜入宅、安床、安灶、開倉庫吉。

司命黃道。……鳳輦。

●子日起午時，順排陽支時。

〔旁註：午、申、戌、子、寅、辰〕

●司命黃道，宜作灶、祀灶、受封、修造吉。

日間用事吉，夜間用事不利。

青龍黃道。……太乙、天乙。

●子日起申時，順排陽支時。

〔旁註：申、戌、子、寅、辰、午〕

●青龍黃道，宜祈福、嫁娶、訂婚、造葬半吉，
遇天乙貴人全吉。

明堂黃道。……貴人。

●子日起酉時，順排陰支時。

〔旁註：酉、亥、丑、卯、巳、未〕

●明堂黃道，宜祈福、嫁娶、訂婚、開市、造葬吉。

朱雀黑道。……朱雀。

●子日起亥時，順排陰支時。

〔旁註：亥、丑、卯、巳、未、酉〕

●朱雀黑道，以鳳凰符制之，吉多可用，宜出兵。
忌營建、移徙、詞訟凶。

白虎黑道。……白虎。

●子日起寅時，順排陽支時。

〔旁註：寅、辰、午、申、戌、子〕

●白虎黑道，以麒麟符制之，吉多可用，
宜行兵、祭祀吉。餘事不利。

玄武黑道。……玄武。

●子日起巳時，順排陰支時。

〔旁註：巳、未、酉、亥、丑、卯〕

●玄武黑道，忌詞訟、上官、赴任、出行、營建、公眾事務。餘吉星多可用。

勾陳黑道。……勾陳。

●子日起未時，順排陰支時。

〔旁註：未、酉、亥、丑、卯、巳〕

●勾陳黑道，忌詞訟、公眾事務。

天牢黑道。……天牢。

●子日起辰時，順排陽支時。

〔旁註：辰、午、申、戌、子、寅〕

●天牢黑道，忌上官、赴任、詞訟、公眾事務。餘吉多可用。

天刑黑道。……天刑。

●子日起戌時，順排陽支時。

〔旁註：戌、子、寅、辰、午、申〕

●天刑黑道，忌上官、赴任、詞訟、公眾事務。餘吉多可用。

〔時神隨月將起〕

◎**論月將。**

寅月在雨水後為亥將、卯月在春分後為戌將、
辰月在穀雨後為酉將、巳月在小滿後是申將、
午月在夏至後是未將、未月在大暑後是午將、
申月在處暑後為巳將、酉月在秋分後是辰將、
戌月在霜降後是卯將、亥月在小雪後為寅將、
子月在冬至後是丑將、丑月在大寒後為子將。

四大吉時。……四煞沒時。

●〔**寅申巳亥**〕四孟月將，用〔**甲庚壬丙**〕時；
〔**子午卯酉**〕四仲月將，用〔**乾坤艮巽**〕時；
〔**辰戌丑未**〕四季月將，用〔**乙辛丁癸**〕時。

●凡廿四山，無論〔**修造、作灶、安葬**〕或〔**開張……**〕百事俱宜，大吉大利。

〔旁註：**四大吉時**，三煞、五黃及一切諸般兇惡煞，均於此時迴避，故而又稱**四煞沒時**〕

貴登天門時。……貴人登天時、貴人時。

●**依貴人口訣**

〈甲戊庚牛羊，乙己鼠猴鄉，丙丁豬雞位，

壬癸蛇兔藏，六辛逢馬虎，此是貴人方〉

尋找貴人地支，然須分陽貴陰貴。

●甲之陽貴在丑、陰貴在未；

戊和庚的陽貴在未、陰貴在丑。

乙之陽貴在子、陰貴在申；己的陽貴在申、陰貴在子。

丙之陽貴在亥、陰貴在酉；丁的陽貴在酉、陰貴在亥。

壬之陽貴在巳、陰貴在卯；癸的陽貴在卯、陰貴在巳

〔旁註：歌訣兔蛇對調〕

辛之陽貴在午、陰貴在寅。

〔旁註：歌訣馬虎對調〕。

●貴人時乃昔日風水大師楊筠松擇日所用，

三煞五黃及一切諸般凶神惡煞均於此時回避。

因此，凡二十四山，無論是修造、作灶、安葬，

或開張等，百事佳、大吉大利。

●**陰陽貴人，宜祈福、求嗣、出行、見貴、求財、**

嫁娶、訂婚、修作、造葬俱吉。

貴人登天時〔以月份中氣論日干配時辰〕

月令	起月中氣	〔月將〕	甲日	乙日	丙日	丁日	戊日	己日	庚日	辛日	壬日	癸日
寅	雨水 驚蟄	亥將	卯 酉	寅 戌	丑 亥	亥 丑	酉 卯	戌 寅	酉 卯	申 辰	未 巳	巳 未
卯	春分 清明	戌將	寅 申	丑 酉	子 戌	戌 子	申 寅	酉 丑	申 寅	未 卯	午 辰	辰 午
辰	穀雨 立夏	酉將	丑 未	子 申	亥 酉	酉 亥	未 丑	申 子	未 丑	午 寅	巳 卯	卯 巳
巳	小滿 芒種	申將	子 午	亥 未	戌 申	申 戌	午 子	未 亥	午 子	巳 丑	辰 寅	寅 辰
午	夏至 小暑	未將	亥 巳	戌 午	酉 未	未 酉	巳 亥	午 戌	巳 亥	辰 子	卯 丑	丑 卯
未	大暑 立秋	丑將	戌 辰	酉 巳	申 午	午 申	辰 戌	巳 酉	辰 戌	卯 亥	寅 子	子 寅
申	處暑 白露	巳將	酉 卯	申 辰	未 巳	巳 未	卯 酉	辰 申	卯 酉	寅 戌	丑 亥	亥 丑
酉	秋分 寒露	辰將	申 寅	未 卯	午 辰	辰 午	寅 申	卯 未	寅 申	丑 酉	子 戌	戌 子
戌	霜降 立冬	卯將	未 丑	午 寅	巳 卯	卯 巳	丑 未	寅 午	丑 未	子 申	亥 酉	酉 亥
亥	小雪 大雪	寅將	午 子	巳 丑	辰 寅	寅 辰	子 午	丑 巳	子 午	亥 未	戌 申	申 戌
子	冬至 小寒	丑將	巳 亥	辰 子	卯 丑	丑 卯	亥 巳	子 辰	亥 巳	戌 午	酉 未	未 酉
丑	大寒 立春	子將	辰 戌	卯 亥	寅 子	子 寅	戌 辰	亥 卯	戌 辰	酉 巳	申 午	午 申

〔烏兔太陽值時〕

	烏兔太陽值時								
日干	太陽時	太陰時	金星時	木星時	水星時	計都	羅睺	火星時	土星時
甲	未	丑、戌	午	寅、亥	子、酉	卯	巳	申	辰
乙	申	巳	子、酉	辰	午	卯	丑、戌	未	寅、亥
丙	辰	丑、戌	巳	子、酉	寅、亥	申	午	卯	未
丁	申	寅、亥	未	卯	丑、戌	辰	午	子、酉	巳
戊	卯	午	寅、亥	未	巳	申	丑、戌	辰	子、酉
己	未	丑、戌	午	寅、亥	子、酉	卯	巳	申	辰
庚	申	巳	子、酉	辰	午	卯	丑、戌	未	寅、亥
辛	辰	丑、戌	巳	子、酉	寅、亥	申	午	卯	未
壬	申	寅、亥	未	卯	丑、戌	辰	午	子、酉	巳
癸	卯	午	寅、亥	未	巳	申	丑、戌	辰	子、酉
備註	宜陽宅事宜	宜陰事	○	○	○	○	○	○	○

烏兔太陽日上起時訣法。……

- **甲己起坎丁壬離，戊癸宮中起子時；**

  丙辛起震乙庚兌，陰陽順逆要須知。

- 看用事之日是何天干，依照歌訣所規定宮位入排山掌，起子時順逆數 **水星→太陰→木星→計都→土星→羅睺→金星→太陽→火星。**

〔旁註：用排山掌起烏兔太陽，

甲己由坎一起子順數，乙庚由兌七起子逆數，

丙辛由震三起子逆數，丁壬由離九起子順數，

戊癸由中宮起子順數〕

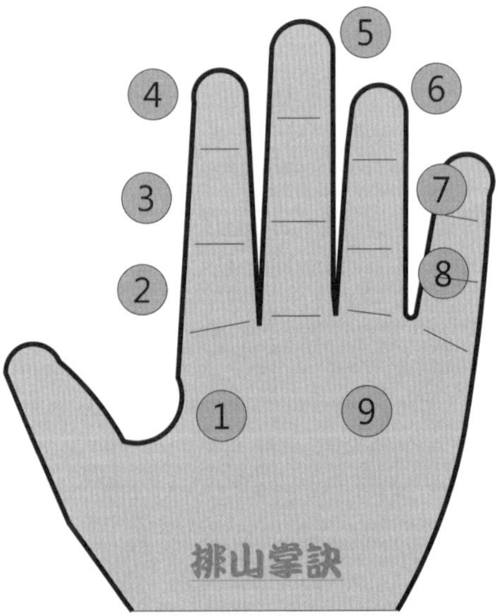

遁太陽時捷訣。……

●**甲己未時停，丁壬乙庚申；丙辛辰時的，戊癸卯時真。**

●甲日與己日，未時是太陽時；
丁、壬、乙、庚四日，逢申時是太陽時；
丙辛兩日，逢辰時是太陽時；
戊癸兩日，逢卯時是太陽時。

遁太陰時捷訣。……

●**甲己丙辛丑戌求，乙庚巳位任君遊；**
丁壬虎上堪為主，戊癸逢馬百殺休。

●甲己丙辛四日，逢丑戌兩時都是太陰時；
乙庚兩日，巳時是陰時；
丁壬兩日，寅時是太陰時；
戊癸兩日，午時是太陰時。

太陽九星論述。……

- 以**太陽、太陰**值時為最吉，**金、水、木**三星次吉，
  羅睺**、計都、土星、火星**皆是凶星。
- 五吉星宜於
  入宅、安香、修造、動土、安葬、破土、修墳等事。
  唯須注意；**陽宅用事宜太陽，陰事宜用太陰**。
- 烏兔太陽吉日吉時，昔日風水大師楊筠松擇日所用，
  三煞五黃及一切諸般兇神惡煞均於此時迴避。
  凡二十四山，無論修造、作竈、安葬、開張等事，
  用太陽值日值時大吉大利。
- **太陽**，能解諸凶神、化官符；
  宜修方、入宅、豎造、安葬、萬事大吉。
- **太陰**，佐理太陽，值太陰日，制九良星、小兒煞；
  宜安葬、修作吉。
- **金星**，宜修造、上樑、入宅、安葬吉。
- **木星**，宜修造、上樑、入宅、安葬吉。
- **水星**，宜修造、上樑、入宅、安葬吉。

時辰選擇法

〔綜論〕

●選擇的通則是擇日以論吉凶，擇時以輔日之旺衰，
不單獨論斷吉凶。
唯神煞之文化深植人心，世人多重祿馬，
兼之術者推波助瀾，一般曆書通書莫不依循爭相加註，反
而神煞強佔浪頭而搔首弄姿，
神辰助旺之功能多逢視而不見；
常見時辰神煞與日辰神煞爭豔，吉凶相間相戰，
反叫人無所適從。

●通書所附之〈**六十日甲子日時局**〉，乃以〔**黃道黑道時**〕
主論吉凶，再兼以通識之貴神，例如：天德月德、
天乙貴人、福星貴人、天官貴人……加重吉義，
或兼以截路空亡、孤辰……等惡煞依事強調凶意。

●觀乎市面流傳之通書或曆書，則各個山頭自立，
其所列時辰神煞更是琳瑯滿目，既是出處不明，
亦多個人執見，**時而言此、時而論彼**，
稀哩糊塗、一筆爛帳。

〔旁註：各通書所列吉神大致羅列如下：
天德、貴人、寶光、武曲、三合、日祿、天兵、
地兵、雷兵、少微、狗食、大進、大退、貪狼、
不遇、左輔、右弼、唐印、金匱、交貴、交祿、
國印、進祿、天賊、長生、六戊、驛馬、貪狼、
六害、日刑……〕

〔選時法實務〕

◎**擇時之法，一概先依用事之屬性，**
選擇黃道吉時或黑道凶時。

〔旁註：用事例如出行、上官、嫁娶、入宅、造葬……〕

〔旁註：雖說黃道皆吉、黑道皆凶，
然黃道之吉仍有偏屬，黑道之凶亦有偏執，
仍須依事分辨清楚〕

◎**凡事時辰與日辰相沖或旬空，一概不取。**

〔旁註：即是日破，既不能助旺日辰，反破日辰之旺〕

〔旁註：既是空亡於日辰干支，則該時辰使日辰無力〕

◎**接著選擇時辰可以生助日辰旺相者。**

時辰生助日辰旺相。……

●日干起長生訣，凡遇〔**長生時、日祿時、帝旺時**〕，或〔**日時互換生旺**〕，皆可取。

●時干生日干，名曰〔**喜神**〕；時干日干同字，名曰〔**比肩**〕，既是生助日辰，自是助旺之吉而可取。

●時干與日干〔**五合**〕，亦是助旺之吉可取。

●時支與日支同字為〔**日建**〕，又若日時〔**六合**〕或〔**三合**〕，俱是助旺可取。

●若逢時辰有洩化或觸犯日辰之旺者，是為凶時而不取。

〔旁註：日破、日刑、六害、五不遇時〕

◎**最後方才論及時辰趨吉避凶之神煞。**

唯各家取用繁多、源出不同，讀者宜自斟酌。

〔**獨白：吉神之用，劉賁酌取**

天德、驛馬、天乙貴人、福星貴人、

天官貴人、羅天大進。

凶煞之避，劉賁酌列

暗天賊時、羅天大退、天兵時、地兵時、

雷兵時、截路空亡時、六戊狗食、天狗下食〕

◎**凡吉凶神煞，仍須以用事分辨其偏執屬性，**

不可一見吉神則概取、一遇凶神即趨避。

例如：日馬為出行吉神，利於〔**求財、上官、出行**〕
之類，若是房舍工程之類則毫無意義。

例如：雷兵時，昔時特忌出兵及修船，
今日普羅百姓根本就是風馬牛不相及，
本應剔除，唯各家通書仍依循收錄，
故而本書暫予取列。

◎**各家通書多有〔烏兔太陽值時〕之輒取，用亦普遍。**
劉賁之意，無妨在黃黑道日選取之時，
同時參酌烏兔太陽值時之吉凶。

◎**此外，術界流傳有依月將取吉時之法，其法大者有**
〔四大吉時〕及〔貴人登天時〕。
這兩種吉時取法，必須依月令中氣取月將，再取吉時；
因此無法列入〈六十甲子日時便覽〉。
依前賢註解，輒取此兩種吉時，俱論
三煞五黃及一切諸般凶神惡煞均於此時回避，
因此凡二十四山，無論修造、作灶、安葬，
或開張等百事佳，大吉大利。
術者無妨參考酌用。

(子)南煞馬冲◎局時日子五					
丑辛**呼的**午戊**冲正**		**局 時 日 子 甲**		碓門**神胎**卜問不**子**	
戌 甲	申 壬	午 庚	辰 戊	寅 丙	子 甲
◑◑◎**冲** 旬天國戊 空刑印辰	◑◑◎**冲** 路天三丙 空賊合寅	●冲日**冲** 大勿時甲 凶用相子	◑◑◎**冲** 六天三壬 戊牢合戌	◑◎◎**冲** 天喜日庚 兵神祿申	◑◎◎**冲** 日金大戊 建匱進午
亥 乙	酉 癸	未 辛	巳 己	卯 丁	丑 乙
◑◎◎**冲** 朱進長己 雀貴生巳	◑◎◎**冲** 路明官丁 空堂貴卯	◑◎◎**冲** 勾右乙乙 陳弼貴丑	◑◑◎**冲** 大元進癸 退武貴亥	◎◎◎**冲** 少玉天辛 微堂赦酉	◎ ◎ **冲** 六交羅己 合貴紋未
丑丁**呼的**午庚**冲正**		**局 時 日 子 丙**		碓灶廚**神胎**竈修不**丙**	
戌 戊	申 丙	午 甲	辰 壬	寅 庚	子 戊
◑◑◎**冲** 六天福壬 戊刑貴辰	◎◎◎**冲** 喜青三庚 神龍合寅	●冲日[illegible] 大[illegible] 凶[illegible]	◑[illegible]◎**冲** [illegible]三丙 [illegible]合戌	◑◎◎**冲** 地日長甲 兵馬生申	◑◎◎**冲** 六金福壬 戊匱貴午
亥 己	酉 丁	未 乙	巳 癸	卯 辛	丑 己
◑ ◎ **冲** 朱交羅癸 雀貴紋巳	◎◎◎**冲** 天乙明辛 赦貴堂卯	◑[illegible] 日勾進己 煞陳[illegible]	◑[illegible]◎**冲** 路進日丁 [illegible]祿祿亥	◑◎◎**冲** 日少玉乙 刑微堂酉	◎◎◎**冲** 進寶六癸 貴光合未
卯己**呼的**午壬**冲正**		**局[illegible]子 戊**		碓床房**神胎**田受不**戊**	
戌 壬	申 庚	午 [illegible]	[illegible] 丙	寅 甲	子 壬
◑◑◎**冲** 路天右丙 空刑弼辰	◑◎◎**冲** 地青三甲 兵龍合寅	●[illegible] 大[illegible]壬 凶用相子	[illegible]◎◎**冲** [illegible]喜三庚 兵神合戌	◑◎◎**冲** 不日長戊 遇馬生申	◑◎◎**冲** 路金大丙 空匱進午
亥 癸	酉 辛	未 己	巳 丁	卯 乙	丑 癸
◑◑◎**冲** 路朱左丁 空雀輔巳	◑◎◎**冲** 天貪明乙 賊狼堂卯	◑◎◎**冲** 勾交羅癸 陳貴紋丑	◑◎◎**冲** 元日天辛 武祿赦亥	◎◎◎**冲** 進官玉己 貴貴堂酉	◑◎◎**冲** 路乙六丁 空貴合未
未乙**呼的**午甲**冲正**		**局 時 日 子 庚**		磨碓**神胎**絡經不**庚**	
戌 丙	申 甲	午 壬	辰 庚	寅 戊	子 丙
◑◑◎**冲** 天不喜庚 刑遇神辰	◎◎◎**冲** 青日三戊 龍祿合寅	●冲日**冲** 大勿時丙 凶用相子	◑◑◎**冲** 地天三甲 兵牢合戌	◑◑◎**冲** 六白日壬 戊虎馬申	◑◎◎**冲** 天喜金庚 兵神匱午
亥 丁	酉 乙	未 癸	巳 辛	卯 己	丑 丁
◑◎◎**冲** 朱左天辛 雀輔赦巳	◎◎◎**冲** 進帝明己 貴旺堂卯	◑◎◎**冲** 路進乙丁 空祿貴丑	◑◎◎**冲** 元太長乙 武陰生亥	◎◎◎**冲** 進玉大癸 貴堂進酉	◎◎◎**冲** 寶乙天辛 光貴赦未
亥乙**呼的**午丙**冲正**		**局 時 日 子 壬**		碓庫倉**神胎**下問不**子**	
戌 庚	申 戊	午 丙	辰 甲	寅 壬	子 庚
◑◑◎**冲** 地天右甲 兵刑弼辰	◑◎◎**冲** 六青三壬 戊龍合寅	●冲日**冲** 大勿時庚 凶用相子	◎◎◎**冲** 武福三戊 曲貴合戌	◑ ◎ **冲** 路趨六丙 空艮壬申	◑◎◎**冲** 地帝金甲 兵旺匱午
亥 辛	酉 己	未 丁	巳 乙	卯 癸	丑 辛
◑ ◎ **冲** 朱居日乙 雀時祿巳	◎◎◎**冲** 明進大癸 堂貴進卯	◑◎◎**冲** 勾官天辛 陳貴赦丑	◑ ◎ **冲** 天交羅己 賊貴紋亥	◑ ◎ **冲** 路交祿丁 空馳貴酉	◎◎◎**冲** 寶天六乙 光德合未

例頁

◎時局解說〔甲子日為例〕

時辰

烏兔太陽值時〔吉神，正黑體〕〔凶煞，標楷體〕

黃道吉時〔正黑體〕黑道凶時〔隸書〕

喜吉神〔正黑體〕凶煞神〔標楷體〕【特凶以顏體標示】

金匱 甲子 水星 日建 羅天大進 比肩	司命 庚午 金星 日破 五不遇時 地兵時
天德 乙丑 太陰 日貴 六合 羅紋交貴	勾陳 辛未 太陽 日貴 日害
白虎 丙寅 木星 日馬 福星貴人 喜神 祿神 天兵時	青龍 壬申 火星 三合 暗天賊時 截路空亡
玉堂 丁卯 計都 帝旺 日刑	明堂 癸酉 水星 天官貴人 截路空亡
天牢 戊辰 土星 三合 雷兵時 六戊狗時	天刑 甲戌 太陰 比肩 空亡時
玄武 己巳 羅睺 五合 羅天大退	朱雀 乙亥 木星 長生 空亡時 天狗下食

◎六十甲子日時局便覽（六甲日之一）

甲子日

時辰	神煞	星	吉凶
甲子	金匱	水星	日建 羅天大進 比肩
乙丑	天德	太陰	日貴 六合 羅紋交貴
丙寅	白虎	木星	日馬 福星貴人 喜神 祿神 天兵時
丁卯	玉堂	計都	帝旺 日刑
戊辰	天牢	土星	三合 雷兵時 六戊狗時
己巳	玄武	羅睺	五合 羅天大退
庚午	司命	金星	**日破** 五不遇時 地兵時
辛未	勾陳	太陽	日貴 日害
壬申	青龍	火星	三合 暗天賊時 截路空亡
癸酉	明堂	水星	天官貴人 截路空亡
甲戌	天刑	太陰	比肩 **空亡時**
乙亥	朱雀	木星	長生 **空亡時** 天狗下食

甲寅日

時辰	神煞	星	吉凶
甲子	青龍	水星	羅天大進 比肩 **空亡時**
乙丑	明堂	太陰	日貴 **空亡時** 天狗下食
丙寅	天刑	木星	日建 福星貴人 喜神 祿神 天兵時
丁卯	朱雀	計都	帝旺
戊辰	金匱	土星	雷兵時 六戊狗時
己巳	天德	羅睺	五合 羅天大退 日刑 日害
庚午	白虎	金星	三合 五不遇時 地兵時
辛未	玉堂	太陽	日貴 羅紋交貴
壬申	天牢	火星	日馬 **日破** 截路空亡 暗天賊時
癸酉	玄武	水星	天官貴人 截路空亡
甲戌	司命	太陰	三合
乙亥	勾陳	木星	六合 長生

◎六十甲子日時局便覽〔六甲日之二〕

甲辰日

甲子	天牢	水星	羅天大進、三合、比肩
乙丑	玄武	太陰	日貴
丙寅	司命	木星	日馬、福星貴人、喜神、祿神、**空亡時**、天兵時
丁卯	勾陳	計都	帝旺、**空亡時**、日害、天狗下食
戊辰	青龍	土星	日建、日刑、雷兵時、六戊狗時
己巳	明堂	羅睺	五合、羅天大退
庚午	天刑	金星	五不遇時、地兵時
辛未	朱雀	太陽	日貴
壬申	金匱	火星	三合、暗天賊時、截路空亡
癸酉	天德	水星	六合、天官貴人、截路空亡
甲戌	白虎	太陰	**日破**
乙亥	玉堂	木星	長生

甲午日

甲子	金匱	水星	羅天大進、比肩、**日破**
乙丑	天德	太陰	日貴、日害
丙寅	白虎	木星	三合、福星貴人、喜神、祿神、天兵時
丁卯	玉堂	計都	帝旺
戊辰	天牢	土星	**空亡時**、雷兵時、六戊狗時
己巳	玄武	羅睺	五合、**空亡時**、羅天大退、天狗下食
庚午	司命	金星	日建、日刑、五不遇時、地兵時
辛未	勾陳	太陽	日貴、六合、羅紋交貴
壬申	青龍	火星	日馬、暗天賊時、截路空亡
癸酉	明堂	水星	天官貴人、截路空亡
甲戌	天刑	太陰	三合
乙亥	朱雀	木星	長生

◎六十甲子日時局便覽〔六甲日之三〕

甲申日

時辰	神	星	吉凶
甲子	青龍	水星	羅天大進 三合 比肩
乙丑	明堂	太陰	日貴 羅紋交貴
丙寅	天刑	木星	日馬 喜神 祿神 福星貴人 **日破** 天兵時
丁卯	朱雀	計都	帝旺
戊辰	金匱	土星	三合 雷兵時 六戊狗時
己巳	天德	羅睺	六合 五合 羅天大退 日刑
庚午	白虎	金星	**空亡時** 五不遇時 地兵時
辛未	玉堂	太陽	日貴 **空亡時** 天狗下食
壬申	天牢	火星	日建 天賊 截路空亡
癸酉	玄武	水星	天官貴人 截路空亡
甲戌	司命	太陰	
乙亥	勾陳	木星	長生 日害

甲戌日

時辰	神	星	吉凶
甲子	天牢	水星	羅天大進 比肩
乙丑	玄武	太陰	日貴
丙寅	司命	木星	三合 福星貴人 喜神 祿神 天兵時
丁卯	勾陳	計都	六合 帝旺
戊辰	青龍	土星	**日破** 雷兵時 六戊狗時
己巳	明堂	羅睺	五合 羅天大退
庚午	天刑	金星	三合 五不遇時 地兵時
辛未	朱雀	太陽	日貴 日刑
壬申	金匱	火星	日馬 **空亡時** 暗天賊時 截路空亡
癸酉	天德	水星	天官貴人 **空亡時** 截路空亡 日害 天狗下食
甲戌	白虎	太陰	日建
乙亥	玉堂	木星	長生

◎六十甲子日時局便覽〔六乙日之一〕

乙丑日

丙子	天刑	金星	日貴 六合 喜神 天狗下食 地兵時
丁丑	朱雀	羅睺	日建 福星貴人
戊寅	金匱	土星	帝旺 雷兵時 六戊狗時
己卯	天德	計都	羅天大進 祿神
庚辰	白虎	木星	五合 天兵時
辛巳	玉堂	太陰	三合 五不遇時
壬午	天牢	水星	長生 截路空亡 日害
癸未	玄武	火星	**日破** 截路空亡
甲申	司命	太陽	日貴 羅紋交貴 天官貴人 羅天大退 暗天賊時
乙酉	勾陳	金星	三合 比肩
丙戌	青龍	羅睺	喜神 **空亡時** 日刑 地兵時
丁亥	明堂	土星	日馬 福星貴人 **空亡時**

乙卯日

丙子	司命	金星	日貴 喜神 **空亡時** 地兵時 日刑
丁丑	勾陳	羅睺	福星貴人 **空亡時**
戊寅	青龍	土星	帝旺 下食 雷兵時 六戊狗時
己卯	明堂	計都	羅天大進 日建 祿神 日害
庚辰	天刑	木星	五合 日害 天兵時
辛巳	朱雀	太陰	日馬 五不遇時
壬午	金匱	水星	長生 截路空亡
癸未	天德	火星	三合 截路空亡
甲申	白虎	太陽	日貴 天官貴人 羅天大退 暗天賊時
乙酉	玉堂	金星	六合 比肩 **日破**
丙戌	天牢	羅睺	六合 喜神 地兵時
丁亥	玄武	土星	三合 福星貴人

◎六十甲子日時局便覽（六乙日之二）

乙巳日

時辰	神煞	星	吉凶
丙子	白虎	金星	日貴、喜神、地兵時
丁丑	玉堂	羅睺	三合、福星貴人
戊寅	天牢	土星	帝旺、**空亡時**、日害、雷兵時、六戊狗時
己卯	玄武	計都	羅天大進、祿神、**空亡時**
庚辰	司命	木星	五合、天狗下食、天兵時
辛巳	勾陳	太陰	日建、五不遇時
壬午	青龍	水星	長生、截路空亡
癸未	明堂	火星	截路空亡
甲申	天刑	太陽	日貴、六合、天官貴人、羅天大退、日刑、暗天賊時
乙酉	朱雀	金星	三合、比肩
丙戌	金匱	羅睺	喜神、地兵時
丁亥	天德	土星	日馬、福星貴人、**日破**

乙未日

時辰	神煞	星	吉凶
丙子	天刑	金星	日貴、喜神、地兵時、日害
丁丑	朱雀	羅睺	福星貴人、**日破**
戊寅	金匱	土星	帝旺、雷兵時、六戊狗時
己卯	天德	計都	羅天大進、三合、祿神
庚辰	白虎	木星	五合、**空亡時**、天兵時
辛巳	玉堂	太陰	日馬、**空亡時**、五不遇時
壬午	天牢	水星	六合、長生、截路空亡、天狗下食
癸未	玄武	火星	日建、截路空亡
甲申	司命	太陽	日貴、羅紋交貴、天官貴人、羅天大退、暗天賊時
乙酉	勾陳	金星	比肩
丙戌	青龍	羅睺	喜神、地兵時、日刑
丁亥	明堂	土星	三合、福星貴人

◎六十甲子日時局便覽（六乙日之三）

乙酉日

時辰	神煞	星	吉凶
丙子	司命	金星	日貴 喜神 羅紋交貴 地兵時
丁丑	勾陳	羅睺	三合 福星貴人
戊寅	青龍	土星	帝旺 雷兵時 六戊狗時
己卯	明堂	計都	羅天大進 祿神 **日破**
庚辰	天刑	木星	六合 五合 天兵時
辛巳	朱雀	太陰	三合 五不遇時
壬午	金匱	水星	長生 **空亡時** 截路空亡
癸未	天德	火星	**空亡時** 截路空亡
甲申	白虎	太陽	日貴 天官貴人 天狗下食 羅天大退 暗天賊時
乙酉	玉堂	金星	日建 比肩 日刑
丙戌	天牢	羅睺	喜神 地兵時 日害
丁亥	玄武	土星	日馬 福星貴人

乙亥日

時辰	神煞	星	吉凶
丙子	白虎	金星	日貴 喜神 羅紋交貴 地兵時
丁丑	玉堂	羅睺	福星貴人
戊寅	天牢	土星	六合 帝旺 雷兵時 六戊狗時
己卯	玄武	計都	羅天大進 三合 祿神
庚辰	司命	木星	五合 天兵時
辛巳	勾陳	太陰	日馬 **日破** 五不遇時
壬午	青龍	水星	長生 截路空亡
癸未	明堂	火星	三合 截路空亡
甲申	天刑	太陽	日貴 天官貴人 **空亡時** 暗天賊時 羅天大退 日害
乙酉	朱雀	金星	比肩 **空亡時**
丙戌	金匱	羅睺	喜神 地兵時 天狗下食
丁亥	天德	土星	日建 福星貴人 日刑

◎六十甲子日時局便覽〔六丙日之一〕

丙子日

戊子	金匱	木星	日建、天官貴人、福星貴人、雷兵時、六戊狗時
己丑	天德	太陰	六合
庚寅	白虎	水星	長生、日馬、暗天賊時、地兵時
辛卯	玉堂	火星	五合、日刑
壬辰	天牢	太陽	三合、五不遇時、截路空亡
癸巳	玄武	金星	祿神、截路空亡
甲午	司命	羅睺	羅天大進、帝旺、日破
乙未	勾陳	土星	日害
丙申	青龍	計都	比肩、三合、喜神、空亡時、地兵時
丁酉	明堂	木星	日貴、空亡時
戊戌	天刑	太陰	福星貴人、雷兵時、六戊狗時
己亥	朱雀	水星	日貴、羅紋交貴、羅天大退、六戊狗時

丙寅日

戊子	青龍	木星	天官貴人、福星貴人、雷兵時、六戊狗時
己丑	明堂	太陰	天狗下食
庚寅	天刑	水星	日建、長生、暗天賊時、地兵時
辛卯	朱雀	火星	五合
壬辰	金匱	太陽	截路空亡、五不遇時
癸巳	天德	金星	祿神、截路空亡、日刑、日害
甲午	白虎	羅睺	羅天大進、三合、帝旺
乙未	玉堂	土星	
丙申	天牢	計都	比肩、日馬、喜神、日破、地兵時
丁酉	玄武	木星	日貴
戊戌	司命	太陰	三合、福星貴人、空亡時、六戊狗時、雷兵時
己亥	勾陳	水星	日貴、六合、空亡時、羅天大退

◎六十甲子日時局便覽〔六丙日之二〕

丙辰日

時	神	星	吉凶
戊子	天牢	木星	三合、天官貴人、福星貴人、**空亡時**、六戊狗時、雷兵時
己丑	玄武	太陰	**空亡時**
庚寅	司命	水星	日馬、長生、暗天賊時、地兵時
辛卯	勾陳	火星	五合、天狗下食
壬辰	青龍	太陽	日建、日刑、五不遇時、截路空亡
癸巳	明堂	金星	祿神、截路空亡
甲午	天刑	羅睺	羅天大進、帝旺
乙未	朱雀	土星	
丙申	金匱	計都	三合、喜神、比肩、地兵時
丁酉	天德	木星	日貴
戊戌	白虎	太陰	福星貴人、**日破**、雷兵時、六戊狗時
己亥	玉堂	水星	日貴、羅天大退

丙午日

時	神	星	吉凶
戊子	金匱	木星	天官貴人、福星貴人、**日破**、雷兵時、六戊狗時
己丑	天德	太陰	日害
庚寅	白虎	水星	長生、三合、**空亡時**、地兵時、暗天賊時
辛卯	玉堂	火星	五合、**空亡時**
壬辰	天牢	太陽	截路空亡、五不遇時
癸巳	玄武	金星	祿神、截路空亡、天狗下食
甲午	司命	羅睺	羅天大進、日建、帝旺、日刑
乙未	勾陳	土星	六合
丙申	青龍	計都	比肩、日馬、喜神、地兵時
丁酉	明堂	木星	日貴
戊戌	天刑	太陰	三合、福星貴人、雷兵時、六戊狗時
己亥	朱雀	水星	日貴、羅天大退

◎六十甲子日時局便覽〔六丙日之三〕

丙申日

時辰	神	星	吉凶
戊子	青龍	木星	三合、天官貴人、福星貴人、雷兵時、六戊狗時
己丑	明堂	太陰	
庚寅	天刑	水星	長生、日馬、**日破**、地兵時、天賊
辛卯	朱雀	火星	五合
壬辰	金匱	太陽	三合、**空亡時**、五不遇時、截路空亡
癸巳	天德	金星	六合、祿神、**空亡時**、截路空亡、日刑
甲午	白虎	羅睺	羅天大進、帝旺
乙未	玉堂	土星	天狗下食
丙申	天牢	計都	日建、喜神、比肩、天兵時
丁酉	玄武	木星	日貴
戊戌	司命	太陰	福星貴人、雷兵時、六戊狗時
己亥	勾陳	水星	日貴、羅紋交貴、日害、羅天大退

丙戌日

時辰	神	星	吉凶
戊子	天牢	木星	天官貴人、福星貴人、雷兵時、六戊狗時
己丑	玄武	太陰	
庚寅	司命	水星	三合、長生、暗天賊時、地兵時
辛卯	勾陳	火星	六合、五合
壬辰	青龍	太陽	**日破**、五不遇時、截路空亡
癸巳	明堂	金星	祿神、截路空亡
甲午	天刑	羅睺	羅天大進、三合、帝旺、**空亡時**
乙未	朱雀	土星	**空亡時**、日刑
丙申	金匱	計都	日馬、喜神、比肩、地兵時
丁酉	天德	木星	日貴、日害、天狗下食
戊戌	白虎	太陰	日建、福星貴人、雷兵時、六戊狗時
己亥	玉堂	水星	日貴、羅天大退

◎六十甲子日時局便覽（六丁日之一）

丁丑日

時辰	神	星	吉凶
庚子	天刑	火星	六合、天狗下食、地兵時
辛丑	朱雀	水星	日建
壬寅	金匱	太陰	五合、截路空亡、羅天大退、暗天賊時
癸卯	天德	木星	截路空亡、五不遇時
甲辰	白虎	計都	
乙巳	玉堂	土星	三合、帝旺
丙午	天牢	羅睺	喜神、祿神、日害、地兵時
丁未	玄武	金星	比肩、**日破**
戊申	司命	太陽	**空亡時**、雷兵時、六戊狗時
己酉	勾陳	火星	日貴、羅天大進、六合、福星貴人、長生、**空亡時**
庚戌	青龍	水星	日刑、地兵時
辛亥	明堂	太陰	日貴、日馬、天官貴人

丁卯日

時辰	神	星	吉凶
庚子	司命	火星	日刑、地兵時
辛丑	勾陳	水星	
壬寅	青龍	太陰	五合、截路空亡、羅天大退、天狗下食、暗天賊時
癸卯	明堂	木星	日建、五不遇時、截路空亡
甲辰	天刑	計都	日害
乙巳	朱雀	土星	日馬、帝旺
丙午	金匱	羅睺	祿神、喜神、地兵時
丁未	天德	金星	三合、比肩
戊申	白虎	太陽	雷兵時、六戊狗時
己酉	玉堂	火星	長生、日貴、羅天大進、福星貴人、**日破**
庚戌	天牢	水星	**空亡時**、六害、地兵時
辛亥	玄武	太陰	日貴、三合、天官貴人、**空亡時**

◎六十甲子日時局便覽〔六丁日之二〕

丁巳日

庚子	白虎	火星	空亡時 地兵時
辛丑	玉堂	水星	三合 空亡時
壬寅	天牢	太陰	五合 截路空亡 羅天大退 六害 暗天賊時
癸卯	玄武	木星	截路空亡 五不遇時
甲辰	司命	計都	天狗下食
乙巳	勾陳	土星	日建 帝旺
丙午	青龍	羅睺	喜神 祿神 地兵時
丁未	明堂	金星	比肩
戊申	天刑	太陽	六合 雷兵時 六戊狗時 日刑
己酉	朱雀	火星	日貴 羅天大進 三合 福星貴人 長生
庚戌	金匱	水星	地兵時
辛亥	天德	太陰	日貴 日馬 天官貴人 日破

丁未日

庚子	天刑	火星	日害 地兵時
辛丑	朱雀	水星	日破
壬寅	金匱	太陰	五合 空亡時 截路空亡 羅天大退 暗天賊時
癸卯	天德	木星	三合 空亡時 五不遇時 截路空亡
甲辰	白虎	計都	
乙巳	玉堂	土星	日馬 帝旺
丙午	天牢	羅睺	六合 祿神 喜神 地兵時 天狗下食
丁未	玄武	金星	日建 比肩
戊申	司命	太陽	雷兵時 六戊狗時
己酉	勾陳	火星	日貴 羅天大進 福星貴人 長生
庚戌	青龍	水星	日刑 地兵時
辛亥	明堂	太陰	日貴 日馬 天官貴人

◎六十甲子日時局便覽〔六丁日之三〕

丁酉日

庚子	司命	火星	地兵時
辛丑	勾陳	水星	三合
壬寅	青龍	太陰	五合 截路空亡 羅天大退 暗天賊時
癸卯	明堂	木星	日破 五不遇時 截路空亡
甲辰	天刑	計都	六合 空亡時
乙巳	朱雀	土星	三合 帝旺 空亡時
丙午	金匱	羅睺	喜神 祿神 地兵時
丁未	天德	金星	比肩
戊申	白虎	太陽	天狗下食 雷兵時 六戊狗時
己酉	玉堂	火星	日貴 羅天大進 日建 福星貴人 日刑
庚戌	天牢	水星	日害 地兵時
辛亥	玄武	太陰	日貴 日馬 天官貴人 長生

丁亥日

庚子	白虎	火星	地兵時
辛丑	玉堂	水星	
壬寅	天牢	太陰	五合 六合 截路空亡 暗天賊時 羅天大退
癸卯	玄武	木星	三合 五不遇時 截路空亡
甲辰	司命	計都	
乙巳	勾陳	土星	日馬 帝旺 日破
丙午	青龍	羅睺	喜神 祿神 空亡時 地兵時
丁未	明堂	金星	三合 比肩 空亡時
戊申	天刑	太陽	日害 雷兵時 六戊狗時
己酉	朱雀	火星	日貴 羅天大進 福星貴人 長生
庚戌	金匱	水星	天狗下食 地兵時
辛亥	天德	太陰	日貴 日建 天官貴人 日刑

◎六十甲子日時局便覽〔六戊日之一〕

戊子日

壬子	金匱	土星	日建 羅天大進 截路空亡
癸丑	天德	羅睺	日貴 六合 五合 截路空亡
甲寅	白虎	金星	日馬 長生 五不遇時
乙卯	玉堂	太陽	天官貴人 日刑
丙辰	天牢	火星	三合 喜神 地兵時
丁巳	玄武	水星	祿神 羅天大退
戊午	司命	太陰	帝旺 比肩 **日破** **空亡時** 六戊狗時 雷兵時
己未	勾陳	木星	日貴 羅紋交貴 **空亡時** 日害
庚申	青龍	計都	三合 福星貴人 地兵時
辛酉	明堂	土星	暗天賊時
壬戌	天刑	羅睺	截路空亡
癸亥	朱雀	金星	五合 截路空亡 天狗下食

戊寅日

壬子	青龍	土星	羅天大進 截路空亡
癸丑	明堂	羅睺	日貴 五合 天狗下食 截路空亡
甲寅	天刑	金星	日建 長生 五不遇時
乙卯	朱雀	太陽	天官貴人
丙辰	金匱	火星	喜神 地兵時
丁巳	天德	水星	祿神 羅天大退 日刑 日害
戊午	白虎	太陰	三合 生旺 帝旺 比肩 雷兵時 六戊狗時
己未	玉堂	木星	日貴
庚申	天牢	計都	日馬 福星貴人 **日破** **空亡時** 地兵時
辛酉	玄武	土星	**空亡時** 暗天賊時
壬戌	司命	羅睺	三合 截路空亡
癸亥	勾陳	金星	六合 五合 截路空亡

◎六十甲子日時局便覽〔六戊日之二〕

戊辰日

時辰	星	神	吉凶
壬子	土星	天牢	羅天大進、三合、截路空亡
癸丑	羅睺	玄武	日貴、五合、截路空亡
甲寅	金星	司命	五合、截路空亡、羅天大退、暗天賊時
乙卯	太陽	勾陳	天官貴人、日害、天狗下食
丙辰	火星	青龍	日建、喜神、日刑、天兵時
丁巳	水星	明堂	祿神、羅天大退
戊午	太陰	天刑	帝旺、比肩、雷兵時、六戊狗時
己未	木星	朱雀	日貴
庚申	計都	金匱	三合、福星貴人、地兵時
辛酉	土星	天德	六合、暗天賊時
壬戌	羅睺	白虎	**日破**、**空亡時**、截路空亡
癸亥	金星	玉堂	五合、**空亡時**、截路空亡

戊午日

時辰	星	神	吉凶
壬子	土星	金匱	羅天大進、**日破**、**空亡時**、截路空亡
癸丑	羅睺	天德	日貴、五合、**空亡時**、截路空亡、日害
甲寅	金星	白虎	三合、長生、五不遇時
乙卯	太陽	玉堂	天官貴人
丙辰	火星	天牢	喜神、地兵時
丁巳	水星	玄武	祿神、羅天大退、天狗下食
戊午	太陰	司命	日建、帝旺、比肩、日刑、雷兵時、六戊狗時
己未	木星	勾陳	日貴、六合
庚申	計都	青龍	日馬、福星貴人、地兵時
辛酉	土星	明堂	暗天賊時
壬戌	羅睺	天刑	三合、截路空亡
癸亥	金星	朱雀	五合、截路空亡

◎六十甲子日時局便覽（六戊日之三）

戊申日

時辰	神	星	吉凶
壬子	青龍	土星	羅天大進　三合　截路空亡
癸丑	明堂	羅睺	日貴　五合　截路空亡
甲寅	天刑	金星	長生　日馬　**日破**　**空亡時**　五不遇時
乙卯	朱雀	太陽	天官貴人　**空亡時**
丙辰	金匱	火星	三合　喜神　天兵時
丁巳	天德	水星	六合　祿神　羅天大退　日刑
戊午	白虎	太陰	帝旺　比肩　雷兵時　六戊狗時
己未	玉堂	木星	日貴　羅紋交貴　天狗下食
庚申	天牢	計都	日建　福星貴人　地兵時
辛酉	玄武	土星	暗天賊時
壬戌	司命	羅睺	截路空亡
癸亥	勾陳	金星	五合　截路空亡　日害

戊戌日

時辰	神	星	吉凶
壬子	天牢	土星	羅天大進　截路空亡
癸丑	玄武	羅睺	日貴　五合　截路空亡
甲寅	司命	金星	三合　長生　五不遇時
乙卯	勾陳	太陽	六合　天官貴人
丙辰	青龍	火星	喜神　**日破**　**空亡時**　天兵時
丁巳	明堂	水星	祿神　**空亡時**　羅天大退
戊午	天刑	太陰	帝旺　三合　比肩　雷兵時　六戊狗時
己未	朱雀	木星	日貴　日刑
庚申	金匱	計都	日馬　福星貴人　地兵時
辛酉	天德	土星	日害　天狗下食　暗天賊時
壬戌	白虎	羅睺	日建　截路空亡
癸亥	玉堂	金星	五合　截路空亡

◎六十甲子日時局便覽（六己日之一）

己丑日

甲子	天刑	水星	日貴 羅天大進 羅紋交貴 六合 五合 天狗下食
乙丑	朱雀	太陰	日建 五不遇時
丙寅	金匱	木星	喜神 天兵時
丁卯	天德	計都	
戊辰	白虎	土星	雷兵時 六戊狗時
己巳	玉堂	羅睺	三合 帝旺 比肩 羅天大退
庚午	天牢	金星	祿神 **空亡時** 日害 地兵時
辛未	玄武	太陽	福星貴人 **日破** **空亡時**
壬申	司命	火星	日貴 截路空亡
癸酉	勾陳	水星	長生 三合 天官貴人 截路空亡 暗天賊時
甲戌	青龍	太陰	五合 日刑
乙亥	明堂	木星	日馬 五不遇時

己卯日

甲子	司命	水星	日貴 羅天大進 五合 日刑
乙丑	勾陳	太陰	五不遇時
丙寅	青龍	木星	喜神 天兵時 天狗下食
丁卯	明堂	計都	日建
戊辰	天刑	土星	日害 雷兵時 六戊狗時
己巳	朱雀	羅睺	日馬 帝旺 比肩 羅天大退
庚午	金匱	金星	祿神 地兵時
辛未	天德	太陽	三合 福星貴人
壬申	白虎	火星	日貴 羅紋交貴 **空亡時** 截路空亡
癸酉	玉堂	水星	長生 天官貴人 **日破** **空亡時** 暗天賊時 截路空亡
甲戌	天牢	太陰	六合 五合
乙亥	玄武	木星	三合 五不遇時

◎六十甲子日時局便覽〔六己日之二〕

己巳日

時辰	神	星	吉凶
甲子	白虎	水星	日貴、羅天大進、五合
乙丑	玉堂	太陰	三合、五不遇時
丙寅	天牢	木星	喜神、天兵時、日害
丁卯	玄武	計都	
戊辰	司命	土星	天狗下食、雷兵時、六戊狗時
己巳	勾陳	羅睺	日建、帝旺、比肩、羅天大退
庚午	青龍	金星	祿神、地兵時
辛未	明堂	太陽	福星貴人
壬申	天刑	火星	六合、**日貴**、羅紋交貴、截路空亡、日刑
癸酉	朱雀	水星	長生、三合、天官貴人、暗天賊時、截路空亡
甲戌	金匱	太陰	五合、**空亡時**
乙亥	天德	木星	日馬、**日破**、**空亡時**、五不遇時

己未日

時辰	神	星	吉凶
甲子	天刑	水星	日貴、羅天大進、羅紋交貴、五合、**空亡時**、日害
乙丑	朱雀	太陰	**日破**、**空亡時**、五不遇時
丙寅	金匱	木星	喜神、天兵時
丁卯	天德	計都	三合
戊辰	白虎	土星	雷兵時、六戊狗時
己巳	玉堂	羅睺	日馬、帝旺、比肩、羅天大退
庚午	天牢	金星	六合、祿神、天狗下食、地兵時
辛未	玄武	太陽	日建、福星貴人
壬申	司命	火星	日貴、截路空亡
癸酉	勾陳	水星	長生、天官貴人、暗天賊時、截路空亡
甲戌	青龍	太陰	五合、日刑
乙亥	明堂	木星	三合、五不遇時

◎六十甲子日時局便覽〔六己日之三〕

己酉日

時辰	神煞	星	吉凶
甲子	司命	水星	日貴 羅天大進 五合
乙丑	勾陳	太陰	三合 五不遇時
丙寅	青龍	木星	喜神 **空亡時** 天兵時
丁卯	明堂	計都	**日破** **空亡時**
戊辰	天刑	土星	六合 雷兵時 六戊狗時
己巳	朱雀	羅睺	三合 生旺 帝旺 比肩 羅天大退
庚午	金匱	金星	祿神 地兵時
辛未	天德	太陽	福星貴人
壬申	白虎	火星	日貴 截路空亡 天狗下食
癸酉	玉堂	水星	長生 日建 天官貴人 截路空亡 日刑 暗天賊時
甲戌	天牢	太陰	五合
乙亥	玄武	木星	日馬 五不遇時 日害

己亥日

時辰	神煞	星	吉凶
甲子	白虎	水星	日貴 羅天大進 五合
乙丑	玉堂	太陰	五不遇時
丙寅	天牢	木星	六合 喜神 天兵時
丁卯	玄武	計都	三合
戊辰	司命	土星	**空亡時** 雷兵時 六戊狗時
己巳	勾陳	羅睺	日馬 帝旺 比肩 **日破** **空亡時** 羅天大退
庚午	青龍	金星	祿神 地兵時
辛未	明堂	太陽	三合 福星貴人
壬申	天刑	火星	日貴 截路空亡 日害
癸酉	朱雀	水星	天官貴人 長生 截路空亡 暗天賊時
甲戌	金匱	太陰	五合 天狗下食
乙亥	天德	木星	日建 日刑 五不遇時

◎六十甲子日時局便覽（六庚日之一）

庚子日

時辰	神	星	吉凶
丙子	金匱	金星	日建、喜神、天兵時、五不遇時
丁丑	天德	羅睺	日貴、六合
戊寅	白虎	土星	日馬、雷兵時、六戊狗時
己卯	玉堂	計都	羅天大進、暗天賊時、日刑
庚辰	天牢	木星	三合、比肩、**空亡時**、地兵時
辛巳	玄武	太陰	長生、**空亡時**
壬午	司命	水星	天官貴人、福星貴人、**日破**、截路空亡
癸未	勾陳	火星	日貴、截路空亡、日害
甲申	青龍	太陽	三合、祿神、羅天大退
乙酉	明堂	金星	帝旺、五合
丙戌	天刑	羅睺	喜神、天兵時、五不遇時
丁亥	朱雀	土星	天狗下食

庚寅日

時辰	神	星	吉凶
丙子	青龍	金星	喜神、天兵時、五不遇時
丁丑	明堂	羅睺	日貴、天狗下食
戊寅	天刑	土星	日建、雷兵時、六戊狗時
己卯	朱雀	計都	羅天大進、暗天賊時
庚辰	金匱	木星	比肩、地兵時
辛巳	天德	太陰	長生、日刑、日害
壬午	白虎	水星	三合、天官貴人、福星貴人、**空亡時**、截路空亡
癸未	玉堂	火星	日貴、**空亡時**、截路空亡
甲申	天牢	太陽	日馬、祿神、**日破**、羅天大退
乙酉	玄武	金星	帝旺、五合
丙戌	司命	羅睺	三合、喜神、天兵時、五不遇時
丁亥	勾陳	土星	六合

◎六十甲子日時局便覽〔六庚日之二〕

庚辰日

時辰	星曜	黃黑道	吉凶神煞
丙子	金星	天牢	三合 喜神 天兵時 五不遇時
丁丑	羅睺	玄武	日貴
戊寅	土星	司命	日馬 雷兵時 六戊狗時
己卯	計都	勾陳	羅天大進 日害 天狗下食 暗天賊時
庚辰	木星	青龍	日建 比肩 日刑 地兵時
辛巳	太陰	明堂	長生
壬午	水星	天刑	天官貴人 福星貴人 截路空亡
癸未	火星	朱雀	日貴 截路空亡
甲申	太陽	金匱	三合 祿神 **空亡時** 羅天大退
乙酉	金星	天德	六合 帝旺 五合 **空亡時**
丙戌	羅睺	白虎	喜神 **日破** 天兵時 五不遇時
丁亥	土星	玉堂	

庚午日

時辰	星曜	黃黑道	吉凶神煞
丙子	金星	金匱	喜神 **日破** 五不遇時 天兵時
丁丑	羅睺	天德	日貴 日害
戊寅	土星	白虎	三合 雷兵時 六戊狗時
己卯	計都	玉堂	羅天大進 暗天賊時
庚辰	木星	天牢	比肩 地兵時
辛巳	太陰	玄武	長生 天狗下食
壬午	水星	司命	天官貴人 福星貴人 日建 日刑 截路空亡
癸未	火星	勾陳	日貴 六合 截路空亡
甲申	太陽	青龍	日馬 祿神 羅天大退
乙酉	金星	明堂	帝旺 五合
丙戌	羅睺	天刑	喜神 三合 **空亡時** 天兵時 五不遇時
丁亥	土星	朱雀	**空亡時**

◎六十甲子日時局便覽〔六庚日之三〕

庚申日

時辰	黃黑道	星	吉凶神煞
丙子	青龍	金星	三合 喜神 **空亡時** 天兵時 五不遇時
丁丑	明堂	羅睺	日貴 **空亡時**
戊寅	天刑	土星	日馬 **日破** 雷兵時 六戊狗時
己卯	朱雀	計都	大進 暗天賊時
庚辰	金匱	木星	三合 比肩 地兵時
辛巳	天德	太陰	六合 長生 日刑
壬午	白虎	水星	天官貴人 福星貴人 截路空亡
癸未	玉堂	火星	日貴 截路空亡 天狗下食
甲申	天牢	太陽	日建 祿神 羅天大退
乙酉	玄武	金星	帝旺 五合
丙戌	司命	羅睺	喜神 天兵時 五不遇時
丁亥	勾陳	土星	日害

庚戌日

時辰	黃黑道	星	吉凶神煞
丙子	天牢	金星	喜神 天兵時 五不遇時
丁丑	玄武	羅睺	日貴
戊寅	司命	土星	三合 **空亡時** 六戊狗時 雷兵時
己卯	勾陳	計都	羅天大進 六合 **空亡時** 暗天賊時
庚辰	青龍	木星	比肩 **日破** 地兵時
辛巳	明堂	太陰	長生
壬午	天刑	水星	三合 天官貴人 福星貴人 截路空亡
癸未	朱雀	火星	日貴 截路空亡 日刑
甲申	金匱	太陽	日馬 祿神 羅天大退
乙酉	天德	金星	帝旺 五合 天狗下食 日害
丙戌	白虎	羅睺	日建 喜神 五不遇時
丁亥	玉堂	土星	

◎六十甲子日時局便覽（六辛日之一）

辛丑日

時辰	神煞	星	吉凶
戊子	天刑	木星	六合 長生 天狗下食 雷兵時 六戊狗時
己丑	朱雀	太陰	日建
庚寅	金匱	水星	日貴 羅紋交貴 地兵時
辛卯	天德	火星	比肩 暗天賊時
壬辰	白虎	太陽	**空亡時** 截路空亡
癸巳	玉堂	金星	三合 天官貴人 福星貴人 **空亡時** 截路空亡
甲午	天牢	羅睺	日貴 羅天大進 日害
乙未	玄武	土星	**日破**
丙申	司命	計都	喜神 帝旺 五合 天兵時
丁酉	勾陳	木星	三合 祿神 五不遇時
戊戌	青龍	太陽	雷兵時 六戊狗時 日刑
己亥	明堂	水星	日馬 羅天大退

辛卯日

時辰	神煞	星	吉凶
戊子	司命	木星	長生 日刑 雷兵時 六戊狗時
己丑	勾陳	太陰	
庚寅	青龍	水星	日貴 天狗下食 地兵時
辛卯	明堂	火星	日建 比肩 暗天賊時
壬辰	天刑	太陽	截路空亡 日害
癸巳	朱雀	金星	日馬 天官貴人 福星貴人 截路空亡
甲午	金匱	羅睺	日貴 大進 **空亡時**
乙未	天德	土星	三合 **空亡時**
丙申	白虎	計都	喜神 帝旺 五合 天兵時
丁酉	玉堂	木星	祿神 **日破** 五不遇時
戊戌	天牢	太陽	六合 雷兵時 六戊狗時
己亥	玄武	水星	三合 羅天大退

◎六十甲子日時局便覽〔六辛日之二〕

庚申日

時辰	星神	星	吉凶
戊子	白虎	木星	長生、雷兵時、六戊狗時
己丑	玉堂	太陰	三合
庚寅	天牢	水星	日貴、日害、地兵時
辛卯	玄武	火星	比肩、暗天賊時
壬辰	司命	太陽	截路空亡、天狗丁食
癸巳	勾陳	金星	日建、天官貴人、福星貴人、截路空亡
甲午	青龍	羅睺	日貴、羅天大進
乙未	明堂	土星	
丙申	天刑	計都、日刑	帝旺、六合、喜神、五合、**空亡時**、天兵時
丁酉	朱雀	木星	三合、祿神、**空亡時**、五不遇時
戊戌	金匱	太陽	雷兵时、六戊狗時
己亥	天德	水星	日馬、**日破**、羅天大退

庚戌日

時辰	星神	星	吉凶
戊子	天刑	木星	長生、日害、雷兵時、六戊狗時
己丑	朱雀	太陰	**日破**
庚寅	金匱	水星	日貴、地兵時
辛卯	天德	火星	三合、比肩、暗天賊時
壬辰	白虎	太陽	截路空亡
癸巳	玉堂	金星	日馬、天官貴人、福星貴人、截路空亡
甲午	天牢	羅睺	日貴、羅天大進、羅紋交貴、六合、天狗下食
乙未	玄武	土星	日建
丙申	司命	計都	帝旺、喜神、五合、天兵時
丁酉	勾陳	木星	祿神、五不遇時
戊戌	青龍	太陽	**空亡時**、日刑、雷兵时、六戊狗時
己亥	明堂	水星	三合、**空亡時**、羅天大退

◎六十甲子日時局便覽（六辛日之三）

辛酉日

時辰	神	星	吉凶
戊子	司命	木星	長生 空亡時 雷兵時 六戊狗時
己丑	勾陳	太陰	三合 空亡時
庚寅	青龍	水星	日貴 地兵時
辛卯	明堂	火星	比肩 日破 暗天賊時
壬辰	天刑	太陽	六合 截路空亡
癸巳	朱雀	金星	三合 天官貴人 福星貴人 截路空亡
甲午	金匱	羅睺	日貴 羅天大進
乙未	天德	土星	
丙申	白虎	計都	帝旺 五合 喜神 天兵時 天狗下食
丁酉	玉堂	木星	日建 祿神 日刑 五不遇時
戊戌	天牢	太陽	日害 雷兵時 六戊狗時
己亥	玄武	水星	日馬 羅天大退

辛亥日

時辰	神	星	吉凶
戊子	白虎	木星	長生 雷兵時 六戊狗時
己丑	玉堂	太陰	
庚寅	天牢	水星	日貴 六合 空亡時 地兵時
辛卯	玄武	火星	三合 比肩 空亡時 暗天賊時
壬辰	司命	太陽	截路空亡
癸巳	勾陳	金星	日馬 天官貴人 福星貴人 日破 截路空亡
甲午	青龍	羅睺	日貴 羅天大進
乙未	明堂	土星	三合
丙申	天刑	計都	喜神 帝旺 五合 日害 天兵時
丁酉	朱雀	木星	祿神 五不遇時
戊戌	金匱	太陽	下食 雷兵時 六戊狗時
己亥	天德	水星	日建 日刑 羅天大退

◎六十甲子日時局便覽（六壬日之一）

壬子日

時辰	神煞	星	吉凶
庚子	金匱	火星	日建 帝旺 地兵時
辛丑	天德	水星	六合 天官貴人
壬寅	白虎	太陰	日馬 比肩 **空亡時** 羅天大退 暗天賊時 截路空亡
癸卯	玉堂	木星	日貴 **空亡時** 日刑 截路空亡
甲辰	天牢	計都	三合 福星貴人
乙巳	玄武	土星	日貴
丙午	司命	羅睺	喜神 **日破** 天兵時
丁未	勾陳	金星	天官貴人 五合 日害
戊申	青龍	太陽	三合 長生 五不遇時 雷兵時 六戊狗時
己酉	明堂	火星	羅天大進
庚戌	天刑	水星	地兵時
辛亥	朱雀	太陰	祿神 天狗下食

壬寅日

時辰	神煞	星	吉凶
庚子	青龍	火星	帝旺 地兵時
辛丑	明堂	水星	天官貴人
壬寅	天刑	太陰	比肩 截路空亡 羅天大退 暗天賊時
癸卯	朱雀	木星	日貴 截路空亡
甲辰	金匱	計都	福星貴人 **空亡時**
乙巳	天德	土星	日貴 **空亡時**
丙午	白虎	羅睺	喜神 天兵時
丁未	玉堂	金星	天官貴人 五合
戊申	天牢	太陽	長生 **日破** 五不遇時 雷兵時 六戊狗時
己酉	玄武	火星	羅天大進
庚戌	司命	水星	地兵時
辛亥	勾陳	太陰	祿神

◎六十甲子日時局便覽（六壬日之二）

壬辰日

庚子	天牢	火星	三合 帝旺 地兵時
丙午	天刑	羅睺	喜神 **空亡時** 天兵時
辛丑	玄武	水星	天官貴人
丁未	朱雀	金星	天官貴人 五合 **空亡時**
壬寅	司命	太陰	日馬 比肩 截路空亡 暗天賊時 羅天大退
戊申	金匱	太陽	三合 長生 五不遇時 雷兵時 六戊狗時
癸卯	勾陳	木星	日貴 截路空亡 日害 天狗下食
己酉	天德	火星	羅天大進 六合
甲辰	青龍	計都	日建 福星貴人 日刑
庚戌	白虎	水星	**日破** 地兵時
乙巳	明堂	土星	日貴
辛亥	玉堂	太陰	祿神

壬午日

庚子	金匱	火星	帝旺 **日破** 地兵時
丙午	司命	羅睺	日建 喜神 天兵時 日刑
辛丑	天德	水星	天官貴人 日害
丁未	勾陳	金星	六合 天官貴人 五合
壬寅	白虎	太陰	三合 比肩 羅天大退 暗天賊時 截路空亡
戊申	青龍	太陽	日馬 長生 **空亡時** 雷兵時 六戊狗時 五不遇時
癸卯	玉堂	木星	日貴 截路空亡
己酉	明堂	火星	羅天大進 **空亡時**
甲辰	天牢	計都	福星貴人
庚戌	天刑	水星	三合 地兵時
乙巳	玄武	土星	日貴 天狗下食
辛亥	朱雀	太陰	祿神

◎六十甲子日時局便覽〔六壬日之三〕

壬申日

時辰	神煞	星	吉凶
庚子	青龍	火星	帝旺 三合 地兵時
辛丑	明堂	水星	天官貴人
壬寅	天刑	太陰	日馬 比肩 日破 羅天大退 暗天賊時 截路空亡
癸卯	朱雀	木星	日貴 截路空亡
甲辰	金匱	計都	三合 福星貴人
乙巳	天德	土星	日貴 六合 日刑
丙午	白虎	羅睺	喜神 天兵時
丁未	玉堂	金星	天官貴人 五合 天狗下食
戊申	天牢	太陽	長生 日建 五不遇時 六戊狗時
己酉	玄武	火星	羅天大進
庚戌	司命	水星	空亡時 地兵時 雷兵時
辛亥	勾陳	太陰	祿神 空亡時 日害

壬戌日

時辰	神煞	星	吉凶
庚子	天牢	火星	帝旺 空亡時 地兵時
辛丑	玄武	水星	天官貴人 空亡時
壬寅	司命	太陰	比肩 三合 羅天大退 暗天賊時 截路空亡
癸卯	勾陳	木星	日貴 六合 截路空亡
甲辰	青龍	計都	福星貴人 日破
乙巳	明堂	土星	日貴
丙午	天刑	羅睺	三合 喜神 天兵時
丁未	朱雀	金星	天官貴人 五合 日刑
戊申	金匱	太陽	日馬 長生 雷兵時 六戊狗時 五不遇時
己酉	天德	火星	羅天大進 日害 天狗下食
庚戌	白虎	水星	日建 地兵時
辛亥	玉堂	太陰	祿神

◎六十甲子日時局便覽（六癸日之一）

癸丑日

壬子	天刑	土星	祿神 羅天大進 六合 截路空亡 天狗下食
癸丑	朱雀	羅睺	日建 比肩 截路空亡
甲寅	金匱	金星	空亡時 暗天賊時
乙卯	天德	太陽	日貴 福星貴人 長生 空亡時
丙辰	白虎	火星	天官貴人 喜神 天兵時
丁巳	玉堂	水星	日貴 三合 羅天大退
戊午	天牢	太陰	五合 日害 雷兵時 六戊狗時
己未	玄武	木星	日破 五不遇時
庚申	司命	計都	地兵時
辛酉	勾陳	土星	三合
壬戌	青龍	羅睺	天官貴人 日刑 截路空亡
癸亥	明堂	金星	日馬 帝旺 比肩 截路空亡

癸卯日

壬子	司命	土星	羅天大進 祿神 截路空亡 日刑
癸丑	勾陳	羅睺	比肩 截路空亡
甲寅	青龍	金星	天狗下食 暗天賊時
乙卯	明堂	太陽	日貴 日建 福星貴人 長生
丙辰	天刑	火星	天官貴人 喜神 空亡時 天兵時 日害
丁巳	朱雀	水星	日貴 日馬 空亡時 羅天大退
戊午	金匱	太陰	五合 雷兵時 六戊狗時
己未	天德	木星	三合 五不遇時
庚申	白虎	計都	地兵時
辛酉	玉堂	土星	日破
壬戌	天牢	羅睺	六合 天官貴人 截路空亡
癸亥	玄武	金星	三合 帝旺 比肩 截路空亡

◎六十甲子日時局便覽〔六癸日之二〕

癸巳日

時辰	神	星	吉凶
壬子	白虎	土星	羅天大進、祿神、截路空亡
癸丑	玉堂	羅睺	三合、比肩、截路空亡
甲寅	天牢	金星	六害、暗天賊時
乙卯	玄武	太陽	日貴、福星貴人、長生
丙辰	司命	火星	天官貴人、喜神、天兵時、天狗下食
丁巳	勾陳	水星	日貴、日建、羅天大退
戊午	青龍	太陰	五合、**空亡時**、雷兵時、六戊狗時
己未	明堂	木星	**空亡時**、五不遇時
庚申	天刑	計都	六合、地兵時、日刑
辛酉	朱雀	土星	三合
壬戌	金匱	羅睺	天官貴人、截路空亡
癸亥	天德	金星	日馬、帝旺、比肩、**日破**、截路空亡

癸未日

時辰	神	星	吉凶
壬子	天刑	土星	羅天大進、祿神、截路空亡、日害
癸丑	朱雀	羅睺	比肩、**日破**、截路空亡
甲寅	金匱	金星	暗天賊時
乙卯	天德	太陽	日貴、三合、福星貴人、長生
丙辰	白虎	火星	天官貴人、喜神、天兵吋
丁巳	玉堂	水星	日貴、日馬、羅天大退
戊午	天牢	太陰	六合、五合、天狗下食、雷兵時、六戊狗時
己未	玄武	木星	日建、五不遇時
庚申	司命	計都	**空亡時**、地兵時
辛酉	勾陳	土星	**空亡時**
壬戌	青龍	羅睺	天官貴人、截路空亡、日刑
癸亥	明堂	金星	三合、帝旺、比肩、截路空亡

◎六十甲子日時局便覽（六癸日之一）

癸酉日

壬子	司命	土星	羅天大進 祿神 截路空亡
癸丑	勾陳	羅睺	三合 截路空亡
甲寅	青龍	金星	暗天賊時
乙卯	明堂	太陽	福星貴人 長生 日貴 **日破**
丙辰	天刑	火星	六合 天官貴人 喜神 天兵時
丁巳	朱雀	水星	日貴 三合 羅紋交貴 羅天大退
戊午	金匱	太陰	五合 雷兵時 六戊狗時
己未	天德	木星	五不遇時
庚申	白虎	計都	天狗下食 地兵時
辛酉	玉堂	土星	日建 日刑
壬戌	天牢	羅睺	天官貴人 **空亡時** 截路空亡 日害
癸亥	玄武	金星	日馬 生旺 帝旺 比肩 **空亡時** 截路空亡

癸亥日

壬子	白虎	土星	羅天大進 祿神 **空亡時** 截路空亡
癸丑	玉堂	羅睺	比肩 **空亡時** 截路空亡
甲寅	天牢	金星	六合 暗天賊時
乙卯	玄武	太陽	日貴 三合 福星貴人 長生
丙辰	司命	火星	天官貴人 喜神 天兵時
丁巳	勾陳	水星	日貴 日馬 羅紋交貴 **日破** 大退
戊午	青龍	太陰	五合 雷兵時 六戊狗時
己未	明堂	木星	三合 五不遇時
庚申	天刑	計都	日害 地兵時
辛酉	朱雀	土星	
壬戌	金匱	羅睺	天官貴人 截路空亡 天狗下食
癸亥	天德	金星	日建 帝旺 比肩 截路空亡 日刑

神明事務專論

神明事務專論

〔總論〕

◎〔**神明事務**〕，項目繁多。舉凡：〔**祭祀祈福、許願、安神位、出火、歸火、塑繪、開光、求嗣、齋醮、驅邪、齋戒、沐浴、謝土、蓋魂……**〕以及各類法事，擇日基本已敘述於前章〈**現代用事選擇闡發**〉。
神煞之宜忌，除了俱宜擇〔**百無禁忌最吉神**〕，
且避〔**忌用任事煞日**〕之外，又宜擇祭祀類吉神：
〔**月恩、天巫、普護、福生、聖心、益後、續世**〕。

◎若論及神鬼祭祀專業之選擇，市面通書又有其專執。

〔通書神明事務之摘取〕

◎察通書所論〔**神明事務**〕，專列〔**祈福、齋醮、開光**〕。
此章特就通書所載有關〔**神明事務**〕之事務擷取一處，重新制表標註詮釋，必予清晰邏輯、利於通覽。

◎市面通書都依循登載〔**祈福碎金賦**〕，
總論法會擇日宜忌：
〈九輪月破是凶神，帝酷之期禍最頻；
神號妙得逢天喜，受死原同四廢辰。
天狗下食明星現，六戊截空時勿親；
更有滅沒兼遊禍，暗天賊例此中尊。〉
〔旁註：祈福擇日，最忌**月破、九空日、鼓輪殺、**
帝酷、神號、受死、正四廢日、天狗日、
滅沒日、遊禍日；
時辰則忌**六戊時、截斷空亡時、暗天賊時**〕
〔旁註：**天狗日**，又稱**天狗下食日**；
其日若恰為廿八星宿**婁金狗**值日則解。
或逢明星吉時，或逢婁金狗時亦解〕
◎部分通書又針對〔**神明用事**〕羅列〔**神明法會吉日**〕，
並列出〔**祈福日凶神**〕、〔**齋醮日凶神**〕、〔**開光日凶神**〕。
◎祈福法會，依性質選取〔**五臘吉日**〕、〔**節會吉日**〕、
〔**大會吉日**〕、〔**小會吉日**〕，避開〔**聖忌日**〕
祈福吉時取〔**傳送吉時**〕或〔**功曹吉時**〕。
〔**獨白：細察此乃依循道教**《黃籙院總錄》**之紀錄**〕
〔旁註：五臘日與節會日，宜修齋設醮、祭祀先靈。
五臘日即五帝攢會之日，能引出久遠先祖陰魂〕

祈福章碎金賦

九輪月破是凶神
帝酷之期禍最頻
神號妙得逢天喜
受死原同四廢辰
天狗下食明星現
六戊截空時勿親
更有滅沒兼遊禍
暗天賊例此中遵

天狗有日時分別。日之天狗逢滿也。時天狗乃時前一位。此天狗下食取明星時制。或妻金狗日時逢一可制。若是日之天狗。天巫同日可解。惟七月戌日十一月寅日正天狗不能制

五臘吉日

正月初一天臘
十月一民歲臘
五月初五地臘
七月七道德臘
十二月初八日
即謂王侯臘日

聖忌日

丙寅丁卯道父忌
壬辰壬戌北帝忌
丙申丁酉道母忌
戊辰戊戌南帝忌
神在七聖顯曲
傳歲天月德用

節會吉日

甲子日人期會○
丙午日天期會○
壬午日地期會○
甲申日地期會○
甲辰日四時會○
庚午日日期會○
甲戌日五行會○
丁卯日真仙會○
壬子日人期會○
甲午日天節會○
辛酉日星辰會○
庚申日月期會○

傳送吉時

子日用未時
午日用丑時
午日用子時
未日用午時
寅日用酉時
申日用卯時
卯日用寅時
酉日用申時
辰日用亥時
戌日用巳時
巳日用辰時
亥日用戌時

功曹吉時

子日用丑時
午日用未時
丑日用午時
未日用子時
寅日用卯時
申日用酉時
卯日用申時
酉日用寅時
辰日用巳時
戌日用亥時
巳日用戌時
亥日用辰時

大會吉日

正月初一日天曹遷賞會
七月初七地府慶生會
十月十五水府建生會

小會吉日

甲子日太乙簡閱神祇會
庚申日三尸白人罪會
本命日萬神朝元大會

〔旁註：臘的原意是歲終時合祭眾神的祭祀。

五臘是**天臘、地臘、道德臘、民歲臘、侯王臘**。

分別是正月初一天臘日、五月初五地臘日、

七月初七道德臘，十月初一民歲臘，

以及十二月初八日侯王臘。

道教認為此五日適宜修齋和祭祀先祖〕

〔旁註：**大會吉日**有三會，正月初七日**天府遷賞會**；

七月初七**地府慶生會**；十月初五**水府建生會**。

天地水三官於此三日會同考覈世人功過，

故宜齋戒受籙、上章拜表以祈景福〕

〔獨白：天曹遷賞會，道教禮節之守齋與房禁日〕

月份〔農曆〕	正月	二月	三月	四月	五月	六月	七月	八月	九月	十月	11月	12月
五臘吉日	初一 天臘日				初五 地臘日		初七 道德臘				初一 民歲臘	初八 王侯臘
大會吉日	初一 天曹遷賞會						初七 地府慶生會			十五 水府慶生會		

〔旁註：**節會日**指**三節八會**，是修齋設醮祭祀先靈之日。

甲午日為天節、甲申日為地節、甲子日為人節。

丙午日為天會、壬子日為人會、壬午日為地會。

庚午日為日會、庚申日為月會、辛酉日星辰會。

甲辰日為四時會、甲戌日為五行會〕

〔**獨白：部分道教經典紀錄：**

甲辰日為五行會、甲戌日為四時會〕

月支	寅	卯	辰	巳	午	未	申	酉	戌	亥	子	丑
節會吉日	甲子日　人節會 甲辰日　四時會 甲午日　天節會 甲申日　地節會 甲戌日　五行會 丙午日　天期會 丁卯日　真仙會 庚午日　日期會 庚申日　月期會 辛酉日　星辰會 壬子日　人期會 壬午日　地期會											
小會吉日	甲子日　太乙簡閱神祇會 庚申日　三屍白人罪會 本命日　萬神朝元大會											
聖忌日	丙寅日、丁卯日　道父忌 丙申日、丁酉日　道母忌 壬辰日、壬戌日　北帝忌 戊辰日、戊戌日　南帝忌											

〔旁註：**小會吉日**，即**小攢會日**，亦稱**小三會日**。
是日乃身中三屍神上詣三官大帝、
言人善惡功過之日，故須齋戒悔罪上章祈福。
凡逢甲子日是**胎光**上詣，庚申日是**爽靈**上詣，
本命生辰日是**幽精**上詣〕

〔旁註：**聖忌日**，指仙道禁忌，亦即聖真禁忌之節日；
其日不宜行道燒香〕
丙寅丁卯日為**道父忌**，壬辰丁酉日為**道母忌**，
丙申壬戌日為**北帝忌**，戊辰戊戌日為**南帝忌**〕

〔**獨白：部分道教經典紀錄《聖忌日》：**
北帝忌是丙申日、壬戌日，
南帝忌是戊辰日與戊戌日〕

◎通書依例登載〔**祈福日凶神**〕、〔**齋醮日凶神**〕，
以及〔**開光日凶神**〕，以利術者逕選趨避。

◎凡〔**祭祀神明或幽冥**〕用事，皆避以下日辰：
破日、正四廢、受死日、天狗日。

〔旁註：**破日**屬**建除十二神**第六位，當日沖月令之旺，
故為**月破**，凡事不立、諸事不利〕

〔旁註：**正四廢**即當月氣絕之日〕

〔旁註：**受死日**屬**九吉三凶**，值日忌禱祀致祭之事〕

〔旁註：凡天有異象，俱屬不吉，日月之蝕屬之。
逢**天狗食日**，其日有日蝕之象而不吉〕

鼓輪殺 審用	鼓輪殺 審用	正四廢 不用	正四廢 勿用	天賊日 制用	神號逢 天喜	龍虎日 審用	遊禍日 不用	天狗日 俗忌	受死日 大忌	月破日 不用	祈福日凶神
未辛	子甲	酉辛	申庚	辰	戌	巳	巳	辰	戌	申	正
辰壬	酉乙	申庚	酉辛	酉	亥	亥	寅	巳	辰	酉	二
申庚	午丙	酉辛	申庚	寅	子	午	亥	午	亥	戌	三
未辛	子甲	亥癸	子壬	未	丑	子	申	未	巳	亥	四
辰壬	酉乙	子壬	亥癸	子	寅	未	巳	申	子	子	五
申庚	午丙	亥癸	子壬	巳	卯	丑	寅	酉	午	丑	六
未辛	子甲	卯乙	寅甲	戌	辰	寅	亥	戌	丑	寅	七
辰壬	○○	寅甲	卯乙	卯	巳	申	申	亥	未	卯	八
○○	午丙	卯乙	寅甲	申	午	酉	巳	子	寅	辰	九
未辛	子甲	巳丁	午丙	丑	未	卯	寅	丑	申	巳	十
辰壬	酉乙	午丙	巳丁	午	申	戌	亥	寅	卯	午	十一
申庚	午丙	巳丁	午丙	亥	酉	辰	申	卯	酉	未	十二

帝酷殺 不用	帝酷殺 大忌	鼓輪殺 審用	鼓輪殺 審用	祈福日凶神
二初	申庚	○日	寅戊	正
九初	辛 亥卯	○日	亥己	二
十初	庚甲 戌	辰壬	丑癸	三
一十	亥癸	○日	寅戊	四
一十	子壬	午丙	亥己	五
十初	丑癸	未辛	丑癸	六
二十	寅甲	申庚	寅戊	七
三十	卯乙	酉乙	亥己	八
三十	辰甲	申庚	丑癸	九
八初	己丁 巳	亥己	寅戊	十
五十	午丙	子甲	亥己	十一
三十	乙丁 未	○日	丑癸	十二

◎祈福日凶神〔1/2〕

月支	寅	卯	辰	巳	午	未	申	酉	戌	亥	子	丑
破日〔月破〕	申	酉	戌	亥	子	丑	寅	卯	辰	巳	午	未
	建除十二神煞。											
天狗日〔土瘟〕〔滿日〕	辰	巳	午	未	申	酉	戌	亥	子	丑	寅	卯
	〔滿日、天巫、天富、福德〕吉神同位。											
受死	戌	辰	亥	巳	子	午	丑	未	寅	申	卯	酉
	九吉三凶〔禱祀致祭〕。											
正四廢	庚申、辛酉			壬子、癸亥			甲寅、乙卯			丙午、丁巳		
帝酷殺	庚申 又逢初二	辛卯、辛亥逢初九	甲戌、庚戌逢初十	癸亥 又逢十一	壬子 又逢十一	癸丑 又逢初十	甲寅 又逢十二	乙酉 又逢十三	甲辰 又逢十三	丁巳、己巳逢初八	丙午 又逢十五	乙未、丁未逢十三
遊禍日	巳	寅	亥	申	巳	寅	亥	申	巳	寅	亥	申
龍虎	巳	亥	午	子	未	丑	申	寅	酉	卯	戌	辰
	九吉三凶〔禱祀致祭〕。											
天喜日〔喜神〕	戌	亥	子	丑	寅	卯	辰	巳	午	午	申	酉
	與神號凶神同位。											

◎祈福日凶神〔2/2〕

月支	寅	卯	辰	巳	午	未	申	酉	戌	亥	子	丑
神號日(建星虎)	戌	亥	子	丑	寅	卯	辰	巳	午	未	申	酉
	逢〔建除成日、三合〕同位。又是天喜日											
天賊日	辰	酉	寅	未	子	巳	戌	卯	申	丑	午	亥
九空	辰	丑	戌	未	辰	丑	戌	未	辰	丑	戌	未
鼓輪殺	甲子、辛未、戊寅	乙酉、壬辰、己亥	丙午、庚申、癸丑、壬辰	甲子、辛未、戊寅	乙酉、壬辰、己亥、丙午	丙午、庚申、癸丑、辛未	甲子、辛未、戊寅、庚申	壬辰、己亥、乙酉	丙午、癸丑、庚申	甲子、辛未、戊寅、己亥	乙酉、壬辰、己亥、甲子	丙午、庚申、癸丑

年支	子	丑	寅	卯	辰	巳	午	未	申	酉	戌	亥
年鼓輪殺	丙午、辛未	戊寅、壬辰	甲子、己亥、癸丑	庚申、乙酉	丙午、辛未	戊寅、壬辰	甲子、己亥、癸丑	庚申、乙酉	丙午、辛未	戊寅、壬辰	甲子、己亥、癸丑	庚申、乙酉

◎**祈福**，純粹指向**上天神明**祈求願望與福氣，
不涉及陰間鬼事。**祈福**，除了不取〔**破日、正四廢、受死日、天狗日**〕之外，還須避開：
〔**龍虎、天賊、遊禍、神號、帝酷殺、鼓輪殺**〕

〔旁註：**龍虎日**，屬**九吉三凶**，值日忌禱祀致祭之事〕

〔旁註：**遊禍日**，取**月建三合旺神之前一位**，
也就是**祿神位**，有過旺為忌之義〕

〔旁註：**天賊日**，月中盜神，向天祈求而不能滿願〕

〔旁註：**神號日**，神靈不安而呼號，不利祭禱〕

〔旁註：**帝酷殺日**，顧名思義，似乎其日天地耍酷，
對各方祈求相應不理，故而不宜祈福〕

〔旁註：**鼓輪殺日**，取義其日忌鑼鼓輪鈸〕

◎**齋醮**，又稱〔**打醮、作醮**〕雖概論神明之事，
然其內涵實是向陰鬼進行功德並驅邪之事。
除了不取〔**破日、正四廢、受死日、天狗日**〕之外，
還須避開：〔**重喪、三喪、復日、鬼哭日、鼓輪殺**〕。

〔旁註：**鬼哭日**，顧名思義，不宜向天神祭禱〕

〔旁註：**重喪、三喪、復日**，忌行喪葬事宜，
舉事則恐重複舉辦喪事，因此趨避〕

齋醮日凶神	月破日大凶	受死日不用	復日凶勿用	重喪日不用	重喪日勿用	三喪日大忌	鬼哭日不用	鼓輪殺大忌	鼓輪殺不用	鼓輪殺大忌	鼓輪殺勿用
正	申	戌	甲	巳	亥	辰	未	子甲	未辛	寅戊	○日
二	酉	辰	乙	亥	巳	辰	戌	酉乙	辰壬	○日	亥己
三	戌	亥	戊	亥	巳	辰	辰	午丙	申庚	丑癸	辰壬
四	亥	巳	丙	亥	巳	未	寅	子甲	未辛	寅戊	○日
五	子	子	丁	巳	亥	未	午	酉乙	辰壬	亥己	午丙
六	丑	午	己	亥	巳	未	子	午丙	申庚	丑癸	未辛
七	寅	丑	庚	巳	亥	戌	酉	子甲	未辛	寅戊	申庚
八	卯	未	辛	亥	巳	戌	申	酉乙	辰壬	○日	亥己
九	辰	寅	戊	巳	亥	戌	巳	午丙	申庚	丑癸	○日
十	巳	申	壬	亥	巳	丑	亥	子甲	未辛	寅戊	亥己
十一	午	卯	癸	巳	亥	丑	丑	酉乙	辰壬	亥己	子甲
十二	未	酉	己	亥	巳	丑	卯	午丙	申庚	丑癸	○日

齋醮日凶神	正四廢不用	正四廢勿用	天狗日忌用	年鼓輪殺	
正	申庚	酉辛	辰	申子辰年忌丙午辛未日	巳酉丑年忌戊寅壬辰日
二	酉辛	申庚	巳		
三	申庚	酉辛	午		
四	子壬	亥癸	未		
五	亥癸	子壬	申		
六	子壬	亥癸	酉		
七	寅甲	卯乙	戌	寅午戌年甲子己亥癸丑	亥卯未年忌庚申乙酉日
八	卯乙	寅甲	亥		
九	寅甲	卯乙	子		
十	午丙	巳丁	丑		
十一	巳丁	午丙	寅		
十二	午丙	巳丁	卯		

◎齋醮日凶神

月支	寅	卯	辰	巳	午	未	申	酉	戌	亥	子	丑
破日〔月破〕	申	酉	戌	亥	子	丑	寅	卯	辰	巳	午	未
	建除十二神煞。											
天狗日〔土瘟〕〔滿日〕	辰	巳	午	未	申	酉	戌	亥	子	丑	寅	卯
	〔滿日、天巫、天富、福德〕吉神同位。											
受死	戌	辰	亥	巳	子	午	丑	未	寅	申	卯	酉
	九吉三凶〔禱祀致祭〕。											
重喪日(復日)	甲	乙	戊	丙	丁	己	庚	辛	戊	壬	癸	己
重日	〔大重凶日〕巳日及亥日											
三喪日	辰			未			戌			丑		
鬼哭日	未	戌	辰	寅	午	子	酉	申	巳	亥	丑	卯
鼓輪殺	甲子、辛未、戊寅	乙酉、壬辰、己亥	丙午、庚申、癸丑、壬辰	甲子、辛未、戊寅	乙酉、壬辰、己亥、丙午	丙午、庚申、癸丑、辛未	甲子、辛未、戊寅、庚申	壬辰、己亥、乙酉	丙午、癸丑、庚申	甲子、辛未、戊寅、己亥	乙酉、壬辰、己亥、甲子	丙午、庚申、癸丑
正四廢	庚申、辛酉			壬子、癸亥			甲寅、乙卯			丙午、丁巳		

年支	子	丑	寅	卯	辰	巳	午	未	申	酉	戌	亥
年鼓輪殺	丙午、辛未	戊寅、壬辰	甲子、己亥、癸丑	庚申、乙酉	丙午、辛未	戊寅、壬辰	甲子、己亥、癸丑	庚申、乙酉	丙午、辛未	戊寅、壬辰	甲子、己亥、癸丑	庚申、乙酉

開光日凶神	月破（大凶不用）	閉日（以字主義）	受死（俗忌不用）	神號（逢天喜吉）	天賊（明星可制）	九空（金火日吉）	天瘟（吉多可用）	白虎（麟符制吉）	朱雀（鳳符制用）	天狗（天巫可制）	地賊（明星可制）	鬼神空座（吉多可用）
正	申	丑	戌	戌	辰	辰	未	午	卯	辰	丑	申
二	酉	寅	辰	亥	酉	丑	戌	申	巳	巳	子	申
三	戌	卯	亥	子	寅	戌	辰	戌	未	午	亥	申
四	亥	辰	巳	丑	未	未	寅	子	酉	未	戌	寅
五	子	巳	子	寅	子	辰	午	寅	亥	申	酉	寅
六	丑	午	午	卯	巳	丑	子	辰	丑	酉	申	寅
七	寅	未	丑	辰	戌	戌	酉	午	卯	戌	未	巳
八	卯	申	未	巳	卯	未	申	申	巳	亥	午	巳
九	辰	酉	寅	午	申	辰	巳	戌	未	子	巳	巳
十	巳	戌	申	未	丑	丑	亥	子	酉	丑	辰	亥
十一	午	亥	卯	申	午	戌	丑	寅	亥	寅	卯	亥
十二	未	子	酉	酉	亥	未	卯	辰	丑	卯	寅	亥

開光日凶神	荒蕪（旺氣堪用）	獨火（水局可制）	破敗（吉多可用）	神隔（伏斷日吉）	正四廢（勿用）	正四廢（不用）
正	巳	巳	申	巳	庚申	辛酉
二	酉	辰	戌	卯	辛酉	庚申
三	丑	卯	子	丑	庚申	辛酉
四	申	寅	寅	亥	壬子	癸亥
五	子	丑	辰	酉	癸亥	壬子
六	辰	子	午	未	壬子	癸亥
七	亥	亥	申	巳	甲寅	乙卯
八	卯	戌	戌	卯	乙卯	甲寅
九	未	酉	子	丑	甲寅	乙卯
十	寅	申	寅	亥	丙午	丁巳
十一	午	未	辰	酉	丁巳	丙午
十二	戌	午	午	未	丙午	丁巳

大退日（俗忌用）

初一子	十七丑
初三未	廿一子
初五午	廿五戌
初九酉	廿七卯
十一卯	廿九申
十三寅	有吉進

開光乃神佛金身開眼。如日逢食主大凶。社廟值食鄉亦忌。食外則吉。食師從權用。宜取禽星日月齊明上吉格。虛星昴房日宿。配用心危畢張月宿之時。若日心危畢張月宿。宜配虛星昴房日宿之時。就是禽星日月齊明入神莊嚴顯赫大吉。

◎**開光**，神像之雕塑成後，點眼並供奉上位之儀式。

除了不取〔**破日、正四廢、受死日、天狗日**〕之外，

還須避開：〔**天賊、神號、白虎黑道、朱雀黑道、九空、神鬲、鬼神空座、天瘟、地賊、荒蕪、獨火、破敗、羅天大退日**〕

〔旁註：**白虎黑道**，行事容易導致血光刑傷。

朱雀黑道，行事容易導致官訟是非〕

〔旁註：**九空、神鬲、鬼神空座**，天上空亡、神仙隔離、不在座位任事，求事不應〕

〔旁註：**天瘟**，舉事恐上天降下瘟疫〕

〔旁註：**地賊日**，人間地氣逢盜。開光屬人間神靈，其日地氣不聚，開光不成〕

〔旁註：**天地荒蕪日**，實乃月中五行失令而休囚之日；

獨火、破敗，亦是五行之氣偏頗〕

〔旁註：**羅天大退日**，是五行不足之氣，若有動作，則運氣退步很大〕

〔**獨白：開光除了破日不取之外，閉日亦是不取**〕

◎開光日凶神

月支	寅	卯	辰	巳	午	未	申	酉	戌	亥	子	丑
破日〔月破〕	申	酉	戌	亥	子	丑	寅	卯	辰	巳	午	未
	建除十二神煞。											
閉日	丑	寅	卯	辰	巳	午	未	申	酉	戌	亥	子
	建除十二神煞。 血支凶日同位。											
滿日〔天富〕〔福德〕	辰	巳	午	未	申	酉	戌	亥	子	丑	寅	卯
	建除十二神煞。天巫、天富、福德、〔天狗、土瘟〕											
天狗日〔土瘟〕〔滿日〕	辰	巳	午	未	申	酉	戌	亥	子	丑	寅	卯
	〔滿日、天巫、天富、福德〕吉神同位。											
受死	戌	辰	亥	巳	子	午	丑	未	寅	申	卯	酉
	九吉三凶〔禱祀致祭〕。											
神號日(建星虎)	戌	亥	子	丑	寅	卯	辰	巳	午	未	申	酉
	逢〔建除成日、三合〕同位。又是天喜日											
天賊日	辰	酉	寅	未	子	巳	戌	卯	申	丑	午	亥
九空	辰	丑	戌	未	辰	丑	戌	未	辰	丑	戌	未
天瘟	未	戌	辰	寅	午	子	酉	申	巳	亥	丑	卯
白虎	午	申	戌	子	寅	辰	午	申	戌	子	寅	辰
	黑道煞日　〔天馬吉日同位〕											
朱雀	卯	巳	未	酉	亥	丑	卯	巳	未	酉	亥	丑
	黑道煞日											
地賊	丑	子	亥	戌	酉	申	未	午	巳	辰	卯	寅
鬼神空座	申	申	申	寅	寅	寅	巳	巳	巳	亥	亥	亥

◎開光日凶神

月支	寅	卯	辰	巳	午	未	申	酉	戌	亥	子	丑
荒蕪	巳	酉	丑	申	子	辰	亥	卯	未	寅	午	戌
獨火	巳	辰	卯	寅	丑	子	亥	戌	酉	申	未	午
破敗	申	戌	子	寅	辰	午	申	戌	子	寅	辰	午
神高	巳	卯	丑	亥	酉	未	巳	卯	丑	亥	酉	未
正四廢	庚申、辛酉			壬子、癸亥			甲寅、乙卯			丙午、丁巳		
大退日（羅天大退）	初一逢子日	初三逢未日	初五逢午日	初九逢酉日	十一逢卯日	十三逢寅日	十七逢丑日	廿一逢子日	廿五逢戌日	廿七逢卯日	廿九逢申日	

◎〈開光乃神佛金身開眼，如日逢食主大凶。

社廟值食鄉亦忌，時外則吉，食師從權用。

宜取禽星日月齊明上格吉。

〔虛、星、昴、房、日〕宿，

配用〔心、危、畢、張、月〕宿之時。

若〔心、危、畢、張、月〕宿，

宜配〔虛、星、昴、房、日〕宿之時；

就是禽星日月齊明，入神莊嚴顯赫大吉。〉

◎通書**《祈福碎金賦》**曰〈**天狗下食明星現**〉，

指出〔**天狗日**〕，可用〔**明星吉時**〕解救。

後附〈**明星吉時一覽表**〉以利選擇，並家解說：

明星守護以〈寒谷時暄定暖晦，窗曉色須明〉

十二字分別明暗……如逢明星守護，能制暗天賊、

天地賊、天狗下食時、六戊時。

如無明星，如有丙日丙時，亦可抵制暗天地賊。

〔旁註：明星吉時除解**天狗日**之外，亦解**天賊日**。

時辰若逢**天地賊時、天狗下食時、六戊時**，

有明星交疊亦解〕

明星吉時	寒 ●暗星	谷 ●暗星	時 ○明星	喧 ○明星	定 ●暗星	暖 ○明星	晦 ○明星	窗 ●暗星	曉 ○明星	色 ●暗星	須 ●暗星	明 ○明星
正	寅	卯	辰	巳	午	未	申	酉	戌	亥	子	丑
二	辰	巳	午	未	申	酉	戌	亥	子	丑	寅	卯
三	午	未	申	酉	戌	亥	子	丑	寅	卯	辰	巳
四	申	酉	戌	亥	子	丑	寅	卯	辰	巳	午	未
五	戌	亥	子	丑	寅	卯	辰	巳	午	未	申	酉
六	子	丑	寅	卯	辰	巳	午	未	申	酉	戌	亥
七	寅	卯	辰	巳	午	未	申	酉	戌	亥	子	丑
八	辰	巳	午	未	申	酉	戌	亥	子	丑	寅	卯
九	午	未	申	酉	戌	亥	子	丑	寅	卯	辰	巳
十	申	酉	戌	亥	子	丑	寅	卯	辰	巳	午	未
十一	戌	亥	子	丑	寅	卯	辰	巳	午	未	申	酉
十二	子	丑	寅	卯	辰	巳	午	未	申	酉	戌	亥

按此明星守護吉時以寒谷時喧定暖晦窗曉色須明十二字分別明暗訣例刊在前篇今將硬例排列如逢明星守護能制暗天賊天地賊天狗下食時六戊時如無明星如有丙日丙時亦可抵制暗天地賊

◎明星吉時〔解天狗日之煞〕

明星吉時		寅月(正)	卯月(二)	辰月(三)	巳月(四)	午月(五)	未月(六)	申月(七)	酉月(八)	戌月(九)	亥月(十)	子月(11)	丑月(12)
寒	●暗星	寅	辰	午	申	戌	子	寅	辰	午	申	戌	子
谷	●暗星	卯	巳	未	酉	亥	丑	卯	巳	未	酉	亥	丑
時	○明星	辰	午	申	戌	子	寅	辰	午	申	戌	子	寅
暄	○明星	巳	未	酉	亥	丑	卯	巳	未	酉	亥	丑	卯
定	●暗星	午	申	戌	子	寅	辰	午	申	戌	子	寅	辰
暖	○明星	未	酉	亥	丑	卯	巳	未	酉	亥	丑	卯	巳
晦	○明星	申	戌	子	寅	辰	午	申	戌	子	寅	辰	午
窗	●暗星	酉	亥	丑	卯	巳	未	酉	亥	丑	卯	巳	未
曉	○明星	戌	子	寅	辰	午	申	戌	子	寅	辰	午	申
色	●暗星	亥	丑	卯	巳	未	酉	亥	丑	卯	巳	未	酉
須	●暗星	子	寅	辰	午	申	戌	子	寅	辰	午	申	戌
明	○明星	丑	卯	巳	未	酉	亥	丑	卯	巳	未	酉	亥

◎通書後頁以紅字附加**當年**的〔**神佛選便吉課**〕、〔**設醮超鼓法會選便吉課**〕、以及當年〔**酬神祈福選便吉課**〕，用事者不必自行而推算直接取用。

神佛開光選便課

正月十八丁酉三子丑午
正月廿四癸卯二卯辰午
二月初三辛亥三寅午時
二月十七乙丑三子寅卯
二月廿一己巳日丑寅午
二月廿七乙亥六子丑卯
閏月十八丙申六子丑卯
閏月廿二庚子三子丑卯
閏月廿四壬寅五巳時吉
閏月廿八丙午二丑卯午
三月初十丁巳六丑辰午
三月十八乙丑日子寅卯

三月二十丁卯二丑巳午
三月廿六癸酉一寅辰午
四月初一丁丑五子巳午
四月初三己卯日子寅午
四月初九乙酉六子丑辰
四月十九乙未二子寅時
四月廿五辛丑一子寅卯
五月初五辛亥四寅午時
五月十五己未五子卯午
五月廿一丁卯六丑巳午
五[illegible][illegible][illegible][illegible][illegible][illegible][illegible][illegible][illegible]
六[illegible][illegible][illegible][illegible]寅二[illegible][illegible][illegible]

六月初八甲申二子卯辰
六月十四庚寅一子丑卯
六月二十丙申日子丑卯
六月廿四庚子四子丑卯
六月廿八甲辰一丑寅卯
八月初三戊寅日寅辰午
八月初五庚辰二子卯巳
八月十一丙戌一子寅午
八月廿五庚子一子丑卯
九月十八癸亥三寅卯辰
[illegible]月廿二丁卯日丑巳午
九月廿六辛未四子卯午

九月廿八癸酉六寅辰午
十月初九癸未二寅卯辰
十月十七辛卯三寅卯午
十月廿一乙未日子寅卯
十一月初四戊申六卯辰午
十一月十八壬戌六子丑午
十一月廿四戊辰五寅卯辰
十一月廿六庚午日丑寅巳
十二月十一甲申日子卯辰
十二月十七庚寅六子丑卯
十二月廿一甲午三丑寅卯
十二月廿七庚子二子丑卯

設齋醮起鼓法會

設正月十五甲午日丑卯
齋正月十八丁酉三子辰
設正月廿一庚子六丑巳
齋正月廿四癸卯二辰時
設二月十七乙丑三子時
設二月廿三辛未二子寅
設閏月十八丙申六丑卯
齋閏月廿二庚子三丑巳
設閏月廿七乙巳一子寅
設三月初二己酉五子午
齋三月十八乙丑日子時
設三月二十丁卯二子辰

設[illegible]月[illegible][illegible][illegible]子四[illegible][illegible]
設四月初十丙戌日卯時
設四月十二戊子二卯巳
齋四月十八甲午一丑卯
齋四月廿五辛丑一子午
設五月初五辛亥四寅午
齋五月初十丙辰二丑卯
設五月廿九乙亥日子辰
齋六月初八甲申二丑卯
設六月十一丁亥五辰午
設六月廿四庚子四丑巳
齋六月廿七癸卯日辰時

齋八月初五庚辰二卯巳
設八月初六辛巳三寅午
設八月十一丙戌一卯時
齋八月十四己丑四子午
齋八月廿八癸卯四寅辰
設九月初六辛亥五寅午
齋九月初十乙卯二子辰
齋九月廿八癸酉六寅辰
齋九月廿九甲戌日卯巳
齋十月初二丙子二丑卯
齋十月初五己卯五辰午
齋十月初六庚辰六丑巳

齋十月二十甲午六丑卯
設十一月初一乙巳三子辰
設十一月初三丁未五子午
設十一月初四戊申六卯巳
設十一月初六庚戌一丑巳
設十一月十七辛酉五寅午
設十一月廿五己巳六寅午
齋十一月廿六庚午日卯巳
設十二月初二乙亥五寅時
齋十二月初三丙子六丑卯
齋十二月十一甲申日丑卯
設十二月十四丁亥三午時

例頁

酬神祈福選便吉課

閏	閏	閏	閏	閏	二	二	二	二	二	二	二	二	二	正	正	正	正	正	正	正	正	正	正
月	月	月	月	月	月	月	月	月	月	月	月	月	月	月	月	月	月	月	月	月	月	月	月
廿	廿	十	十	初	廿	廿	十	十	初	初	初	初	初	廿	廿	廿	廿	廿	二	十	十	初	初
七	二	九	一	六	六	三	九	七	十	七	四	三	一	八	七	四	二	一	十	八	五	八	三
乙	庚	丁	己	甲	甲	辛	丁	乙	戊	乙	壬	辛	己	丁	丙	癸	辛	庚	己	丁	甲	丁	壬
巳	子	酉	丑	申	戌	未	卯	丑	午	卯	子	亥	酉	未	午	卯	丑	子	亥	酉	午	亥	午
一	三	日	六	一	五	二	五	三	三	日	四	三	一	六	五	二	日	六	五	三	日	日	二
子	丑	子	子	丑	卯	子	子	子	卯	子	丑	寅	子	子	丑	辰	寅	丑	寅	子	丑	午	丑
寅	巳	辰	寅	卯	巳	寅	辰	時	巳	辰	巳	午	辰	午	卯	時	午	巳	辰	辰	卯	時	巳
時	時	午	午	巳	時	午	午	吉	時	時	時	時	午	時	時	吉	時	時	午	午	時	吉	時

五	五	五	五	五	五	五	四	四	四	四	四	四	四	四	四	四	三	三	三	三	三	三	三
月	月	月	月	月	月	月	月	月	月	月	[illegible]	[illegible]	[illegible]	[illegible]	月	月	月	月	月	月	月	月	月
廿	十	十	初	初	初	初	廿	廿	廿	[illegible]	[illegible]	[illegible]	[illegible]	[illegible]	初	初	廿	廿	廿	二	十	初	初
一	六	三	十	五	四	一	八	五	三	[illegible]	[illegible]	[illegible]	[illegible]	[illegible]	四	三	九	六	三	十	八	五	二
丁	壬	己	丙	辛	庚	丁	甲	辛	己	[illegible]	甲	[illegible]	[illegible]	[illegible]	庚	己	丙	癸	庚	丁	乙	壬	己
卯	戌	未	辰	亥	戌	未	辰	丑	亥	[illegible]	午	卯	丑	[illegible]	辰	卯	子	酉	午	卯	丑	子	酉
六	一	五	二	四	三	日	四	一	六	五	一	五	三	三	一	日	四	一	五	二	日	一	五
子	丑	子	丑	寅	丑	子	丑	子	寅	[illegible]	[illegible]	[illegible]	[illegible]	丑	丑	子	丑	寅	丑	子	子	丑	子
辰	時	寅	卯	午	卯	午	卯	寅	辰	[illegible]	[illegible]	[illegible]	[illegible]	[illegible]	巳	寅	卯	辰	時	辰	寅	巳	寅
午	吉	午	時	時	巳	時	時	午	午	[illegible]	[illegible]	[illegible]	[illegible]	[illegible]	時	午	時	時	吉	午	時	時	午

九	九	九	九	九	九	八	八	八	八	[illegible]	八	六	六	[illegible]	六	六	六	六	六	六	五	五	五
月	月	月	月	月	月	月	月	月	月	月	月	月	月	月	月	月	月	月	月	月	月	月	月
廿	十	十	初	初	初	廿	十	十	初	初	初	廿	廿	廿	廿	十	十	初	初	初	廿	廿	廿
二	七	六	六	三	一	八	八	四	六	五	二	九	八	七	四	五	一	八	五	三	九	六	三
丁	壬	辛	辛	戊	丙	癸	癸	己	辛	庚	丁	乙	甲	癸	庚	辛	丁	甲	辛	己	乙	壬	己
卯	戌	酉	亥	申	午	卯	巳	丑	巳	辰	丑	巳	辰	卯	子	卯	亥	申	巳	卯	亥	申	巳
日	二	一	五	二	日	四	一	四	三	二	六	二	一	日	四	二	五	二	六	四	日	四	一
子	丑	子	寅	巳	丑	寅	辰	子	寅	丑	子	子	丑	辰	丑	寅	辰	丑	午	子	子	丑	寅
辰	巳	寅	午	時	卯	辰	午	寅	午	卯	午	辰	時	時	巳	午	午	卯	時	寅	辰	巳	午
午	時	午	時	吉	時	時	時	午	時	巳	時	時	吉	吉	時	時	時	巳	吉	午	時	時	時

十二	十二	十二	十二	十二	十二	十二	十二	十一	十一	十一	十一	十一	十一	十一	十	十	十	十	十	十	十	九	九
月	月	月	月	月	月	月	月	月	月	月	月	月	月	月	月	月	月	月	月	月	月	月	月
三	廿	廿	廿	廿	十	初	初	廿	廿	廿	初	初	初	初	二	廿	廿	一	初	初	初	廿	廿
十	八	七	六	一	四	九	八	六	四	一	六	四	三	一	十	七	三	十	九	六	五	九	五
癸	辛	庚	己	甲	丁	壬	辛	庚	戊	乙	庚	戊	丁	乙	甲	辛	丁	甲	癸	庚	己	甲	庚
卯	丑	子	亥	午	亥	午	巳	午	辰	丑	戌	申	未	巳	辰	丑	酉	午	未	辰	卯	戌	午
五	三	二	一	三	三	五	四	日	五	二	一	六	五	三	二	六	二	六	二	六	五	日	三
辰	寅	丑	寅	丑	午	丑	寅	丑	卯	子	丑	卯	子	子	丑	子	子	丑	寅	丑	子	卯	丑
時	午	巳	辰	卯	時	巳	午	卯	巳	六	卯	巳	午	辰	卯	寅	辰	卯	辰	巳	辰	巳	時
吉	時	時	午	時	吉	時	時	巳	時	合	巳	時	時	時	時	午	午	時	時	時	午	時	吉

筆　記　欄：

婚姻實務篇

通書關於婚姻之摘取

〔總論通書對婚姻之記錄〕

◎市面流通之通書，編排俱是紊亂，既然事不專一，
而且用事用語因循舊有詞彙、敘述又無標點段落，
反顯高來高去、莫測高深，難以通覽清明。

◎此章特就通書所載有關〔**婚姻嫁娶**〕之事務擷取一處，
重新制表標註詮釋，必予清晰邏輯、利於通覽。

◎婚姻嫁娶之事項，大致可有〔**男女合婚**〕、
〔**婚姻六禮擇日**〕、〔**嫁娶日課選擇**〕等分類。

◎市面通書都依循登載〔**婚姻全集**〕，
並謂〈**問名、訂盟、結婚、納采、**
裁衣、合帳、安床、冠笄、嫁娶、親迎〉。

◎今之所謂〔**結婚**〕，實指〔嫁娶〕與〔親迎〕；
〔**訂婚**〕則指〔**問名、訂盟、結婚姻、納采**〕之事。
〔**裁衣、合帳、安床**〕，則是雙方既已訂定婚約，
男女雙方之婚前預備事務。
至於〔**冠笄**〕，即是現今所謂的〔**成年禮**〕，
根本不應列入〔**婚姻**〕事項。

婚姻全集謂問名訂盟結婚納采裁衣合帳安床冠笄嫁娶親迎等事

嘗思乾坤定位而陰陽有分陰陽分而夫婦建故詩首關睢易重歸妹禮著大婚婚姻之事義大矣哉是以百年非苟且之事而于歸實人倫之始余觀古人寅諏必取其吉辰而尅擇勿流乎鹵莽雖然神煞紛紜逐日皆有六禮吉期可趨可避制之化之則妙用自無窮矣

◎通書記載〔**婚姻全集**〕：

嘗思乾坤定位而陰陽有分，

陰陽有分而夫婦建；

故詩首關○

易重歸妹，禮著大婚。

婚姻之事義大矣哉！

是以百年非苟且之事，

而歸實人倫之始。

余觀古人寅○必取其吉辰，

而剋擇勿流乎魯莽。

雖然神煞紛紜，

逐日皆有六禮吉期，

可趨可避、制之化之，

則妙用自無窮矣！

◎關於合婚，〔**婚姻全集**〕並述〔**周書合卦之法**〕，更列有〔**嫁娶周書合卦便覽**〕、〔**三元甲子男女宮位**〕，以及〔**男女合婚便覽**〕。

〔旁註：**〈男女合婚便覽〉**，乃以男女出生年生肖簡論**婚配對象之宜忌**，再以**上中下婚**分等；這只是概括簡論男女出生年支之**刑沖合**而已〕

〔旁註：**〈三元甲子男女宮位〉**即是男女命卦〕

【劉賁按】

◎合婚之論，乃供術者論男女婚配之吉凶等級；然而人生數十載，實須當事人用心用力經營，男女婚配實難以一紙婚配即定確終身；而且此冊專註〔擇日〕部分，對於〔民俗婚姻配對〕以及〔周易合卦〕之局部泛論不作贅述。

○周書合卦之法用排山掌訣以女命入中宮陽女順行乾而轉陰女逆飛巽而推以尋男命甲子看泊在何宮二卦合成六爻具陽女中宮寄艮卦陰女中宮寄坤卦假如男女二命同庚或並泊中宮陽女則並為艮卦陰女則並為坤卦俗法多單用地支飛尋即是然究其大理必以某甲子支干飛到某甲子干支方是其子父財宮六爻中宜擇選日期以補助扶救吉方無錯誤焉耳

◎三元（上中下）甲子男女宮位

男命右 女命左

同治三年後生至民國十二年為上元
民國十三年至民國七二年為中元
民國七三年至民國百卅二年為下元
○五（中）宮男命寄坤 女命寄艮○

甲子 五一 二四 八七	乙丑 六九 三三 九六	丙寅 七八 四二 一五	丁卯 八七 五一 二四	戊辰 九六 六九 三三	己巳 一五 七八 四二	庚午 二四 八七 五一	辛未 三三 九六 六九	壬申 四二 一五 七八	癸酉 五一 二四 八七
甲戌 女男 六九 三三 九六	乙亥 七八 四二 一五	丙子 八七 五一 二四	丁丑 九六 六九 三三	戊寅 一五 七八 四二	己卯 二四 八七 五一	庚辰 三三 九六 六九	辛巳 四二 一五 七八	壬午 五一 二四 八七	癸未 六九 三三 九六
甲申 七八 四二 一五	乙酉 八七 五一 二四	丙戌 九六 六九 三三	丁亥 一五 七八 四二	戊子 二四 八七 五一	己丑 三三 九六 六九	庚寅 四二 一五 七八	辛卯 五一 二四 八七	壬辰 六九 三三 九六	癸巳 七八 四二 一五
甲午 八七 五一 二四	乙未 九六 六九 三三	丙申 一五 七八 四二	丁酉 二四 八七 五一	戊戌 三三 九六 六九	己亥 四二 一五 七八	庚子 五一 二四 八七	辛丑 六九 三三 九六	壬寅 七八 四二 一五	癸卯 八七 五一 二四
甲辰 九六 六九 三三	乙巳 一五 七八 四二	丙午 二四 八七 五一	丁未 三三 九六 六九	戊申 四二 一五 七八	己酉 五一 二四 八七	庚戌 六九 三三 九六	辛亥 七八 四二 一五	壬子 八七 五一 二四	癸丑 九六 六九 三三
甲寅 一五 七八 四二	乙卯 二四 八七 五一	丙辰 三三 九六 六九	丁巳 四二 一五 七八	戊午 五一 二四 八七	己未 六九 三三 九六	庚申 七八 四二 一五	辛酉 八七 五一 二四	壬戌 九六 六九 三三	癸亥 一五 七八 四二

嫁娶周書合卦便覽

壬子女 男配	卦宮	體卦	用卦	癸丑女 男配	卦宮	體卦	用卦
庚子	艮	艮為山	水山蹇	辛丑	坤	坤為地	山地剝
辛丑	長	山火賁	水火既濟	壬寅	坎	地水師	山水蒙
壬寅	離	山水蒙	坎為水	癸卯	坎	地火明夷	山火賁
癸卯	乾	山地剝	水地比	甲辰	兌	地山謙	艮為山
甲辰	巽	山雷頤	水雷屯	乙巳	坤	地澤臨	山澤損
乙巳	巽	山風蠱	水風井	丙午	坤	地天泰	山天大畜
丙午	乾	山地剝	水地比	丁未	坎	地火明夷	山火賁
丁未	艮	山天大畜	水天需	戊申	震	地風升	山風蠱
戊申	艮	山澤損	水澤節	己酉	坤	地雷復	山雷頤
己酉	艮	艮為山	水山[illegible]	庚[illegible]	坤	坤為地	山地剝
庚戌	艮	山火賁	水火既濟	辛[illegible]	坎	地水師	山水蒙
辛亥	離	山水蒙	坎為水	壬子	坎	地火明夷	山火賁
壬子	**乾**	**山地剝**	**水[illegible]**	[illegible]	**坎**	**地火明夷**	**山火賁**
癸丑	艮	山天大畜	水[illegible]	[illegible]	震	地風升	山風蠱
甲寅	艮	山澤損	水[illegible]	[illegible]	坤	地雷復	山雷頤
乙卯	艮	艮為山	水山蹇	丙辰	坤	坤為地	山地剝
丙辰	艮	山火賁	水火既濟	丁巳	坎	地水師	山水蒙
丁巳	離	山水蒙	坎為水	戊午	坎	地火明夷	山火賁
戊午	乾	山地剝	水地比	己未	兌	地山謙	艮為山
己未	巽	山雷頤	水雷屯	庚申	坤	地澤臨	山澤損
庚申	巽	山風蠱	水風井	辛酉	坤	地天泰	山天大畜
辛酉	艮	山火賁	水火既濟	壬戌	坤	坤為地	山地剝
壬戌	艮	山天大畜	水天需	癸亥	震	地風升	山風蠱
癸亥	艮	山澤損	水澤節	甲子	坤	地雷復	山雷頤

例頁

男女合婚便覽

	鼠肖	牛肖	虎肖	兔肖	龍肖	蛇肖
◎	六合肖牛 三合肖龍猴	六合肖鼠 三合肖蛇雞	六合肖猪 三合肖馬狗	六合肖狗 三合肖羊猪	六合肖雞 三合肖鼠猴	六合肖猴 三合肖牛雞
○	肖鼠虎蛇狗猪	肖牛虎兔猴猪	肖鼠牛虎兔龍羊雞	肖牛虎兔蛇猴	肖虎蛇馬羊猪	肖鼠兔龍蛇馬羊狗
●	冲馬 破雞 刑兔 害羊	冲羊 破龍 刑狗 害馬	冲猴 破猪 刑蛇 害蛇	冲雞 破馬 刑鼠 害龍	冲狗 破牛 刑龍 害兔	冲猪 破猴 刑虎 害虎
◎	琴瑟和鳴富貴良緣	鸞鳳和鳴吉慶良緣	百年好合富貴良緣	天作之合圓滿良緣	赤繩繫足福壽良緣	琴鳴瑟應吉慶良緣
○	平穩可配	平穩可配	平穩可配	平穩可配	平穩可配	平穩可配
●	衝突爭鬥尅親不安	衝突變緣澀滯災殃	衝突冷酷無情是非	衝突不合憂苦惡怒	衝突歧見破緣是非	衝突無緣薄義廢疾

	馬肖	羊肖	猴肖	雞肖	狗肖	猪肖
◎	六合肖羊 三合肖虎狗	六合肖馬 三合肖兔猪	六合肖蛇 三合肖鼠龍	六合肖龍 三合肖牛蛇	六合肖兔 三合肖馬虎	六合肖虎 三合肖兔羊
○	肖龍蛇猴雞猪	肖虎龍蛇羊猴雞	肖牛兔馬羊猴雞狗	肖虎馬羊猴猪	肖鼠蛇猴狗猪	肖鼠牛龍馬雞狗
●	冲鼠 破兔 刑馬 害牛	冲牛 破狗 刑狗 害鼠	冲虎 破蛇 刑蛇 害猪	冲兔 破鼠 刑雞 害狗	冲龍 破羊 刑牛 害雞	冲蛇 破虎 刑猪 害猴
◎	琴瑟和鳴富貴良緣	鸞鳳和鳴圓滿良緣	百年好合福壽良緣	天作之合吉慶良緣	赤繩繫足富貴良緣	琴鳴瑟應圓滿良緣
○	平穩可配	平穩可配	平穩可配	平穩可配	平穩可配	平穩可配
●	衝突不定歧見怒氣	衝突惡緣破家尅親	衝突壞緣無義尅親	衝突不睦爭鬥廢疾	衝突破緣廢疾災殃	衝突不和輕視損親

以上如◎雙圈者為**上婚**如○單圈者為**中婚**如●黑圈者為**下婚**凡男女配婚大凡如此然究其大理必以男女八字合參方有準確◉如配**冲破刑害**者必須以娶嫁日期宜取三奇帝后全備三合六合祿貴解化斟酌審而配用之

生肖
〔子、丑、寅、卯、辰、巳〕

六合為喜
〔子丑合、寅亥合〕

三合為喜
〔申子辰、巳酉丑〕

沖、破、刑、亥
〔子午沖、子酉破〕
〔子卯刑、子未害〕

生肖
〔午、未、申、酉、戌、亥〕

〔訂婚六禮及婚前作業之摘取〕

結婚納采。……今人逕稱〔**訂婚**〕。

●昔稱〔**結婚**〕或〔**結婚姻**〕，實指兩家結秦晉之好，
今日所稱〔**結婚**〕及昔所稱之〔**嫁娶**〕。

●納采，即今日訂婚儀式中之〔**納聘**〕。

●通書記載〔**結婚納采**〕：

宜〔**二德**〕，並合〔**三合、五合、六合、玉堂、續世、益後**〕、〔**執、成、危、開**〕日吉。

忌女命〔**相沖、正三殺、人民離、檳榔殺**〕；

若遇過山，忌〔**隔山殺**〕。

《憲書》忌〔**破、平、收、閉**〕、〔**劫殺、災殺、月殺**〕、〔**刑、害、厭**〕、〔**大時、天吏、四廢、四忌、四窮、五墓、離、八專**〕；俗忌〔**月破、受死、四離、四絕、正四廢、真滅沒**〕**大凶**。

《憲書》檳榔殺亦用，然俗有制檳榔殺法，
宜用新罐一個，納采時，盒擔往門外；
當天掀開取檳榔七口入於罐內，
用紙封密送於長流之水則制矣！

〔旁註：六禮擇日若恰逢檳榔殺，通書記載有化解法〕

結婚納采

宜二德并合三合五合六合玉堂續世益后執成危開日吉●忌女命相冲正三殺人民離檳榔殺若遇過山忌隔山殺憲書忌破平收閉劫殺災煞月殺刑害厭大時天吏四廢四忌四窮五墓

離八專俗忌月破受死四離四絕正四廢真滅沒大凶華成書局印行○憲書檳榔殺亦用然俗有制檳榔殺法宜用新礩一個納采時盒擔往於門外當天掀開取檳榔七口入於礩內用紙封密送於長流之水則制矣

檳榔殺月

正五七月忌子午卯酉女○二四八月忌寅申巳亥女三六九月忌辰戌丑未女○忌同人鬲凶餘則合吉用

檳榔殺日

己巳庚辰辛卯壬寅癸丑○此五日 俗忌憲書不忌戊辰己卯庚寅辛丑壬子○此五日 合命祿貴吉用

裁衣宜忌

宜吉宿滿成開旺日復重日○忌月破受死正四廢長短星火星○十五凶宿謬忌不足訝

正檳榔殺日

申子辰女忌卯辰巳未日○巳酉丑女忌子丑寅辰日寅午戌女忌酉戌亥丑日○亥卯未女忌午未申戌日

盤隔山殺日

申子辰女忌寅申巳亥日○巳酉丑女忌寅午戌酉日寅午戌女忌巳酉丑日○亥卯未女忌申戌亥卯日

合帳宜忌

宜水閉女壁宿四季土王用事日併卯辰時俱吉○忌火開日併忌火星受死月破則凶

裁衣吉宿

○角 安穩
亢 得食
房 益衣
斗 美味
牛 進喜
虛 得粮
壁 獲寶
奎 得財
婁 增壽
鬼 吉祥
張 逢歡
翼 得財
軫 長久

尚有十五宿謂忌用裁衣未免惑人疑深

安床宜忌

安床之法男女並重男重官星女重食神本命旺氣祿馬貴人堆拱得胎養生旺日夫星食神通根生旺有氣乃能旺夫益子又要日子健旺無冲陽氣陰胎吉○忌安白虎天狗喪門方主有疾

病墮胎患○宜天月德併合天喜續世益后生氣三合五合六合金匱青龍黃道成開危日●又忌臥尸申日滅沒正四廢受死四離四絕火星月破滅子胎併與嫁日相冲大凶朱雀乾宮宜用鳳凰符制埋兒時亦大凶

造床凶宿

仙人留下一張床心昴箕婁奎尾參危宿造床若犯此十個孩兒九個亡

臥尸日

今法活例：正子二酉三未四申五巳六辰七卯八寅九丑十午十一戌十二亥

古法死例：正酉二申三未四午五巳六辰七卯八寅九丑十子十一亥十二戌

檳榔殺月。……

●通書記載〔**檳榔殺月**〕：

正五七月忌子午卯酉女，二四八月忌寅申巳亥女；

三六九月忌辰戌丑未女，忌同人羼凶餘則合用吉。

●訂婚六禮擇日，依女命生肖而定不宜之月份。

檳榔殺日。……

●通書記載〔**檳榔殺日**〕：

己巳、庚辰、辛卯、壬寅、癸丑，

此五日俗忌憲書不忌；

己巳、庚辰、辛卯、壬寅、辛丑、壬子，

此五日合命祿貴吉用。

●訂婚六禮擇日，不宜選取此五日；

但若日辰吉神多，但用無妨。

正檳榔殺日。……

●通書記載〔**正檳榔殺日**〕：

申子辰女，忌卯辰巳未日；巳酉丑女，忌子丑寅辰日。

寅午戌女，忌酉戌亥丑日；亥卯未女，忌午未申戌日。

●訂婚六禮擇日，依女命生肖而論不宜之日辰。

盤隔山殺日。……

●通書記載〔**盤隔山殺日**〕：

申子辰女，忌寅申巳亥日；巳酉丑女，忌寅午戌酉日。

寅午戌女，忌巳酉丑日；亥卯未女，忌申戌亥卯日。

●婚姻嫁娶，若路途遙遠、必須翻山越嶺，

則宜避〔**盤隔山殺日**〕。

【劉賁按】

◎〔檳榔殺月〕、〔檳榔殺日〕以及〔盤隔山殺日〕，

事實上只是地域性之民俗諱忌；且註記吉神多亦用，

又有化解之法；若非女方恰是該習俗關注之區，

實不必太過在意。

裁衣宜忌、裁衣吉宿。……

●昔時雙方婚姻已訂，嫁娘準備嫁衣。

●通書記載〔**裁衣宜忌**〕：

宜吉宿〔滿、成、開、旺〕日、〔復、重〕日；

忌〔月破、受死、正四廢、長短星、火星〕。

十五凶宿謬忌，不足訝！

●通書記載〔**裁衣吉宿**〕：

角安穩、**亢**得食、**房**益衣、**斗**美味、**牛**進喜、

虛得糧、**壁**獲寶、**奎**得財、**婁**增壽、**鬼**吉祥、

張逢歡、**翼**得財、**軫**長久。

尚有十五宿謂忌用裁衣，未免惑人疑深。

合帳宜忌。……

●昔時雙方婚姻已訂，嫁娘準備床帳。

●通書記載〔**合帳宜忌**〕：

宜〔水、閉、女、璧〕宿、四季土王用事日，

併卯辰時俱吉；

忌〔火、開〕日，併忌〔火星、受死、月破〕則凶。

安床宜忌、造床凶宿。……

●昔時雙方婚姻已訂，男方準備新房新床新縟。

●通書記載〔**安床宜忌**〕：

安床之法，男女並重，男重**官星**、女重**食神**。

本命**旺氣祿馬貴人**堆拱、得**胎養生旺**日，

夫星**食神**通根生旺有氣，乃能旺夫益子，

又要日子健旺無沖、**陽氣陰胎**吉。

忌安**白虎、天狗、喪門**方，主有疾病墮胎患。

宜**天月德**併合**天喜、續世、益後、生氣、三合、五合、六合、金匱、青龍、黃道、〔成、開、危〕**日。

又忌**臥屍申日、滅沒、正四廢、受死、四離、四絕、火星、月破、滅子胎**，併與嫁日相沖大凶。

朱雀乾宮，宜用鳳凰符制；埋兒時亦大凶。

其下附錄〔**臥屍日**〕：

古法死例，正**子**、二**酉**、三**未**、四**申**、五**巳**、六**辰**、七**卯**、八**寅**、九**丑**、十**午**、十一**戌**、十二**亥**。

今法活例，正**酉**、二**申**、三**未**、四**午**、五**巳**、六**辰**、七**卯**、八**寅**、九**丑**、十**午**、十一**亥**、十二**戌**。

●通書記載〔**安床凶宿**〕：先人留下一張床，
〔**心、昴、箕、婁、奎、尾、參、危**〕宿，
造床若犯此，十個孩兒九個亡。

●安床之事，若遇女方已有身孕，仍宜注意〔**胎神占方**〕，安床之日不宜〔**胎神占床**〕、應加趨避。

◎通書後頁以紅字附加**當年**的〔**訂盟納采選便吉課**〕，以及當年〔**坐向安床吉課**〕。
用事者不必自行而推算直接取用。

六甲胎神月日關占方位定局

正月房床	甲子日	占門碓外東南	丙子日	廚灶碓外西南	戊子日	房床碓外正北	庚子日	占碓磨房內南	壬子日	倉庫碓外東北
二月戶窓	乙丑日	碓磨廁外東南	丁丑日	倉庫廁外正西	己丑日	占門廁外正北	辛丑日	廚灶廁房內南	癸丑日	房床廁外東北
三月門堂	丙寅日	廚灶爐外正南	戊寅日	房床爐外正西	庚寅日	碓磨爐外正北	壬寅日	倉庫爐房內南	甲寅日	占門爐外東北
四月廚灶	丁卯日	門倉庫外正南	己卯日	占大門外正西	辛卯日	廚灶門外正北	癸卯日	房床門房內南	乙卯日	碓磨門外正東
五月身床	戊辰日	房床廁外正南	庚辰日	碓磨栖外正西	壬辰日	倉庫栖外正北	甲辰日	門雞栖房內東	丙辰日	廚灶栖外正東
六月床倉	己巳日	占門床外正南	辛巳日	廚灶床外正西	癸巳日	占房床房內北	乙巳日	碓磨床房內東	丁巳日	倉庫床外正東
七月碓磨	庚午日	占碓磨外正南	壬午日	倉庫碓外西北	甲午日	占門碓房內北	丙午日	廚灶碓房內東	戊午日	房床碓外正東
八月廁戶	辛未日	廚灶廁外西南	癸未日	房床廁外西北	乙未日	碓磨廁房內北	丁未日	倉庫廁房內東	己未日	占門廁外正東
九月門房	壬申日	倉庫爐外西南	甲申日	占門爐外西北	丙申日	廚灶爐房內北	戊申日	房床爐房內東	庚申日	碓磨爐外東南
十月房床	癸酉日	房床門外西南	乙酉日	碓磨門外西北	丁酉日	倉庫門房內北	己酉日	占大門外東北	辛酉日	廚灶門外東南
十一月爐灶	甲戌日	門雞栖外西南	丙戌日	廚灶栖外西北	戊戌日	房床栖房內南	庚戌日	碓磨栖外東北	壬戌日	倉庫栖外東南
十二月房床	乙亥日	碓磨床外西南	丁亥日	倉庫床外西北	己亥日	占門床房內南	辛亥日	廚灶床外東北	癸亥日	占房床外東南

訂盟納采選便吉課

三	三	三	閏	閏	閏	閏	閏	閏	二	二	二	二	二	二	二	二	二	二	正	正	正	正	正
月	月	月	月	月	月	月	月	月	月	月	月	月	月	月	月	月	月	月	月	月	月	月	月
十	初	初	廿	十	十	初	初	初	三	廿	廿	十	十	十	十	初	初	初	廿	廿	十	十	初
八	十	七	二	九	一	九	五	三	十	六	三	九	八	七	五	十	八	七	八	一	八	五	八
乙	丁	甲	庚	丁	己	丁	癸	辛	戊	甲	辛	丁	丙	乙	癸	戊	丙	乙	丁	庚	丁	甲	丁
丑	巳	寅	子	酉	丑	亥	未	巳	寅	戌	未	卯	寅	丑	亥	午	辰	卯	未	子	酉	午	亥
日	六	三	三	日	六	四	日	五	二	五	二	五	四	三	一	三	一	日	六	六	三	日	日
星	星	天	天	星	星	月	星	天	歲	月	三	天	顯	天	歲	歲	月	星	星	星	天	星	星
期	期	貴	喜	期	期	恩	期	恩	德	德	合	月	星	貴	德	德	德	期	期	期	德	期	期
日	六	日	日	日	六	日	日	日	日	日	日	恩	日	日	合	日	日	日	六	六	日	日	日

五	五	五	五	五	五	五	五	四	四	四	四	四	四	四	四	四	四	四	三	三	三	三	三
月	月	月	月	月	月	月	月	月	月	月	月	月	月	月	月	月	月	月	月	月	月	月	月
廿	二	十	十	初	初	初	初	廿	廿	廿	二	十	十	十	十	初	初	初	廿	廿	廿	二	十
一	十	六	三	十	八	四	一	九	三	二	十	九	八	三	二	十	九	一	六	四	三	十	九
丁	丙	壬	己	丙	甲	庚	丁	乙	己	戊	丙	乙	甲	己	戊	丙	乙	丁	癸	辛	庚	丁	丙
卯	寅	戌	未	辰	寅	戌	未	巳	亥	戌	申	未	午	丑	子	戌	酉	丑	酉	未	午	卯	寅
六	五	一	五	二	日	三	日	五	六	五	三	二	一	三	二	日	六	五	一	六	五	二	一
星	月	三	六	月	星	天	星	天	星	歲	月	六	天	月	歲	星	星	天	歲	星	月	天	天
期	德	合	合	德	期	恩	期	福	期	德	德	合	赦	月	德	期	期	貴	德	期	德	貴	德
六	日	日	日	日	日	日	日	日	六	[illegible]	日	[illegible]	日	[illegible]	日	日	六	日	合	六	日	日	合

九	九	九	八	八	八	八	八	八	八	八	[illegible]	[illegible]	[illegible]	[illegible]	六	六	六	六	六	六	六	五	五
月	月	月	月	月	月	月	月	月	月	月	月	月	[illegible]	[illegible]	月	月	月	月	月	月	月	月	月
十	十	初	三	廿	廿	廿	十	十	十	十	初	初	初	廿	廿	廿	廿	十	初	初	初	廿	廿
九	三	一	十	八	四	三	八	七	四	一	[illegible]	[illegible]	[illegible]	[illegible]	八	七	二	七	八	五	二	九	五
甲	戊	丙	乙	癸	己	戊	癸	壬	己	丙	辛	[illegible]	丙	乙	甲	癸	戊	癸	甲	辛	戊	乙	辛
子	午	午	巳	卯	亥	戌	巳	辰	丑	[illegible]	[illegible]	[illegible]	[illegible]	[illegible]	辰	卯	戌	巳	申	巳	寅	亥	未
四	五	日	六	四	日	六	一	日	四	[illegible]	[illegible]	[illegible]	[illegible]	[illegible]	一	日	二	四	二	六	三	日	三
天	歲	星	星	歲	星	星	歲	星	三	[illegible]	[illegible]	星	星	[illegible]	天	星	歲	歲	天	星	歲	星	月
恩	德	期	期	德	期	期	德	期	合	期	貴	期	期	合	喜	期	德	德	月	期	德	期	恩
日	日	日	六	合	日	六	合	日	日	日	日	日	六	日	日	日	日	合	德	六	日	日	日

十二	十二	十二	十二	十二	十一	十一	十一	十一	十一	十一	十一	十	十	十	十	十	十	十	十	九	九	九	九
月	月	月	月	月	月	月	月	月	月	月	月	月	月	月	月	月	月	月	月	月	月	月	月
廿	二	十	初	初	廿	廿	十	十	十	初	初	三	廿	二	十	十	十	初	初	廿	廿	廿	廿
七	十	一	八	五	六	一	八	六	二	十	一	十	一	十	八	四	一	九	四	九	六	五	二
庚	癸	甲	辛	戊	庚	乙	壬	庚	丙	甲	乙	甲	乙	甲	壬	戊	乙	癸	戊	甲	辛	庚	丁
子	巳	申	巳	寅	午	丑	戌	申	辰	寅	巳	辰	未	午	辰	子	酉	未	寅	戌	未	午	卯
二	二	日	四	一	日	二	六	四	日	五	三	二	日	六	四	日	四	二	四	日	四	三	日
天	歲	星	天	歲	星	天	星	三	星	月	益	月	星	星	天	星	天	歲	歲	星	天	天	星
福	德	期	月	德	期	恩	期	合	期	恩	後	恩	期	期	貴	期	德	德	德	期	喜	德	期
日	合	日	恩	日	日	日	六	日	日	日	日	日	日	六	日	日	日	合	日	日	日	合	日

例頁

坐北向南安床吉課格	坐東向西
◎二月令乙卯管局 二月十五癸亥一卯辰未節後 二月十七乙丑三子丑卯巳申 二月廿一己巳日丑卯未申酉 二月廿七乙亥六子丑卯辰未 二月廿八丙子日子丑巳申酉 閏月初九丁亥四丑辰未酉亥 閏月十一己丑六子卯辰巳申 閏月十五癸巳三子丑辰節前 **◎三月令丙辰管局** 閏月十五癸巳三巳未申節後 閏月十九丁酉日子丑辰未酉 閏月廿五癸卯六子卯辰巳未 三月初五壬子一子丑卯辰酉 三月初八乙卯四子丑卯巳未 **◎四月令丁巳管局**	**◎正月令甲寅管局** 正月十五甲午日寅卯未申戌 正月十六乙未一子寅卯午申 正月二十己亥五寅卯午未申 正月廿七丙午五寅卯午未申 正月廿八丁未六寅卯午申戌 二月初三辛亥三寅辰午未申 二月初八丙辰一子寅午未申
三月廿四辛未六子卯巳申酉 四月初四庚辰一子丑卯巳申 四月初九乙酉六子丑辰未酉 四月十二戊子二子丑卯辰巳 四月十三己丑三子卯辰巳申 四月十五辛卯五子丑卯辰未 **◎六月令己未管局** 五月廿一丁卯六丑卯巳未亥 五月廿五辛未三子卯巳申酉 六月初三己卯四子卯未[illegible] 六月初九乙酉三子丑辰[illegible] 六月十一丁亥五丑辰未[illegible] 六月十七癸巳四子丑卯[illegible] **◎七月令庚申管局** 六月廿九乙巳二子丑卯巳未 七月初二丁未四卯巳未申酉	閏月十二庚寅日子卯辰午未 **◎三月令丙辰管局** 閏月十六甲午四寅卯未申戌 閏月廿四壬寅五子卯辰未亥 閏月廿五癸卯六子寅卯辰未 閏月廿八丙午二寅卯午未申 三月初五壬子一子卯辰未申 三月初八乙卯四子卯午未戌
七月初七壬子二子丑卯辰酉 七月十一丙辰六子巳申酉亥 七月十六辛酉四子巳未申酉 七月十九甲子日子丑卯未酉 **◎八月令辛酉管局** 七月三十乙亥四子丑卯辰未 八月初二丁丑六子卯巳申酉 八月初五庚辰二子丑卯巳申 八月初六辛巳三丑辰巳未酉 [illegible]月十四[illegible]辰巳申 [illegible]月十[illegible]申酉亥 **◎[illegible]月令[illegible]** [illegible]月廿[illegible]巳申酉 [illegible]月廿八[illegible]巳未酉 十月初五己卯五子卯未申亥 十月初六庚辰六子丑卯巳申	五月十三己未五子寅卯午申 五月二十丙寅五子卯午未時 **◎六月令己未管局** 五月廿一丁卯六子卯午未亥 五月廿五辛未三子寅卯午申 六月初三己卯四子寅卯午未 六月十一丁亥五寅辰午未亥 **◎七月令庚申管局**
十月十一乙酉四子丑辰未酉 十月十七辛卯三子丑卯辰未 十月廿三丁酉二子丑辰未酉 **◎十一月令甲子管局** 十月三十甲辰二子丑卯申酉 十一月初一乙巳三子丑卯巳未 十一月初三丁未五卯巳未申酉 十一月十二丙辰日子巳申酉亥 十一月十五己未三子卯巳未申 十一月廿一乙丑二子丑卯巳申 十一月廿四戊辰五子卯辰巳酉 **◎十二月令乙丑管局** 十一月廿五己巳六卯未申酉時 十二月初三丙子六子丑巳申酉 十二月十八辛卯日子丑卯辰未 十二月二十癸巳二子丑卯辰巳	九月十七壬戌二寅卯午未申 九月十八癸亥三子寅卯辰未 **◎十月令癸亥管局** 九月廿六辛未四子寅卯午申 十月初四戊寅四子寅辰午未 十月初五己卯五子寅卯午未 十月初六庚辰六子卯午申亥 十月十二丙戌五子寅卯午申

例頁

〔嫁娶親迎之摘取〕

嫁娶親迎。……今人遝稱〔**結婚**〕。

●通書記載〔**嫁娶親迎**〕：

嫁娶之法，先將女命定〔**利月**〕期，次配男命；

要二命生旺、祿馬貴人包拱，〔**夫星、天嗣**〕明現有氣，

及〔**陽氣、陰胎、日時**〕勿沖犯；

至於**陽氣陰胎**有自沖剋，乃合婚不宜。

選擇之法，宜用〔**三合、六合**〕弔化、**拱祿拱貴**解移。

日宜〔**歲、天、月**〕德，併合〔**天赦、天願、天喜、**

三合、五合、六合、不將、季分、益後、續世〕，

此嫁娶吉神首要也。

忌〔**月破、受死、二往亡、四離絕、亥日、橫天、**

歸忌〕，又有〔**月厭、厭對、陽將、陰將、**

死別、離別、殺翁、殺姑〕，隨時制化則用。

至於〔**正四廢、真滅沒**〕大凶，

〔**披麻、瓦碎、荒蕪、翹退日退時**〕

俱屬不經之論，不必疵訐！

又有〔**閉日、平日、收日、月刑、月殺、月害、**

大時、天吏、四忌四窮、五墓、八專〕。

古例如此註忌，依今之世，從俗取用，勿庸泥執過疵。

嫁娶親迎 先將女命定利月期，次配男命：要二命生旺、祿馬貴人包拱，夫星天嗣明現有氣，及陽氣陰胎日時勿相沖犯。至於〔陽氣陰胎有自沖剋〕，乃合婚不宜選擇之法，宜用〔三合六合〕弔化〕、〔拱祿拱貴〕解移。

○日宜〔歲天月德〕，併合〔天赦、天願、天喜、三合、五合、六合、不將、季分、益後、續世〕，此嫁娶吉神首要也。

●忌〔月破、受死、二往亡、四離絕、亥日、橫天、歸忌〕，又有〔月厭、厭對、陽將、陰將、死別、離別、殺翁殺姑〕，隨時制化則用。至於〔正四廢、真滅沒〕，大凶！

〔披麻、瓦碎、荒蕪、翹退日退時〕俱屬不經之論，不必疵訐！

嫁娶親迎

嫁娶之法先將女命定利月期次配男命要二命生旺祿馬貴人包拱夫星天嗣明現有氣及陽氣陰胎日時勿相沖犯至於陽氣陰胎有自沖尅乃合婚不宜選擇之法宜用三合六合弔化拱祿拱貴解移○日宜歲天月德併合天赦天願天喜三合五合六合不將季分益后續世此嫁娶吉神首要也●忌月破受死二往亡四離絕亥日橫天歸忌又有月厭厭對陽將陰將死別離別殺翁殺姑隨時制化則用至於正四廢真滅沒大凶披麻瓦碎荒蕪翹退日退時俱屬不經之論不必疵訐又有閉日平日收日月刑月殺月害大時天吏四忌四窮五墓八專古例如此註忌依今之世從俗取用毋庸泥執過疵

招贅填房

與養子繼宗少異與親迎納婿頗殊即男命大利女命合吉勿沖陽氣陰胎以食神為大官以天官為天嗣雖與新婚嫁娶大同小異總勿犯沖煞為佳周堂清吉其餘諸凶神煞隨時變度趨避

婚嫁日課。……婚嫁當日年月日時。

●〔**嫁娶日課**〕通常必須註明：

男命之〔**陽氣、妻星、天官**〕。

〔旁註：**妻星、天官**，乃以**男命天干**演繹；

嫁娶女命為主，通常不論**男命箭刃**。

通書上有**男命天干**列表，包括**箭刃**〕

女命之〔**陰胎、夫星、天嗣、胎元、命宮、男女宮、夫妻宮、箭刃**〕。

〔旁註：**夫星、天嗣、箭刃**，乃以**女命天干**演繹；

通書上有**女命天干**列表〕

○女命天干	箭刃忌全（三合貴化）	真夫星從五	真天嗣虎遁	正冲夫星大忌	正冲天嗣大忌	滅子胎（三德三奇貴人可解）	流霞日無刃不忌	紅艷時（夫星印綬）化	冲生三合包拱化	夫星 死（三字）	夫星 墓（全局）	夫星 絕（方忌）	天嗣 死（三字）	天嗣 墓（全局）	天嗣 絕（方忌）
甲	卯酉	辛未	丙寅	丁丑	壬申	辰	酉	午	巳	巳	辰	卯	酉	戌	亥
乙	辰戌	庚辰	丁亥	丙戌	癸巳	巳	戌	申	子	子	丑	寅	寅	丑	子
丙	午子	癸巳	戊戌	己亥	甲辰	未	未	寅	申	申	未	午	酉	戌	亥
丁	未丑	壬寅	己酉	戊申	乙卯	申	申	未	卯	卯	辰	巳	寅	丑	子
戊	午子	乙卯	庚申	辛酉	丙寅	未	巳	辰	申	亥	戌	酉	子	丑	寅
己	未丑	甲戌	辛未	庚辰	丁丑	申	午	辰	卯	午	未	申	巳	辰	卯
庚	酉卯	丁亥	壬午	癸巳	戊子	戌	辰	戌	亥	寅	丑	子	卯	辰	巳
辛	戌辰	丙申	癸巳	壬寅	己亥	亥	卯	酉	午	酉	戌	亥	申	未	午
壬	子午	己酉	甲辰	乙卯	庚戌	丑	亥	子	寅	寅	丑	子	午	未	申
癸	丑未	戊午	乙卯	甲子	辛酉	寅	寅	申	酉	酉	戌	亥	亥	戌	酉

○女命支利月	大利月	小利月	妨翁姑（有三德解化無亦可用）	妨父母	妨夫主（協紀經闢削從俗深忌）	妨女身
子午	六十二	正七	二八	三九	四十	五十一
丑未	五十一	四十	三九	二八	正七	六十二
寅申	二八	三九	四十	五十一	六十二	正七
卯酉	正七	六十二	五十一	四十	三九	二八
辰戌	四十	五十一	六十二	正七	二八	三九
巳亥	三九	二八	正七	六十二	五十一	四十

○男命天干	箭刃忌全三合	真妻星從貴五化	真天官虎遁	正沖妻星大忌	正沖天官大忌
甲	卯酉	己巳	辛未	乙亥	丁丑
乙	辰戌	戊寅	庚辰	甲申	丙戌
丙	午子	辛卯	癸巳	丁酉	己亥
丁	未丑	庚戌	壬寅	丙辰	戊申
戊	午子	癸亥	乙卯	己巳	辛酉
己	未丑	壬申	甲戌	戊寅	庚辰
庚	酉卯	乙酉	丁亥	辛卯	癸巳
辛	戌辰	甲午	丙申	庚子	壬寅
壬	子午	丁未	己酉	癸丑	乙卯
癸	丑未	丙辰	戊午	壬戌	甲子

女命	子	丑	寅	卯	辰	巳	午	未	申	酉	戌	亥
大利月	丑、未	子、午	卯、酉	寅、申	巳、亥	辰、戌	丑、未	子、午	卯、酉	寅、申	巳、亥	辰、戌
小利月	寅、申	巳、亥	辰、戌	丑、未	子、午	丑、未	寅、申	巳、亥	辰、戌	丑、未	子、午	丑、未
妨翁姑	卯、酉	辰、戌	巳、亥	子、午	丑、未	寅、申	卯、酉	辰、戌	巳、亥	子、午	丑、未	寅、申
妨父母	辰、戌	卯、酉	子、午	巳、亥	寅、申	丑、未	辰、戌	卯、酉	子、午	巳、亥	寅、申	丑、未
妨夫主（妨夫月）	巳、亥	寅、申	丑、未	辰、戌	卯、酉	子、午	巳、亥	寅、申	丑、未	辰、戌	卯、酉	子、午
妨女身（妨婦月）	子、午	丑、未	寅、申	卯、酉	辰、戌	巳、亥	子、午	丑、未	寅、申	卯、酉	辰、戌	巳、亥

女命利月。……

●婚嫁宜選用女年命之吉利月份、避開不吉。

此項敘述已遭**《選擇求真》**闢謬刪除，通書仍載。

婚嫁日課所忌女命凶煞。……

○女命支吉凶	男厄年宜二德三奇	女產年貴人解化	絕房殺月合利有氣則吉	埋兒時忌進房	胎元日忌同食	冲胎日神干凶	冲母腹日大忌	天喜可解厄產
子	未	卯	丑	丑	午	子	午	酉
丑	申	寅	卯	卯	卯	酉	未	申
寅	酉	丑	申	申	子	午	申	未
卯	戌	子	丑	丑	酉	卯	酉	午
辰	亥	亥	卯	卯	午	子	戌	巳
巳	子	戌	申	申	卯	酉	亥	辰
午	丑	酉	丑	丑	子	午	子	卯
未	寅	申	卯	卯	酉	卯	丑	寅
申	卯	未	申	申	午	子	寅	丑
酉	辰	午	丑	丑	卯	酉	卯	子
戌	巳	巳	卯	卯	子	午	辰	亥
亥	午	辰	申	申	酉	卯	巳	戌

嫁娶太陽麒麟星到宮定局 制白虎天狗

	月麟	太陽	子時	丑時	寅時	卯時	辰時	巳時	午時	未時	申時	酉時	戌時	亥時
立春	戌	子	戌	亥	子	丑	寅	卯	辰	巳	午	未	申	酉
雨水	戌	亥	亥	子	丑	寅	卯	辰	巳	午	未	申	酉	戌
驚蟄	子	亥	丑	寅	卯	辰	巳	午	未	申	酉	戌	亥	子
春分	子	戌	寅	卯	辰	巳	午	未	申	酉	戌	亥	子	丑
清明	寅	戌	辰	巳	午	未	申	酉	戌	亥	子	丑	寅	卯
穀雨	寅	酉	巳	午	未	申	酉	戌	亥	子	丑	寅	卯	辰
立夏	辰	酉	未	申	酉	戌	亥	子	丑	寅	卯	辰	巳	午
小滿	辰	申	申	酉	戌	亥	子	丑	寅	卯	辰	巳	午	未
芒種	午	申	戌	亥	子	丑	寅	卯	辰	巳	午	未	申	酉
夏至	午	未	亥	子	丑	寅	卯	辰	巳	午	未	申	酉	戌
小暑	申	未	丑	寅	卯	辰	巳	午	未	申	酉	戌	亥	子
大暑	申	午	寅	卯	辰	巳	午	未	申	酉	戌	亥	子	丑
立秋	戌	午	辰	巳	午	未	申	酉	戌	亥	子	丑	寅	卯
處暑	戌	巳	巳	午	未	申	酉	戌	亥	子	丑	寅	卯	辰
白露	子	巳	未	申	酉	戌	亥	子	丑	寅	卯	辰	巳	午
秋分	子	辰	申	酉	戌	亥	子	丑	寅	卯	辰	巳	午	未
寒露	寅	辰	戌	亥	子	丑	寅	卯	辰	巳	午	未	申	酉
霜降	寅	卯	亥	子	丑	寅	卯	辰	巳	午	未	申	酉	戌
立冬	辰	卯	丑	寅	卯	辰	巳	午	未	申	酉	戌	亥	子
小雪	辰	寅	寅	卯	辰	巳	午	未	申	酉	戌	亥	子	丑
大雪	午	寅	辰	巳	午	未	申	酉	戌	亥	子	丑	寅	卯
冬至	午	丑	巳	午	未	申	酉	戌	亥	子	丑	寅	卯	辰
小寒	申	丑	未	申	酉	戌	亥	子	丑	寅	卯	辰	巳	午
大寒	申	子	申	酉	戌	亥	子	丑	寅	卯	辰	巳	午	未

子年	丑年	寅年	卯年	辰年	巳年	午年	未年	申年	酉年	戌年	亥年
天狗白虎占	天狗白虎占	天狗白虎占	天狗白虎占	天狗白虎占	天狗白虎占	天狗白虎占	天狗白虎占	天狗白虎占	天狗白虎占	天狗白虎占	天狗白虎占
戌申	亥酉	子戌	丑亥	寅子	卯丑	辰寅	巳卯	午辰	未巳	申午	酉未
宜陽麟到	宜陽麟到	宜陽麟到	宜陽麟到	宜陽麟到	宜陽麟到	宜陽麟到	宜陽麟到	宜陽麟到	宜陽麟到	宜陽麟到	宜陽麟到
辰寅	巳卯	子辰	丑巳	寅子	卯丑	辰寅	巳卯	子辰	丑巳	寅子	卯丑
戌申	亥酉	午戌	未亥	申午	酉未	戌申	亥酉	午戌	未亥	申午	酉未
寅子	卯巳	辰寅	巳卯	午辰	未巳	子午	丑未	寅子	卯丑	子寅	丑卯
午辰	未丑	申午	酉未	戌申	亥酉	申戌	酉亥	戌申	亥酉	辰戌	巳亥
卯巳	寅辰	丑卯	子寅	亥丑	戌子	酉亥	申戌	未酉	午申	巳未	辰午
制	制	制	制	制	制	制	制	制	制	制	制

父母滅子胎

父滅子胎乃乾命冲坤命男女宮母滅子胎乃坤命自冲男女宮宜三德奇太陽合制化

白虎吞胎

以女命三合位起長生順算至胎元位忌與嫁年之白虎同則是宜太陽麟星登貴解化

○女命地支凶神	紅鸞即女產 貴人可化	天狗宜 太陽麟貴制	正三殺凶 非真貴人制化	咸池 宜夫星或正印或長生吉	驛馬 宜欄之吉或夫星正印制	殺翁日天德化	殺姑日月德解	孤辰日忌雙全	寡宿日無全用	三刑日三合貴用	破碎三合貴用	六害日吉多用	芒神日吉多用	反目 無全不忌	反目 全者三合貴化
子	卯	戌	未	酉	寅	丑	未	寅	戌	卯	巳	未	亥	卯	酉
丑	寅	亥	辰	午	亥	寅	申	寅	戌	戌	丑	午	申	辰	戌
寅	丑	子	丑	卯	申	卯	酉	巳	丑	巳	酉	巳	巳	巳	亥
卯	子	丑	戌	子	巳	辰	戌	巳	丑	子	巳	辰	寅	子	午
辰	亥	寅	未	酉	寅	巳	亥	巳	丑	辰	丑	卯	亥	丑	未
巳	戌	卯	辰	午	亥	午	子	申	辰	寅	酉	寅	申	寅	申
午	酉	辰	丑	卯	申	未	丑	申	辰	午	巳	丑	巳	卯	酉
未	申	巳	戌	子	巳	申	寅	申	辰	戌	丑	子	寅	辰	戌
申	未	午	未	酉	寅	酉	卯	亥	未	巳	酉	亥	亥	巳	亥
酉	午	未	辰	午	亥	戌	辰	亥	未	酉	巳	戌	申	子	午
戌	巳	申	丑	卯	申	亥	巳	申	未	丑	丑	酉	巳	丑	未
亥	辰	酉	戌	子	巳	子	午	寅	戌	亥	酉	申	寅	寅	申

◎通書後頁以紅字附加〔**女命吉神凶煞**〕，

並當年的日課資訊。

用事者不必自行而推算直接取用。

女卯乙

- 大利寅申月
- 吉利丑未月
- 翁姑子午月
- 父母巳亥月
- 夫星庚辰
- 天嗣丁亥
- 胎元丁酉
- 一命宮在卯
- 男女宮在亥
- 夫妻宮在酉
- 巳年天狗占卯
- 丑年天狗占亥
- 亥年天狗占酉
- 未年白虎占卯
- 卯年白虎占亥
- 丑年白虎占酉

四柱六神吉凶

○甲劫財○乙比肩●丙傷官○丁食神○戊正財
○己偏財○庚正官●辛七殺○壬正印●癸偏印

- ◑子日：犯桃花 冲紅鸞；正官正印逢一可制 紅鸞即女產吉多用
- ●丑日：犯天狗
- ○寅日：逢清吉
- ◑卯日：冲胎元 冲夫宮；丁卯真冲癸卯正冲 三合或六合吊化吉
- ◑辰日：犯殺翁；新娘進門時翁少避
- ●巳日：滅子胎
- 孤辰 寡宿 忌 巳 丑 全凶
- 夫星 死墓絕 忌 子丑寅 全
- 箭刃 忌辰戌全
- 天嗣 死墓絕 忌 寅丑子 全
- ○午日：逢清吉
- ○未日：逢清吉
- ○申日：逢清吉
- ●酉日：冲母腹
- ●戌日：犯三殺
- ●亥日：彭祖忌
- 男厄 女產 忌 戌 子 年 化制人貴
- 白虎 天狗 呑胎逢 丑 亥 年
- 反目煞忌 子 午 全
- ◑丑月絕房殺
- ●丑時埋兒殺
- ●酉時犯相冲
- ◑申時犯紅艷

女辰丙

- 大利巳亥月
- 吉利子午月
- 翁姑丑未月
- 父母寅申月
- 夫星癸巳
- 天嗣戊戌
- 胎元戊午
- 一命宮在巳
- 男女宮在丑
- 夫妻宮在亥
- 未年天狗占巳
- 卯年天狗占丑
- 丑年天狗占亥
- 酉年白虎占巳
- 巳年白虎占丑
- 卯年白虎占亥

四柱六神吉凶

●甲偏印○乙正印○丙比肩○丁劫財○戊食神
●己傷官○庚偏財○辛正財●壬七殺○癸正官

- ◑子日：冲胎元；忌戊子日真冲胎元 忌甲子日正冲胎元
- ○丑日：逢清吉
- ●寅日：犯天狗
- ○卯日：逢清吉
- ●辰日：冲天嗣 犯三刑；羅網之冲大凶勿用 此刑無貴可解不用
- ◑巳日：冲夫宮 犯殺翁；帝后救護三六合化 新娘進門時翁少避
- 孤辰 寡宿 忌 巳 丑 全凶
- 夫星 死墓絕 忌 申未午 全
- 箭刃 忌午子全
- 天嗣 死墓絕 忌 酉戌亥 全
- ◑午日：胎元日；忌戊午日真胎元凶
- ●未日：滅子胎 犯三殺
- ○申日：逢清吉
- ◑酉日：犯桃花；正官正印逢一可制 或長生亦吉
- ●戌日：冲母腹
- ●亥日：彭祖忌
- 男厄 女產 忌 亥 年 化制人貴
- 白虎 天狗 呑胎逢 戌 申 年
- 河上翁煞忌 巳酉丑 全
- 反目煞忌 丑 未 全
- ◑卯月絕房殺
- ●卯時埋兒殺
- ●戌時犯相冲
- ◑寅時犯紅艷

例頁

嫁娶凶日。……

○嫁娶凶日	月厭天德解	厭對月德用	歸忌俗忌憲不忌	往亡日（與氣往亡俱忌）	受死俗忌憲不忌	披麻吉多用	天罡約絞（同自縊凶）	河魁約絞（而憲不忌）	人鬲日同番弓凶
正	戌	辰	丑	寅	戌	子	巳	亥	酉
二	酉	卯	寅	巳	辰	酉	子	午	未
三	申	寅	子	申	亥	午	未	丑	巳
四	未	丑	丑	亥	巳	卯	寅	申	卯
五	午	子	寅	卯	子	子	酉	卯	丑
六	巳	亥	子	午	午	酉	辰	戌	亥
七	辰	戌	丑	酉	丑	午	亥	巳	酉
八	卯	酉	寅	子	未	卯	午	子	未
九	寅	申	子	辰	寅	子	丑	未	巳
十	丑	未	丑	未	申	酉	申	寅	卯
十一	子	午	寅	戌	卯	午	卯	酉	丑
十二	亥	巳	子	丑	酉	卯	戌	辰	亥

◎通書後頁以紅字附加**當年**的〔**女命嫁娶選便吉課**〕。

用事者不必自行而推算直接取用。

戊午女四六歲嫁娶選便吉課 67年次

大利六月十二月大吉允用
吉利正月七月迪吉妥用
翁姑二月八月三德解化、無德暫避
父母三月九月三德解化、無德勿送
不利月四五十十二月勿用
夫星乙卯●正冲辛酉日
天嗣庚申◑正冲丙寅日、偏冲可權用
胎元庚子●正冲丙午日、真冲庚午日
一命宮在巳●亥不行嫁
男女宮在丑●未滅子胎
夫妻宮在亥◑帝后合化
天狗占丑宮麟陽登貴化
白虎占亥宮麟陽登貴化
丑時埋兒殺忌進房安床
納采忌丑酉戌亥檳榔殺

◎壬寅年十二月令大利癸丑
正月初二辛巳一卯巳申酉對
正月初五甲申四僅卯時福生
正月十一庚寅三卯巳午酉戌
正月十二辛卯四寅卯巳亥時

◎正月令吉利月甲寅管局
正月十八丁酉三寅巳酉天德
正月廿四癸卯二巳申歲德合
◎二月令翁姑月乙卯管局
二月十九丁卯五辰午申亥時

二月廿四壬申三午申亥時吉
二月廿六甲戌五卯登貴月德
閏月初六甲申一卯巳時月德
閏月初八丙戌三卯巳戌六合
閏月十三辛卯一卯巳時厭對

厭對無姑吉有姑雖避亦不宜
◎三月令父母月丙辰管局
閏月十九丁酉日戌時**星期日**
閏月廿四壬寅五午時[illegible]
閏月廿七乙巳一卯酉[illegible]

三月初八乙卯四寅午時天貴
三月初十丁巳六酉時**星期六**
●四月令五月令不利月不取
◎[illegible]月[illegible]未管局
五月廿[illegible]辰巳午申

五月廿一丁卯六戌亥**星期六**
五月廿六壬申四巳酉時益後
五月廿七癸酉五寅申歲德合
五月廿八甲戌**六**卯巳午申酉
五月廿八甲戌六亥時**星期六**

六月初二戊寅三卯巳[illegible]
六月初三己卯四卯亥二[illegible]
六月初五辛巳六申時**星期六**
月厭無翁吉有翁雖避亦不宜
六月初八甲申二卯時天月德

六月十[illegible]巳戌天福
◎七月令吉利月庚申管局
六月廿七癸卯日寅卯**星期日**
六月廿九乙巳二卯巳酉六合
七月十二丁巳**日**卯巳申酉戌

七月廿二丁卯三卯巳午申戌
◎八月令翁姑月辛酉管局
七月廿四己巳五巳申酉戌時
七月廿七壬申一巳酉時顯星
七月廿九甲戌三卯巳午吉期

八月初六辛巳三卯巳申酉戌
八月十八癸巳一酉戌歲德合
八月廿一丙申四僅取酉時吉
◎九月令父母月壬戌管局
九月初五庚戌四寅酉時天貴

九月十二丁巳四僅取申時吉
九月廿二丁卯**日**寅卯巳午申
九月廿二丁卯日戌時**星期日**
●十月十一月令不利月不取
◎十二月令大利月乙丑管局

十一月廿八壬申二申酉戌天貴
十二月初五戊寅一辰巳戌亥時
十二月初六己卯二辰申時天恩
十二月初八辛巳四辰申戌厭對
十二月十一甲申日卯時**星期日**

十二月十三丙戌二寅卯午酉亥
十二月十八辛卯日卯巳**星期日**
十二月二十癸巳二申酉歲德合
◎甲辰年正月令吉利月丙寅
十二月三十癸卯五卯巳午戌亥

六禮擇日

〔總論〕

◎適用範圍：以下乃是關於〔**提親**〕及〔**訂婚**〕之擇日，與嫁娶婚日無關。

◎一般世俗喜取用雙數日。

一言訂婚宜取雙數日，結婚則不忌。

乾坤二造勿犯沖。……

●例如：己未男，辛酉女。擇日勿選丑日、卯日。

乾坤二造勿犯殺。……

●申子辰命之人，殺在未，忌用　未日、未時。

寅午戌命之人，殺在丑，忌用　丑日、丑時。

巳酉丑命之人，殺在辰，忌用　辰日、辰時。

亥卯未命之人，殺在戌，忌用　戌日、戌時。

例如：己未男，忌用　戌日、戌時。

　　　辛酉女，忌用　辰日、辰時。

●真三殺乃以五虎遁，遁至殺支之位。
真三殺大凶，不能制化。
若僅是地支犯殺，逢貴人制化，可權用。
但行險僥倖，仍不用為宜。

乾坤二造勿犯〔回頭貢殺〕。……

●〔**申子辰**〕全，殺未命之人。
〔**寅午戌**〕全，殺丑命之人。
〔**巳酉丑**〕全，殺辰命之人。
〔**亥卯未**〕全，殺戌命之人。

●三字全才算回頭貢殺，只有辰戌丑未四命有之。
例如：己未男，日課中忌〔**申子辰**〕全。
若要在〔**丁亥年甲辰月**〕訂婚或結婚，
日時注意勿用〔**申日子時**〕或〔**子日申時**〕。
如若選用子日，則勿用申時（下午 3~5 時）。
一般訂婚或結婚不在晚上，故不必在意申日。
若要在丁亥年，乙巳月或丙午月訂婚或結婚，
則不必在意申或子之日時。

乾坤二造勿犯刑。……

●日課本身不論相刑，而是擇日與男女命年支論刑。

●寅巳刑、子卯刑、巳申刑、丑戌刑、戌未刑、辰刑辰、酉刑酉、午刑午、亥刑亥。

●若有犯刑，只要有三合、六合，或日課內有〔**天月德、天德合、月德合、天赫、天乙貴人……**〕可解化吉。

例如：己未男，忌戌日。辛酉女忌酉日。

若犯則尋化解。

乾坤二造勿犯箭刃全。……

●犯箭刃全，就四柱中取三合、六合，或本命貴人解化。

●甲命、庚命，日課中〔**卯酉**〕全，謂之犯箭刃。

丙命、戊命、壬命，日課中〔**子午**〕全，謂之犯箭刃。

乙命、辛命，日課中〔**辰戌**〕全，謂之犯箭刃。

丁命、己命、癸命，日課中〔**丑未**〕全，謂之犯箭刃。

●例如：己未男，忌丑未全。辛酉女，忌辰戌全。

坤造勿犯傷官。……

●不宜選到傷官日，以女年命干演繹。

●例如：甲命女，傷官在〔**丁、午**〕

訂婚日課

天作之合

乾造：民國○年○月○日○時生　陽氣：○

坤造：民國○年○月○日○時生　陰胎：○

訂婚吉日：

擇用　國曆○月○日　星期○

擇用　農曆○月○日　○午○點至○點　吉

註明：

[年]	[月]	[日]	[時]
○	○	○	○
○	○	○	○

訂婚吉課　○○○○

詩曰：

〔六禮忌例之凶神〕

六禮忌例。……綜合憲書與協紀辨方書。

●〔**人民離**〕只要男命或女命之年干或日干，

與此流日干成五合，即解化。

日課之年干或月干，與此流日干成五合，即解化。

●〔**天賊日**〕宜婁金狗或天兵時或明星日，制化則吉。

●〔**四離四絕**〕，乃〔**立春、立夏、立秋、立冬、**

春分、秋分、夏至、冬至〕之各前一日，

為二氣五行分判之日，大忌六禮及嫁娶。

●〔**正四廢日、四忌四窮日**〕諸事不宜。

●〔**破日**〕即憲書所載月破日，大凶忌用。

●〔**建、平、收、滿、閉**〕，亦是六禮忌例，吉多可用。

●〔**月三殺、月刑、月害、月厭、大時、天吏**〕，

逢〔**五大貴神**〕可解。

〔旁註：五大貴神指：1. 三奇　2. 天德、月德

3. 天德合、月德合

4. 天赫　5. 天乙〕

●〔**春逢乙未、夏逢丙戌、秋遇辛丑、冬逢壬辰**〕，

乃是當旺五行坐庫，是為〔**五墓日**〕，俗忌六禮。

月支	寅	卯	辰	巳	午	未	申	酉	戌	亥	子	丑
日月蝕	日月蝕日【忌勿用】											
四離日	春分前一日			夏至前一日			秋分前一日			冬至前一日		
四絕日	立春前一日			立夏前一日			立秋前一日			立冬前一日		
正四廢	庚申、辛酉			壬子、癸亥			甲寅、乙卯			丙午、丁巳		
真滅沒日	初一，朔日，逢角木蛟 初15，望日，逢亢金龍 初16、17，盈日，逢牛金牛 初七、初八、初九，上弦日，逢虛日鼠 初22、23、24，下弦日，逢虛日鼠 初26、27、28，虛日，逢鬼金牛											
破日〔月破〕	申	酉	戌	亥	子	丑	寅	卯	辰	巳	午	未
	建除十二神煞、月沖。											
受死	戌	辰	亥	巳	子	午	丑	未	寅	申	卯	酉
	九吉三凶〔禱祀致祭〕。											
白虎	午	申	戌	子	寅	辰	午	申	戌	子	寅	辰
	黑道煞日 〔天馬吉日同位〕											
朱雀	卯	巳	未	酉	亥	丑	卯	巳	未	酉	亥	丑
	黑道煞日											
天賊日	辰	酉	寅	未	子	巳	戌	卯	申	丑	午	亥
月三殺	亥 子 丑	申 酉 戌	巳 午 未	寅 卯 辰	亥 子 丑	申 酉 戌	巳 午 未	寅 卯 辰	亥 子 丑	申 酉 戌	巳 午 未	寅 卯 辰
月刑	巳	子	辰	寅	午	丑	巳	酉	未	亥	卯	戌
月害	巳	辰	卯	寅	丑	子	亥	戌	酉	申	未	午
月厭日	戌	酉	申	未	午	巳	辰	卯	寅	丑	子	亥

月支	寅	卯	辰	巳	午	未	申	酉	戌	亥	子	丑
四忌四窮	甲子、乙亥			丙子、丁亥			庚子、辛亥			壬子、癸亥		
大時	卯	子	酉	午	卯	子	酉	午	卯	子	酉	午
天吏	酉	午	卯	子	酉	午	卯	子	酉	午	卯	子
人民離	戊申、己酉											
荒蕪	巳	酉	丑	申	子	辰	亥	卯	未	寅	午	戌
離別日	丙子	癸丑	丙寅	丙辰	丁巳	丁巳	丙子	庚辰	辛未	丙午	丙午	癸巳
人鬲日	酉	未	巳	卯	丑	亥	酉	未	巳	卯	丑	亥
死別日	戌			丑			辰			未		

月份〔農曆〕	正月	二月	三月	四月	五月	六月	七月	八月	九月	十月	11月	12月
翻弓日〔忌同人鬲〕	初一、初五、初九、十三、十七、廿一、廿五、廿九	初二、初六、初十、十四、十八、廿二、廿六、三十	初三、初七、十一、十五、十九、廿三、廿七	初四、初八、十二、十六、二十、廿四、廿八	初一、初五、初九、十三、十七、廿一、廿五、廿九	初二、初六、初十、十四、十八、廿二、廿六、三十	初三、初七、十一、十五、十九、廿三、廿七	初四、初八、十二、十六、二十、廿四、廿八	初一、初五、初九、十三、十七、廿一、廿五、廿九	初二、初六、初十、十四、十八、廿二、廿六、三十	初三、初七、十一、十五、十九、廿三、廿七	初四、初八、十二、十六、二十、廿四、廿八

六禮婚課五大貴神。……

●**三奇貴人：**婚課四柱天干見三字全。

天干見〔**甲戊庚**〕三字全，為〔**天奇**〕。

天干見〔**乙丙丁**〕三字全，為〔**地奇**〕。

天干見〔**壬癸辛**〕三字全，為〔**人奇**〕。

●**天德及月德：**

以〔**婚課月支**〕對照〔**婚課日柱**〕。

或以〔**男女命月支**〕對照〔**婚課日柱**〕求得。

●**天德合及月德合日：**與天德日或月德合相合之日。

●**天赫貴神：**

春逢〔**戊寅**〕、夏季〔**甲午**〕、

秋辰〔**戊申**〕、冬遇〔**甲子**〕。

●**天乙貴神：**

日課之年或日，對照日時求得。

日課之日干，對照生年支亦可。

嫁娶日課

嫁娶日課

天作之合

乾造：民國○年○月○日○時生

陽氣：○

坤造：民國○年○月○日○時生

陰胎：○

妻星：○ 天官：○ 胎元：○

夫星：○ 天嗣：○ 夫妻宮：○

命宮：○ 男女宮：○ 箭刃：○

天狗：○ 白虎：○

乾父：民國○年生

乾母：民國○年生

坤父：民國○年生

坤母：民國○年生

嫁娶日課

嫁娶吉日

嫁娶擇用　國曆○月○日　星期○

農曆○月初○日，○時上午○點十五分出閣，○時上午○點前進房吉，彩轎來往進房吉。

合婚禮席棹宜坐○天德方，或○月德方大吉。

出閨日正沖○，○歲、○歲，時正沖　，○歲、○歲。

進房日正沖○，○歲、○歲，時正沖　，○歲、○歲。

以及孕婦孝服人避吉。

註明：

[年]	[月]	[日]	[時]
○	○	○	○
○	○	○	○

嫁娶吉課　○○○○

詩曰：

◎**適用範圍**：以下乃是關於**結婚**及**進房**之擇日擇時，
與**訂婚**或**提親日**無關。

◎乾坤二造國曆及農曆出生年月日時。據以列出八字。

〔乾造八字演繹〕

陽氣。……男命生月起例。

●以男命生月，**天干進一位、地支進三位為陽氣**。

●例如：己未男，辛丑月，其陽氣即為**壬辰**。

〔**獨白：嫁娶日柱不剋正沖或偏沖陽氣**〕

妻星。……男命年干起例。

男命	甲	乙	丙	丁	戊	己	庚	辛	壬	癸
妻星	己巳	戊寅	辛卯	庚戌	癸亥	壬申	乙酉	甲午	丁未	丙辰

●以男年命天干用五虎遁，遁至其天干正財位，
地支看配何字即是。

●例如：己未男，其妻星為**壬申**。

天官。……男命年干起例。

男命	甲	乙	丙	丁	戊	己	庚	辛	壬	癸
天官	辛未	庚辰	癸巳	壬寅	乙卯	甲戌	丁亥	丙申	己酉	戊午

●以男年命天干用五虎遁，遁至其天干正官位，地支看配何字即是。

●例如：己未男，其天官為**甲戌**。

〔坤造八字演繹〕

陰胎。……女命生月起例。

●以女命生月，天干進一位、地支進三位為陰胎。

●例如：辛酉女，乙未月，陰胎為丙戌。

〔獨白：嫁娶日柱不剋正沖或偏沖陰胎〕

夫星。……女命年干起例。

女命	甲	乙	丙	丁	戊	己	庚	辛	壬	癸
夫星	辛未	庚辰	癸巳	壬寅	乙卯	甲戌	丁亥	丙申	己酉	戊午

●以女年命天干用五虎遁，遁至其天干正官位，
地支看配何字即是。

●例如：辛酉女，丙為其正官，用五虎遁，夫星為**丙申**。

〔獨白：婚課四柱大忌夫星死墓絕全，二字不忌。
女命大星天丁起長生，陽順陰逆〕

天嗣。……女命年干起例。

女命	甲	乙	丙	丁	戊	己	庚	辛	壬	癸
天嗣	丙寅	丁亥	戊戌	己酉	庚申	辛未	壬午	癸巳	甲辰	乙卯

●以女年命天干用五虎遁，遁至其天干食神位，

地支看配何字即是。

〔旁註：女命以食神為子息〕

●例如：辛酉女，癸為食神，用五虎遁，其天嗣為**癸巳**。

〔**獨白：婚課四柱大忌　天嗣死墓絕　全，二字不忌。**

女命天嗣天干起長生，陽順陰逆〕

胎元。……女命年支三合起例。

〔**獨白：此胎元與八字月柱起例之胎元意義不同**〕

●以女年命地支的三合首字起長生，順數至胎位，

則為胎元地支；再以該地支起始順數年干，

一輪之後數回胎元支位，取胎元天干。

●例如：辛酉女，以巳起長生，胎為**卯**。

由卯起數天干辛，數回卯位為**癸**。

故其胎元為**癸卯**。

●例如：甲子女，以申起長生，胎為**午**。

由午起數天干甲，數回午位為**丙**。

故其胎元為**丙午**。

〔**獨白：婚嫁日忌沖胎元，正偏皆忌**〕

〔**獨白：婚嫁日地支忌同胎元而天干忌同天嗣**〕

命宮。……女命年干起例。

●命宮即女年命之臨官祿位。

〔旁註：宮位取例，以女年命之天干祿位起逆算。

1命宮、2財帛、3兄弟、4田宅、

5男女、6奴僕、7夫妻宮〕

●例如：辛酉女，辛以子起長生，臨官為**酉**，

故其命宮為**酉**。

男女宮。……女命年干起例。

●以女午命之臨官祿位起逆算至第五位。

〔旁註：宮位取例，以女年命天干之祿位起逆算。

1命宮、2財帛、3兄弟、4田宅、

5男女、6奴僕、7夫妻宮〕

●例如：辛酉女，辛以子起長生，臨官為酉，

故其男女宮為**巳**。

女命	甲	乙	丙	丁	戊	己	庚	辛	壬	癸
命宮	寅	卯	巳	午	巳	午	申	酉	亥	子
財帛	丑	寅	辰	巳	辰	巳	未	申	戌	亥
兄弟	子	丑	卯	辰	卯	辰	午	未	酉	戌
田宅	亥	子	寅	卯	寅	卯	巳	午	申	酉
男女	戌	亥	丑	寅	丑	寅	辰	巳	未	申
奴僕	酉	戌	子	丑	子	丑	卯	辰	午	未
夫妻	申	酉	亥	子	亥	子	寅	卯	巳	午

夫妻宮。……女命年干起例。

〔旁註：宮位取例，以女年命之天干祿位起逆算。

1命宮、2財帛、3兄弟、4田宅、

5男女、6奴僕、**7夫妻宮**〕

●例如：辛酉女，辛以子起長生，臨官為酉，

故其夫妻宮為**卯**。

白虎。……婚嫁年支起例。

●以婚嫁年起四利三元十二太歲星，

從婚嫁年，即日課年柱，起順算至第九位。

〔旁註：四利三元十二太歲星起例，以婚嫁年支起順算。

1太歲、2太陽、3喪門、4太陰、

5官符、6死符、7歲破、8龍德、

9**白虎**、10福德、11天狗、12病符〕

●例如：婚嫁年為丁亥，由亥起數至第九位為未。

故亥年**白虎佔未宮**。

〔獨白：婚嫁年之白虎，

忌與　命宮、男女宮、夫妻宮　同字〕

婚年	子	丑	寅	卯	辰	巳	午	未	申	酉	戌	亥
白虎	申	酉	戌	亥	子	丑	寅	卯	辰	巳	午	未
天狗	戌	亥	子	丑	寅	卯	辰	巳	午	未	申	酉

天狗。……婚嫁年支起例。

●以婚嫁年起四利三元十二太歲星，

從婚嫁年，即日課年柱，起順算至第十一位。

〔旁註：四利三元十二太歲星起例，以婚嫁年支起順算。

1 太歲、2 太陽、3 喪門、4 太陰、

5 官符、6 死符、7 歲破、8 龍德、

9 白虎、10 福德、**11 天狗**、12 病符〕

●例如：婚嫁年為丁亥，由亥起數順算至第十一位為**酉**。故亥年**天狗佔酉宮**。

〔**獨白：婚嫁年之天狗，**

忌與命宮、男女宮、夫妻宮同字〕

箭刃。……

●**甲命、庚命**，日課中若**卯酉**全，謂之犯箭刃。

丙命、戊命、壬命，日課中若**子午**全，謂之犯箭刃。

乙命、辛命，日課中**辰戌**全，謂之犯箭刃。

丁命、己命、癸命，日課中**丑未**全，謂之犯箭刃。

●例如：辛酉女，忌辰戌全。

〔婚嫁年選擇〕

勿犯男厄女產。……

◎年房勿犯男厄女產

女命	子	丑	寅	卯	辰	巳	午	未	申	酉	戌	亥
男厄	未	申	酉	戌	亥	子	丑	寅	卯	辰	巳	午
女產	卯	寅	丑	子	亥	戌	酉	申	未	午	巳	辰

●結婚日取羅紋交貴為上吉解法。

〔旁註：女命年柱與婚日互為天乙貴人〕

●婚日取三奇，或天德、月德，或天德合、月德合，或天赫日，俱是能解。

●婚日取用天喜或天恩，亦是能解。

●選用貴人登天時，可解。

勿犯白虎吞胎或天狗吞胎。……

●婚年之白虎、天狗忌佔女命之命宮、男女宮、夫妻宮以及胎元，否則名為**白虎吞胎**或**天狗吞胎**。

〔旁註：婚年之**白虎與天狗**之字，

不能與女命之**命宮、男女宮、夫妻宮以及胎元**　同字〕

●婚課取三奇，可以制化。

●婚日取天德月德或天德合月德合或天赫，可以制化。

●婚時取太陽麟星到胎元本宮，或取貴人登天時制化。

●佔命宮不制亦可。

〔婚嫁月選擇〕

◎月令不可正沖或偏沖新郎之**出生年支**。

〔旁註：亦即月令不可沖新郎生肖。月內不宜嫁娶成婚〕

◎　月令不可正沖或偏沖新娘之**出生年支**。

〔旁註：亦即月令不可沖新娘生肖。月內不宜嫁娶成婚〕

◎選用女年命之利月。

〔旁註：用女命出生年支〕

〔獨白：已遭《選擇求真》闢謬刪除〕

女命	大利月	小利月	妨翁姑	妨父母	妨夫月	妨婦月
子午	丑未	寅申	卯酉	辰戌	巳亥	子午
丑未	子午	巳亥	辰戌	卯酉	寅申	丑未
寅申	卯酉	辰戌	巳亥	子午	丑未	寅申
卯酉	寅申	丑未	子午	巳亥	辰戌	卯酉
辰戌	巳亥	子午	丑未	寅申	卯酉	辰戌
巳亥	辰戌	卯酉	寅申	丑未	子午	巳亥

大利月。……吉可用。

●女命本命位，陽女順進、陰女逆行，行一位之月支為基準。與此進一位之基準同字或相沖之月份，即為大利月。

小利月。……吉可用。

●女命本命位，陽女順進、陰女逆行，行二位之月支為基準。與此進二位之基準同字或相沖之月份，即為小利月。

翁姑月。……

●女命本命位，陽女順進、陰女逆行，行三位之月份為基準。與此進三位之基準同字或相沖之月份，即為翁姑月。

●如果使用，新婦過門，須候三朝登堂拜見翁姑。

父母月。……

●女命本命位，陽女順進、陰女逆行，行四位之月支為基準。與此進四位之基準同字或相沖之月份，即為父母月。

●如果使用，女家父母勿送上彩轎則吉。

妨夫月。……不取用。

●女命本命位，陽女順進、陰女逆行，行五位之月份為基準。與此進五位之基準同字或相沖之月份，即為妨夫月。

妨婦月。……不取用。

●女命本命位，亦即與年命支同字的月份，稱為妨婦月。

絕房殺。……忌用。

●不可選**絕房殺**之月份結婚。

〔旁註：絕房殺即是月提〕

●如果該月是**大利月**或**小利月**則無妨。

●該婚月之支得婚課他支來三合、六合，得以解化。

●婚日或婚時為**天嗣**之**生、旺、祿、馬、貴人**，
則為有氣，可以解化。

●婚日得任何貴神，均可解化。

〔婚嫁日選擇之一〕

◎日課不可直接選用之日子。

沖剋刑男女八字忌選。……

●婚日不可正沖或偏沖女命及男命年支，沖則無解。

〔旁註：亦即不得沖生肖。沖則無解〕

●婚日勿正沖乾命或坤命之出生月支姻緣宮。

〔旁註：月支為姻緣宮。正沖無解、偏沖可解〕

〔旁註：偏沖解法，可取婚日課中之三奇制化；

或婚課中取被偏沖之乾命或坤命的

年干之長生、祿、帝旺以化解。

婚日取天德、月德，或天德合、月德合，或天赫日，

或天乙貴人日，或取歲德日制化。

或以三合、六合吊化吉〕

●婚日不得正沖或偏沖**陽氣**，沖則無解。

〔旁註：沖則十年內傷其長親，新郎無父母則無妨〕

●婚日不得正沖或偏沖**陰胎**，沖則無解。

〔旁註：沖則十年內傷其長親，新娘無父母則無妨〕

●婚日忌正沖女命**夫星**。婚日偏沖可用。

〔**獨白：婚時同論**〕

●婚日忌正沖男命**妻星**。婚日偏沖可用。

〔**獨白：婚時同論**〕

●婚日不得正沖或偏沖**天官**。

〔**獨白：婚時同論**〕

●婚日不得正沖或偏沖**天嗣**。沖則無解。

〔旁註：天嗣若為寅申巳亥之一者，則忌正沖，
　　　偏沖可以權用〕

〔**獨白：婚時同論**〕

●婚日勿正沖坤命之**胎元**，損子大凶無解，但偏沖可解。

〔旁註：偏沖取婚日課中之三奇制化，或婚課中取被偏沖之乾命或坤命的**年干之長生、祿、帝旺**化解。
或婚日取天德、月德，或天德合、月德合，或天赦日，
或天乙貴人日，或取歲德日制化或以三合、六合吊化〕

〔**獨白：婚日干支亦忌與胎元干支同字**〕

●婚日或婚時不得選用**三殺日或三殺時**。

申子辰年命殺在未，巳酉丑年命殺在辰。

寅午戌年命殺在丑，亥卯未年命，殺在戌。

●婚日或婚時**刑**入新郎新娘的年支。

〔旁註：子卯刑、丑戌刑、寅巳刑、巳申刑、辰自刑、
亥自刑、酉自刑、午自刑〕

可取三奇貴人、天德、月德、天德合、月德合、天赫、天乙等五種貴神或祿神或以三合、六合解化。

●婚日不可沖犯**男女宮**，否則稱為**滅子胎**。

〔旁註：乾命沖坤命之男女宮則父滅子胎。
坤命沖自身之男女宮，稱為母滅子胎〕

〔旁註：婚課取逢三奇，或婚日取天德日、月德日，
或天德合、月德合，天赫日，麒麟日或太陽日，
俱是可解。
犯滅子胎之日支逢三合或六合，亦是可解〕

●婚日勿正偏沖夫妻宮。

〔旁註：婚課取逢三奇，或婚日取天德、月德、歲德，
或天德合、月德合，天赫日、天帝日或天后日、
太陽日，俱是能解。婚日逢三合或六合能解〕

橫天朱雀。……忌選。

●每月初一。

四象八節。……忌用。

●夏至、冬至，春分、秋分，立春、立夏、立秋、立冬。大忌嫁娶。

〔旁註：二至、二分、四立，均忌嫁娶〕

●誤用則夫婦爭端四起。

四離四絕。……忌用。

●立春、立夏、立秋、立冬、春分、秋分、夏至、冬至，各前一日。為二氣五行分判之日，大忌嫁娶。

彭祖忌日。……忌用。

●亥日忌嫁娶。

正滅沒日。……忌用。

●弦日逢虛宿、晦日逢婁宿、朔日逢角宿、望日逢亢宿、虛日逢鬼宿、盈日逢牛宿。

〔旁註：每月初一簡稱朔日，每月最後一日簡稱晦日。
小月之第十五日或大月之第十六日簡稱為望日〕

〔旁註：每月十五日，月最圓，簡稱為盈日；
每月第廿八日，月將盡，簡稱為虛日〕

氣往亡日。……忌用。

●含當日數至立春第七日、驚蟄十四日。清明廿一日、
立夏第八日。芒種十六日、小暑廿四日。
立秋第九日、白露十八日。寒露廿七日、立冬第十日。
大雪二十日、小寒三十日。

月破、受死、歸忌、往亡、正四廢、建日、紅紗日。……

●所列諸日俱是大凶忌用。

〔旁註：紅紗日有論為偽殺者〕

嫁忌娶日	寅月	卯月	辰月	巳月	午月	未月	申月	酉月	戌月	亥月	子月	丑月
月破	申	酉	戌	亥	子	丑	寅	卯	辰	巳	午	未
受死	申	酉	戌	亥	子	丑	寅	卯	辰	巳	午	未
歸忌	申	酉	戌	亥	子	丑	寅	卯	辰	巳	午	未
往亡	申	酉	戌	亥	子	丑	寅	卯	辰	巳	午	未
紅紗	酉	巳	㊀丑	酉	巳	丑	酉	巳	丑	酉	巳	丑

正四廢	庚申、辛酉	壬子、癸亥	甲寅、乙卯	丙午、丁巳

周堂值夫值婦。……

●周堂值夫值婦日，當日不可嫁娶。

●周堂值日以農曆月份為準，不使用節氣。

〔**獨白：已遭《選擇求真》闢謬刪除**〕

●每月初一、初九、十七、二五。

大月周堂值夫，小月周堂值婦。

〔旁註：每月初一也是橫天凶日〕

●每月初七、十五、二三。

大月周堂值婦，小月周堂值夫。

朱雀坤宮。……凶日勿選。

●壬申、辛巳、庚寅、己亥、戊申、丁巳等六日。

若選用則恐損翁。

●婚日有**天德、月德、天德合、月德合**之一，即解化。

●用黃紙，以紅色或黑色墨汁寫奉**勅令鳳凰到此**七字，

貼於廳堂神位左方或廳堂坤方則吉。

人民離日。……從俗忌

●戊申、己酉。

●男命或女命之年干或日干，與此流日干成五合即解化。

●日課之年干或月干或時干，與此流日干成五合即解化。

月壓日。……

嫁忌娶日	寅月	卯月	辰月	巳月	午月	未月	申月	酉月	戌月	亥月	子月	丑月
月厭日	戌	酉	申	未	午	巳	辰	卯	寅	丑	子	亥
	1. 傷翁，無翁可用，或翁不參加婚禮。 2. 婚課有三奇則解。 3. 婚日為天德、月德、歲德或天赦則解。											

壓對日。……

嫁忌娶日	寅月	卯月	辰月	巳月	午月	未月	申月	酉月	戌月	亥月	子月	丑月
厭對日	辰	卯	寅	丑	子	亥	戌	酉	申	未	午	巳
	1. 傷姑，無姑可用，或姑不參加婚禮。 2. 婚課有三奇則解。 3. 婚日為天德、月德、歲德或天赦則解。											

披麻日。……

嫁忌娶日	寅月	卯月	辰月	巳月	午月	未月	申月	酉月	戌月	亥月	子月	丑月
披麻日	子	酉	午	卯	子	酉	午	卯	子	酉	午	卯
	新麻布一小塊，包以紅紙，婚日新娘持之上轎。 下轎時交人燒於爐火。 【有論為偽殺】											

天賊日。……或曰婚嫁不忌。

<table>
<tr><th>嫁忌
娶日</th><th>寅月</th><th>卯月</th><th>辰月</th><th>巳月</th><th>午月</th><th>未月</th><th>申月</th><th>酉月</th><th>戌月</th><th>亥月</th><th>子月</th><th>丑月</th></tr>
<tr><td rowspan="2">天賊日</td><td>辰</td><td>酉</td><td>寅</td><td>未</td><td>子</td><td>巳</td><td>酉</td><td>卯</td><td>申</td><td>丑</td><td>午</td><td>亥</td></tr>
<tr><td colspan="12">1. 宜妻金狗日或明星日制化
2. 天兵時則吉
3. 見丙則吉。（丙日丙時）</td></tr>
</table>

咸池日。……

<table>
<tr><th>嫁忌
娶日</th><th>寅月</th><th>卯月</th><th>辰月</th><th>巳月</th><th>午月</th><th>未月</th><th>申月</th><th>酉月</th><th>戌月</th><th>亥月</th><th>子月</th><th>丑月</th></tr>
<tr><td rowspan="2">咸池日</td><td>卯</td><td>子</td><td>酉</td><td>午</td><td>卯</td><td>子</td><td>酉</td><td>午</td><td>卯</td><td>子</td><td>酉</td><td>午</td></tr>
<tr><td colspan="12">夫星或正印制</td></tr>
</table>

天地荒蕪日。……

嫁娶忌日	寅月	卯月	辰月	巳月	午月	未月	申月	酉月	戌月	亥月	子月	丑月
天地荒蕪	巳	酉	丑	申	子	辰	亥	卯	未	寅	午	戌
	逢男或女命年支之祿元、長生、帝旺、食神 即去凶成吉											

朱雀日。……

嫁娶忌日	寅月	卯月	辰月	巳月	午月	未月	申月	酉月	戌月	亥月	子月	丑月
朱雀日	卯	巳	未	酉	亥	丑	卯	巳	未	酉	亥	丑
	用黃紙，以紅色或黑色墨汁寫 **奉勒令鳳凰到此** 貼於廳堂神位左方或廳堂坤方則吉。											

白虎日及建星白虎。……

●犯白虎日，從女命年支起順算至第九位；

婚日若恰為白虎，稱之。

1. 太歲 2. 太陽 3. 喪門 4. 太陰 5. 官符 6. 死符

7. 歲破 8.龍德 9. 白虎 10. 福德 11. 天狗 12. 病符。

嫁忌娶日	寅月	卯月	辰月	巳月	午月	未月	申月	酉月	戌月	亥月	子月	丑月
白虎日	午	申	戌	子	寅	辰	午	申	申	子	寅	辰
建星白虎	戌	亥	子	丑	寅	卯	辰	巳	午	未	申	酉
	用黃紙，以紅色或黑色墨汁寫 奉勒令麒麟到此 分貼於婚日之新娘車右前方略側邊， 以及新娘床邊制化則吉											

●太陽麟星到**沖女命之支字**同宮，或婚課得三奇

或婚課時支與日支三合，可以解化。

●婚日取天德、月德，或天德合、月德合，

或天赫日，或太陽日，可以解化。

●婚時取貴人登天時，可以解化。

●以麒麟符折成八卦形，供新娘帶在身上。

天狗日。……

●從女命年支起順算至第十一位。

1. 太歲　2. 太陽　3. 喪門　4. 太陰　5. 官符　6. 死符

7. 歲破　8.龍德　9. 白虎　10. 福德　11. 天狗　12. 病符。

嫁忌娶日	寅月	卯月	辰月	巳月	午月	未月	申月	酉月	戌月	亥月	子月	丑月
天狗日〔滿日〕	辰	巳	午	未	申	酉	戌	亥	子	丑	寅	卯
	七月戌日、十一月寅日為 正天狗，勿用。 其他的滿日天狗， 婚日得天德、月德、天德合、月德合、歲德 化吉。 太陽日、麟星日 化吉。 天喜、天恩、天貴、天解、地解、解神、鎮星 化吉 婚課三合、六合吊合化吉。											

●太陽麟星到**沖女命之支字**同宮，或婚課得三奇

或婚課時支與日支三合，可以解化。

●婚日取天德、月德，或天德合、月德合，

或天赫日，或太陽日，可以解化。

●婚時取貴人登天時，可以解化。

●以麒麟符折成八卦形，供新娘帶在身上。

〔婚嫁日選擇之二〕

◎日課不宜選用之日，但是可以解化、吉多可用。

離別日。……

嫁忌娶日	寅月	卯月	辰月	巳月	午月	未月	申月	酉月	戌月	亥月	子月	丑月
離別日	丙子	癸丑	丙寅	丙辰	丁巳	丁巳	丙子	庚辰	辛未	丙午	丙午	癸巳
	吉多用											

四忌日。……

嫁忌娶日	寅月	卯月	辰月	巳月	午月	未月	申月	酉月	戌月	亥月	子月	丑月
四忌日	甲子	乙亥	甲子	丁亥	丙子	丁亥	庚子	辛亥	庚子	癸亥	壬子	癸亥
	吉多用											

四窮日。……

嫁娶忌日	寅月	卯月	辰月	巳月	午月	未月	申月	酉月	戌月	亥月	子月	丑月
四窮日	乙亥	乙亥	乙亥	丁亥	丁亥	丁亥	辛亥	辛亥	辛亥	癸亥	癸亥	癸亥
	吉多用											

陽差日、陰錯日。……

嫁娶忌日	寅月	卯月	辰月	巳月	午月	未月	申月	酉月	戌月	亥月	子月	丑月
陽差日	庚戌	乙卯	庚申	丁未	丙午	丁巳	甲辰	乙卯	甲寅	癸亥	壬子	癸亥
	俗少忌，吉多用											

嫁娶忌日	寅月	卯月	辰月	巳月	午月	未月	申月	酉月	戌月	亥月	子月	丑月
陰錯日	甲寅	辛酉	甲辰	丁巳	丙午	丁未	庚申	辛酉	庚戌	癸亥	壬子	癸亥
	俗少忌，吉多用											

天寡日、地寡日。……

嫁娶忌日	寅月	卯月	辰月	巳月	午月	未月	申月	酉月	戌月	亥月	子月	丑月
天寡日	卯			午			酉			子		
地寡日	酉			子			卯			午		
	吉多可用											

自縊、勾絞。……

●自縊日與勾絞日，同日則凶，僅一無妨。

●婚日有三奇之一、三德之一、天乙或長生，則解

嫁娶忌日	正月	二月	三月	四月	五月	六月	七月	八月	九月	十月	11月	12月
自縊日	初七 十九	初八 二十	初九 廿一	初十 廿二	十一 廿三	十二 廿四	初一 十三 廿五	初二 十四 廿六	初三 十五 廿七	初四 十六 廿八	初五 十七 廿九	初六 十八 三十

嫁娶忌日	寅月	卯月	辰月	巳月	午月	未月	申月	酉月	戌月	亥月	子月	丑月
天罡勾絞	亥	午	丑	申	卯	辰	亥	午	丑	申	卯	戌
河魁勾絞	巳	子	未	寅	酉	戌	巳	子	未	寅	酉	辰
	陽月，平日為天罡勾絞，收日為何魁勾絞。 陰月，收日為天罡勾絞，平日為何魁勾絞。											

人鬲、翻弓。……

●人鬲日與翻弓日，同日則凶，僅一無妨。

●婚日有三奇之一、三德之一、天乙或長生，則解

嫁忌娶日	寅月	卯月	辰月	巳月	午月	未月	申月	酉月	戌月	亥月	子月	丑月
人鬲日	酉	未	巳	卯	丑	亥	酉	未	巳	卯	丑	亥

嫁忌娶日	正月	二月	三月	四月	五月	六月	七月	八月	九月	十月	11月	12月
翻弓日	初一 初五 初九 十三 十七 廿一 廿五 廿九	初二 初六 初十 十四 十八 廿二 廿六 三十	初三 初七 十一 十五 十九 廿三 廿七	初四 初八 十二 十六 二十 廿四 廿八	初一 初五 初九 十三 十七 廿一 廿五 廿九	初二 初六 初十 十四 十八 廿二 廿六 三十	初三 初七 十一 十五 十九 廿三 廿七	初四 初八 十二 十六 二十 廿四 廿八	初一 初五 初九 十三 十七 廿一 廿五 廿九	初二 初六 初十 十四 十八 廿二 廿六 三十	初三 初七 十一 十五 十九 廿三 廿七	初四 初八 十二 十六 二十 廿四 廿八

攔路虎。……

●麟符貼車後　制吉。

嫁忌娶日	正月	二月	三月	四月	五月	六月	七月	八月	九月	十月	11月	12月
攔路虎	初四 廿八	初五 廿九	初六 十八	初七 十九	初八 二十	初九 廿一	初十 廿二	十一 廿三	十二 廿四	初一 十三 廿五	初二 十四 廿六	初三 十五 廿七

◎女命年干支演繹之忌例。

女命	子	丑	寅	卯	辰	巳	午	未	申	酉	戌	亥
驛馬	寅	亥	申	巳	寅	亥	申	巳	寅	亥	申	巳
咸池	酉	午	卯	子	酉	午	卯	子	酉	午	卯	子
紅鸞	卯	寅	丑	子	亥	戌	酉	申	未	午	巳	辰

驛馬。……女命年支之驛馬。

●婚課四柱有欄或鞭欄齊見，可解。

〔旁註：驛馬之支進一位為欄、退一位為鞭〕

●婚課四柱天干有正官，為**正官騎馬**，可解。

●婚課四柱天干見正財偏財，為**馬奔財利**，可解。

●驛馬之日逢三合、六合。

〔旁註：犯鞭之日，逢三合、六合亦解〕

咸池。……

●婚課有正官或正印，可解。

●咸池日逢三合或六合制化，亦解。

●見五大貴神，可解。

●女命年干取婚日或四柱為長生。

紅鸞。……

●紅鸞與女命產厄年同字，且與天喜為對沖。

●婚日犯紅鸞，本不忌，但仍宜制化。

用婚年或婚月沖紅鸞日。

用八種貴人之一。

取婚課年柱或月柱帶天喜納音，以剋紅鸞婚日之納音。

殺翁日、殺姑日。……

●女命年支順進一位為殺翁，殺翁對沖之支為殺姑。

●婚日勿選殺翁殺姑。若不制化，婚日翁或姑避之。

●婚課用三奇到課可解。

●婚日用天德、月德、歲德，天德合或月德合，或天赫日，

或婚日得天乙貴人，俱能解化。

●天壽日成婚尤能解殺翁殺姑。

●婚日與女命年支成三合、六合，可解。

●婚日正值翁或姑年干之祿、長生、帝旺，

可解殺翁或殺姑。

三殺日。……忌用。

●婚日不得選用**三殺日**。

●申子辰年命，殺未。巳酉丑年命，殺辰。

寅午戌年命，殺丑。亥卯未年命，殺戌。

女命	子	丑	寅	卯	辰	巳	午	未	申	酉	戌	亥
殺翁	丑	寅	卯	辰	巳	午	未	申	酉	戌	亥	子
殺姑	未	申	酉	戌	亥	子	丑	寅	卯	辰	巳	午
三殺	未	辰	丑	戌	未	辰	丑	戌	未	辰	丑	戌

流霞。……

●婚日若犯流霞，而婚課或日柱中不再逢刃，則不忌。

女命	甲	乙	丙	丁	戊	己	庚	辛	壬	癸
流霞	酉	戌	未	申	巳	午	辰	卯	亥	寅

〔婚嫁日選擇之三〕

◎周堂值日。《選擇求真》已闢謬刪除。

◎周堂值日以農民曆月份為準，不使用節氣。

大月周堂值日。……

●包括農曆三月、六月、八月、九月、十月、十二月。

◎大月例： 三月、六月、八月、九月、十月、十二月

初四、十二 二十、廿八	周堂值翁	新娘入門及拜堂 翁人勿見	白虎值死	麟符免用
初二、初十 十八、廿六	周堂值姑	新娘入門及拜堂 姑人勿見	白虎值堂	麟符貼堂
初三、十一 十九、廿七	周堂值堂	新人在堂上 進行婚禮	白虎值床	麟符貼床
初五、十三 廿一、廿九	周堂值第	當月參加考試者 莫觀拜堂	白虎值睡	麟符貼床
初八、十六 廿四	周堂值廚	新人入門， 莫經宴客之廚灶 或將廚灶遮掩	白虎值廚	麟符貼灶
初六、十四 廿二、三十	周堂值灶		白虎值門	麟符貼門

小月周堂值日。……

●小月包括正月、二月、四月、五月、、七月、十一月。

◎小月例： 正月、二月、四月、五月、、七月、十一月

初四、十二 二十、廿八	周堂值翁	新娘入門及拜堂 翁人勿見	白虎值睡	麟符貼床
初六、十四 廿二	周堂值姑	新娘入門及拜堂 姑人勿見	白虎值床	麟符貼床
初五、十三 廿一、廿九	周堂值堂	新人在堂上 進行婚禮	白虎值死	麟符免用
初三、十一 十九、廿七	周堂值第	當月參加考試者 莫觀拜堂	白虎值門	麟符貼門
初八、十六 廿四	周堂值廚	新人入門， 莫經宴客之廚灶 或將廚灶遮掩	白虎值廚	麟符貼灶
初二、初十 十八、廿六	周堂值灶		白虎值灶	麟符貼灶

〔婚嫁日選擇之四〕

◎日課直接選用之吉日。

不將日、季分日。……嫁娶良日。

嫁娶良日	寅月	卯月	辰月	巳月	午月	未月	申月	酉月	戌月	亥月	子月	丑月
不將日	丙寅 丁卯 丙子 丁丑 己卯 丁亥 己丑 庚寅 辛卯 己亥 庚子 辛丑 辛亥	乙丑 丙寅 乙亥 丙子 丁丑 丙戌 丁亥 己丑 庚寅 己亥 庚子 庚戌	甲子 乙丑 甲戌 乙亥 丙子 丁丑 乙酉 丙戌 丁亥 己丑 丁酉 己亥 己酉	甲子 甲戌 乙亥 丙子 甲申 乙酉 丙戌 丁亥 戊子 丙申 丁酉 戊戌 戊申	癸酉 甲戌 乙亥 癸未 甲申 乙酉 丙戌 乙未 丙申 戊戌 戊申 癸亥	壬申 壬戌 癸酉 甲戌 壬午 癸未 甲申 乙酉 乙未 甲午 戊戌 戊申 戊午	壬申 癸酉 壬午 癸未 甲申 乙酉 癸巳 甲午 乙未 乙未 戊申 戊午	戊辰 辛未 壬申 戊午 辛巳 壬午 癸未 甲申 壬辰 癸巳 甲午 甲辰 戊申	戊辰 庚午 辛未 庚辰 辛巳 壬午 癸未 辛卯 壬辰 癸巳 癸卯 戊午	己巳 庚午 己卯 庚辰 辛巳 壬午 庚寅 辛卯 壬辰 癸巳 壬寅 癸卯	丁卯 己巳 丁丑 己卯 庚辰 辛巳 己丑 庚寅 辛卯 壬辰 辛丑 壬寅 丁巳	丙寅 丁卯 丙子 丁丑 己卯 庚辰 己丑 庚寅 辛卯 庚子 辛丑 丙辰

嫁娶良日	寅月	卯月	辰月	巳月	午月	未月	申月	酉月	戌月	亥月	子月	丑月
季分日	壬午 戊子 丙午 壬子 辛未 乙未 乙卯 癸卯	戊子 乙未 癸酉	戊寅 壬寅 甲寅 丁卯 己卯 庚午	乙卯 己卯 丁卯 辛卯 癸卯	乙丑 丁丑 己丑 辛丑 癸丑	己卯 戊寅 庚辰 己未	丙子 壬子 丙辰 己未	乙丑 丁丑 己丑 癸丑 己巳	己卯 己巳 丙午 己未	丁卯 辛未 戊辰 丁未 乙卯	戊辰 甲辰 丙辰	戊寅 壬寅 甲辰 戊辰 己巳 癸巳 乙卯

◎**上等結婚良日**：以下吉神只要有其一，即以吉論。

三奇、天德及月德、天德合及月德合、天赫、歲德、母倉、黃道、季分、天喜。

三奇貴人。……

●婚課四柱天干見**甲戊庚**三字全，為**天奇**。

●婚課四柱天干見**乙丙丁**三字全，為**地奇**。

●婚課四柱天干見**壬癸辛**三字全，為**人奇**。

天德日、月德日。……婚嫁月男女命月柱起例。

●以婚課月支對照婚課日柱。

嫁吉 娶日	寅月	卯月	辰月	巳月	午月	未月	申月	酉月	戌月	亥月	子月	丑月
天德日	丁	申	壬	辛	亥	甲	癸	寅	丙	乙	巳	庚
月德日	丙	甲	壬	庚	丙	甲	壬	庚	丙	甲	壬	庚

●除了以婚課月支對照婚課日柱求出之外，以女命月支或男命月支，對照婚課日柱求得，仍算是天德或月德。

天德合日、月德合日。……

●與天德日或月德合成**天干五合**或**地支六合**之日。

嫁娶吉日	寅月	卯月	辰月	巳月	午月	未月	申月	酉月	戌月	亥月	子月	丑月
天德合日	壬	巳	丁	丙	巳	己	戊	亥	辛	庚	申	乙
月德合日	辛	己	丁	乙	辛	己	丁	乙	辛	己	丁	乙

天赫日。……婚嫁月男女命月柱起例。

●除了以婚課月支對照婚課日柱求出之外，以女命月支或男命月支，對照婚課日柱求得，仍算是天赫日。

嫁娶吉日	寅月	卯月	辰月	巳月	午月	未月	申月	酉月	戌月	亥月	子月	丑月
天赫日	戊寅	戊寅	戊寅	甲午	甲午	甲午	戊申	戊申	戊申	甲子	甲子	甲子

歲德貴人。……婚嫁年干起例。

●日課之年干（婚嫁年），對照流日求得。

嫁娶吉日	甲年	乙年	丙年	丁年	戊年	己年	庚年	辛年	壬月	癸年
歲德貴人	甲己	乙庚	丙辛	丁壬	戊癸	甲己	乙庚	丙辛	丁壬	戊癸

天喜、母倉。……婚嫁月起例。

嫁娶吉日	寅月	卯月	辰月	巳月	午月	未月	申月	酉月	戌月	亥月	子月	丑月
天喜	戌	亥	子	丑	寅	卯	辰	巳	午	未	申	酉
母倉	亥、子			寅、卯			辰戌丑未			申、酉		

◎**次等結婚良日**：以下吉神只要有其一，即以吉論。

天乙貴人、福星、男命或女命的祿元或長生、

月恩、天恩、益後、續世、人民合（戊寅、己卯）。

日時合、天干五合、三合、六合、七合。

〔旁註：乾坤年支互合，且又各與日期合，

併天嗣與婚日再合，就是七合〕

天乙貴神。……

●日課之年或日，對照日時求得。

●日課之日干，對照生年支亦可。

福星貴人。……

●日柱為**甲寅、乙丑、乙亥、丙子、丙戌、丁酉、戊申、己未、庚午、辛巳、壬辰、癸卯**。

祿元。……

●以生年干求得**臨官**之日。例如：甲命用寅日。

長生、帝旺、食神。……

●以男女命年干求得。

●福力大小順序為長生、食神、帝旺。

月恩、益後、續世、民合。……

嫁娶吉日	寅月	卯月	辰月	巳月	午月	未月	申月	酉月	戌月	亥月	子月	丑月
月恩	丙	丁	庚	己	戊	辛	壬	癸	庚	乙	甲	辛
益後	子	午	丑	未	寅	申	卯	酉	辰	戌	巳	亥
續世	丑	未	寅	申	卯	酉	辰	戌	巳	亥	午	子
人民合	戊寅、己卯											

天帝日、天后日。……日課直接選用之吉日。

嫁娶吉日	寅月	卯月	辰月	巳月	午月	未月	申月	酉月	戌月	亥月	子月	丑月
天帝日（節後）	立春	驚蟄	清明	立夏	芒種	小暑	立秋	白露	寒露	立冬	大雪	小寒
	丙	甲	壬	庚	丙	甲	壬	庚	丙	甲	壬	庚
天后日（中氣後）	雨水	春分	穀雨	小滿	夏至	大暑	處暑	秋分	霜降	小雪	冬至	大寒
	寅	卯	辰	巳	午	未	申	酉	戌	亥	子	丑

〔婚嫁時辰選擇〕

◎**婚時忌正或偏沖乾命或坤命。**

〔旁註：亦即不得沖生肖。沖則無解〕

◎**婚時不得選用三殺時。**

申子辰年命，殺未。巳酉丑年命，殺辰。

寅午戌年命，殺丑。亥卯未年命，殺戌。

◎婚時忌正沖女命**夫星**。婚日偏沖可用。

〔**獨白：婚日同論**〕

◎婚時忌正沖男命**妻星**。婚日偏沖可用。

〔**獨白：婚日同論**〕

◎婚時不得正沖或偏沖**天官**。

〔**獨白：婚日同論**〕

◎婚時不得正沖或偏沖**天嗣**。沖則無解。

〔旁註：天嗣若為寅申巳亥之一者，則忌正沖，
偏沖可以權用〕

〔**獨白：婚日同論**〕

◎婚時不可沖犯**男女宮**，否則稱為**滅子胎**。

〔旁註：乾命沖坤命之男女宮則父滅子胎。
坤命沖自身之男女宮，稱為母滅子胎〕

〔旁註：婚課取逢三奇，或婚日取天德日、月德日，
或天德合、月德合，天赫日，麒麟日或太陽日，

俱是可解。

犯滅子胎之時支逢三合或六合，亦是可解〕

◎婚時不可與安床時相沖。沖則凶無解。

◎婚時忌與婚日相沖。

逢三合、六合或天乙貴人解化，則可取用。

婚時忌選埋兒時。……

●新人進洞房大忌。犯之大凶，雖吉亦不抵制。

●子午卯酉女命，婚時丑為埋兒時。

寅申巳亥女命，婚時申為埋兒時。

辰戌丑未女命，婚時卯時埋兒時。

紅豔時。……

●進房之時忌之。

●婚課中如有正官或正印，或有三奇入課，或婚日為月德、天德、天德合、月德合、天赫，便可制化為吉。

麒麟星佔宮時。……

●麒麟星可制婚年白虎或天狗占宮。

●麟星占宮、照宮（沖宮）、合宮（三合、六合）均可制。

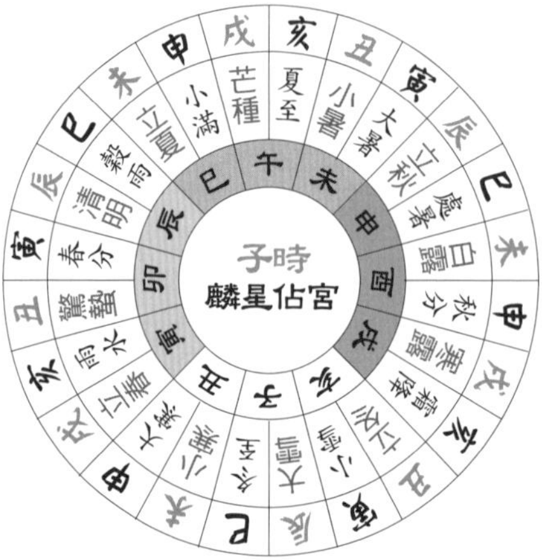
子時
麟星佔宮

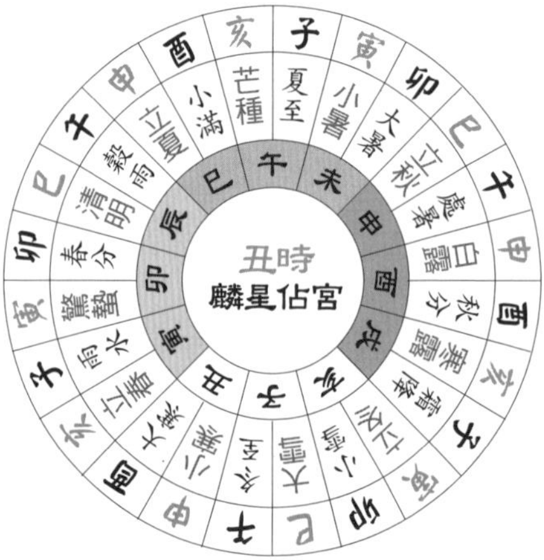
丑時
麟星佔宮

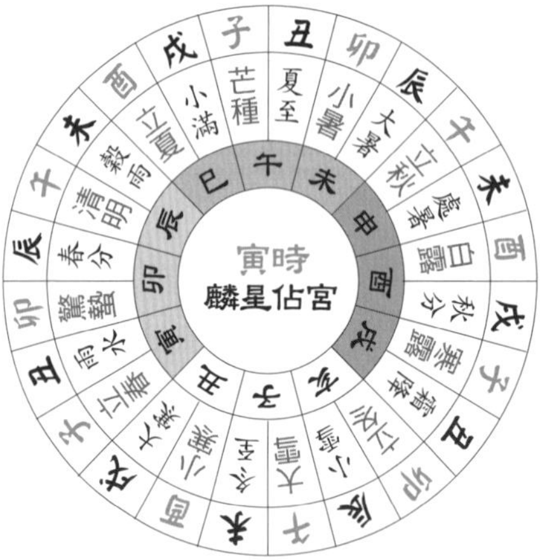
寅時
麟星佔宮

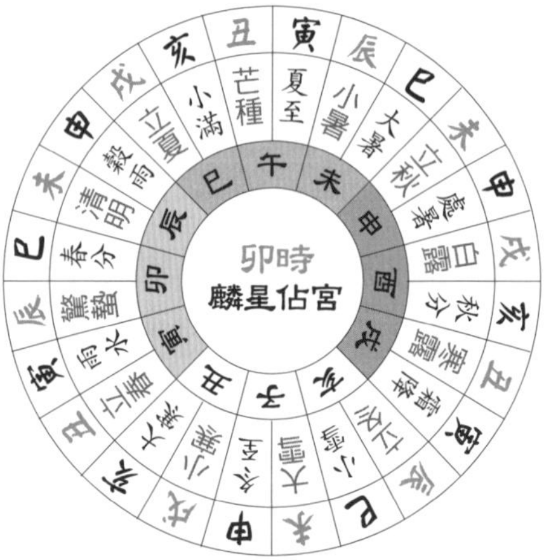
卯時
麟星佔宮

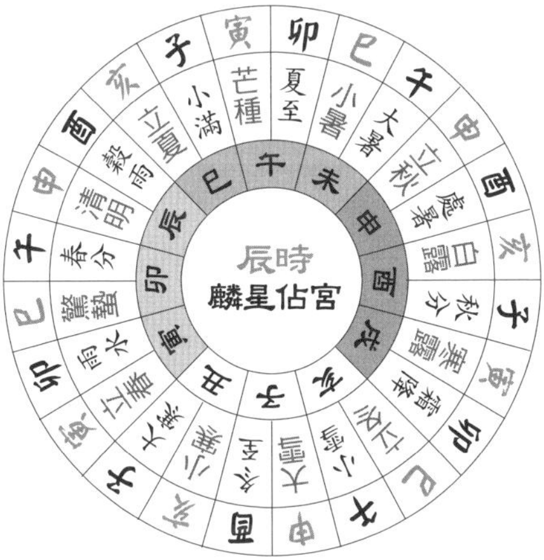
辰時
麟星佔宮

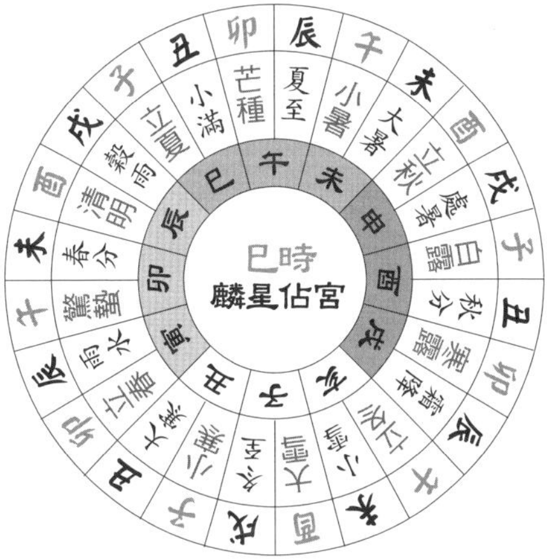
巳時
麟星佔宮

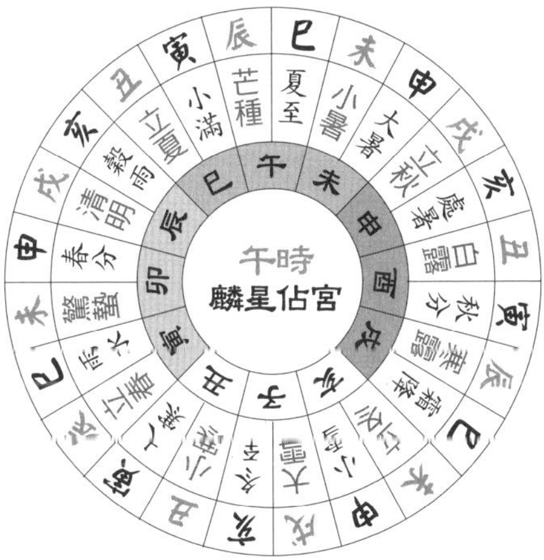
午時
麟星佔宮

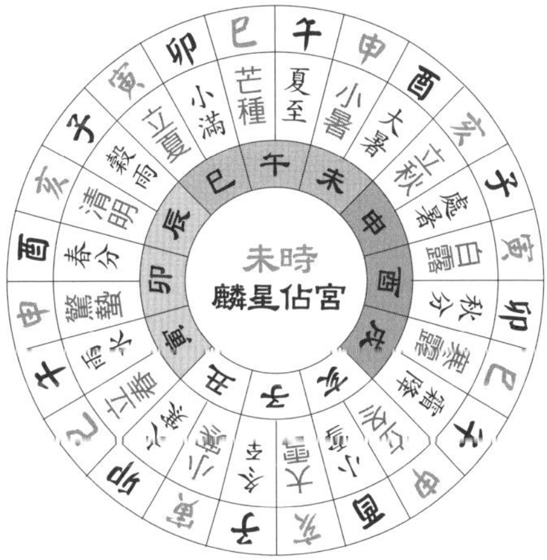
未時
麟星佔宮

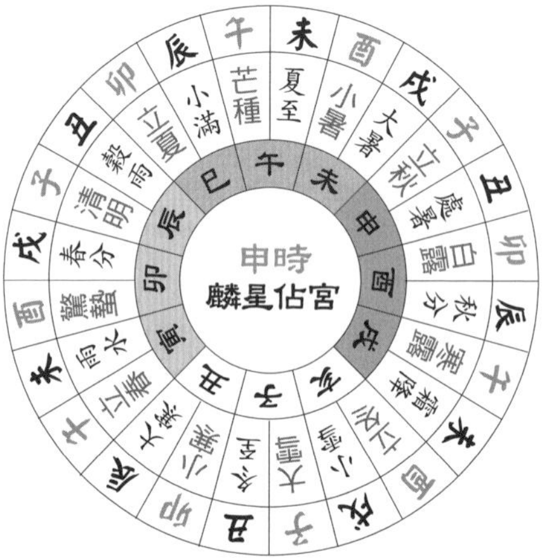
申時
麟星佔宮

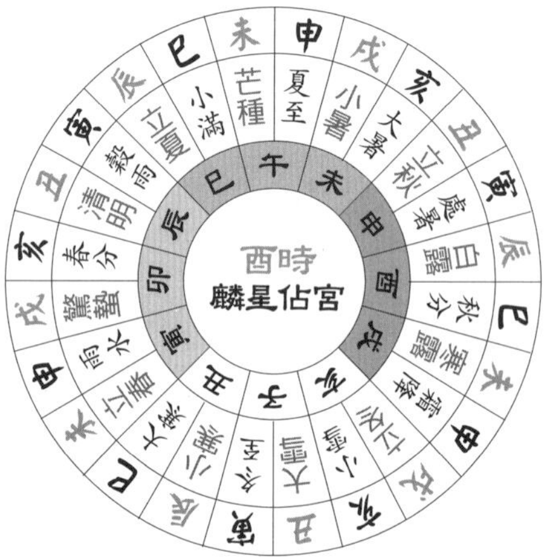
酉時
麟星佔宮

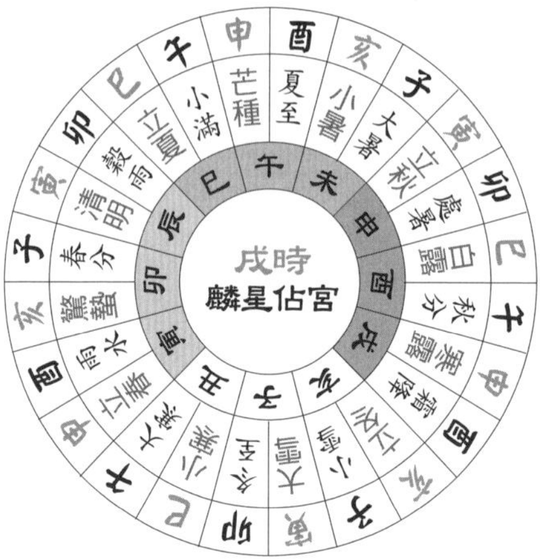
戌時
麟星佔宮

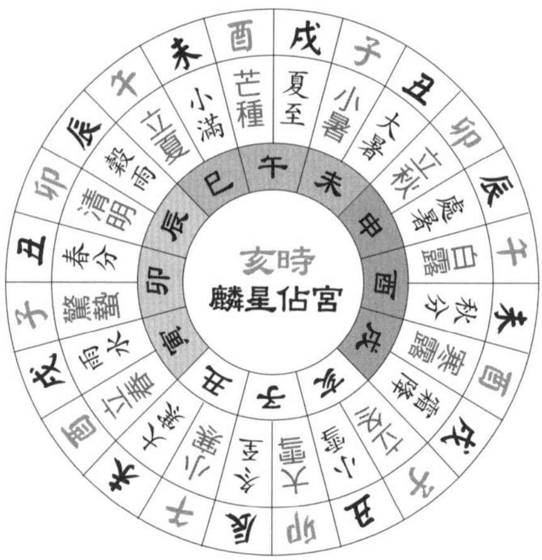
亥時
麟星佔宮

〔日課整體論斷〕

婚時忌與婚日相沖。……

●逢三合、六合或天乙貴人解化，則可取用。

忌女命夫星死墓絕。……

●女命之夫星，天干起長生，陽順陰逆，算至**死墓絕**。

●課中如逢三字全，大忌，吉不抵制。

箭刃。……

●婚課中箭刃備全，且其一在日或時，方論箭刃。
　若箭刃俱在年月、不現於日時，不算犯箭刃。

●犯箭刃之日或時，逢三合或六合或天乙貴人可解化。
　逢六沖亦可解化。

●甲、庚命，婚課中卯酉全，為箭刃全。
　丙、戊、壬命，婚課中子午全，為箭刃全。
　乙、辛命，婚課中辰戌全，為箭刃全。
　丁、己、癸命，日課中丑未全，是箭刃全。

〔旁註：例如己未男，忌丑未全；辛酉女，忌辰戌全〕

回頭貢殺。……

●三字全才算回頭貢殺，
若乾坤二造為辰戌丑未命之人，切宜防之。

●**申子辰**全，殺未命之人。**寅午戌**全，殺丑命之人。
巳酉丑全，殺辰命之人。**亥卯未**全，殺戌命之人。

婚課忌孤辰寡宿全。……

●婚課必須孤寡雙現方論大凶，單見不忌。

●亥子丑命，孤寡在寅戌；寅卯辰命，孤寡在巳丑；
巳午未命，孤寡在申辰；申酉戌命，孤寡在未亥。

注意六神制化。……

●**傷官**。正財或偏財可洩化，正印可制化，
天干五合亦可化掉傷官。

●**偏印**。正財或偏財制化，比肩劫財脫化，
陽女以傷官合化偏印。

●**七殺**。正印或食神制化，比肩劫財脫化，
陽女以劫財合化、陰女以傷官合化。

●**官殺或重官**。只要有一食神或一正印即可。
天干五合可化其一。

◎婚日，新娘進入夫君家門之時辰，莫犯三殺及沖男女命。

〔旁註：新娘離開娘家門之時辰，亦不可犯三殺及沖男女命〕

◎婚日婚時不宜沖乾命父母年命，
亦不可沖昆命父母年命。

◎婚宴新人座位，坐該月令之天德或月德方。

〔通書男女嫁娶擇日便覽〕

◎**三合**者 本**五行**生旺墓庫之位凡物生欲其旺 旺欲其成 三者九九相親**造化萬物**生生不已**合本命**吉利

◎**六合**者 **天帝**左旋而迎天 **太陽**右轉而合地 **天地合德**運氣同孚 陰陽相和而各有各**會合** **本命**廸吉

◎**天乙貴人**者 **陽貴**從天主之德 **陰貴**取地主之合 即**干德之合氣**乃為**貴**能統神煞經世宰物**逢本命**大吉

◎**祿元**者 祿起十干長生 由**生**而長 長而居官 臨政則**祿** **驛馬**者 乃**先天三合數**備主馳驅利用貞吉

選擇宗鏡曰 **相主**者何 以**四柱八字**輔相主人之命也 **從來皆論生年** **宜**合生旺祿馬貴人 忌冲殺刑刃

本命	三合	六合	堆貴	進貴	進長生	堆長生	旺	堆祿	進祿	進馬	堆馬	相冲	三殺	回頭貢殺	三刑	箭刃	官符	六害
甲子金	辰申	丑	丑未	乙己	辛	亥	卯	寅	癸		寅	午	未		卯	卯酉	乙亥	辛未
甲戌火	寅午	卯	丑未			亥	卯	寅			申	辰	丑	亥卯未全	丑未	卯酉	己巳	癸酉
甲申水	子辰	巳	丑未	乙己	壬	亥	卯	寅	庚	寅午戌	寅	寅	未		巳	卯酉	乙亥	乙亥
甲午金	寅戌	未	丑未	辛	乙	亥	卯	寅	丁己		申	子	丑		午	卯酉	己巳	丁丑
甲辰火	子申	酉	丑未			亥	卯	寅			寅	戌	未	巳酉丑全	辰	卯酉	乙亥	丁卯
甲寅水	午戌	亥	丑未	辛	丙戊	亥	卯	寅	甲	申子辰	申	申	丑		巳	卯酉	己巳	己巳
乙丑金	巳酉	子	子申	甲戊庚		午	寅	卯			亥	未	辰	寅午戌全	戌	辰戌	甲申	壬午
乙亥火	卯未	寅	子申	丙丁	甲	午	寅	卯	壬	巳酉丑	巳	巳	戌		亥	辰戌	戊寅	甲申
乙酉水	丑巳	辰	子申	丙丁	丁己	午	寅	卯	辛		亥	卯	辰		酉	辰戌	甲申	丙戌
乙未金	卯亥	午	子申	甲戊庚		午	寅	卯			巳	丑	戌	申子辰全	戌	辰戌	戊寅	戊子
乙巳火	丑酉	申	子申	壬癸	庚	午	寅	卯	丙戊	亥卯未	亥	亥	辰		寅申	辰戌	甲申	戊寅
乙卯水	未亥	戌	子申	壬癸	癸	午	寅	卯	乙		巳	酉	戌		子	辰戌	戊寅	庚辰

◎男女命嫁娶神煞

本命	甲子金	甲戌火	甲申水	甲午金	甲辰火	甲寅水	說明
三合	辰申	寅午	子辰	寅戌	子申	午戌	出生年支的三合
六合	丑	卯	巳	未	酉	亥	年命地支的六合
堆貴	丑未	丑未	丑未	丑未	丑未	丑未	年命大干的大乙貴人
進貴	乙己	○	乙己	辛	○	辛	年命地支為貴人反推天干
堆長生	亥	亥	亥	亥	亥	亥	年命天干的長生位
進長生	辛	○	壬	乙	○	丙戊	年命地支長生位反推天干
堆旺	卯	卯	卯	卯	卯	卯	年命天干的帝旺位
進旺	壬	○	辛	丙戊	○	乙	年命地支為帝旺位反推
堆祿	寅	寅	寅	寅	寅	寅	年命天干的祿神位
進祿	癸	○	庚	丁己	○	甲	年命地支為祿神位反推
堆馬	寅	申	寅	申	寅	申	年命地支驛馬位
進馬	○	○	寅午戌	○	○	申子辰	堆馬相沖反推年命地支
相沖	午	辰	寅	子	戌	申	年支地支的相沖
三殺	未	丑	未	丑	未	丑	年命地支的墓庫殺〔年命三煞之歲煞〕
三刑	卯	丑未	巳	午	辰	巳	年命地支的三刑
箭刃	卯酉	卯酉	卯酉	卯酉	卯酉	卯酉	年命天干寅四柱全
回頭貢殺	○	亥卯未全	○	○	巳酉丑全	○	辰戌丑未年命之命局

本命：出生年命干支〔納音〕

甲寅水	甲辰火	甲午金	甲申水	甲戌火	甲子金	本命
午戌	子申	寅戌	子辰	寅午	辰申	三合
亥	酉	未	巳	卯	丑	六合
丑未	丑未	丑未	丑未	丑未	丑未	堆貴
辛	○	辛	乙己	○	乙己	進貴
亥	亥	亥	亥	亥	亥	堆長生
丙戊	○	乙	壬	○	辛	進長生
卯	卯	卯	卯	卯	卯	堆旺
乙	○	丙戊	辛	○	壬	進旺
寅	寅	寅	寅	寅	寅	堆祿
甲	○	丁己	庚	○	癸	進祿
申	寅	申	寅	申	寅	堆馬
申子辰	○	○	寅午戌	○	○	進馬
申	戌	子	寅	辰	午	相沖
丑	未	丑	未	丑	未	三殺
巳	辰	午	巳	丑未	卯	三刑
卯酉	卯酉	卯酉	卯酉	卯酉	卯酉	箭刃
○	巳酉丑全	○	○	亥卯未全	○	回頭貢殺

乙卯水	乙巳火	乙未金	乙酉水	乙亥火	乙丑金	本命
未亥	丑酉	卯亥	丑巳	卯未	巳酉	三合
戌	申	午	辰	寅	子	六合
子申	子申	子申	子申	子申	子申	堆貴
壬癸	壬癸	甲戊庚	丙丁	丙丁	甲戊庚	進貴
午	午	午	午	午	午	堆長生
癸	庚	○	丁己	甲	○	進長生
寅	寅	寅	寅	寅	寅	堆旺
甲	丁己	○	庚	癸	○	進旺
卯	卯	卯	卯	卯	卯	堆祿
乙	丙戊	○	辛	壬	○	進祿
巳	亥	巳	亥	巳	亥	堆馬
○	亥卯未	○	○	巳酉丑	○	進馬
酉	亥	丑	卯	巳	未	相沖
戌	辰	戌	辰	戌	辰	三殺
子	寅申	戌	酉	亥	戌	三刑
辰戌	辰戌	辰戌	辰戌	辰戌	辰戌	箭刃
○	○	申子辰全	○	○	寅午戌全	回頭貢殺

本命	丙寅火	丙子水	丙戌土	丙申火	丙午水	丙辰土
三合	午戌	辰申	寅午	子辰	寅戌	子申
六合	亥	丑	卯	巳	未	申
堆貴	酉亥	酉亥	酉亥	酉亥	酉亥	酉亥
進貴	辛	乙己	○	乙己	辛	○
堆長生	寅	寅	寅	寅	寅	寅
進長生	丙戊	辛	○	壬	乙	○
堆旺	午	午	午	午	午	午
進旺	乙	壬	○	辛	丙戊	○
堆祿	巳	巳	巳	巳	巳	巳
進祿	甲	癸	○	庚	丁己	○
堆馬	申	寅	申	寅	申	寅
進馬	申子辰	○	○	寅午戌	○	○
相沖	申	午	辰	寅	子	戌
三殺	丑	未	丑	未	丑	未
三刑	巳	卯	丑未	巳	午	辰
箭刃	子午	子午	子午	子午	子午	子午
回頭貢殺	○	○	亥卯未全	○	○	巳酉丑全

本命	丁卯火	丁丑水	丁亥土	丁酉火	丁未水	丁巳土
三合	未亥	巳酉	卯未	丑巳	卯亥	丑酉
六合	戌	子	寅	辰	午	申
堆貴	酉亥	酉亥	酉亥	酉亥	酉亥	酉亥
進貴	壬癸	甲戊庚	丙丁	丙丁	甲戊庚	壬癸
堆長生	酉	酉	酉	酉	酉	酉
進長生	癸	○	甲	丁己	○	庚
堆旺	巳	巳	巳	巳	巳	巳
進旺	甲	○	癸	癸	○	丁己
堆祿	午	午	午	午	午	午
進祿	乙	○	壬	辛	○	丙戊
堆馬	巳	亥	巳	亥	巳	亥
進馬	○	○	巳酉丑	○	○	亥卯未
相沖	酉	未	巳	卯	丑	亥
三殺	戌	辰	戌	辰	戌	辰
三刑	子	戌	亥	酉	戌	寅申
箭刃	丑未	丑未	丑未	丑未	丑未	丑未
回頭貢殺	○	寅午戌全	○	○	申子辰全	○

己未火	己酉土	己亥木	己丑火	己卯土	己巳木	本命
卯亥	丑巳	卯未	巳酉	未亥	丑酉	三合
午	辰	寅	子	戌	申	六合
子申	子申	子申	子申	子申	子申	堆貴
甲戊庚	丙丁	丙丁	甲戊庚	壬癸	壬癸	進貴
酉	酉	酉	酉	酉	酉	堆長生
○	丁己	甲	○	癸	庚	進長生
巳	巳	巳	巳	巳	巳	堆旺
○	庚	癸	○	甲	丁己	進旺
午	午	午	午	午	午	堆祿
○	辛	壬	○	乙	丙戊	進祿
巳	亥	巳	亥	巳	亥	堆馬
○	○	巳酉丑	○	○	亥卯未	進馬
丑	卯	巳	未	酉	亥	相沖
戌	辰	戌	辰	戌	辰	三殺
戌	酉	亥	戌	子	寅申	三刑
丑未	丑未	丑未	丑未	丑未	丑未	箭刃
申子辰全	○	○	寅午戌全	○	○	回頭貢殺

戊午火	戊申土	戊戌木	戊子火	戊寅土	戊辰木	本命
寅戌	子辰	寅午	辰申	午戌	子申	三合
未	巳	卯	丑	戌	酉	六合
丑未	丑未	丑未	丑未	丑未	丑未	堆貴
辛	乙己	○	乙己	辛	○	進貴
寅	寅	寅	寅	寅	寅	堆長生
乙	壬	○	辛	丙戊	○	進長生
午	午	午	午	午	午	堆旺
丙戊	辛	○	壬	乙	○	進旺
巳	巳	巳	巳	巳	巳	堆祿
丁己	庚	○	癸	甲	○	進祿
申	寅	申	寅	申	寅	堆馬
○	寅午戌	○	○	申子辰	○	進馬
子	寅	辰	午	申	戌	相沖
丑	未	丑	未	丑	未	三殺
午	巳	丑未	卯	巳	辰	三刑
子午	子午	子午	子午	子午	子午	箭刃
○	○	亥卯未全	○	○	巳酉丑全	回頭貢殺

辛酉木	辛亥金	辛丑土	辛卯木	辛巳金	辛未土	本命
丑巳	卯未	巳酉	未亥	丑酉	卯亥	三合
卯	寅	子	戌	申	午	六合
寅午	寅午	寅午	寅午	寅午	寅午	堆貴
丙丁	丙丁	甲戊庚	壬癸	壬癸	甲戊庚	進貴
子	子	子	子	子	子	堆長生
丁己	甲	○	癸	庚	○	進長生
申	申	申	申	申	申	堆旺
庚	癸	○	甲	丁己	○	進旺
酉	酉	酉	酉	酉	酉	堆祿
辛	壬	○	乙	丙戊	○	進祿
亥	巳	亥	巳	亥	巳	堆馬
○	巳酉丑	○	○	亥卯未	○	進馬
卯	巳	未	酉	亥	丑	相沖
辰	戌	辰	戌	辰	戌	三殺
酉	亥	戌	子	寅申	戌	三刑
辰戌	辰戌	辰戌	辰戌	辰戌	辰戌	箭刃
○	○	寅午戌全	○	○	申子辰全	回頭貢殺

庚申木	庚戌金	庚子土	庚寅木	庚辰金	庚午土	本命
子辰	寅午	辰申	午戌	子申	寅戌	三合
巳	卯	丑	亥	酉	未	六合
丑未	丑未	丑未	丑未	丑未	丑未	堆貴
乙己	○	乙己	辛	○	辛	進貴
巳	巳	巳	巳	巳	巳	堆長生
壬	○	辛	丙戊	○	乙	進長生
酉	酉	酉	酉	酉	酉	堆旺
辛	○	壬	乙	○	丙戊	進旺
申	申	申	申	申	申	堆祿
庚	○	癸	甲	○	丁己	進祿
寅	申	寅	申	寅	申	堆馬
寅午戌	○	○	申子辰	○	○	進馬
寅	辰	午	申	戌	子	相沖
未	丑	未	丑	未	丑	三殺
巳	丑未	卯	巳	辰	午	三刑
卯酉	卯酉	卯酉	卯酉	卯酉	卯酉	箭刃
○	亥卯未全	○	○	巳酉丑全	○	回頭貢殺

本命	壬申金	壬午木	壬辰水	壬寅金	壬子木	壬戌水
三合	子辰	寅戌	子申	午戌	辰申	寅午
六合	巳	未	酉	亥	丑	卯
堆貴	卯巳	卯巳	卯巳	卯巳	卯巳	卯巳
進貴	乙己	辛	○	辛	乙己	○
堆長生	申	申	申	申	申	申
進長生	壬	乙	○	丙戊	辛	○
堆旺	子	子	子	子	子	子
進旺	辛	丙戊	○	乙	壬	○
堆祿	亥	亥	亥	亥	亥	亥
進祿	庚	丁己	○	甲	癸	○
堆馬	寅	申	寅	申	寅	申
進馬	寅午戌	○	○	申子辰	○	○
相沖	寅	子	戌	申	午	辰
三殺	未	丑	未	丑	未	丑
三刑	巳	午	辰	巳	卯	丑未
箭刃	子午	子午	子午	子午	子午	子午
回頭貢殺	○	○	巳酉丑全	○	○	亥卯未全

本命	癸酉金	癸未木	癸巳水	癸卯金	癸丑木	癸亥水
三合	丑巳	卯亥	丑酉	未亥	巳酉	卯未
六合	辰	午	申	戌	子	寅
堆貴	卯巳	卯巳	卯巳	卯巳	卯巳	卯巳
進貴	丙丁	甲戊庚	壬癸	壬癸	甲戊庚	丙丁
堆長生	卯	卯	卯	卯	卯	卯
進長生	丁己	○	庚	癸	○	甲
堆旺	亥	亥	亥	亥	亥	亥
進旺	庚	○	丁己	甲	○	癸
堆祿	子	子	子	子	子	子
進祿	辛	○	丙戊	乙	○	壬
堆馬	亥	巳	亥	巳	亥	巳
進馬	○	○	亥卯未	○	○	巳酉丑
相沖	卯	丑	亥	酉	未	巳
三殺	辰	戌	辰	戌	辰	戌
三刑	酉	戌	寅申	子	戌	亥
箭刃	丑未	丑未	丑未	丑未	丑未	丑未
回頭貢殺	○	申子辰全	○	○	寅午戌全	○

造葬實務篇

總論造葬事宜

〔喪葬修墳總論〕

◎總論造葬事宜，包括：**選地**、**擇日**及**葬儀**。

◎選地則依葬法而細分，通常就是土葬或火葬；

火葬比較簡單，就是先選塔位，

再擇日舉行**葬儀**、**晉塔**、**安靈**；

土葬比較繁雜，選地之後還須**定分金**、**淨土**與**破土**。

◎擇日，以往生者**仙命**為主，孝眷生命亦是不可或缺。

〔旁註：仙命及生命俱指出生年干支。家屬人數眾多，
以往生者之夫或妻及兒子或長孫為主〕

◎擇日依葬儀之需求，有繁有簡；必須精選對仙命

以及孝眷沖剋最少、又大吉大利之日辰時刻。

所擇日辰時剋，重者包括：**入殮**、**封棺**、**移柩**，

土葬之〔**發引**、**落壙**〕，

火葬之〔**進爐燒化**、**晉塔**〕。

◎土葬，又有**凶葬**與**吉葬**之分。

人死初葬入土，是謂**凶葬**；

撿骨擇吉再葬或晉塔，就稱做**吉葬**。

〔旁註：開金井拾骨扦骸或晉塔，即是謂**啟攢**〕

◎墳墓修方，亦有選擇之宜忌。

〔從通書之論安葬談起〕

◎編曆通書一般均有〈**安葬全章**〉作為安葬選擇之引言。
各家之敘述概略相同，總言：
〔**葬乘生氣、山運龍運、順度天星、四課三傳……**〕
又談坐山沖煞與日辰宜忌。
以下抄錄某通書敘述，並稍加註釋。

◎**蓋聞：〈葬者，藏也！〉，是人子送終之切事，**
則選擇家之緊要也。
葬乘旺相之期，則丁財俱興；
葬乘孤虛之期，則凶禍立至。
〔旁註：總言人子送終擇吉之重要〕
◎**安葬之法，務宜山龍大利年月、洪範有氣；**
山運龍運俱得生氣，五運六氣扶助山龍。
〔旁註：此論選地安葬務須符合堪輿地理之旺衰〕
〔**獨白：傳統土葬，多在山地田野；站在墓碑前，**
或立墓龜上，四周山水歷歷在目；
即使是亂葬崗，亦可依稀辨別山勢水路。
然今日土葬已難言風水，更且火葬晉塔，
個別骨罈難享真實山水之感應。
龍山之法，宜乎大戶名家〕

總言人子送終擇吉之重要

此論選地安葬務須符合堪與地理之旺衰

理氣之論，或曰三合、九星、三元，又有各類天星、斗首、演禽、奇門之類

安葬全章

蓋聞葬者藏也是人子送終之切事則選擇家之緊要也葬乘旺相之期則丁財俱興葬乘孤虛之期則凶禍立至

安葬之法務宜山龍大利年月洪範有氣山運龍運俱得旺氣五運六氣扶助山龍

又取日精月華祿馬貴人三德天帝到坐太陽太陰五星主恩順度天星轉臨坐向三合朝拱併斗首元武廉居日時自坐地支有氣加合演禽奇門太乙五福大六壬四課三傳叶吉

○忌冲山三殺箭刃官符大退炙退山方曜殺星曜文曲消滅冲丁日流太歲都天劍鋒正傍陰府地燥火時八座方庫運勿尅祿命勿冲

又忌大重重喪復三喪橫天朱雀十七日破收開日月殺正八座

化命勿冲殺刑刃官符入地掃地冷地無光祿去

祭主亦勿犯冲殺刑刃歲壓的呼餘諸家吉凶難以盡敘趨避惟在變通妙法制化得宜耳

擇日忌沖犯主祭者或孝眷

仙命忌煞

不宜安葬之日辰

陰墳立坐與安葬擇日，忌沖犯山方或仙命凶煞

◎又取日精月華、祿馬貴人、三德天帝到坐，

太陽太陰五星主恩、順度天星轉臨，

坐向三合朝拱，併斗首元武廉居日時。

日時自坐地支有氣，加合演禽、奇門、

太乙五福、大六壬四課三傳叶吉。

〔旁註：**祿馬貴人**，本論千里來龍之護送，

但此處指坐山或仙命是否逢安葬年月之祿馬貴〕

〔旁註：**三德**指**歲德、天德**與**月德**，既論方亦論日辰〕

〔旁註：**天帝**到坐，或指太歲通天竅吉神到坐〕

〔旁註：**太陽太陰五星主恩**，

指安葬日辰時刻須符合**烏兔太陽擇日**的五吉星。

五星即**太陽、太陰、金、水、木**〕

〔旁註：**順度天星轉臨**，

指安葬日辰需符合**七政四餘擇日**天星流轉之吉〕

〔旁註：**坐向三合朝拱**，論形勢則指墓穴前三方，

即朱雀及左龍右虎之朝拱護衛；

論三合理氣，則符合長生、旺祿、墓庫之吉〕

〔旁註：**斗首元武廉居日時**，斗首擇日法之論述。

坐山斗首五行與日課四柱天干化氣五行論生剋，

定出**元辰、廉子、武財、破鬼、貪官**五曜；

元廉武是三吉，宜值日時〕

〔旁註：**演禽、奇門、太乙、大六壬**，都是擇日的法門。
太乙擇日論**五福**與**大遊小遊**，以**五福**為吉神。
大六壬擇日則論**四課**與**三傳**，**日禽**為第一課、
時禽為第二課、**翻禽**為第三課、**活曜**是第四課，
日禽為初傳、**時禽**為中傳、**翻禽**為末傳〕

**〔獨白：傳統土葬，多在山地田野、面對真實山水，
若是名家大戶獨門孤塚，多選擇日課以造命；
其法多端，日四課三傳之類。
今日亂葬崗墳、火葬進塔，總以避煞為先，
難言造命；演禽奇門造命日課，宜乎束之高閣〕**

**◎忌〔沖山、三殺、箭刃、官符、大退、炙退、
山方曜殺、星曜文曲、消滅、沖丁、日流太歲、
都天、劍鋒、正傍陰府、地燥火時、八座方〕，
庫運勿剋、祿命勿沖。**

〔旁註：陰墳立坐與安葬擇日，俱需注意：
忌沖犯**山方或仙命引伸出來之凶煞**〕

〔旁註：**沖山方（歲破方）、三殺方**、山方曜殺、**都天方**、
……論當年太歲不宜立坐方位〕

〔旁註：炙退山方、**日流太歲**、**劍鋒煞方**、**正傍陰府**、
地燥火時、**八座方**……仙命既已選定坐山，
則葬儀日課年月日時選擇宜其規避〕

◎又忌〔大重、重喪復、三喪、橫天朱雀十七日〕、
〔破、收、開〕日、月殺、正八座。

〔旁註：所列皆是不宜安葬之日辰〕

〔旁註：**正八座日**，事實上**並非安葬忌日**。
正八座日，又稱殺師日，或煞師日。
主要指地理師當日不拿羅盤、不為人看風水，
否則地師本身有禍；
說白了，就是地理師的公休日。
甚至發展成當日不為人擇日、回答相關問題〕

◎化命勿犯〔沖、殺、刑、刃、官符、入地、掃地、
冷地、無光、祿去〕。

〔旁註：化命指亡人仙命，所列俱是**仙命忌煞**。
所擇安葬日課或日時，皆忌犯這些凶煞〕

◎祭主亦勿犯〔沖、殺、刑、刃、歲壓、的呼〕。

〔旁註：擇日亦須注意不可沖犯主祭者或孝眷〕

餘諸家吉凶，難以盡敘，趨避惟在：
〔通變妙法、制化得宜〕耳。

◎至於〔**喪葬儀式**〕之舉行，亦有宜方擇日之宜忌。

雖儀式因風俗而異，然編曆通書一般均有略述，

作為安葬選擇之提要。以下抄錄某通書敘述，

並稍加註釋。

喪儀選擇提要

安靈成服。忌月破受死三喪重喪復重日鬼哭以仙命主事勿犯冲殺刑刃。而仙命多薦難以均合。以正薦為重也。豎旛祭旛忌月破受死重日三喪及三殺方。安靈之室宜大利方。論陰靈化紙。及填庫普施。出榜上座敷演等。均就壇事不拘時。惟除靈之例。必須查周堂局。如值人宜避之。焚化之時宜取大利方吉。拜血湖轉轆。忌月破重日三喪復日。天狗截路空時。主事仙命勿犯冲殺刑刃。妥用幸甚。

諸家周堂定局

日				大月 除靈	大月 除靈	大月 移柩	小月 除靈	小月 除靈	小月 移柩
初一	初九	十七	廿五	父	女	父	母	婦	母
初二	初十	十八	廿六	亡	亡	男	亡	亡	婿
初三	十一	十九	廿七	男	婿	孫	孫	客	亡
初四	十二	二十	廿八	亡	亡	亡	亡	亡	孫
初五	十三	廿一	廿九	孫	客	婿	男	婿	男
初六	十四	廿二	三十	亡	亡	母	亡	亡	父
初七	十五	廿三	○○	母	婦	婦	父	女	客
初八	十六	廿四	○○	亡	亡	客	亡	亡	婦

◎〔**安靈、成服**〕，忌月破、受死、三喪、重喪、
復重日、鬼哭。以仙命主事，勿犯沖殺刑刃；
而仙命多篤，難以均合，以正篤為重也。
〔**豎旛、祭旛**〕，忌月破、受死、重日、三喪，
及三殺方。〔**安靈之室**〕，宜大利方。

〔旁註：**安靈**，指安置靈堂與靈位的儀節。死者入殮後，
親屬各依服制穿著喪服，稱為**成服**。
豎旛、祭旛，豎立招魂旛旗之儀式。
安靈之室，指靈堂設置之方位〕

〔**獨白：通常就是正式喪儀祭典執行前安排之作業。
選擇不宜沖犯仙命，然仙命之引用多端，
以年命正五行為主**〕

◎論〔**陰靈化紙，及填庫普施、出榜、上座、敷演**〕等，
均就壇事不拘時。唯〔**除靈**〕之例，必須查周堂局，
如值人宜避之。焚化之時，宜取大利方，吉。

〔旁註：**陰靈化紙，及填庫普施、出榜、上座、敷演**，
都是喪儀中之程序，通常依法師立壇而取捨〕

〔旁註：**除靈**，就是把靈堂靈位移除。除撤除靈桌香爐
之外，靈堂物事，包括魂帛、招魂幡、桌頭嫺
及桌裙等物……均須焚化〕

〔旁註：一般通書均有列出諸家周堂定局，然列表繁雜，

此處酌檢**除靈、安靈、移柩**必須趨避之人〕

◎**拜〔血湖、轉轆〕，忌月破、重日、三喪、復日、天狗、截路空時，主事仙命勿犯殺刃刑，妥用幸甚！**

〔旁註：拜**血湖地獄**與**轉轆地獄**，乃依俗選用之喪儀。

舉行此類儀式之擇日不可沖犯主事者〕

乙卯水	乙巳火	乙未金	乙酉水	乙亥火	乙丑金	甲寅水	甲辰火	甲午金	甲申水	甲戌火	甲子金	生命
酉	亥	丑	卯	巳	未	申	戌	子	寅	辰	午	冲山
戌	辰	戌	辰	戌	辰	丑	未	丑	未	丑	未	仙命殺
卯	巳	未	酉	亥	丑	寅	辰	午	申	戌	子	命座
子	寅申	戌	酉	亥	戌	巳	辰	午	巳	丑未	卯	命刑
寅	申	寅	申	寅	申	巳	亥	巳	亥	巳	亥	官符
乙	丙	坤	辛	壬	艮	甲	巽	丁	庚	乾	癸	喪坑
甲	巽	丁	庚	乾	癸	艮	乙	丙	坤	辛	壬	喪窟
土分金	水分金	火分金	土分金	水分金	火分金	土分金	水分金	火分金	土分金	水分金	火分金	刺穴
土山	水山	火山	土山	水山	火山	土山	水山	火山	土山	水山	火山	刺害

仙命	甲子金	甲戌火	甲申水	甲午金	甲辰火	甲寅水	乙丑金	乙亥火	乙酉水	乙未金	乙巳火	乙卯水
相沖	午	辰	寅	子	戌	申	未	巳	卯	丑	亥	酉
三殺	未	丑	未	丑	未	丑	辰	戌	辰	戌	辰	戌
回頭貢殺		亥卯未			巳酉丑		寅午戌			申子辰		
三刑	卯	丑未	巳	午	辰	巳	戌	亥	酉	戌	寅申	子
箭刃	卯酉	卯酉	卯酉	卯酉	卯酉	卯酉	辰戌	辰戌	辰戌	辰戌	辰戌	辰戌
官符	乙亥	己巳	乙亥	己巳	乙亥	己巳	甲申	戊寅	甲申	戊寅	甲申	戊寅
入地	庚午	庚午	庚午	庚午	庚午	庚午	庚辰	庚辰	庚辰	庚辰	庚辰	庚辰
掃地	戊午	乙卯	己酉	戊子	丙午	庚子	丁酉	乙卯	己酉	丁卯	丙午	庚子
空亡	己未	壬辰	丙戌	己丑	丁未	辛丑	甲戌	壬辰	丙戌	甲辰	丁未	辛丑
無光	戊午	壬辰	戊寅	戊子	壬戌	戊申	己未	癸巳	己卯	己丑	癸亥	己酉
祿去	丙寅	丙寅	丙寅	丙寅	丙寅	丙寅	己卯	己卯	己卯	己卯	己卯	己卯
冷地	戊子	丙子	庚子	戊子	丙子	庚子	丙寅	甲寅	戊寅	丙寅	甲寅	戊寅
空亡	戊午	丙午	庚午	戊午	丙午	庚午	丙申	甲申	戊申	丙申	甲申	戊申
冷地	戊子	戊子	戊子	戊子	戊子	戊子	戊寅	戊寅	戊寅	戊寅	戊寅	戊寅

喪葬選擇之闡述。……

●選擇時有兩義，先是〔**選地論方**〕，再論〔**擇日**〕。

人身喪亡，不論是否先經火葬，只要骨骸或骨灰入土，

就論土葬，俱要講究來龍與坐向，此是〔**論方立坐**〕；

選地支後再擇良辰吉日舉行葬儀，其義方備。

●論及擇地選方，經云：

〈**葬乘旺相之期，則丁財俱興；**

葬乘孤虛之期，則凶禍立至〉。

立墳選方安座，分論形勢與理氣。

〔旁註：理氣之論，或曰三合、九星、三元，

又有各類天星、斗首、演禽、奇門之類，

繁雜多方，難以盡論〕

●現代葬儀，舉凡：**入殮、封棺、移柩**，

土葬之〔**發引、落壙**〕，

火葬之〔**進爐燒化、晉塔**〕，

俱須選擇吉日良時、避開凶神忌煞。

喪儀吉神通取：**鳴吠日、吠對日**。

喪儀避凶之例，通論忌日與忌時，

或日課四柱俱忌；

更有仙命忌諱專重之日辰。

〔選地直論立坐之忌煞〕

坐山忌立〔夫妻剋傷路〕。……

●仙命若有未亡人，宅墳坐山勿犯〔**夫妻剋傷路**〕。

●男仙命，若有未亡人，忌葬立〔**坤、巽**〕山；

女仙命，若有未亡人，忌葬立〔**乾、艮**〕山。

〔旁註：乾坤艮巽，四維之方；乾艮男位、坤巽女位。

男葬坤巽，妻即死；女葬乾艮，夫即亡〕

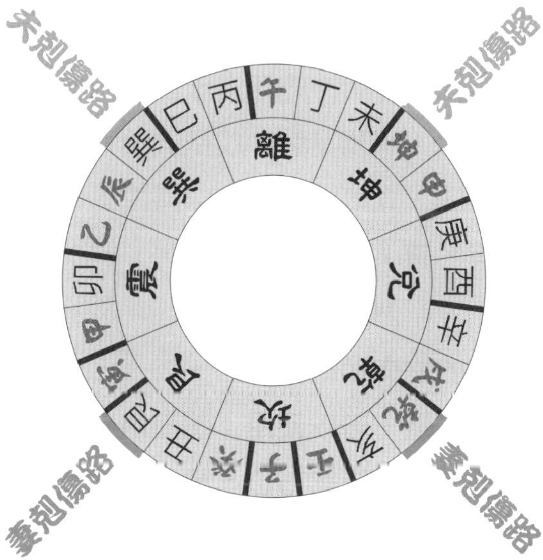

坐山忌立當年太歲〔三煞方〕。……三殺方。

●太歲地支三合起年神，有三個地支方位是忌諱造作的，
就是**劫煞**、**災煞**、**歲煞**，合稱三煞。

歲支		寅	午	戌	申	子	辰	巳	酉	丑	亥	卯	未
三煞	劫煞	亥			巳			寅			申		
	災煞	子			午			卯			酉		
	歲煞	丑			未			辰			戌		

●觀察三煞方，事實上就是三合旺方對沖的方位。
例如：2023年歲次癸卯，亥卯未三合木局，
木旺於東方，則東方對沖的西方申酉戌，就是三煞方；
其中，申是劫煞、酉為災煞、戌是歲煞。

●2023年歲次癸卯，立墳忌坐地支申酉戌；若論廿四山，就包括〔申、庚、酉、辛、戌〕全山，
以及半個坤山、半個乾山。

〔獨白：三煞方的對向即是向殺方，
若吉神匯聚，可以使用；然而墳坐向煞方，
面前通路即是三煞方位，事實上很難迴避觸動：
雖說務須審慎，然通常不用〕

坐山忌立當年太歲〔歲破方〕。……

- 凡太歲對沖的地支方位，就是歲破方。
  歲破方切忌造作動態，故其年安墳不可立坐。
- 例如：2023 年歲次癸卯，卯沖酉，酉方就是歲破方；
  該年安墳忌坐酉。若論廿四山，就包括酉全山，
  以及半個庚山、半個辛山。

坐山忌立當年太歲〔都天煞方〕。……

●以歲干起五虎遁，凡遁得天干得戊己之地支，
該方位即是都天大煞。

五虎遁干起都天

遁支 遁干 年干		寅	卯	辰	巳	午	未	申	酉	戌	亥	子	丑
甲	己	丙	丁	戊	己	庚	辛	壬	癸	甲	乙	丙	丁
乙	庚	戊	己	庚	辛	壬	癸	甲	乙	丙	丁	戊	己
丙	辛	庚	辛	壬	癸	甲	乙	丙	丁	戊	己	庚	辛
丁	壬	壬	癸	甲	乙	丙	丁	戊	己	庚	辛	壬	癸
戊	癸	甲	乙	丙	丁	戊	己	庚	辛	壬	癸	甲	乙

●甲己之年，戊己臨於辰巳，辰巳兩方為**都天大煞**。
辰為**戊都**、巳為**己都**。
若論廿四山，辰巳之間所夾巽山，就稱做**夾都**。

●乙庚之年，戊己臨於寅卯子丑，寅卯子丑四山都是**都天大煞**。寅子兩山為**戊都**、卯丑二山為**己都**。
寅卯所夾甲山、子丑所夾癸山，就稱做**夾都**。

●丙辛之年，戊己臨於戌亥，戌亥兩方就是**都天大煞**。
戌為**戊都**、亥為**己都**。
若論廿四山，戌亥之間所夾乾山，就稱做**夾都**。

●丁壬之年，戊己臨於申酉，申酉兩方就是**都天大煞**。

申為**戊都**、酉為**己都**。

若論廿四山，申酉之間所夾庚山，就稱做**夾都**。

●戊癸之年，戊己臨於午未，午未兩方就是**都天大煞**。

午為**戊都**、未是**己都**。

若論廿四山，午未之間所夾丁山，就稱做**夾都**。

坐山忌立灸退方。……

●**灸退指三合局的死方**。

其方位以子年起卯，逆行四仲。具體方位是：

申子辰年灸退在卯，寅午戌年灸退在酉，

巳酉丑年灸退在子，亥卯未年灸退在午。

●灸退為三合死地，主太歲之氣不足而休囚；

可向而不可坐，自然喪葬陰墳不宜立坐炙退山方。

●若別無選擇，必立向灸退方，則唯有日課使用補法；

選擇**旺相月，或月日時一氣，或月日時三合**，

又可取**天道、天德、月德、歲祿貴人**補之。

歲支	寅	午	戌	申	子	辰	巳	酉	丑	亥	卯	未
炙退	酉			卯			子			午		

〔喪葬日課特忌山方〕

◎所選日課又忌犯〔**炙退山方、戊己都天**〕以及

〔**正傍陰府、劍鋒、八座方、日流太歲、地燥火時**〕。

〔旁註：仙命既已選定坐山，則葬儀日課年月日時選擇，

有不宜該山方者，宜其規避〕

【劉賁按】

◎炙退山方與都天煞方，都是當年太歲忌方。

喪葬之事無拖延經年累月之之理，

已歸類於〔選地直論立坐之宜忌〕，

立坐必要規避當年太歲都天與炙退。

◎此節所論日課忌犯〔正傍陰府、劍鋒、八座方、

消滅煞、日流太歲、地燥火時〕，

俱指土葬、有挖壙而動及地氣而言。

今日多火化直接晉塔，不動犯地氣，可以不論。

正傍陰府。……**日課年月日時忌見。**

●陰府太歲，取義本年之**化氣剋山家之化氣**。

開山之方忌歲月日時來剋。

陰府太歲唯忌開山營造，修方不忌。

●例如：**坤震二山為正陰府，乙庚二山則是傍陰府。**

若仙命立坐乙坤庚卯，則日課不宜見戊。

〔旁註：反向而論，2023歲次癸卯，不立坐乙坤庚卯〕

劍鋒煞方。……忌犯劍鋒煞日。

◎支山不論干尋祿，惟有四維逐月詳；

巽三乾九艮在臘，坤六諸犯太陽臨。

●劍鋒煞，指月建天干過旺之方，過旺則重，重則主喪。

以月建取方，若立座該方，則月建天干忌取該日。

〔旁註：若以月建取劍鋒之日，就是重喪日〕

〔**獨白：劍鋒實際上就是月建主氣**〕

●凡造葬或修墳，有動及地氣者，宜於迴避。

八座凶方。……四季八座，忌用收日。

●一般通書又附有**《四季八座歌訣》**：

〈**八座例頭原尋收，若無同收奈何憂；**

春逢乙卯夏丙午，秋冬庚申辛酉休。〉

●以月建起方，若掘壙埋葬，立坐宜於趨避。

●通論：立坐若犯八座，喪葬日辰忌擇〔**收日**〕，否則就犯〔**四季八座日**〕。

消滅煞。……**天干立坐，日辰忌見。**

- 消滅煞，以渾天納甲取二十四山並結合節氣來判定；唯該煞不取地支方，只取**乾坤艮巽及八干方位**。
- 消滅煞，乃絕人丁大煞；其日忌造葬修山。
- 乾納甲，**坐乾山或甲山**，夏至後五天內見**辛丑日**、秋分後五天內見**辛未日**，即是消滅煞。
- 坤納乙，**坐坤山或乙山**，造葬日忌見消滅煞：冬至後五天內見**庚子日**、春分後五天內見**庚午日**。
- 艮納丙，**坐艮山或丙山**，處暑後五天內見**乙卯日**、小雪後五天內見**癸酉日**，即是消滅煞。
- 巽納辛，**坐巽山或辛山**，霜降後五天內見**丙子日**、大雪後五天內見**丙午日**，即是消滅煞。
- 震納庚，坐庚山，大寒後五天內見**丁卯日**、穀雨後五天內見丁酉日，即是消滅煞。
- 兌納丁，**坐丁山**，雨水後五天內見**甲辰日**、小滿後五天內見**壬戌日**，即是消滅煞。
- 離納壬，**坐壬山**，夏至後五天內見**辛未日** 消滅煞
- 坎納癸，**坐癸山**，冬至後五天內見**庚午日** 消滅煞。

〔**獨白：以卦取納甲論廿四山，乃是九星堪輿之理論**〕

日流太歲。……旬內日辰納音剋山。

●宅壙若坐地支山方則以坐山取旬，陽山忌戊旬、陰山忌己旬。各旬十日內，若遇納音來剋山，即謂之〔**流太歲**〕；八干及乾坤艮巽十二山不論。凡犯流太歲之干支，其日忌修方、造葬。

●子山午向戊子旬，旬內無剋，故無此煞。
寅山申向戊寅旬，〔**庚辰、辛巳**〕白蠟金，為日流太歲。
辰山戌向戊辰旬，〔**戊辰、己巳**〕大林木，為日流太歲。
午山子向戊午旬，〔**壬戌、癸亥**〕大海水，為日流太歲。
申山寅向戊申旬，旬內無剋，故無此煞。
戌山辰向戊戌旬，〔**戊戌、己亥**〕平地木，為日流太歲。

●丑山未向己丑旬，〔**庚寅、辛卯**〕松柏木，為日流太歲。
卯山酉向己卯旬，〔**庚辰、辛巳**〕白蠟金，為日流太歲。
巳山亥向己巳旬，〔**丙子、丁丑**〕澗下水，為日流太歲。
未山丑向己未旬，〔**庚申、辛酉**〕石榴木，為日流太歲。
酉山卯向己酉旬，〔**戊午**〕天上火，為日流太歲。
亥山巳向己亥旬，〔**庚子**〕壁上土、〔**辛丑、戊申**〕大驛土，此三日為日流太歲。

六戊旬並納音一覽表

戊子旬	戊戌旬	戊申旬	戊午旬	戊辰旬	戊寅旬
戊子 霹靂火	戊戌 平地木	戊申 大驛土	戊午 天上火	戊辰 大林木	戊寅 城頭土
己丑 霹靂火	己亥 平地木	己酉 大驛土	己未 天上火	己巳 大林木	己卯 城頭土
庚寅 松柏木	庚子 壁上土	庚戌 釵釧金	庚申 石榴木	庚午 路傍土	庚辰 白蠟金
辛卯 松柏木	辛丑 壁上土	辛亥 釵釧金	辛酉 石榴木	辛未 路傍土	辛巳 白蠟金
壬辰 長流水	壬寅 金箔金	壬子 桑柘木	壬戌 大海水	壬申 劍鋒金	壬午 楊柳木
癸巳 長流水	癸卯 金箔金	癸丑 桑柘木	癸亥 大海水	癸酉 劍鋒金	癸未 楊柳木
甲午 沙中金	甲辰 覆燈火	甲寅 大溪水	甲子 海中金	甲戌 山頭火	甲申 井泉水
乙未 沙中金	乙巳 覆燈火	乙卯 大溪水	乙丑 海中金	乙亥 山頭火	乙酉 井泉水
丙申 山下火	丙午 天河水	丙辰 沙中土	丙寅 爐中火	丙子 澗下水	丙戌 屋上土
丁酉 山下火	丁未 天河水	丁巳 沙中土	丁卯 爐中火	丁丑 澗下水	丁亥 屋上土

六己旬並納音一覽表

己丑旬	己亥旬	己酉旬	己未旬	己巳旬	己卯旬
己丑 霹靂火	己亥 平地木	己酉 大驛土	己未 天上火	己巳 大林木	己卯 城頭土
庚寅 松柏木	庚子 壁上土	庚戌 釵釧金	庚申 石榴木	庚午 路傍土	庚辰 白蠟金
辛卯 松柏木	辛丑 壁上土	辛亥 釵釧金	辛酉 石榴木	辛未 路傍土	辛巳 白蠟金
壬辰 長流水	壬寅 金箔金	壬子 桑柘木	壬戌 大海水	壬申 劍鋒金	壬午 楊柳木
癸巳 長流水	癸卯 金箔金	癸丑 桑柘木	癸亥 大海水	癸酉 劍鋒金	癸未 楊柳木
甲午 沙中金	甲辰 覆燈火	甲寅 大溪水	甲子 海中金	甲戌 山頭火	甲申 井泉水
乙未 沙中金	乙巳 覆燈火	乙卯 大溪水	乙丑 海中金	乙亥 山頭火	乙酉 井泉水
丙申 山下火	丙午 天河水	丙辰 沙中土	丙寅 爐中火	丙子 澗下水	丙戌 屋上土
丁酉 山下火	丁未 天河水	丁巳 沙中土	丁卯 爐中火	丁丑 澗下水	丁亥 屋上土
戊戌 平地木	戊申 大驛土	戊午 天上火	戊辰 大林木	戊寅 城頭土	戊子 霹靂火

地燥火時。……時辰忌造葬。

●依廿四山取宮位起子時，以十二時辰順數

〔**巽、離、坤、乾、坎、艮**〕六宮，**震宮兌宮跳過**。

〔**離宮**〕所值時辰即是〔**天燥火時**〕，忌起造；

〔**坎宮**〕所值時辰即是〔**地燥火時**〕，忌埋葬。

●甲山、申山、酉山，震宮起子時；

寅時和申時是天燥火，巳時和亥時為〔地燥火〕。

●壬山、子山、巳山，從艮宮起子時；

寅時和申時是天燥火，巳時和亥時為〔地燥火〕。

●丙山、午山、亥山，離宮起子時；

子時和午時 天燥火，卯時及酉時 〔地燥火〕。

●癸山、未山、坤山，從兌宮起子時；

巳時與亥時 天燥火，寅時申時 〔地燥火〕。

●巽山、辛山、辰山，從坤宮起子時；

巳時與亥時 天燥火，寅時申時 〔地燥火〕。

●艮山、丁山、丑山，從坎宮起子時；

卯時與酉時 天燥火，子時午時 〔地燥火〕。

●乙山、乾山、戌山，震宮起子時；

丑時和未時 天燥火，辰時與戌時 〔地燥火〕。

●寅山、庚山、卯山，離宮開始起子時；

辰時與戌時 天燥火，丑時及未時 〔地燥火〕。

〔仙命選地立坐之忌煞〕

◎既論安葬，則亡人仙命就是太極點；

舉凡宅墳坐向以及所選日課，務須不得沖煞仙命。

◎仙命即是亡人〔**出生年干支**〕與〔**納音五行**〕。

◎陰墳安座立向之仙命忌煞大者有：

沖山、仙命殺、命座、命刑、纏身官符、

喪坑、喪窟、刺穴、刺害。

◎仙命安葬立坐忌煞一覽

甲寅水	甲辰火	甲午金	甲申水	甲戌火	甲子金	本命	出生年命干支〔納音〕
申	戌	子	寅	辰	午	沖山	仙命忌立沖本命之坐山。
丑	未	丑	未	丑	未	仙命殺	仙命忌立本命之歲殺方。
寅	辰	午	申	戌	子	命座	仙命忌立坐本命方。
巳	辰	午	巳	丑未	卯	命刑	仙命忌立坐本命三刑方。
巳	亥	巳	亥	巳	亥	纏身官符	仙命忌立坐本命亡神方。
甲	巽	丁	庚	乾	癸	喪坑	仙命座左鄰一山。
艮	乙	丙	坤	辛	壬	喪窟	仙命座右鄰 山。
土分金	水分金	火分金	土分金	水分金	火分金	刺穴	分金納音忌剋仙命納音
土山	水山	火山	土山	水山	火山	刺害	坐山正五行剋仙命納音。

命支	子	丑	寅	卯	辰	巳	午	未	申	酉	戌	亥
沖山	午	未	申	酉	戌	亥	子	丑	寅	卯	辰	巳
命座	子	丑	寅	卯	辰	巳	午	未	申	酉	戌	亥
命刑	卯	戌	巳	子	辰	寅申	午	戌	巳	酉	丑未	亥
喪坑	癸	艮	甲	乙	巽	丙	丁	坤	庚	辛	乾	壬
喪窟	壬	癸	艮	甲	乙	巽	丙	丁	坤	庚	辛	乾

命支	寅	午	戌	申	子	辰	巳	酉	丑	亥	卯	未
歲煞〔仙命殺〕	丑			未			辰			戌		
亡神〔纏身官符〕	巳			亥			申			寅		

本命	甲子金	甲戌火	甲申水	甲午金	甲辰火	甲寅水
沖山	午	辰	寅	子	戌	申
仙命殺	未	丑	未	丑	未	丑
命座	子	戌	申	午	辰	寅
命刑	卯	丑未	巳	午	辰	巳
纏身官符	亥	巳	亥	巳	亥	巳
喪坑	癸	乾	庚	丁	巽	甲
喪窟	壬	辛	坤	丙	乙	艮
刺穴	火分金	水分金	土分金	火分金	水分金	土分金
刺害	火山	水山	土山	火山	水山	土山

本命	乙丑金	乙亥火	乙酉水	乙未金	乙巳火	乙卯水
沖山	未	巳	卯	丑	亥	酉
仙命殺	辰	戌	辰	戌	辰	戌
命座	丑	亥	酉	未	巳	卯
命刑	戌	亥	酉	戌	寅申	子
纏身官符	申	寅	申	寅	申	寅
喪坑	艮	壬	辛	坤	丙	乙
喪窟	癸	乾	庚	丁	巽	甲
刺穴	火分金	水分金	土分金	火分金	水分金	土分金
刺害	火山	水山	土山	火山	水山	土山

沖山。……**沖山煞**。

●**仙命忌立沖本命之坐山**。

〔旁註：沖本命太歲即是歲破〕

●例如：甲子仙命，子午沖，安墳忌坐午山。

甲寅仙命，寅申沖，安墳忌坐申山。

丁巳土	丁未水	丁酉火	丁亥土	丁丑水	丁卯火	本命
亥	丑	卯	巳	未	酉	沖山
辰	戌	辰	戌	辰	戌	仙命殺
巳	未	酉	亥	丑	卯	命座
寅申	戌	酉	亥	戌	子	命刑
申	寅	申	寅	申	寅	纏身官符
丙	坤	辛	壬	艮	乙	喪坑
巽	丁	庚	乾	癸	甲	喪窟
木分金	土分金	水分金	木分金	土分金	水分金	刺穴
木山	土山	水山	木山	土山	水山	刺害

丙辰土	丙午水	丙申火	丙戌土	丙子水	丙寅火	本命
戌	子	寅	辰	午	申	沖山
未	丑	未	丑	未	丑	仙命殺
辰	午	申	戌	子	寅	命座
辰	午	巳	丑未	卯	巳	命刑
亥	巳	亥	巳	亥	巳	纏身官符
巽	丁	庚	乾	癸	甲	喪坑
乙	丙	坤	辛	壬	艮	喪窟
木分金	土分金	水分金	木分金	土分金	水分金	刺穴
木山	土山	水山	木山	土山	水山	刺害

仙命殺。……歲殺、歲煞。

●仙命忌立本命之歲殺方。

〔旁註：歲殺即是太歲三煞會方之一，必是辰戌丑未〕

●仙命三合起神煞，申子辰年歲殺在未、
寅午戌年歲殺在丑、亥卯未年歲殺在戌、
巳酉丑年歲殺在辰。

●例如：甲子仙命，安墳忌坐未山。

己未火	己酉土	己亥木	己丑火	己卯土	己巳木	本命
丑	卯	巳	未	酉	亥	沖山
戌	辰	戌	辰	戌	辰	仙命殺
未	酉	亥	丑	卯	巳	命座
戌	酉	亥	戌	子	寅申	命刑
寅	申	寅	申	寅	申	纏身官符
坤	辛	壬	艮	乙	丙	喪坑
丁	癸	乾	癸	甲	巽	喪窟
水分金	木分金	金分金	水分金	木分金	金分金	刺穴
水山	木山	金山	水山	木山	金山	刺害

戊午火	戊申土	戊戌木	戊子火	戊寅土	戊辰木	本命
子	寅	辰	午	申	戌	沖山
丑	未	丑	未	丑	未	仙命殺
午	申	戌	子	寅	辰	命座
午	巳	丑未	卯	巳	辰	命刑
巳	亥	巳	亥	巳	亥	纏身官符
丁	庚	乾	癸	甲	巽	喪坑
丙	坤	辛	壬	艮	乙	喪窟
水分金	木分金	金分金	水分金	木分金	金分金	刺穴
水山	木山	金山	水山	木山	金山	刺害

命座。……命座殺，本命地支。

●**仙命忌立坐本命方。**

●例如：甲子仙命，安墳忌坐子山。

〔旁註：坐山忌與仙命地支同字〕

庚申木	庚戌金	庚子土	庚寅木	庚辰金	庚午土	本命
寅	辰	午	申	戌	子	沖山
未	丑	未	丑	未	丑	仙命殺
申	戌	子	寅	辰	午	命座
巳	丑未	卯	巳	辰	午	命刑
亥	巳	亥	巳	亥	巳	纏身官符
庚	乾	癸	甲	巽	丁	喪坑
坤	辛	壬	艮	乙	丙	喪窟
金分金	火分金	木分金	金分金	火分金	木分金	刺穴
金山	火山	木山	金山	火山	木山	刺害

辛酉木	辛亥金	辛丑土	辛卯木	辛巳金	辛未土	本命
卯	巳	未	酉	亥	丑	沖山
辰	戌	辰	戌	辰	戌	仙命殺
酉	戌	丑	卯	巳	未	命座
酉	亥	戌	子	寅申	戌	命刑
申	寅	申	寅	申	寅	纏身官符
辛	壬	艮	乙	丙	坤	喪坑
庚	乾	癸	甲	巽	丁	喪窟
金分金	火分金	木分金	金分金	火分金	木分金	刺穴
金山	火山	木山	金山	火山	木山	刺害

命刑。……本命三刑。

●**仙命忌立坐本命三刑方。**

●丑戌未三刑、寅申巳三刑、子卯刑，
辰辰刑、午午刑、酉酉刑、亥亥刑。

〔旁註：寅申相逢論沖而取**沖山煞**。
辰、午、酉、亥，論自刑〕

癸亥水	癸丑木	癸卯金	癸巳水	癸未木	癸酉金	本命
巳	未	酉	亥	丑	卯	沖山
戌	辰	戌	辰	戌	辰	仙命殺
亥	丑	卯	巳	未	酉	命座
亥	戌	子	寅申	戌	酉	命刑
寅	申	寅	申	寅	申	纏身官符
壬	艮	乙	丙	坤	辛	喪坑
乾	癸	甲	巽	丁	庚	喪窟
土分金	金分金	火分金	土分金	金分金	火分金	刺穴
土山	金山	火山	土山	金山	火山	刺害

壬戌水	壬子木	壬寅金	壬辰水	壬午木	壬申金	本命
辰	午	申	戌	子	寅	沖山
丑	未	丑	未	丑	未	仙命殺
戌	子	寅	辰	午	申	命座
丑未	卯	巳	辰	午	巳	命刑
巳	亥	巳	亥	巳	亥	纏身官符
乾	癸	甲	巽	丁	庚	喪坑
辛	壬	艮	乙	丙	坤	喪窟
土分金	金分金	火分金	土分金	金分金	火分金	刺穴
土山	金山	火山	土山	金山	火山	刺害

纏身官符。……仙命亡神。

●仙命忌立坐本命亡神方。

〔旁註：亡神即是本命三合五行祿位方〕

〔**獨白：部分通書逕稱〈官符〉，容易混淆，不宜**〕

喪坑與喪窟。……喪坑煞、喪窟煞。

●喪坑與喪窟，與命座相同，忌作坐山。

●命座左鄰一山，是為喪坑；
　命座右鄰一山，是為喪窟。

●例如：仙命甲子，以子山為命座；
　則左鄰之癸山為喪坑、右鄰之壬山是喪窟。

●例如：仙命丁巳，以巳山為命座；
　則左鄰之丙山為喪坑、右鄰之巽山是喪窟。

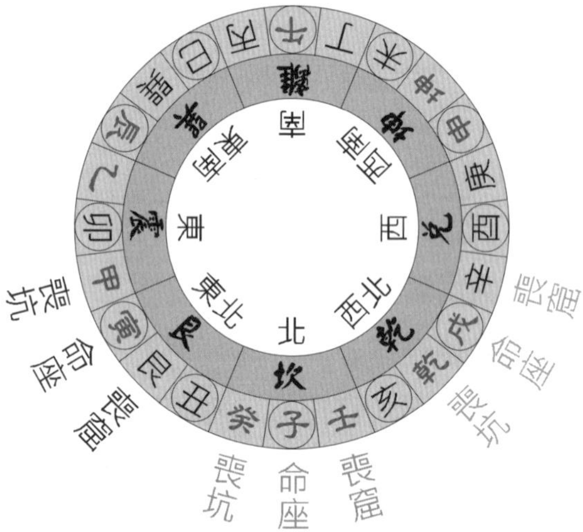

刺穴、刺穴殺。……刺穴煞。參考酌用。

●〈**仙命遁出納音金，分金屬火剋來侵；**

山旺龍真原非怕，轉針挨度用看欽〉。

●坐山分金納音五行忌剋仙命納音，若剋即犯**刺穴殺**。

例如：甲子仙命納音金，安墳立座乾山，

若取甲戌分金，就是刺穴殺。宜稍偏而取丙戌分金，

丙戌納音土，土生金而大吉。

●刺穴殺並不見於**《協紀辨方書》**，屬於民間俗忌說法，

不必過於在意，可以不與理會。

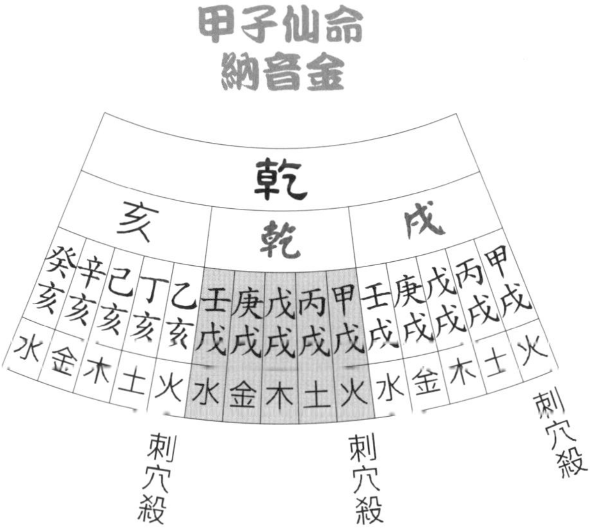

刺害、刺害殺。……刺害煞。參考酌用。

●〈金命亡人忌火山，金山木命禍相關；

水命土出君忌取，水山火命主艱難。

土命火山為大禍，最凶緊記莫為閒；

教君刺害相休犯，犯著之時禍百端〉

●坐山正五行若剋仙命納音五行，即是**刺害殺**。

例如：庚寅仙命納音木，若安墳立座乾金山，

金剋木，就是犯了**刺害殺**。

●刺害殺並不見於《協紀辨方書》，屬於民間俗忌說法，

不必過於在意，可以不與理會。

〔安葬選擇吉日〕

◎現代葬儀，舉凡：**入殮、封棺、移柩**，

土葬之〔**發引、落壙**〕，火葬之〔**進爐燒化、晉塔**〕，

俱須選擇良辰吉時；

通取吉神之〔**鳴吠日、吠對日、不守塚日**〕。

◎喪葬專用吉神一覽表

月支	寅	卯	辰	巳	午	未	申	酉	戌	亥	子	丑
鳴吠日	甲申、乙酉、丙午、丙申、丁酉、己酉、庚寅 庚午、庚申、辛酉、壬寅、壬午、壬申、癸酉											
吠對日	甲寅、甲午、乙卯、丙子、丙寅、丁卯 庚子、辛卯、壬子、癸卯											
不守塚日	甲午、甲申、乙未、乙酉、丙午、丙申 丁未、丁酉、戊寅、戊申、己卯、己酉 庚午、庚申、辛未、辛酉 壬寅、壬申、癸卯、癸酉											
不守塚月	二月、四月、八月、十月、十一月、十二月											

嗚吠日。……

●**嗚吠日**，共計十四日：

甲申、乙酉、丙午、丙申、丁酉、己酉、庚寅、
庚午、庚申、辛酉、壬寅、壬午、壬申、癸酉。

●**嗚吠日**，宜於安葬，利於亡靈安穩。

吠對日。……

●**嗚吠對日**，共計十日：

甲寅、甲午、乙卯、丙子、丙寅、丁卯、
庚子、辛卯、壬子、癸卯。

●**嗚吠對日**，宜於安葬，利於亡靈安穩。

不守塚日、不守塚月。……針對土葬。

●**不守塚日**，共計二十日：

甲午、甲申、乙未、乙酉、丙午、丙申、丁未、丁酉、
戊寅、戊申、己卯、己酉、庚午、庚申、辛未、辛酉、
壬寅、壬申、癸卯、癸酉。

●宜破土、啟攢、修墳、改墓、造拜壇、安葬吉。

〔**獨白：主要是針對土葬或修墳，必須動到地氣者。**
據信任何土地皆有地靈守護，
其日地靈他遊，其地不守塚，任動無妨〕

〔安葬避諱凶日〕

◎避凶之例，有通論忌日、忌時，
　也有日課四柱俱忌，更有仙命忌諱之辰。
〔**獨白：正四廢及四絕日，通論諸事不宜，**
　　　　惟入殮、移柩、安葬不忌〕
◎**不宜舉行葬儀之忌煞日辰**：
　〔**真滅沒日、四離日**〕，
　更忌〔**破、收、開日**〕與〔**月殺日**〕。
　次忌〔**白虎黑道日、受死日、羅天大退日**〕。
　俗忌〔**重日【大重】、重喪日【復日】、三喪日、**
　　　　橫天朱雀日〕。
〔**獨白：《協紀辨方》又忌四忌、四窮、五墓**〕
◎若是土葬，又有動及地氣之
　〔**遊山白虎、地中白虎、食骨白虎**〕，若犯可制。
◎又有不利於地理師、禮儀師之〔**正八座日**〕與
　〔**八座凶日**〕，通常該日避開喪葬儀式。

◎安葬避諱凶日

月支	寅	卯	辰	巳	午	未	申	酉	戌	亥	子	丑
真滅沒日	初一，朔日，逢角木蛟 初15，望日，逢亢金龍 初16、17，盈日，逢牛金牛 初七、初八、初九，上弦日，逢虛日鼠 初22、23、24，下弦日，逢虛日鼠 初26、27、28，虛日，逢鬼金牛											
四離日	春分前一日			夏至前一日			秋分前一日			冬至前一日		
破日〔月破〕〔大耗〕	申	酉	戌	亥	子	丑	寅	卯	辰	巳	午	未
	建除十二神煞。〔大耗〕同位。											
收日〔勾絞〕〔八座凶日〕	亥	子	丑	寅	卯	辰	巳	午	未	申	酉	戌
	建除十二神煞。〔陽月河魁、陰月天罡〕〔八座同位〕											
開日〔生氣〕	子	丑	寅	卯	辰	巳	午	未	申	酉	戌	亥
	建除十二神煞。 生氣吉神同位											
月煞〔月三殺〕	丑	戌	未	辰	丑	戌	未	辰	丑	戌	未	辰
白虎〔天馬〕	午	申	戌	子	寅	辰	午	申	戌	子	寅	辰
	黑道煞日 〔天馬吉日同位〕											
受死	戌	辰	亥	巳	子	午	丑	未	寅	申	卯	酉
	九吉三凶〔禱祀致祭〕。											
重日	〔大重凶日〕巳日及亥日											
重喪日(復日)	甲	乙	戊	丙	丁	己	庚	辛	戊	壬	癸	己
三喪日	辰			未			戌			丑		

真滅沒日。……

◎弦日逢虛晦遇婁，朔日遇角望亢求；

虛鬼盈牛為滅沒，百事逢之定是休。

●農曆每月初一**朔日**，逢廿八宿**角**星值日，是滅沒日。

●農曆每月月終之**晦日**，逢廿八宿**婁**星值日，是滅沒日。

〔旁註：**晦日**，每月的月終，也就是最後一天。

不分大小月，只要月尾出現**婁**宿值日即是〕

●農曆每月初十五**望日**，逢廿八宿**亢**星值日，是滅沒日。

〔旁註：**望日**，月相圓滿，也就是滿月〕

●農曆每月初十六、初十七**盈日**，

逢廿八宿**牛**星值日，就是滅沒日。

〔旁註：**盈日**，望日之後，月相比較充盈的日子〕

●**弦日**，逢廿八宿中**虛**星值日，就是滅沒日。

〔旁註：**弦日**六天，上弦三天、下弦三天。

農曆每月初七、初八，初九是上弦日，

上弦是月盈及一半；

每月初22、初23、初24，是下弦日，

下弦是月虛及一半〕

〔獨白：2023年歲次癸卯，四月廿四庚子日，

《弦日逢虛宿為真滅沒日，大凶勿用》〕

●**虛日**，逢廿八宿中**鬼**星值日，就是滅沒日。

〔旁註：**虛日**乃接近月尾之日，為農曆每月二十六、
二十七，二十八。月虛一半，其後漸虛。
鬼星值日亦不分大小月〕

四離日。……

●四離日，既主離心離德，凶事之安葬入殮，亦是不取。

〔**獨白：通常四離四絕共論。**
然四絕日，乃四季轉換、前季氣絕之日，
與凶事之安葬入殮之事相應，通常不忌；
然仍須參照其他神煞論宜忌〕

破日。……建除十二神。

●破日，即與月令相沖，通稱**月破**。

●破日，取其**打破、突破、破壞**之義，
宜於**破壞原狀、突破僵局**之事務，其他事務俱是不吉。

●**造葬、喪葬、破土、除服、成除服，**
俱是凶事，忌用〔**破日**〕。

〔旁註：凶事宜安靜、避免觸動〕

〔旁註：奔喪或為他人服喪之解喪為**除服**。
親喪後作百日或作對年，子孫除靈喪解服之事，
就稱為**成除服**〕

收日。……建除十二神。

●收，取其事務已經完備、已有所成、有所收穫，
事情可以告一段落，應有所**收拾、收斂、放緩**，
期待下一步之發展之事務，俱宜〔**收日**〕。

●**破土、喪葬**之事，不宜取〔**收日**〕。

〔旁註：**收**有發生接受之義，收日只是告一段落，
尚有後續發展，喪葬凶事俱不期待再其發生，
更遑言還有後續〕

開日。……建除十二神。

●開日，取其**打開、開展、開始、再生**之義；
破土及安葬，乃有**收藏、收穫**意義或不淨之事，
選〔**開日**〕則凶。

月殺日。……月煞日。

●取**月支三合中間旺字，其對沖位的順數下一位，
即是月殺，又稱月煞。**

〔旁註：其理與太歲流年論**歲煞**相同〕

●申子辰月，月殺在未；寅午戌月，月殺在丑；
亥卯未月，月殺在戌；巳酉丑月，月殺在辰。

白虎黑道。……天殺星。

●白虎主武力、狠毒、血光、死喪，有天殺星之名。

●白虎方不宜前往，前往則多犯血光刑傷；

白虎凶日宜安靜，忌〔**破土**與**安葬**〕

〔旁註：若犯，麟符制〕

受死日。……

●受死凶日，實取義自〔**九吉三凶**〕之日。

〔**九吉三凶**〕乃對〔**禱祀致祭**〕一事所設神煞：

三凶即〔**龍虎、罪至與受死**〕，俱忌禱祀致祭之事。

●〔**受死**〕凶日，特忌進行喪葬事宜。

重日、大重。……大重凶日。

●重日，或稱大重日，也就是巳日與亥日。

●凡逢巳日及亥日既行喪葬事宜，

則恐重複舉辦喪事，因此趨避。

〔獨白：事實上，巳時跟亥時俱是舉行喪葬法會的

熱門時段，與日辰相沖則是日破、諸事不宜〕

重喪日、復日。……重喪復日

◎傳統習俗上認為：親人過世的日子或是出殯的日子，
若正好是**重喪**日，那就犯了多重喪事。
三百日內可能會導致家人親戚再逢傷損。

●重喪日，有多種起例，事不專一，然通論起例如下：
寅月甲日、卯月乙日、辰月戊日、巳月丙日、
午月丁日、未月己日、申月庚日、酉月辛日、
戌月戊日、亥月壬日、子月癸日、丑月己日。

〔旁註：凡逢月建藏干主氣即是重喪〕

●例如：2023 歲次癸卯，
2 月初六甲寅日，仍屬寅月，甲寅日值論為重喪。
2 月 15 癸亥交節驚蟄屬卯月，
2 月 17 乙丑日、2 月 27 乙亥日，俱是重喪。

三喪日。……

◎傳統習俗上認為：親人過世的日子或是出殯的日子，
若正好是**三喪**日，那就犯了多重喪事。
三百日內可能會導致家人親戚再逢傷損、連損三人。

◎春龍滾滾夏羊肥，秋犬冬牛主事虧。
埋葬若犯三喪煞，三口同埋共一堆。
春上逢辰日，夏天逢未日，
秋天逢戌日，冬天逢丑日。

●**三喪**日就是：

春季寅卯辰月逢辰日、夏季巳午未月逢未日、

秋季申酉戌月逢戌日、冬季亥子丑月逢丑日。

●例如：2023 歲次癸卯，2 月初 20 戊辰日、

閏 2 月初二庚辰日、3 月初九丙辰日，俱犯三喪。

羅天大退日、大退日。……

●**初一休逢鼠，初三莫逢羊；初五馬頭上，初九問雞鄉。**

十一勿遇兔，十三虎在旁；十七牛耕地，廿一鼠絕糧。

廿五怕犬吠，廿七虎遭傷；廿九猴做戲，日退最難當。

月支	寅	卯	辰	巳	午	未	申	酉	戌	亥	子	丑
大退日（羅天大退）	初一逢子日	初三逢未日	初五逢午日	初九逢酉日	十一逢卯日	十三逢寅日	十七逢丑日	廿一逢子日	廿五逢戌日	廿七逢卯日	廿九逢申日	

●一般的說法，大退日是五行不足之氣，

其日若有動作，則運氣退步很大。

橫天朱雀日。……紅嘴朱雀日。

●每月都有橫天朱雀，又稱紅嘴朱雀日；
所謂〈**十七不出靈、十八不安葬，出靈埋葬守雙堂**〉，
每月初十七或初十八忌舉行葬儀，犯則多主疾病。

月支	寅	卯	辰	巳	午	未	申	酉	戌	亥	子	丑
橫天朱雀	初一不嫁娶，初九不上樑； 十七不出靈，十八不安葬；二十五不搬家。											

地中虎、遊山虎、食骨虎。……土葬特忌。

●若是土葬則涉及壙穴地氣，斟酌忌避。

●犯遊山虎、食骨虎，爐火可制。

〔旁註：爐火制法：以金紙點燃、揮灑清淨壙穴〕

●犯地中虎，麟符可制。

月支	寅	卯	辰	巳	午	未	申	酉	戌	亥	子	丑
地中白虎	巳	辰	卯	寅	丑	子	亥	戌	酉	申	未	午
遊山白虎	卯	子	酉	午	卯	子	酉	午	卯	子	酉	午
食骨白虎	庚午、甲午、乙未、丁未、戊申											

正八座日。……殺師日、煞師日。

●正八座日，又稱殺師日，或煞師日。

事實上該日並非安葬忌日，乃地理師的公休日。

地理師當日不為人看風水，否則地師本身有禍；

甚至發展成當日不為人擇日、回答相關問題。

〔旁註：既是煞師日，主祭禮儀師亦忌；

當日還是論不宜喪葬吧！〕

●正八座日，乃以年取日：

子年癸酉日、丑年甲戌日、寅年丁亥日、

卯年甲子日。辰年乙丑日、巳年甲寅日、

午年丁卯日、未年甲辰日。申年己巳日、

酉年甲午日、戌午丁未日、亥年甲申日。

月支	寅	卯	辰	巳	午	未	申	酉	戌	亥	子	丑
正八座日（殺師日）	癸酉	甲戌	丁亥	甲子	乙丑	甲寅	丁卯	甲辰	己巳	甲午	丁未	甲申

〔仙命安葬擇日忌煞〕

◎仙命安葬擇日忌煞一覽

本命	甲子金	甲戌火	甲申水	甲午金	甲辰火	甲寅水	說明
相沖	午	辰	寅	子	戌	申	日時忌沖本命地支
三殺	未	丑	未	丑	未	丑	〔只論日時的**天罡四殺**〕〔仙命三合之歲殺，日課日時忌見〕
回頭貢殺	○	亥卯未全	○	○	巳酉丑全	○	日課忌三字全〔只論辰戌丑未仙命〕
三刑	卯	丑未	巳	午	辰	巳	本命地支的三刑
箭刃	卯酉	卯酉	卯酉	卯酉	卯酉	卯酉	日課忌本命羊刃飛刃兩見〔本命天干察日課〕
天官符	乙亥	己巳	乙亥	己巳	乙亥	己巳	本命三合之臨官地支日，五虎遁出天干日。
入地空亡	庚午	庚午	庚午	庚午	庚午	庚午	【依歌訣起義】〔忌日無忌時〕
掃地空亡	戊午 己未	乙卯 壬辰	己酉 丙戌	戊子 己丑	丙子 丁未	庚子 辛丑	【依歌訣起義日支】日辰納音剋仙命納音〔忌日無忌時〕
寸土無光	戊午	壬辰	戊寅	戊子	壬戌	戊申	日支相沖、納音剋仙命〔忌日無忌時〕
祿去空亡	丙寅	丙寅	丙寅	丙寅	丙寅	丙寅	【仙命坐祿而論空之日辰】仙命起五虎遁至祿位。
冷地空亡 ①	戊子	戊子	戊子	戊子	戊子	戊子	【依歌訣起義】日辰納音剋仙命納音〔制化可用〕〔忌日無忌時〕
冷地空亡 ②	戊子 戊午	丙子 丙午	庚子 庚午	戊子 戊午	丙子 丙午	庚子 庚午	

◎論擇日，通論：

所選日辰忌沖犯仙命年庚的〔**地支相沖、歲殺、三刑**〕。

所選日課忌沖犯仙命年庚的〔**回頭貢殺、箭刃**〕。

日時忌沖仙命地支。……

●子午沖、卯酉沖、寅申沖、巳亥沖、辰戌沖、丑未沖。

仙命支	子	丑	寅	卯	辰	巳	午	未	申	酉	戌	亥
相沖〔六沖〕	午	未	申	酉	戌	亥	子	丑	寅	卯	辰	巳
	〔日時忌見〕											

日時忌犯仙命三殺。……三殺實僅指歲殺。

●仙命三合旺字對沖之三會方，順序是為：

〔**劫煞、災煞、歲煞**〕，通稱三殺或三煞。

●喪葬僅論〔**歲煞**〕，然通書將**歲煞**逕稱〔**三殺**〕。

仙命支	子	丑	寅	卯	辰	巳	午	未	申	酉	戌	亥
三殺（歲殺日）	未	辰	丑	戌	未	辰	丑	戌	未	辰	丑	戌
	〔日時忌見〕											

日辰忌犯仙命三刑。……

●寅申巳三刑、丑戌未三刑、子卯刑、
辰辰自刑、午午自刑、亥亥自刑、酉酉自刑。

仙命支	子	丑	寅	卯	辰	巳	午	未	申	酉	戌	亥
三刑	卯	戌未	巳	子	辰	寅申	午	戌	巳	酉	丑未	亥

●喪葬，日辰忌刑仙命，時辰不忌。

〔旁註：寅申、丑未，論沖不論刑〕

日課忌犯回頭貢殺。……

●仙命地支見〔辰、戌、丑、未〕，方論回頭貢殺。

●〔**辰**〕命忌見日課〔**巳酉丑**〕三字全，全即是貢殺。

●〔**戌**〕命忌見日課〔**亥卯未**〕三字全，全即是貢殺。

●〔**丑**〕命忌見日課〔**寅午戌**〕三字全，全即是貢殺。

●〔**未**〕命忌見日課〔**申子辰**〕三字全，全即是貢殺。

仙命支	子	丑	寅	卯	辰	巳	午	未	申	酉	戌	亥
回頭貢殺 日課忌 三字全		寅午戌			巳酉丑			申子辰			亥卯未	

〔旁註：**回頭貢殺**，實際上是以**三殺**之**歲殺**反推。
歲殺乃仙命三合旺字對沖之會方墓庫位見四墓，
回頭貢殺則仙命辰戌丑未以會方反推三合字〕

日課忌犯〔箭刃〕。……

●以仙命天干取**羊刃**，簡稱**刃**；
沖羊刃之字為**飛刃**，簡稱**箭**。

●喪葬日課忌**陽刃飛刃俱現**，是為犯**箭刃**。

仙命干	甲	乙	丙	丁	戊	己	庚	辛	壬	癸
羊刃 (刃)	卯	辰	午	未	午	未	酉	戌	子	丑
飛刃 (箭)	酉	戌	子	丑	子	丑	卯	辰	午	未

日辰干支勿〔天官符〕。……又稱纏身官符。

◎**申子辰亥上不動塵，寅午戌蛇頭動紙筆；**
巳酉丑逢申便轉手，亥卯未逢寅切須忌。

●本命三合之臨官地支日，五虎遁出天干日，干支合計。

●例如：甲子仙命，子命三合水祿在**亥**；甲命丙起寅，
數至亥祿是**乙**；故而**天官符**為**乙亥**，忌乙亥日擇葬。

●例如：壬申仙命，申命三合水祿在**亥**；壬命壬起寅，
數至亥祿是**辛**；故而**天官符**為**辛亥**，忌辛亥日擇葬。

日辰干支勿犯〔入地空亡〕。……僅忌日辰。

◎甲己亡命妨庚午，乙庚亡命怕庚辰；

丙辛庚寅亡命忌，丁壬庚戌日時嗔；

戊癸庚申俱莫犯，亡人入地空見迍。

●**以仙命天干起五虎遁，遁至庚日即是入地空亡。**

甲己命入地空亡為**庚午**日，**乙庚**命入地空亡為**庚辰**日；

丙辛命入地空亡為**庚寅**日，**丁壬**命入地空亡為**庚戌**日；

戊癸命入地空亡為**庚申**日。

仙命干	甲	乙	丙	丁	戊	己	庚	辛	壬	癸
入地空亡	庚午	庚辰	庚寅	庚戌	庚申	庚午	庚辰	庚寅	庚戌	庚申

日辰干支勿犯〔掃地空亡〕。……僅忌日辰。

◎亥戌未命忌卯辰，巳辰子命忌午未；

寅午卯命子丑是，申酉丑命酉戌真。

●掃地空亡，依歌訣取日辰地支；

日辰干支納音若剋仙命納音，

即是真〔**掃地空亡**〕。

●例如：依歌訣，甲子仙命的掃地空亡地支為**午未**，
然日辰地支〔午未〕而納音屬火來剋〔甲子金〕的，
只有〔**戊午**〕與〔**已未**〕而已；
則甲子仙命的掃地空亡日辰，即是〔**戊午**〕與〔**已未**〕，
忌擇其日舉行喪葬。

〔旁註：祿馬、貴人、帝星、太陽或山方生旺，可解〕

〔獨白：民間喪葬之落壙空亡又名貼身空亡，
死犯名落枕空亡，葬犯名掃地空亡〕

仙命〔納音〕	**甲子**(金)	**甲戌**(火)	**甲申**(水)	**甲午**(金)	**甲辰**(火)	**甲寅**(水)	**乙丑**(金)	**乙亥**(火)	**乙酉**(水)	**乙未**(金)	**乙巳**(火)	**乙卯**(水)
冷地空亡(2)	戊子、戊午	丙子、丙午	庚子、庚午	戊子、戊午	丙子、丙午	庚子、庚午	丙寅、丙申	甲寅、甲申	戊寅、戊申	丙寅、丙申	甲寅、甲申	戊寅、戊申

仙命〔納音〕	**丙寅**(火)	**丙子**(水)	**丙戌**(土)	**丙申**(火)	**丙午**(水)	**丙辰**(土)	**丁卯**(火)	**丁丑**(水)	**丁亥**(土)	**丁酉**(火)	**丁未**(水)	**丁巳**(土)
冷地空亡(2)	乙卯、乙酉	己卯、己酉	辛卯、辛酉	乙卯、乙酉	己卯、己酉	辛卯、辛酉	丁丑、丁未	辛丑、辛未	癸丑、癸未	丁丑、丁未	辛丑、辛未	癸丑、癸未

仙命〔納音〕	戊辰(木)	戊寅(土)	戊子(火)	戊戌(木)	戊申(土)	戊午(火)	己巳(木)	己卯(土)	己丑(火)	己亥(木)	己酉(土)	己未(火)
冷地空亡(2)	庚辰、庚戌	戊辰、戊戌	壬辰、壬戌	庚辰、庚戌	戊辰、戊戌	壬辰、壬戌	甲子、甲午	壬子、壬午	丙子、丙午	甲子、甲午	壬子、壬午	丙子、丙午

仙命〔納音〕	庚午(土)	庚辰(金)	庚寅(木)	庚子(土)	庚戌(金)	庚申(木)	辛未(土)	辛巳(金)	辛卯(木)	辛丑(土)	辛亥(金)	辛酉(木)
冷地空亡(2)	庚寅、庚申	丙寅、丙申	壬寅、壬申	庚寅、庚申	丙寅、丙申	壬寅、壬申	辛卯、辛酉	丁卯、丁酉	癸卯、癸酉	辛卯、辛酉	丁卯、丁酉	癸卯、癸酉

仙命〔納音〕	壬申(金)	壬午(木)	壬辰(水)	壬寅(金)	壬子(木)	壬戌(水)	癸酉(金)	癸未(木)	癸巳(水)	癸卯(金)	癸丑(木)	癸亥(水)
冷地空亡(2)	己丑、己未	乙丑、乙未	辛丑、辛未	己丑、己未	乙丑、乙未	辛丑、辛未	甲辰、甲戌	庚辰、庚戌	丙辰、丙戌	甲辰、甲戌	庚辰、庚戌	丙辰、丙戌

日辰干支勿犯〔寸土無光〕。……僅忌日辰。

仙命〔納音〕	甲子(金)	甲戌(火)	甲申(水)	甲午(金)	甲辰(火)	甲寅(水)	乙丑(金)	乙亥(火)	乙酉(水)	乙未(金)	乙巳(火)	乙卯(水)
寸土無光	戊午	壬辰	戊寅	戊子	壬戌	戊申	己未	癸巳	己卯	己丑	癸亥	己酉

仙命〔納音〕	丙寅(火)	丙子(水)	丙戌(土)	丙申(火)	丙午(水)	丙辰(土)	丁卯(火)	丁丑(水)	丁亥(土)	丁酉(火)	丁未(水)	丁巳(土)
寸土無光	甲申	庚午	戊辰	甲寅	庚子	戊戌	乙酉	辛未	己巳	乙卯	辛丑	己亥

仙命〔納音〕	戊辰(木)	戊寅(土)	戊子(火)	戊戌(木)	戊申(土)	戊午(火)	己巳(木)	己卯(土)	己丑(火)	己亥(木)	己酉(土)	己未(火)
寸土無光	庚戌	庚申	丙午	庚辰	庚寅	丙子	辛亥	辛酉	丁未	辛巳	辛卯	丁丑

仙命〔納音〕	庚午(土)	庚辰(金)	庚寅(木)	庚子(土)	庚戌(金)	庚申(木)	辛未(土)	辛巳(金)	辛卯(木)	辛丑(土)	辛亥(金)	辛酉(木)
寸土無光	壬子	甲戌	壬申	壬午	甲辰	壬寅	癸丑	乙亥	癸酉	癸未	乙巳	癸卯

仙命〔納音〕	壬申(金)	壬午(木)	壬辰(水)	壬寅(金)	壬子(木)	壬戌(水)	癸酉(金)	癸未(木)	癸巳(水)	癸卯(金)	癸丑(木)	癸亥(水)
寸土無光	丙寅	甲子	丙戌	丙申	甲午	丙辰	丁卯	乙丑	丁亥	丁酉	乙未	丁巳

◎亡人若是地支沖，納音來患或重重；

寸土無光真可怕，亡人受剋子孫窮。

●日支沖仙命，同時日辰納音剋仙命納音，
就是〔**寸土無光**〕，只忌日無忌時。

●例如：**甲子**海中金仙命，遇日辰**戊午**天上火，
日辰午來沖仙命子，納音火來剋金，
即是〔**寸土無光**〕而忌用。

日辰干支勿犯〔祿去空亡〕。……

●用仙命起五虎遁，遁至祿位即是〔**祿去空亡**〕。

●例如：甲子仙命，甲祿在寅，五虎遁丙起寅，
丙寅即是祿去空亡，忌其日舉行喪葬。

●例如：辛卯仙命，辛祿在酉，五虎遁丙起寅，
遁至〔**酉**〕位得〔**丁**〕，〔**丁酉**〕即是祿去空亡。

仙命干	**甲**	**乙**	**丙**	**丁**	**戊**	**己**	**庚**	**辛**	**壬**	**癸**
祿去空亡	丙寅	己卯	癸巳	丙午	丁巳	庚午	甲申	丁酉	辛亥	甲子

日辰干支勿犯〔冷地空亡〕。……土葬入壙方論。

●冷地空亡只在土葬入壙方論，若犯則制化可用。

制化法：**進葬前以金紙點燃、清淨溫暖壙穴**。

●冷地空亡有兩訣兩義。

●訣1，以命干逕取日辰：

〈甲人戊子己壬午，乙人戊寅庚甲申；

丙人辛酉辛乙卯，丁人癸丑壬辛未；

戊人丙辰癸丙戌，不可混說本三臺。〉

仙命干	甲	乙	丙	丁	戊	己	庚	辛	壬	癸
冷地空亡(1)	戊子	戊寅	辛酉	癸丑	丙辰	壬午	甲申	乙卯	辛未	丙戌

●訣2，以命干取地支，並日辰納音剋仙命納音取義。

〈甲己子午當，乙庚寅申逢；

丁壬丑未空，戊癸辰戌上；

丙辛卯酉位，音無剋不妙。〉

例如：仙命甲，冷地空亡地支在子或午。

甲子生命納音海中金，冷地空亡〔**戊子、戊午**〕。

甲戌仙命納音山頭火，冷地空亡〔**丙子、丙午**〕。

〔旁註：論納音，戊子霹靂火、戊午天上火，

丙子澗下水、丙午天河水〕

仙命〔納音〕	甲子(金)	甲戌(火)	甲申(水)	甲午(金)	甲辰(火)	甲寅(水)	乙丑(金)	乙亥(火)	乙酉(水)	乙未(金)	乙巳(火)	乙卯(水)
冷地空亡(2)	戊子、戊午	丙子、丙午	庚子、庚午	戊子、戊午	丙子、丙午	庚子、庚午	丙寅、丙申	甲寅、甲申	戊寅、戊申	丙寅、丙申	甲寅、甲申	戊寅、戊申

仙命〔納音〕	丙寅(火)	丙子(水)	丙戌(土)	丙申(火)	丙午(水)	丙辰(土)	丁卯(火)	丁丑(水)	丁亥(土)	丁酉(火)	丁未(水)	丁巳(土)
冷地空亡(2)	乙卯、乙酉	己卯、己酉	辛卯、辛酉	乙卯、乙酉	己卯、己酉	辛卯、辛酉	丁丑、丁未	辛丑、辛未	癸丑、癸未	丁丑、丁未	辛丑、辛未	癸丑、癸未

仙命〔納音〕	戊辰(木)	戊寅(土)	戊子(火)	戊戌(木)	戊申(土)	戊午(火)	己巳(木)	己卯(土)	己丑(火)	己亥(木)	己酉(土)	己未(火)
冷地空亡(2)	庚辰、庚戌	戊辰、戊戌	壬辰、壬戌	庚辰、庚戌	戊辰、戊戌	壬辰、壬戌	甲子、甲午	壬子、壬午	丙子、丙午	甲子、甲午	壬子、壬午	丙子、丙午

仙命〔納音〕	庚午(土)	庚辰(金)	庚寅(木)	庚子(土)	庚戌(金)	庚申(木)	辛未(土)	辛巳(金)	辛卯(木)	辛丑(土)	辛亥(金)	辛酉(木)
冷地空亡(2)	庚寅、庚申	丙寅、丙申	壬寅、壬申	庚寅、庚申	丙寅、丙申	壬寅、壬申	辛卯、辛酉	丁卯、丁酉	癸卯、癸酉	辛卯、辛酉	丁卯、丁酉	癸卯、癸酉

仙命〔納音〕	壬申(金)	壬午(木)	壬辰(水)	壬寅(金)	壬子(木)	壬戌(水)	癸酉(金)	癸未(木)	癸巳(水)	癸卯(金)	癸丑(木)	癸亥(水)
冷地空亡(2)	己丑、己未	乙丑、乙未	辛丑、辛未	己丑、己未	乙丑、乙未	辛丑、辛未	甲辰、甲戌	庚辰、庚戌	丙辰、丙戌	甲辰、甲戌	庚辰、庚戌	丙辰、丙戌

【劉賁按】

◎冷地空亡，只有土葬方論，且只要進葬前以金紙點燃、清淨溫暖壙穴即解。若將清淨暖壙列為土葬必要程序，事實上不必關注冷地空亡之煞。

〔葬儀選擇實務〕

◎葬儀中的各項重要禮節，依序是〔**接棺、入棺、停柩**〕與〔封棺、還山〕，注意事項除了良辰吉時之外，還有方位之宜忌，這些在一般通書內皆有揭露。

接棺。……接板。

●又稱〔**接板**〕，也就是家屬跪接空棺進入喪宅的儀式。

●通書有載〔**出棺大進路**〕與〔**亡人進退方**〕：

〈**申子辰抱雞出艮門，亥卯未從鼠至巽地；**

寅午戌由兔至坤出，巳酉丑走馬入乾鄉。

〈**申子辰人進兌退艮，寅午戌人進震退坤；**

巳酉丑人進離退乾，亥卯未人進坎退巽。〉

此二訣說的，都是棺材或遺體進出喪宅的方位。

●申子辰仙命，從兌卦方入宅、艮卦方出宅還山；亥卯未仙命，從坎卦方入宅、巽卦方離宅出殯；寅午戌仙命，由震卦方進宅、坤卦方出宅還山；巳酉丑仙命，從離卦方進入、乾卦方出宅還山。

【劉賁按】

◎**封棺、還山，靈柩移出方位同論。**

唯此類只針對在家進行喪儀者。

入殮宜忌

宜天赦三合日時四吉時入棺吉時●忌月破大重三喪重喪復日天上空落枕空天兵時○落枕空者在生為八敗大狼藉死為落枕空葬為掃地空是也◎又人死無日可殮宜制重喪法作小函用黃箋硃書依月令四字停喪安於棺下葬日安於棺上合葬用此制之吉◎禳法正三六九十二月書六庚天刑四字藏函中○二月書六辛天庭○四月書六壬天牢○五月書六癸天獄○七月書六甲天福○八月書六乙天德○十月書六丙天威○十一月書六丁天陰⊙論雌雄殮鬼二殺之說乃是臆度其理甚謬不足信也故不編入刪除不忌也○

成除服宜忌

宜二德鳴吠鳴吠對●忌月破大重重喪三喪鬼哭辰日在家隨殮成服除服在外亡聞喪故有成服除靈要合周堂值亡若值人宜避之參照周堂篇○若大殺白虎雷霆白虎占中宮宜用麒麟符禳制

移柩行喪

停喪宜從四利方道尋天月德太陽太陰龍德福德青龍華蓋三奇貴方安吉●忌太歲冲殺喪門方

行喪宜鳴吠鳴吠對日及青龍華蓋方●忌月破大重三喪重喪日○移柩周堂宜值亡若值人避之

日宿冲剋生命

井在未值日冲剋丑生人
柳在午值日冲剋子生人
角在辰值日冲剋戌生人
尾在寅值日冲剋申生人
奎在戌值日冲剋辰生人
壁在亥值日冲剋巳生人
斗在丑值日冲剋未生人
餘諸宿雖有冲無剋不忌

入棺吉時

子日甲庚時○丑日乙辛時○寅日乙癸時○卯日宜壬時○辰日丁甲時○巳日乙庚時
午日丁癸時○未日乙辛時○申日甲癸時○酉日丁壬時○戌日庚壬時○亥日乙辛時
忌日破重喪三喪天兵時

出棺大進路

申子辰抱雞出艮○亥卯未從鼠至巽
寅午戌由兔到坤○巳酉丑走馬入乾

停喪凶方

置柩停喪忌太歲方三殺方天地官符喪門方祭主本命及三殺方亡人本命三殺方凶審用

亡人進退方

申子辰人進兌退艮○寅午戌人進震退坤
巳酉丑人進離退乾○亥卯未人進坎退巽

四季八座

八座例頭原尋收○若無同收奈何憂
春逢乙卯夏丙午○秋庚申冬辛酉休
斟酌忌用

移柩行喪

停喪宜從四利方道尋天月德太陽太陰龍德福德青龍華蓋三奇貴方安吉●忌太歲冲殺喪門方

行喪宜鳴吠鳴吠對日及青龍華蓋方●忌月破大重三喪重喪日○移柩周堂宜值亡若值人避之

停柩。……停喪。

●停放靈柩。通常靈柩在埋葬前，必暫時停放於家中。
停放方位亦有忌煞。

●通書有載〔**停喪凶方**〕與〔**移柩行喪**〕：

〈柩停置喪大凶方，太歲三煞喪門當；
祭主亡命乃相遇，孝門常集遭重喪。〉

〈置柩停喪忌太歲方、三殺方、天地官符方。
祭主本命及三殺方、亡人本命三殺方凶，審用〉。

●靈柩停置，以宅心論方位；忌放；
〔**當年太歲方及三煞方**〕、〔**仙命的本命方及三煞方**〕、
〔**祭主的本命方及三煞方**〕。

〔旁註：**天官符**〈歲支三合臨官位，月建中宮順乾飛；
九宮逢著臨官到，恐惹官訟理是非〉
地官符〈歲支五位定官符，月建中宮順乾行；
九宮推逢第五字，官事隨來上公庭〉〕

●停喪又宜尋〔**天月德、太陽、太陰、龍德、福德、
青龍、華蓋、三奇貴**〕等方位為吉。

【劉賁按】

**◎停柩行喪，方位之論，只針對在家進行喪儀；
今日多交殯儀館處理，已不適用。**

入殮、入棺。……

●〔**入殮**〕就是將亡人遺體置入棺內的儀式。

通書有載〔**入殮宜忌**〕：

〈宜天赦、三合日時、四吉時、入棺吉時。

忌月破、大重、三喪、重喪、復日、天上空、

落枕空、天兵時。

落枕空者，在生為八敗大狼籍，死為落枕空，

葬為掃地空是也。如人死無日可收，

宜制重喪作小函，用黃箋硃書，依月令四字，

停喪安於棺下，葬日安於棺上，安葬用此制之吉。

禳法……〉

●喪儀宜選〔**天赦日、三合日時、四大吉時、入棺吉時**〕，

又宜擇〔**鳴吠日、鳴吠對日**〕。

●葬儀入殮忌〔**月破、大重、三喪、重喪、復日、**

天上空、落枕空、天兵時〕。

〔旁註：天上空，指仙命葬日干支犯**祿去空亡**，

落枕空，指仙命葬日干支犯**掃地空亡**〕

●若人死而無日可殮，宜〔**制重喪法**〕。

〔旁註：制重喪法，依喪葬月令以小函用黃箋硃書四字，

停喪安於棺下，葬日安於棺上。

四字書寫禳法：

正、三、六、九、十二月，**六庚天刑**；

二月，六辛天庭；四月，**六壬天牢**；

五月，六癸天獄；七月，**六甲天福**；

八月，六乙天德；十月，**六丙天威**；

十一月，**六丁天陰**〕

日支	**子**	**丑**	**寅**	**卯**	**辰**	**巳**	**午**	**未**	**申**	**酉**	**戌**	**亥**
入棺吉時	甲、庚	乙、辛	乙、癸	壬時	丁、甲	乙、庚	丁、癸	乙、辛	甲、癸	丁、壬	庚、壬	乙、辛

日局	吉時入殮
甲子	申、酉
乙丑	寅、卯
丙寅	子、亥
丁卯	卯、巳
戊辰	巳、申
己巳	午、申
庚午	辰、巳
辛未	辰、巳
壬申	申、亥
癸酉	申、酉
甲戌	申、酉
乙亥	酉、亥

日局	吉時入殮
丙子	卯、辰
丁丑	卯、辰
戊寅	卯、巳
己卯	巳、申
庚辰	巳、申
辛巳	巳、未
壬午	巳、未
癸未	巳、未
甲申	巳、酉
乙酉	申、酉
丙戌	戌、亥
丁亥	未、酉

日局	吉時入殮
戊子	寅、申
己丑	巳、酉
庚寅	卯、未
辛卯	卯、辰
壬辰	申、酉
癸巳	申、酉
甲午	巳、申
乙未	申、酉
丙申	卯、辰
丁酉	寅、申
戊戌	巳、申
己亥	申、酉

日局	吉時入殮
庚子	申、亥
辛丑	午、酉
壬寅	子、亥
癸卯	卯、未
甲辰	巳、申
乙巳	申、酉
丙午	寅、卯
丁未	子、亥
戊申	巳、申
己酉	巳、申
庚戌	巳、申
辛亥	卯、未

日局	吉時入殮
壬子	辰、巳
癸丑	巳、酉
甲寅	辰、酉
乙卯	巳、申
丙辰	巳、酉
丁巳	巳、酉
戊午	巳、申
己未	午、申
庚申	辰、巳
辛酉	辰、酉
壬戌	申、酉
癸亥	申、酉

的呼與刑沖。……祭主勿犯忌煞。

●通書：〈祭主亦勿犯沖殺刑刃歲、的呼〉，

而且所載六十甲子日時局，有註明〔**的呼**〕，

其意在提醒喪葬儀式中，宜於趨避的年命。

●若是生肖年月命與葬儀當天日辰相沖，

〔旁註：正沖即是受到日辰天剋地沖〕

則其人不宜參加喪葬儀式；尤其是犯**的呼煞**的人，

若是參加凶葬儀式，並跟隨眾人一起的呼，

就會被煞到而倒霉，因此宜於趨避。

●入殮安葬的儀式中，入棺、釘棺、破土、出殯等，

主持道士都會念一些好彩頭的話語，

例如：**升官發財，或者子孫昌盛**……之類，

並反問〈有無？〉眾人皆大聲應答：〈有哦！發哦！〉，

這就叫做〔**的呼**〕。

●後附**《六十甲子日的呼及正沖一覽表》**。

〔旁註：由於巳日及亥日是大重凶日，不宜喪葬；

部分通書將巳亥日刪除不載〕

●另有所謂〔**太歲壓**〕，犯者於進葬之時趨避。

〈法以葬年入中宮，原至中宮祭主凶；

臨時進葬須行避，歲貴臨身有何殃〉。

〔旁註：土葬進壙時方有〕

逐日入殮吉時及移柩安葬的呼人

日局入殮		的呼	正冲
甲子日	申酉	辛丑人	戊午人
丙子日	卯辰	丁丑人	庚午人
戊子日	寅申	己卯人	壬午人
庚子日	申亥	乙未人	甲午人
壬子日	辰巳	乙亥人	丙午人
乙丑日	寅卯	辛巳人	己未人
丁丑日	卯辰	癸未人	辛未人
己丑日	巳酉	丁未人	癸未人
辛丑日	午酉	壬子人	乙未人
癸丑日	巳酉	甲寅丁亥人	丁未人
甲寅日	辰酉	癸巳未人	戊申人
丙寅日	子亥	丙午人	庚申人
戊寅日	卯巳	甲辰丙午人	壬申人
庚寅日	卯未	丙申人	甲申人
壬寅日	子亥	甲辰人	丙申人
乙卯日	巳申	戊子丙辰人	己酉人
丁卯日	卯巳	甲午戌人	辛酉人
己卯日	巳申	丁亥己未人	癸酉人
辛卯日	卯辰	辛未人	乙酉人
癸卯日	卯未	丙辰丁巳人	丁酉人
甲辰日	巳申	庚辰人	戊戌人
丙辰日	巳酉	甲辰申人	庚戌人
戊辰日	巳申	癸未酉人	壬戌人
庚辰日	巳申	戊辰戌人	甲戌人
壬辰日	申酉	壬申人	丙戌人
乙巳日	申酉	丙子人	己亥人
丁巳日	巳酉	庚子人	辛亥人
己巳日	午申	甲辰己未人	癸亥人
辛巳日	巳未	己未人	乙亥人
癸巳日	申酉	甲午人	丁亥人
甲午日	巳申	丁酉庚子人	戊子人
丙午日	寅卯	丁巳未人	庚子人
戊午日	巳申	辛未人	壬子人
庚午日	辰巳	壬戌人	甲子人
壬午日	巳未	壬寅人	丙子人
乙未日	申酉	丙子申人	己丑人
丁未日	子亥	己未人	辛丑人
己未日	午申	丙戌人	癸丑人
辛未日	辰巳	己辰人	乙丑人
癸未日	巳未	甲申人	丁丑人
甲申日	巳酉	壬辰人	戊寅人
丙申日	卯辰	乙丑人	庚寅人
戊申日	巳申	庚戌人	壬寅人
庚申日	辰巳	辛巳酉人	甲寅人
壬申日	申亥	丁巳人	丙寅人
乙酉日	申酉	丙子人	己卯人
丁酉日	寅申	丁酉人	辛卯人
己酉日	巳申	庚申人	癸卯人
辛酉日	辰酉	庚辰人	乙卯人
癸酉日	申酉	辛丑人	丁卯人
甲戌日	申酉	戊子人	戊辰人
丙戌日	戌亥	甲子人	庚辰人
戊戌日	巳申	癸亥人	壬辰人
庚戌日	巳申	辛丑人	甲辰人
壬戌日	申酉	辛丑酉人	丙辰人
乙亥日	酉亥	乙未人	己巳人
丁亥日	未酉	丁巳亥人	辛巳人
己亥日	申酉	辛未人	癸巳人
辛亥日	卯未	辛亥人	乙巳人
癸亥日	申酉	丙寅人	丁巳人

日局	的呼	正沖	日局	的呼	正沖	日局	的呼	正沖
甲子	辛丑	戊午	丙子	丁丑	庚午	戊子	己卯	壬午
乙丑	辛巳	己未	丁丑	癸未	辛未	己丑	丁未	癸未
丙寅	丙午	庚申	戊寅	甲辰、丙午	壬申	庚寅	丙申	甲申
丁卯	甲午、甲戌	辛酉	己卯	丁亥、己未	癸酉	辛卯	辛未	乙酉
戊辰	癸未、癸酉	壬戌	庚辰	戊辰、戊戌	甲戌	壬辰	壬申	丙戌
己巳	甲辰、己未	癸亥	辛巳	己未	乙亥	癸巳	甲午	丁亥
庚午	壬戌	甲子	壬午	壬寅	丙子	甲午	丁酉、庚子	戊子
辛未	己亥	乙丑	癸未	甲申	丁丑	乙未	丙子、丙申	己丑
壬申	丁巳	丙寅	甲申	壬辰	戊寅	丙申	乙丑	庚寅
癸酉	辛丑	丁卯	乙酉	丙子	己卯	丁酉	丁酉	辛卯
甲戌	戊子	戊辰	丙戌	甲子	庚辰	戊戌	癸亥	壬辰
乙亥	乙未	己巳	丁亥	丁巳、丁亥	辛巳	己亥	辛未	癸巳

日局	的呼	正沖	日局	的呼	正沖
庚子	乙未	甲午	壬子	乙亥	丙午
辛丑	壬子	乙未	癸丑	甲寅、丁亥	丁未
壬寅	甲辰	丙申	甲寅	癸巳、癸未	戊申
癸卯	丙辰、丁巳	丁酉	乙卯	戊子、丙辰	己酉
甲辰	庚辰	戊戌	丙辰	甲辰、甲申	庚戌
乙巳	丙子	己亥	丁巳	庚子	辛亥
丙午	丁巳、丁未	庚子	戊午	辛未	壬子
丁未	己未	辛丑	己未	丙戌	癸丑
戊申	庚戌	壬寅	庚申	辛巳、辛酉	甲寅
己酉	庚申	癸卯	辛酉	庚辰	乙卯
庚戌	辛丑	甲辰	壬戌	辛丑、辛酉	丙辰
辛亥	辛亥	乙巳	癸亥	丙寅	丁巳

晉塔坐山立向選取要則

〔**總論**〕

◎傳統造葬，以入土為安，幾乎清一色是土葬；
亦有土葬若干年之後，檢骨入甕，或重葬或晉塔。
〔旁註：初死土葬謂之**凶葬**，檢骨重葬稱**吉葬**〕
◎傳統造葬之安墳立穴，依堪輿門派法則之不同，
或取**卦位**，或取**廿四山**，更精密的就取**分金**。
◎造葬不論安坐立向之法門為何，過去農業社會，
人們與大自然為一體，以羅盤立向自不是問題；
然今日工業科技導向，陽宅固然是鋼骨結構，
陰宅山頭亦是電塔與各類鋼架環繞，
現代所謂**塔位**，更是等同陽宅鋼骨水泥建構，
分金立向基本已不可能，
若能精取廿四山，已屬難能可貴。
◎若有仁人君子，以環境許可，堅持分金取坐立向，
後列〔**附錄：造葬晉塔分金立穴準則**〕可為參考。
◎台灣早期的納骨塔，內部塔位個別空間較為寬敞，
高度也是以安置土葬檢骨之金甕為主；
坐向有時仍可依個別需要稍作偏擺，不必與塔架同向，
而且整體不會過於突兀。
◎察查現代新建寶塔，幾乎都是以容納火葬骨灰盒為主。

塔位與塔位之間多採封閉式，高度亦是縮減；
塔位架縱橫整齊排列，喪家只有前後左右四方可選；
聰明的業者捨繁取簡，僅提供〔**東西南北**〕四個坐向，
虛應故事、聊勝於無。

四方塔位選擇。……東西南北。

●只有東西南北四方可以選擇的塔位，業者術者多會提供一個如下的參考選擇法。

生肖	鼠龍猴	牛蛇雞	虎馬狗	兔羊豬
第一優先（大利方）	西	南	東	北
第一優先（利方）	北	西	南	東
第一優先（小利方）	東	北	西	南
忌用方向（大利方）	南	東	北	西

●此表實乃依據仙命生肖之三合局而取三煞方忌用，其他三方則〔**生入大利、比和利方、生出小利**〕權用。

〔旁註：寅午戌年，三合火局，三煞在北方亥子丑；
申子辰年，三合水局，三煞在南方寅午戌；
巳酉丑年，三合金局，三煞在東方寅卯辰；
亥卯未年，三合木局，三煞在西方申酉戌〕

歲支		寅	午	戌	申	子	辰	巳	酉	丑	亥	卯	未
〔生肖〕		虎	馬	狗	猴	鼠	龍	蛇	雞	牛	豬	兔	羊
三煞	劫煞	亥			巳			寅			申		
	災煞	子			午			卯			酉		
	歲煞	丑			未			辰			戌		

〔旁註：通書亦有記載，安墳立坐忌仙命沖方。

若塔位確實正座子午卯酉，

【子鼠、午馬、卯兔、酉雞】沖位正值煞位，

其他生肖沖方屬於偏位，東西南北正位權用〕

廿四山塔位選擇。……

●早期有些塔位取四環佈列，或坐向可稍作偏擺，或者環境許可，運用廿四山取坐，方是正法。

●通書上列有仙命安葬立坐忌煞，如下表例。可圈取剔除勿取。

◎仙命安葬立坐忌煞一覽

本命	甲子金	甲戌火	甲申水	甲午金	甲辰火	甲寅水	出生年命干支〔納音〕
沖山	午	辰	寅	子	戌	申	仙命忌立沖本命之坐山。
仙命殺	未	丑	未	丑	未	丑	仙命忌立本命之歲殺方。
命座	子	戌	申	午	辰	寅	仙命忌立坐本命方。
命刑	卯	丑未	巳	午	辰	巳	仙命忌立坐本命三刑方。
纏身官符	亥	巳	亥	巳	亥	巳	仙命忌立坐本命亡神方。
喪坑	癸	乾	庚	丁	巽	甲	仙命座左鄰一山。
喪窟	壬	辛	坤	丙	乙	艮	仙命座右鄰一山。
刺穴	火分金	水分金	土分金	火分金	水分金	土分金	分金納音忌剋仙命納音
刺害	火山	水山	土山	火山	水山	土山	坐山正五行剋仙命納音。

〔附錄：造葬晉塔分金立穴準則〕

◎羅盤取地盤正針120分金立向。

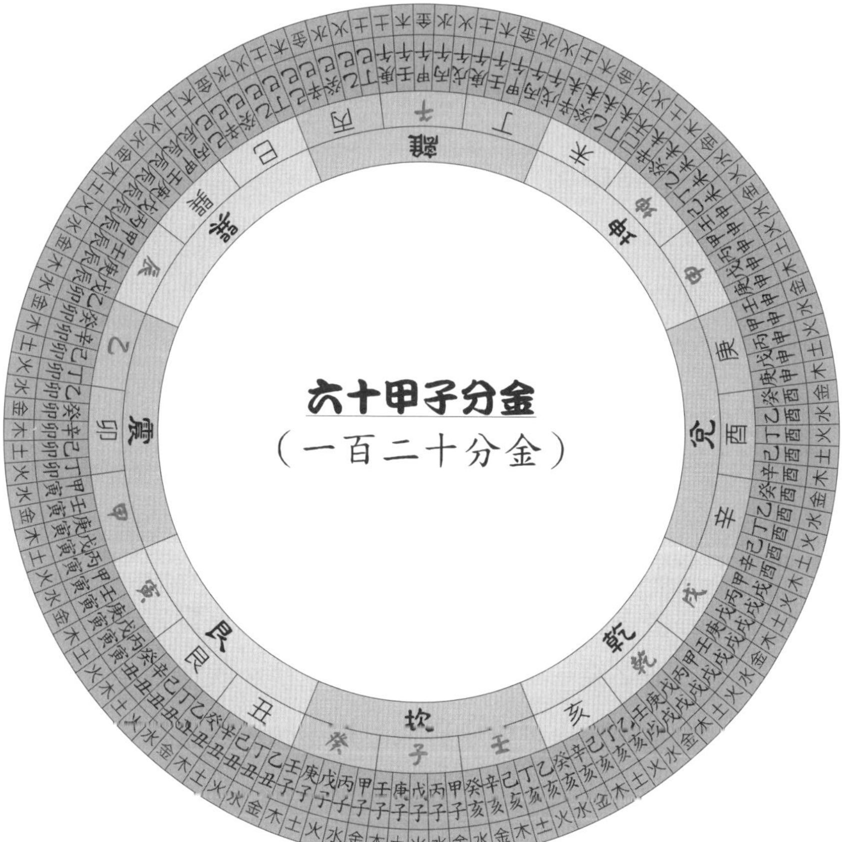

◎仙命納音五行為準則、為我，對應立穴坐山分金納音，
坐山分金納音五行來生我仙命納音，生入屬上吉；
仙命納音來生坐山分金納音，生出為次吉；
坐山分金納音與仙命納音五行相同，比和次吉；
仙命納音來剋坐山分金納音，我剋為財，吉而可用。

仙命〔甲子海中金〕宜坐。……

●丑山，分金丁丑澗下水，分金與仙命相生扶，珠寶穴。
●艮山，分金辛丑土，分金與仙命相生扶，珠寶穴。
●艮山，分金丁丑水，分金與仙命相生扶，富貴穴。
●寅山，分金庚寅木，仙命剋分金主得財，富貴穴。
●辰山，分金丙辰土，分金與仙命相生扶，珠寶穴。
●辰山，分金庚辰金，分金與仙命相比和，富貴穴。
●巽山，分金丙辰土，分金與仙命相生扶，富貴穴。
●酉山，分金辛酉木，仙命剋分金主得財，富貴穴。
●坤山，分金辛未土，分金與仙命相生扶，珠寶穴。
●戌山，分金丙戌土，分金與仙命相生扶，珠寶穴。
●乾山，分金庚戌水，分金與仙命相比和，珠寶穴。

仙命〔甲寅大溪水〕宜坐。……

●卯山，分金丁卯爐中火，仙命剋分金主得財，珠寶穴。
●巽山，分金庚辰白蠟金，分金與仙命相生扶，珠寶穴。
●午山，分金丙午天河水，分金與仙命相比和，富貴穴。
●丁山，分金丙午天河水，分金與仙命相比和，富貴穴。
●酉山，分金丁酉山下火，仙命剋分金主得財，珠寶穴。
●酉山，分金辛酉石榴木，分金與仙命相生扶，珠寶穴。

仙命〔甲辰覆燈火〕宜坐。……

●艮山，分金辛丑壁上土，分金與仙命相生扶，珠寶穴。
●寅山，分金丙寅爐中火，分金與仙命相比和，富貴穴。
●寅山，分金庚寅松柏木，分金與仙命相生扶，珠寶穴。
●卯山，分金丁卯爐中火，分金與仙命相比和，富貴穴。
●坤山，分金辛未路傍土，分金與仙命相生扶，珠寶穴。
●申山，分金丙申山下火，分金與仙命相比和，富貴穴。
●酉山，分金辛卯松柏木，分金與仙命相生扶，珠寶穴。

仙命〔甲午砂中金〕宜坐。……

●寅山，分金庚寅松柏木，仙命剋分金主得財，富貴穴。
●辰山，分金丙辰沙中土，分金與仙命相生扶，珠寶穴。
●辰山，分金庚辰白蠟金，分金與仙命相比和，富貴穴。
●巽山，分金丙辰沙中土，分金與仙命相生扶，珠寶穴。

●巽山，分金庚辰白蠟金，分金與仙命相生扶，珠寶穴。
●未山，分金丁未天河水，分金與仙命相生扶，珠寶穴。
●坤山，分金辛未路傍土，分金與仙命相生扶，珠寶穴。
●戌山，分金丙戌屋上土，分金與仙命相生扶，珠寶穴。

仙命〔甲申井泉水〕宜坐。……

●子山，分金丙子澗下水，分金與仙命相比和，富貴穴。
●癸山，分金丙子澗下水，分金與仙命相比和，富貴穴。
●卯山，分金丁卯爐中火，仙命剋分金主得財，富貴穴。
●酉山，分金丁酉山下火，仙命剋分金主得財，富貴穴。
●酉山，分金辛酉石榴木，分金與仙命相生扶，珠寶穴。
●乾山，分金庚戌釵釧金，仙命剋分金主得財，富貴穴。

仙命〔甲戌山頭火〕宜坐。……

●艮山，分金辛丑壁上土，分金與仙命相生扶，珠寶穴。
●寅山，分金丙寅爐中火，分金與仙命相比和，富貴穴。
●寅山，分金庚寅松柏木，分金與仙命相生扶，珠寶穴。
●卯山，分金丁卯爐中火，分金與仙命相比和，富貴穴。
●巽山，分金庚辰白蠟金，仙命剋分金主得財，富貴穴。
●丙山，分金丁巳沙中土，分金與仙命相生扶，珠寶穴。
●丙山，分金辛巳白蠟金，仙命剋分金主得財，富貴穴。
●丁山，分金庚午路傍土，分金與仙命相生扶，珠寶穴。

●坤山，分金辛未路傍土，分金與仙命相生扶，珠寶穴。

●申山，分金丙申山下火，分金與仙命相比和，富貴穴。

●酉山，分金丁酉山下火，分金與仙命相比和，富貴穴。

仙命〔乙丑海中金〕宜坐。……

●子山，分金丙子澗下水，分金與仙命相生扶，珠寶穴。

●巽山，分金庚辰白蠟金，分金與仙命相比和，富貴穴。

●坤山，分金辛未路傍土，分金與仙命相生扶，珠寶穴。

●庚山，分金庚申石榴木，仙命剋分金主得財，富貴穴。

●酉山，分金辛酉石榴木，仙命剋分金主得財，富貴穴。

●辛山，分金辛酉石榴木，仙命剋分金主得財，富貴穴。

●乾山，分金庚戌釵釧金，分金與仙命相比和，富貴穴。

●亥山，分金丁亥屋上土，分金與仙命相生扶，珠寶穴。

●亥山，分金辛亥釵釧金，分金與仙命相比和，富貴穴。

仙命〔乙卯大溪水〕宜坐。……

●子山，分金丙子澗下水，犯命刑從權取用或不用。

●巽山，分金庚辰白蠟金，分金與仙命相生扶，珠寶穴。

●午山，分金丙午天河水，分金與仙命相比和，富貴穴。

●乾山，分金庚戌釵釧金，分金與仙命相生扶，珠寶穴。

●亥山，分金辛亥釵釧金，分金與仙命相生扶，珠寶穴。

仙命〔乙巳覆燈火〕宜坐。……

●坤山，分金辛未路傍土，分金與仙命相生扶，珠寶穴。
●庚山，分金丙申山下火，分金與仙命相比和，富貴穴。
●庚山，分金庚申石榴木，分金與仙命相生扶，珠寶穴。
●酉山，分金丁酉山下火，分金與仙命相比和，富貴穴。
●酉山，分金辛酉石榴木，分金與仙命相生扶，珠寶穴。
●辛山，分金丁酉山下火，分金與仙命相比和，富貴穴。
●辛山，分金辛酉石榴木，分金與仙命相生扶，珠寶穴。
●戌山，分金丙戌屋上土，分金與仙命相生扶，珠寶穴。

仙命〔乙未砂中金〕宜坐。……

●子山，分金丙子澗下水，分金與仙命相生扶，珠寶穴。
●艮山，分金辛丑壁上土，分金與仙命相生扶，珠寶穴。
●甲山，分金庚寅松柏木，仙命剋分金主得財，富貴穴。
●乙山，分金辛卯松柏木，仙命剋分金主得財，富貴穴。
●辰山，分金丙辰沙中土，分金與仙命相生扶，珠寶穴。
●辰山，分金庚辰白蠟金，分金與仙命相比和，富貴穴。
●巽山，分金丙辰沙中土，分金與仙命相生扶，珠寶穴。
●巽山，分金庚辰白蠟金，分金與仙命相生扶，珠寶穴。
●乾山，分金庚戌釵釧金，分金與仙命相比和，富貴穴。
●亥山，分金丁亥屋上土，分金與仙命相生扶，珠寶穴。
●亥山，分金辛亥釵釧金，分金與仙命相比和，富貴穴。

仙命〔乙酉井泉水〕宜坐。……

●子山，分金丙子澗下水，分金與仙命相比和，富貴穴。
●巽山，分金庚辰白蠟金，分金與仙命相生扶，珠寶穴。
●午山，分金丙午天河水，分金與仙命相比和，富貴穴。
●乾山，分金庚戌釵釧金，分金與仙命相生扶，珠寶穴。
●亥山，分金辛亥釵釧金，分金與仙命相生扶，珠寶穴。

仙命〔乙亥山頭火〕宜坐。……

●艮山，分金辛丑壁上土，分金與仙命相生扶，珠寶穴。
●甲山，分金庚寅松柏木，分金與仙命相生扶，珠寶穴。
●卯山，分金丁卯爐中火，分金與仙命相比和，富貴穴。
●乙山，分金丁卯爐中火，分金與仙命相比和，富貴穴。
●乙山，分金辛卯松柏木，分金與仙命相生扶，珠寶穴。
●辰山，分金丙辰沙中土，分金與仙命相生扶，珠寶穴。
●辰山，分金庚辰白蠟金，仙命剋分金主得財，富貴穴。
●坤山，分金辛未路傍土，分金與仙命相生扶，珠寶穴。
●申山，分金丙申山下火，分金與仙命相比和，富貴穴。

仙命〔丙子澗下水〕宜坐。……

●寅山，分金丙寅爐中火，仙命剋分金主得財，富貴穴。
●寅山，分金庚寅松柏木，分金與仙命相生扶，珠寶穴。
●申山，分金丙申山下火，仙命剋分金主得財，富貴穴。

●酉山，分金丁酉山下火，仙命剋分金主得財，富貴穴。
●酉山，分金辛酉石榴木，分金與仙命相生扶，珠寶穴。
●乾山，分金庚戌釵釧金，分金與仙命相生扶，珠寶穴。

仙命〔丙寅爐中火〕宜坐。……
●卯山，分金丁卯爐中火，分金與仙命相比和，富貴穴。
●辰山，分金丙辰沙中土，分金與仙命相生扶，珠寶穴。
●辰山，分金庚辰白蠟金，仙命剋分金主得財，富貴穴。
●巽山，分金丙辰沙中土，分金與仙命相生扶，珠寶穴。
●巽山，分金庚辰白蠟金，仙命剋分金主得財，富貴穴。
●丙山，分金丁巳沙中土，分金與仙命相生扶，珠寶穴。
●丙山，分金辛巳白蠟金，仙命剋分金主得財，富貴穴。
●酉山，分金丁酉山下火，分金與仙命相比和，富貴穴。
●酉山，分金辛酉石榴木，分金與仙命相生扶，珠寶穴。
●戌山，分金丙戌屋上土，分金與仙命相生扶，珠寶穴。

仙命〔丙辰沙中土〕宜坐。……
●壬山，分金辛亥釵釧金，分金與仙命相生扶，珠寶穴。
●子山，分金丙子澗下水，仙命剋分金主得財，富貴穴。
●癸山，分金丙子澗下水，仙命剋分金主得財，富貴穴。
●癸山，分金庚子壁上土，分金與仙命相比和，富貴穴。
●丑山，分金丁丑澗下水，仙命剋分金主得財，富貴穴。

●艮山，分金丁丑澗下水，仙命剋分金主得財，富貴穴。
●艮山，分金辛丑壁上土，分金與仙命相生扶，珠寶穴。
●坤山，分金辛未路傍土，分金與仙命相比和，富貴穴。
●酉山，分金丁酉山下火，分金與仙命相生扶，珠寶穴。
●乾山，分金庚戌釵釧金，分金與仙命相生扶，珠寶穴。

仙命〔丙午天河水〕宜坐。……

●寅山，分金丙寅爐中火，仙命剋分金主得財，富貴穴。
●寅山，分金庚寅松柏木，分金與仙命相生扶，珠寶穴。
●卯山，分金丁卯爐中火，仙命剋分金主得財，富貴穴。
●巽山，分金庚辰白蠟金，分金與仙命相生扶，珠寶穴。
●申山，分金丙申山下火，仙命剋分金主得財，富貴穴。
●酉山，分金丁酉山下火，仙命剋分金主得財，富貴穴。
●酉山，分金辛酉石榴木，分金與仙命相生扶，珠寶穴。

仙命〔丙申山下火〕宜坐。……

●卯山，分金丁卯爐中火，分金與仙命相比和，富貴穴。
●辰山，分金丙辰沙中土，分金與仙命相生扶，珠寶穴。
●辰山，分金庚辰白蠟金，仙命剋分金主得財，富貴穴。
●巽山，分金丙辰沙中土，分金與仙命相生扶，珠寶穴。
●酉山，分金辛酉石榴木，分金與仙命相生扶，珠寶穴。
●戌山，分金丙戌屋上土，分金與仙命相生扶，珠寶穴。

仙命〔丙戌屋上土〕宜坐。……

●艮山，分金辛丑壁上土，分金與仙命相比和，富貴穴。

●丙山，分金丁巳沙中土，分金與仙命相比和，富貴穴。

●丙山，分金辛巳白蠟金，分金與仙命相生扶，珠寶穴。

●午山，分金丙午天河水，仙命剋分金主得財，富貴穴。

●丁山，分金丙午天河水，仙命剋分金主得財，富貴穴。

●丁山，分金庚午路傍土，分金與仙命相比和，富貴穴。

●坤山，分金辛未路傍土，分金與仙命相比和，富貴穴。

●申山，分金丙申山下火，分金與仙命相生扶，珠寶穴。

仙命〔丁丑澗下水〕宜坐。……

●子山，分金丙子澗下水，分金與仙命相比和，富貴穴。

●巽山，分金庚辰白蠟金，分金與仙命相生扶，珠寶穴。

●午山，分金丙午天河水，分金與仙命相比和，富貴穴。

●乾山，分金庚戌釵釧金，分金與仙命相生扶，珠寶穴。

●庚山，分金丙申山下火，仙命剋分金主得財，富貴穴。

●庚山，分金庚申石榴木，分金與仙命相生扶，珠寶穴。

●辛山，分金丁酉山下火，仙命剋分金主得財，富貴穴。

仙命〔丁卯爐中火〕宜坐。……

●艮山，分金辛丑壁上土，分金與仙命相生扶，珠寶穴。

●辰山，分金丙辰沙中土，分金與仙命相生扶，珠寶穴。

●辰山，分金庚辰白蠟金，仙命剋分金主得財，富貴穴。

●巽山，分金丙辰沙中土，分金與仙命相生扶，珠寶穴。

●巽山，分金庚辰白蠟金，仙命剋分金主得財，富貴穴。

●巳山，分金丁巳沙中土，分金與仙命相生扶，珠寶穴。

●乾山，分金庚戌釵釧金，仙命剋分金主得財，富貴穴。

仙命〔丁巳沙中土〕宜坐。……

●子山，分金丙子澗下水，仙命剋分金主得財，富貴穴。

●丑山，分金丁丑澗下水，仙命剋分金主得財，富貴穴。

●艮山，分金丁丑澗下水，仙命剋分金主得財，富貴穴。

●庚山，分金丙申山下火，分金與仙命相生扶，珠寶穴。

●酉山，分金丁酉山下火，分金與仙命相生扶，珠寶穴。

●辛山，分金丁酉山下火，分金與仙命相生扶，珠寶穴。

●未山，分金丁未天河水，仙命剋分金主得財，富貴穴。

●坤山，分金辛未路傍土，分金與仙命相比和，富貴穴。

●戌山，分金丙申山下火，分金與仙命相比和，富貴穴。

仙命〔丁未天河水〕宜坐。……

●子山，分金丙子澗下水，分金與仙命相比和，富貴穴。

●甲山，分金庚寅松柏木，分金與仙命相生扶，珠寶穴。

●卯山，分金丁卯爐中火，仙命剋分金主得財，富貴穴。

●乙山，分金丁卯爐中火，仙命剋分金主得財，富貴穴。

●巽山，分金庚辰白蠟金，分金與仙命相生扶，珠寶穴。

●午山，分金丙午天河水，分金與仙命相比和，富貴穴。

●乾山，分金庚戌釵釧金，分金與仙命相生扶，珠寶穴。

仙命〔丁酉山下火〕宜坐。……

●巳山，分金丁巳沙中土，分金與仙命相生扶，珠寶穴。

●巽山，分金庚辰白蠟金，仙命剋分金主得財，富貴穴。

●坤山，分金辛未路傍土，分金與仙命相生扶，珠寶穴。

●戌山，分金丙戌屋上土，分金與仙命相生扶，珠寶穴。

●乾山，分金庚戌釵釧金，仙命剋分金主得財，富貴穴。

仙命〔丁亥屋上土〕宜坐。……

●子山，分金丙子澗下水，仙命剋分金主得財，富貴穴。

●丑山，分金丁丑澗下水，仙命剋分金主得財，富貴穴。

●艮山，分金丁丑澗下水，仙命剋分金主得財，富貴穴。

●艮山，分金辛丑壁上土，分金與仙命相比和，富貴穴。

●辰山，分金丙辰沙中土，分金與仙命相比和，富貴穴。

●辰山，分金庚辰白蠟金，分金與仙命相生扶，珠寶穴。
●午山，分金丙午天河水，仙命剋分金主得財，富貴穴。
●未山，分金丁未天河水，仙命剋分金主得財，富貴穴。

仙命〔戊子霹靂火〕宜坐。……

●艮山，分金辛丑壁上土，分金與仙命相生扶，珠寶穴。
●寅山，分金丙寅爐中火，分金與仙命相比和，富貴穴。
●寅山，分金庚寅松柏木，分金與仙命相生扶，珠寶穴。
●辰山，分金丙辰沙中土，分金與仙命相生扶，珠寶穴。
●辰山，分金庚辰白蠟金，仙命剋分金主得財，富貴穴。
●巽山，分金丙辰沙中土，分金與仙命相生扶，珠寶穴。
●酉山，分金丁酉山下火，分金與仙命相生扶，珠寶穴。
●坤山，分金辛未路傍土，分金與仙命相生扶，珠寶穴。
●申山，分金丙申山下火，分金與仙命相比和，富貴穴。
●戌山，分金丙戌屋上土，分金與仙命相生扶，珠寶穴。

仙命〔戊寅城頭土〕宜坐。……

●辰山，分金丙辰沙中土，分金與仙命相比和，富貴穴。
●丙山，分金辛巳白蠟金，分金與仙命相生扶，珠寶穴。
●午山，分金丙午天河水，仙命剋分金主得財，富貴穴。
●丁山，分金丙午天河水，仙命剋分金主得財，富貴穴。
●丁山，分金庚午路傍土，分金與仙命相比和，富貴穴。

●酉山，分金丁酉山下火，分金與仙命相生扶，珠寶穴。
●未山，分金丁未天河水，仙命剋分金主得財，富貴穴。
●戌山，分金丙戌屋上土，分金與仙命相比和，富貴穴。

仙命〔戊辰大林木〕宜坐。……

●子山，分金丙子澗下水，分金與仙命相生扶，珠寶穴。
●癸山，分金丙子澗下水，分金與仙命相生扶，珠寶穴。
●癸山，分金庚子壁上土，仙命剋分金主得財，富貴穴。
●丑山，分金丁丑澗下水，分金與仙命相生扶，珠寶穴。
●艮山，分金丁丑澗下水，分金與仙命相生扶，珠寶穴。
●艮山，分金辛丑壁上土，仙命剋分金主得財，富貴穴。
●寅山，分金丙寅爐中火，分金與仙命相生扶，珠寶穴。
●寅山，分金庚寅松柏木，分金與仙命相比和，富貴穴。
●坤山，分金辛未路傍土，仙命剋分金主得財，富貴穴。

仙命〔戊午天上火〕宜坐。……

●艮山，分金辛丑壁上土，分金與仙命相生扶，珠寶穴。
●卯山，分金丁卯爐中火，分金與仙命相比和，富貴穴。
●辰山，分金丙辰沙中土，分金與仙命相生扶，珠寶穴。
●辰山，分金庚辰白蠟金，仙命剋分金主得財，富貴穴。
●巽山，分金丙辰沙中土，分金與仙命相生扶，珠寶穴。
●巽山，分金庚辰白蠟金，仙命剋分金主得財，富貴穴。

●酉山，分金丁酉山下火，分金與仙命相比和，富貴穴。
●酉山，分金辛酉石榴木，分金與仙命相生扶，珠寶穴。
●坤山，分金辛未路傍土，分金與仙命相生扶，珠寶穴。
●戌山，分金丙戌屋上土，分金與仙命相生扶，珠寶穴。

仙命〔戊申大驛土〕宜坐。……

●壬山，分金辛亥釵釧金，分金與仙命相生扶，珠寶穴。
●子山，分金丙子澗下水，仙命剋分金主得財，富貴穴。
●癸山，分金丙子澗下水，仙命剋分金主得財，富貴穴。
●癸山，分金庚子壁上土，分金與仙命相比和，富貴穴。
●丑山，分金丁丑澗下水，仙命剋分金主得財，富貴穴。
●艮山，分金丁丑澗下水，仙命剋分金主得財，富貴穴。
●辰山，分金丙辰沙中土，分金與仙命相比和，富貴穴。
●辰山，分金庚辰白蠟金，分金與仙命相生扶，珠寶穴。
●酉山，分金丁酉山下火，分金與仙命相生扶，珠寶穴。
●戌山，分金丙戌屋上土，分金與仙命相比和，富貴穴。
●乾山，分金庚戌釵釧金，分金與仙命相生扶，珠寶穴。

仙命〔戊戌平地木〕宜坐。……

●艮山，分金辛丑壁上土，仙命剋分金主得財，富貴穴。
●寅山，分金丙寅爐中火，分金與仙命相生扶，珠寶穴。
●寅山，分金庚寅松柏木，分金與仙命相比和，富貴穴。

●卯山，分金丁卯爐中火，分金與仙命相生扶，珠寶穴。
●丙山，分金丁巳沙中土，仙命剋分金主得財，富貴穴。
●午山，分金丙午天河水，分金與仙命相生扶，珠寶穴。
●丁山，分金丙午天河水，分金與仙命相生扶，珠寶穴。
●丁山，分金庚午路傍土，仙命剋分金主得財，富貴穴。
●未山，分金丁未天河水，犯刑紀，權取用或不用。
●坤山，分金辛未路傍土，仙命剋分金主得財，富貴穴。

仙命〔己丑霹靂火〕宜坐。……

●巽山，分金庚辰白蠟金，仙命剋分金主得財，富貴穴。
●巳山，分金丁巳沙中土，分金與仙命相生扶，珠寶穴。
●坤山，分金辛未路傍土，分金與仙命相生扶，珠寶穴。
●庚山，分金丙申山下火，分金與仙命相比和，富貴穴。
●庚山，分金庚申石榴木，分金與仙命相生扶，珠寶穴。
●酉山，分金丁酉山下火，分金與仙命相比和，富貴穴。
●酉山，分金辛酉石榴木，分金與仙命相生扶，珠寶穴。
●辛山，分金丁酉山下火，分金與仙命相比和，富貴穴。
●辛山，分金辛酉石榴木，分金與仙命相生扶，珠寶穴。
●乾山，分金庚戌釵釧金，仙命剋分金主得財，富貴穴。

仙命〔己卯城頭土〕宜坐。……

●子山，分金丙子澗下水，命剋分金主得財，犯刑從權。
●丑山，分金丁丑澗下水，仙命剋分金主得財，富貴穴。
●艮山，分金丁丑澗下水，仙命剋分金主得財，富貴穴。
●艮山，分金辛丑壁上土，分金與仙命相比和，富貴穴。
●辰山，分金丙辰沙中土，分金與仙命相比和，富貴穴。
●辰山，分金庚辰白蠟金，分金與仙命相生扶，珠寶穴。
●巳山，分金丁巳沙中土，分金與仙命相比和，富貴穴。
●午山，分金丙午天河水，仙命剋分金主得財，富貴穴。
●未山，分金丁未天河水，仙命剋分金主得財，富貴穴。
●乾山，分金庚戌釵釧金，分金與仙命相生扶，珠寶穴。
●亥山，分金丁亥屋上土，分金與仙命相比和，富貴穴。
●亥山，分金丁亥屋上土，分金與仙命相生扶，珠寶穴。

仙命〔己巳大林木〕宜坐。……

●子山，分金丙子澗下水，分金與仙命相生扶，珠寶穴。
●丑山，分金丁丑澗下水，分金與仙命相生扶，珠寶穴。
●艮山，分金丁丑澗下水，分金與仙命相生扶，珠寶穴。
●午山，分金丙午天河水，分金與仙命相生扶，珠寶穴。
●未山，分金丁未天河水，分金與仙命相生扶，珠寶穴。
●坤山，分金辛未路傍土，仙命剋分金主得財，富貴穴。
●戌山，分金丙戌屋上土，仙命剋分金主得財，富貴穴。

仙命〔己未天上火〕宜坐。……

●艮山，分金辛丑壁上土，分金與仙命相生扶，珠寶穴。

●甲山，分金庚寅松柏木，分金與仙命相生扶，珠寶穴。

●卯山，分金丁卯爐中火，分金與仙命相比和，富貴穴。

●乙山，分金丁卯爐中火，分金與仙命相比和，富貴穴。

●乙山，分金辛卯松柏木，分金與仙命相生扶，珠寶穴。

●辰山，分金丙辰沙中土，分金與仙命相生扶，珠寶穴。

●辰山，分金庚辰白蠟金，仙命剋分金主得財，富貴穴。

●巽山，分金丙辰沙中土，分金與仙命相生扶，珠寶穴。

●巽山，分金庚辰白蠟金，仙命剋分金主得財，富貴穴。

●巳山，分金丁巳沙中土，分金與仙命相生扶，珠寶穴。

●申山，分金丙申山下火，分金與仙命相比和，富貴穴。

●庚山，分金丙申山下火，分金與仙命相比和，富貴穴。

●庚山，分金庚申石榴木，分金與仙命相生扶，珠寶穴。

●酉山，分金丁酉山下火，分金與仙命相比和，富貴穴。

●酉山，分金辛酉石榴木，分金與仙命相生扶，珠寶穴。

●辛山，分金丁酉山下火，分金與仙命相比和，富貴穴。

仙命〔己酉大驛土〕宜坐。……

●子山，分金丙子澗下水，仙命剋分金主得財，富貴穴。

●丑山，分金丁丑澗下水，仙命剋分金主得財，富貴穴。

●艮山，分金丁丑澗下水，仙命剋分金主得財，富貴穴。

●巳山，分金丁巳沙中土，分金與仙命相比和，富貴穴。

●午山，分金丙午天河水，仙命剋分金主得財，富貴穴。

●未山，分金丁未天河水，仙命剋分金主得財，富貴穴。

●坤山，分金辛未路傍土，分金與仙命相比和，富貴穴。

●戌山，分金丙戌屋上土，分金與仙命相比和，富貴穴。

●乾山，分金庚戌釵釧金，分金與仙命相生扶，珠寶穴。

●亥山，分金丁亥屋上土，分金與仙命相比和，富貴穴。

●亥山，分金辛亥釵釧金，分金與仙命相生扶，珠寶穴。

仙命〔己亥平地木〕宜坐。……

●子山，分金丙子澗下水，分金與仙命相生扶，珠寶穴。

●丑山，分金丁丑澗下水，分金與仙命相生扶，珠寶穴。

●艮山，分金丁丑澗下水，分金與仙命相生扶，珠寶穴。

●艮山，分金辛丑壁上土，仙命剋分金主得財，富貴穴。

●甲山，分金庚寅松柏木，分金與仙命相比和，富貴穴。

●卯山，分金丁卯爐中火，分金與仙命相生扶，珠寶穴。

●乙山，分金丁卯爐中火，分金與仙命相生扶，珠寶穴。

●乙山，分金辛卯松柏木，分金與仙命相比和，富貴穴。

●辰山，分金丙辰沙中土，仙命剋分金主得財，富貴穴。
●巽山，分金丙辰沙中土，仙命剋分金主得財，富貴穴。
●午山，分金丙午天河水，分金與仙命相生扶，珠寶穴。
●未山，分金丁未天河水，分金與仙命相生扶，珠寶穴。

仙命〔庚子壁上土〕宜坐。……

●丑山，分金丁丑澗下水，仙命剋分金主得財，富貴穴。
●艮山，分金丁丑澗下水，仙命剋分金主得財，富貴穴。
●艮山，分金辛丑壁上土，分金與仙命相比和，富貴穴。
●辰山，分金丙辰沙中土，仙命剋分金主得財，富貴穴。
●辰山，分金庚辰白蠟金，分金與仙命相生扶，珠寶穴。
●坤山，分金辛未路傍土，分金與仙命相比和，富貴穴。
●申山，分金丙申山下火，分金與仙命相生扶，珠寶穴。
●酉山，分金丁酉山下火，分金與仙命相生扶，珠寶穴。
●戌山，分金丙戌屋上土，分金與仙命相比和，富貴穴。
●乾山，分金庚戌釵釧金，分金與仙命相生扶，珠寶穴。

仙命〔庚寅松柏木〕宜坐。……

●卯山，分金丁卯爐中火，分金與仙命相生扶，珠寶穴。
●辰山，分金丙辰沙中土，仙命剋分金主得財，富貴穴。
●巽山，分金丙辰沙中土，仙命剋分金主得財，富貴穴。

●丙山，分金丁巳沙中土，仙命剋分金主得財，富貴穴。
●午山，分金丙午天河水，分金與仙命相生扶，珠寶穴。
●丁山，分金丙午天河水，分金與仙命相生扶，珠寶穴。
●丁山，分金庚午路傍土，仙命剋分金主得財，富貴穴。
●未山，分金丁未天河水，分金與仙命相生扶，珠寶穴。
●戌山，分金丙戌屋上土，仙命剋分金主得財，富貴穴。

仙命〔庚辰白蠟金〕宜坐。……
●壬山，分金辛亥釵釧金，分金與仙命相比和，富貴穴。
●子山，分金丙子澗下水，分金與仙命相生扶，珠寶穴。
●癸山，分金丙子澗下水，分金與仙命相生扶，珠寶穴。
●癸山，分金庚子壁上土，分金與仙命相生扶，珠寶穴。
●丑山，分金丁丑澗下水，分金與仙命相生扶，珠寶穴。
●艮山，分金丁丑澗下水，分金與仙命相生扶，珠寶穴。
●艮山，分金辛丑壁上土，分金與仙命相生扶，珠寶穴。
●寅山，分金庚寅松柏木，仙命剋分金主得財，富貴穴。
●坤山，分金辛未路傍土，分金與仙命相生扶，珠寶穴。
●酉山，分金辛酉石榴木，仙命剋分金主得財，富貴穴。
●乾山，分金庚戌釵釧金，分金與仙命相比和，富貴穴。

仙命〔庚午路傍土〕宜坐。……

●艮山，分金辛丑壁上土，分金與仙命相比和，富貴穴。

●辰山，分金丙辰沙中土，分金與仙命相比和，富貴穴。

●辰山，分金庚辰白蠟金，分金與仙命相生扶，珠寶穴。

●山未，分金丁未天河水，仙命剋分金主得財，富貴穴。

●坤山，分金辛未路傍土，分金與仙命相比和，富貴穴。

●申山，分金丙申山下火，分金與仙命相生扶，珠寶穴。

●酉山，分金丁酉山下火，分金與仙命相生扶，珠寶穴。

●戌山，分金丙戌屋上土，分金與仙命相比和，富貴穴。

仙命〔庚申石榴木〕宜坐。……

●子山，分金丙子澗下水，分金與仙命相生扶，珠寶穴。

●癸山，分金丙子澗下水，分金與仙命相生扶，珠寶穴。

●癸山，分庚子壁上土金，仙命剋分金主得財，富貴穴。

●丑山，分金丁丑澗下水，分金與仙命相生扶，珠寶穴。

●艮山，分金丁丑澗下水，分金與仙命相生扶，珠寶穴。

●卯山，分金丁卯爐中火，分金與仙命相生扶，珠寶穴。

●辰山，分金丙辰沙中土，仙命剋分金主得財，富貴穴。

仙命〔庚戌釵釧金〕宜坐。……

●艮山，分金辛丑壁上土，分金與仙命相生扶，珠寶穴。
●寅山，分金庚寅松柏木，仙命剋分金主得財，富貴穴。
●巽山，分金庚辰白蠟金，分金與仙命相比和，富貴穴。
●坤山，分金辛未路傍土，分金與仙命相生扶，珠寶穴。
●酉山，分金辛酉石榴木，仙命剋分金主得財，富貴穴。

仙命〔辛丑壁上土〕宜坐。……

●子山，分金丙子澗下水，仙命剋分金主得財，富貴穴。
●巳山，分金丁巳沙中土，分金與仙命相比和，富貴穴。
●午山，分金丙午天河水，仙命剋分金主得財，富貴穴。
●坤山，分金辛未路傍土，分金與仙命相比和，富貴穴。
●庚山，分金丙申山下火，分金與仙命相生扶，珠寶穴。
●酉山，分金丁酉山下火，分金與仙命相生扶，珠寶穴。
●辛山，分金丁酉山下火，分金與仙命相生扶，珠寶穴。
●乾山，分金庚戌釵釧金，分金與仙命相生扶，珠寶穴。
●亥山，分金丁亥屋上土，分金與仙命相比和，富貴穴。
●亥山，分金辛亥釵釧金，分金與仙命相生扶，珠寶穴。

仙命〔辛卯松柏木〕宜坐。……

●丑山，分金丁丑澗下水，分金與仙命相生扶，珠寶穴。

●艮山，分金丁丑澗下水，分金與仙命相生扶，珠寶穴。

●艮山，分金辛丑壁上土，仙命剋分金主得財，富貴穴。

●辰山，分金丙辰沙中土，仙命剋分金主得財，富貴穴。

●巽山，分金丙辰沙中土，仙命剋分金主得財，富貴穴。

●巳山，分金丁巳沙中土，仙命剋分金主得財，富貴穴。

●午山，分金丙午天河水，分金與仙命相生扶，珠寶穴。

●未山，分金丁未天河水，分金與仙命相生扶，珠寶穴。

●亥山，分金丁亥屋上土，仙命剋分金主得財，富貴穴。

仙命〔辛巳白蠟金〕宜坐。……

●子山，分金丙子澗下水，分金與仙命相生扶，珠寶穴。

●丑山，分金丁丑澗下水，分金與仙命相生扶，珠寶穴。

●艮山，分金丁丑澗下水，分金與仙命相生扶，珠寶穴。

●坤山，分金辛未路傍土，分金與仙命相生扶，珠寶穴。

●庚山，分金庚申石榴木，仙命剋分金主得財，富貴穴。

●酉山，分金辛酉石榴木，仙命剋分金主得財，富貴穴。

●辛山，分金辛酉石榴木，仙命剋分金主得財，富貴穴。

●戌山，分金丙戌屋上土，分金與仙命相生扶，珠寶穴。

仙命〔辛未路傍土〕宜坐。……

- 子山，分金丙子澗下水，仙命剋分金主得財，富貴穴。
- 艮山，分金辛丑壁上土，分金與仙命相比和，富貴穴。
- 辰山，分金丙辰沙中土，分金與仙命相比和，富貴穴。
- 辰山，分金庚辰白蠟金，分金與仙命相生扶，珠寶穴。
- 巳山，分金丁巳沙中土，分金與仙命相比和，富貴穴。
- 午山，分金丙午天河水，仙命剋分金主得財，富貴穴。
- 乾山，分金庚戌釵釧金，分金與仙命相生扶，珠寶穴。
- 亥山，分金丁亥屋上土，分金與仙命相比和，富貴穴。
- 亥山，分金辛亥釵釧金，分金與仙命相生扶，珠寶穴。

仙命〔辛酉石榴木〕宜坐。……

- 子山，分金丙子澗下水，分金與仙命相生扶，珠寶穴。
- 丑山，分金丁丑澗下水，分金與仙命相生扶，珠寶穴。
- 艮山，分金丁丑澗下水，分金與仙命相生扶，珠寶穴。
- 巳山，分金丁巳沙中土，仙命剋分金主得財，富貴穴。
- 午山，分金丙午天河水，分金與仙命相生扶，珠寶穴。
- 坤山，分金辛未路傍土，仙命剋分金主得財，富貴穴。
- 戌山，分金丙戌屋上土，仙命剋分金主得財，富貴穴。
- 亥山，分金丁亥屋上土，仙命剋分金主得財，富貴穴。

仙命〔辛亥釵釧金〕宜坐。……

●子山，分金丙子澗下水，分金與仙命相生扶，珠寶穴。

●丑山，分金丁丑澗下水，分金與仙命相生扶，珠寶穴。

●艮山，分金丁丑澗下水，分金與仙命相生扶，珠寶穴。

●艮山，分金辛丑壁上土，分金與仙命相生扶，珠寶穴。

●甲山，分金庚寅松柏木，仙命剋分金主得財，富貴穴。

●乙山，分金辛卯松柏木，仙命剋分金主得財，富貴穴。

●辰山，分金丙辰沙中土，分金與仙命相生扶，珠寶穴。

●辰山，分金庚辰白蠟金，分金與仙命相比和，富貴穴。

●巽山，分金丙辰沙中土，分金與仙命相生扶，珠寶穴。

●未山，分金丁未天河水，分金與仙命相生扶，珠寶穴。

仙命〔壬子桑柘木〕宜坐。……

●丑山，分金丁丑澗下水，分金與仙命相生扶，珠寶穴。

●艮山，分金丁丑澗下水，分金與仙命相生扶，珠寶穴。

●寅山，分金丙寅爐中火，分金與仙命相生扶，珠寶穴。

●寅山，分金庚寅松柏木，分金與仙命相比和，富貴穴。

●卯山，分金丁卯爐中火，分金與仙命相刑，從權取用。

●辰山，分金丙辰沙中土，仙命剋分金主得財，富貴穴。

●巽山，分金丙辰沙中土，仙命剋分金主得財，富貴穴。

●坤山，分金辛未路傍土，仙命剋分金主得財，富貴穴。

●戌山，分金丙戌屋上土，仙命剋分金主得財，富貴穴。

仙命〔壬寅金箔金〕宜坐。……

●辰山，分金丙辰沙中土，分金與仙命相生扶，珠寶穴。
●辰山，分金庚辰白蠟金，分金與仙命相比和，富貴穴。
●巽山，分金丙辰沙中土，分金與仙命相生扶，珠寶穴。
●巽山，分金庚辰白蠟金，分金與仙命相比和，富貴穴。
●酉山，分金辛酉石榴木，仙命剋分金主得財，富貴穴。
●未山，分金丁未天河水，分金與仙命相生扶，珠寶穴。
●戌山，分金丙戌屋上土，分金與仙命相生扶，珠寶穴。

仙命〔壬辰長流水〕宜坐。……

●壬山，分金辛亥釵釧金，分金與仙命相生扶，珠寶穴。
●子山，分金丙子澗下水，分金與仙命相比和，富貴穴。
●癸山，分金丙子澗下水，分金與仙命相比和，富貴穴。
●寅山，分金丙寅爐中火，仙命剋分金主得財，富貴穴。
●寅山，分金庚寅松柏木，分金與仙命相生扶，珠寶穴。
●卯山，分金丁卯爐中火，仙命剋分金主得財，富貴穴。
●申山，分金丙申山下火，仙命剋分金主得財，富貴穴。
●酉山，分金丁酉山下火，仙命剋分金主得財，富貴穴。
●酉山，分金辛酉石榴木，分金與仙命相生扶，珠寶穴。
●乾山，分金庚戌釵釧金，分金與仙命相生扶，富貴穴。

仙命〔壬午楊柳木〕宜坐。……

- 艮山，分金辛丑壁上土，仙命剋分金主得財，富貴穴。
- 寅山，分金丙寅爐中火，分金與仙命相生扶，珠寶穴。
- 寅山，分金庚寅松柏木，分金與仙命相比和，富貴穴。
- 卯山，分金丁卯爐中火，分金與仙命相生扶，珠寶穴。
- 辰山，分金丙辰沙中土，仙命剋分金主得財，富貴穴。
- 巽山，分金丙辰沙中土，仙命剋分金主得財，富貴穴。
- 未山，分金丁未天河水，分金與仙命相生扶，珠寶穴。
- 坤山，分金辛未路傍土，仙命剋分金主得財，富貴穴。
- 戌山，分金丙戌屋上土，仙命剋分金主得財，富貴穴。

仙命〔壬申劍鋒金〕宜坐。……

- 壬山，分金辛亥釵釧金，分金與仙命相比和，富貴穴。
- 子山，分金丙子澗下水，分金與仙命相生扶，富貴穴。
- 癸山，分金丙子澗下水，分金與仙命相生扶，珠寶穴。
- 丑山，分金丁丑澗下水，分金與仙命相生扶，珠寶穴。
- 艮山，分金丁丑澗下水，分金與仙命相生扶，珠寶穴。
- 辰山，分金丙辰沙中土，分金與仙命相生扶，珠寶穴。
- 辰山，分金庚辰白蠟金，分金與仙命相比和，富貴穴。
- 巽山，分金丙辰沙中土，分金與仙命相生扶，珠寶穴。
- 酉山，分金辛酉石榴木，仙命剋分金主得財，富貴穴。

●戌山，分金丙戌屋上土，分金與仙命相生扶，珠寶穴。
●乾山，分金庚戌釵釧金，分金與仙命相比和，富貴穴。

仙命〔壬戌大海水〕宜坐。……

●寅山，分金丙寅爐中火，仙命剋分金主得財，富貴穴。
●寅山，分金庚寅松柏木，分金與仙命相生扶，珠寶穴。
●卯山，分金丁卯爐中火，仙命剋分金主得財，富貴穴。
●巽山，分金庚辰白蠟金，分金與仙命相生扶，珠寶穴。
●丙山，分金辛巳白蠟金，分金與仙命相生扶，珠寶穴。
●午山，分金丙午天河水，分金與仙命相比和，富貴穴。
●丁山，分金丙午天河水，分金與仙命相比和，富貴穴。
●申山，分金丙申山下火，仙命剋分金主得財，富貴穴。
●酉山，分金丁酉山下火，仙命剋分金主得財，富貴穴。
●酉山，分金辛酉石榴木，分金與仙命相生扶，珠寶穴。

仙命〔癸丑桑柘木〕宜坐。……

●子山，分金丙子澗下水，分金與仙命相生扶，珠寶穴。
●巳山，分金丁巳沙中土，仙命剋分金主得財，富貴穴。
●午山，分金丙午天河水，分金與仙命相生扶，珠寶穴。
●坤山，分金辛未路傍土，仙命剋分金主得財，富貴穴。
●亥山，分金丁亥屋上土，仙命剋分金主得財，富貴穴。

仙命〔癸卯金箔金〕宜坐。……

●丑山，分金丁丑澗下水，分金與仙命相生扶，珠寶穴。

●艮山，分金丁丑澗下水，分金與仙命相生扶，珠寶穴。

●艮山，分金辛丑壁上土，分金與仙命相生扶，珠寶穴。

●辰山，分金丙辰沙中土，分金與仙命相比和，富貴穴。

●辰山，分金庚辰白蠟金，分金與仙命相比和，富貴穴。

●巽山，分金丙辰沙中土，分金與仙命相生扶，珠寶穴。

●巽山，分金庚辰白蠟金，分金與仙命相比和，富貴穴。

●未山，分金丁未天河水，分金與仙命相生扶，珠寶穴。

●乾山，分金庚戌釵釧金，分金與仙命相比和，富貴穴。

●亥山，分金丁亥屋上土，分金與仙命相生扶，珠寶穴。

●亥山，分金辛亥釵釧金，分金與仙命相比和，富貴穴。

仙命〔癸巳長流水〕宜坐。……

●子山，分金丙子澗下水，分金與仙命相比和，富貴穴。

●午山，分金丙午天河水，分金與仙命相比和，富貴穴。

●山庚，分金丙申山下火，仙命剋分金主得財，富貴穴。

●庚山，分金庚申石榴木，分金與仙命相生扶，珠寶穴。

●酉山，分金丁酉山下火，仙命剋分金主得財，富貴穴。

●酉山，分金辛酉石榴木，分金與仙命相生扶，珠寶穴。

●辛山，分金丁酉山下火，仙命剋分金主得財，富貴穴。

●辛山，分金辛酉石榴木，分金與仙命相生扶，珠寶穴。

仙命〔癸未楊柳木〕宜坐。……

●子山，分金丙子澗下水，分金與仙命相生扶，珠寶穴。
●艮山，分金辛丑壁上土，仙命剋分金主得財，富貴穴。
●甲山，分金庚寅松柏木，分金與仙命相比和，富貴穴。
●卯山，分金丁卯爐中火，分金與仙命相生扶，珠寶穴。
●乙山，分金丁卯爐中火，分金與仙命相生扶，珠寶穴。
●乙山，分金辛卯松柏木，分金與仙命相比和，富貴穴。
●辰山，分金丙辰沙中土，仙命剋分金主得財，富貴穴。
●巽山，分金丙辰沙中土，仙命剋分金主得財，富貴穴。
●巳山，分金丁巳沙中土，仙命剋分金主得財，富貴穴。
●午山，分金丙午天河水，分金與仙命相生扶，珠寶穴。
●亥山，分金丁亥屋上土，仙命剋分金主得財，富貴穴。

仙命〔癸酉劍鋒金〕宜坐。……

●子山，分金丙子澗下水，分金與仙命相生扶，珠寶穴。
●丑山，分金丁丑澗下水，分金與仙命相生扶，珠寶穴。
●艮山，分金丁丑澗下水，分金與仙命相生扶，珠寶穴。
●巽山，分金庚辰白蠟金，分金與仙命相比和，富貴穴。
●未山，分金丁未天河水，分金與仙命相生扶，珠寶穴。
●坤山，分金辛未路傍土，分金與仙命相生扶，珠寶穴。
●戌山，分金丙戌屋上土，分金與仙命相生扶，珠寶穴。

●乾山，分金庚戌釵釧金，分金與仙命相比和，富貴穴。
●亥山，分金丁亥屋上土，分金與仙命相生扶，珠寶穴。
●亥山，分金辛亥釵釧金，分金與仙命相比和，富貴穴。

仙命〔癸亥大海水〕宜坐。……

●子山，分金丙子澗下水，分金與仙命相比和，富貴穴。
●甲山，分金庚寅松柏木，分金與仙命相生扶，珠寶穴。
●卯山，分金丁卯爐中火，仙命剋分金主得財，富貴穴。
●乙山，分金丁卯爐中火，仙命剋分金主得財，富貴穴。
●乙山，分金辛卯松柏木，分金與仙命相生扶，珠寶穴。
●午山，分金丙午天河水，分金與仙命相比和，富貴穴。

〔附錄：塔位層間選擇準則〕

◎層間五行以河圖五行為準。

◎仙命與層間配合的總原則：

層間五行生仙命，為〔**生氣**〕主發丁。

仙命與層間五行比合，為〔**旺氣**〕，主發財。

仙命生層間五行，為〔**退氣**〕，主損丁。

仙命剋層間五行，為〔**死氣**〕，

主發財但不利丁，且主鬥爭。

〔旁註：生病、人口不旺〕

層間五行剋仙命，為〔**殺氣**〕，損丁財，遭官非。

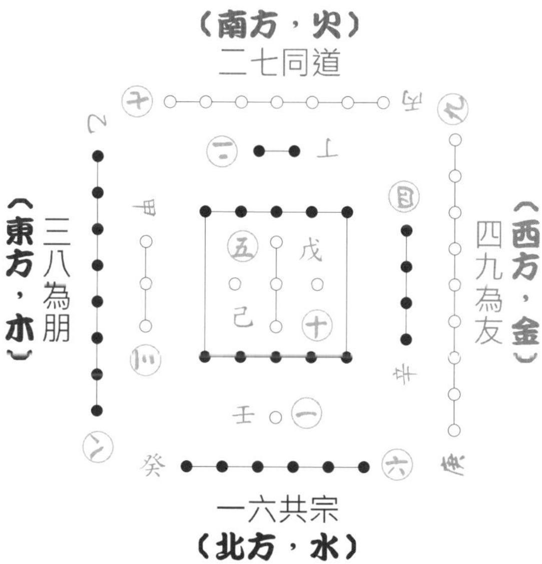

筆　記　欄：

通書擇日
神煞總覽

◎建除十二神一覽表【1/2】

月支	寅	卯	辰	巳	午	未	申	酉	戌	亥	子	丑	備註	屬性與應用領域
建日〔龍德〕〔土府〕	寅	卯	辰	巳	午	未	申	酉	戌	亥	子	丑	建除十二神煞。龍德日同位。〔土府凶日同位〕	旺日、新建 建立、開創
除日〔吉期〕	卯	辰	巳	午	未	申	酉	戌	亥	子	丑	寅	建除十二神煞。吉期日同位	除舊佈新、除霉除惡 去除、消除、清淨
滿日〔天富〕〔福德〕	辰	巳	午	未	申	酉	戌	亥	子	丑	寅	卯	建除十二神煞。天巫、天富、福德。〔天狗、土瘟〕	滿願、圓滿 滿收、滿止
平日〔天罡勾絞〕〔河魁勾絞〕	巳	午	未	申	酉	戌	亥	子	丑	寅	卯	辰	建除十二神煞。〔陽月天罡、陰月河魁〕	持平、平穩 收斂、平整
定日	午	未	申	酉	戌	亥	子	丑	寅	卯	辰	巳	建除十二神煞、三合。	決定、訂定 安定、不變
執日〔小耗〕	未	申	酉	戌	亥	子	丑	寅	卯	辰	巳	午	建除十二神煞。〔小耗凶日同位〕	執行、把握 固著不動

◎建除十二神一覽表【2/2】

月支	寅	卯	辰	巳	午	未	申	酉	戌	亥	子	丑		屬性與應用領域
破日（月破）（大耗）	申	酉	戌	亥	子	丑	寅	卯	辰	巳	午	未	建除十二神煞。（大耗）同位。	打破、破壞、不成立 突破、解放
危日	酉	戌	亥	子	丑	寅	卯	辰	巳	午	未	申	建除十二神煞	危險、危難 衡量、指標
成日（天喜）	戌	亥	子	丑	寅	卯	辰	巳	午	未	申	酉	建除十二神煞、三合。	成立、成就、成果
收日（勾絞）（八座凶日）	亥	子	丑	寅	卯	辰	巳	午	未	申	酉	戌	建除十二神煞。（陽月河魁、陰月天罡）（八座同位）	收拾、收斂、放緩 接受、收穫
開日（生氣）	子	丑	寅	卯	辰	巳	午	未	申	酉	戌	亥	建除十二神煞。生氣吉神同位	開展、開始、再生 打開、打通、開放
閉日（血支）	丑	寅	卯	辰	巳	午	未	申	酉	戌	亥	子	建除十二神煞。（血支凶日同位）	封閉收束、蘊藏不洩 關閉、停止

◎黃道吉日一覽表

月支	寅	卯	辰	巳	午	未	申	酉	戌	亥	子	丑		屬性與應用領域
青龍	子	寅	辰	午	申	戌	子	寅	辰	午	申	戌	黃道吉日	聰貴、財喜 新吉事物
明堂	丑	卯	巳	未	酉	亥	丑	卯	巳	未	酉	亥	黃道吉日。貴人星	貴人星 利於求謀
金匱（福德）（月財）	辰	午	申	戌	子	寅	辰	午	申	戌	子	寅	黃道吉日。（福德、月財吉日）同位。	福德、喜吉
天德	巳	未	酉	亥	丑	卯	巳	未	酉	亥	丑	卯	黃道吉日。寶光	上天慈慧恩典
玉堂（天成）	未	酉	亥	丑	卯	巳	未	酉	亥	丑	卯	巳	黃道吉日。天成吉神同位	豪宅、事業
司命（天府）（陽德）	戌	子	寅	辰	午	申	戌	子	寅	辰	午	申	黃道吉日，鳳輦星。天府、陽德同位	司法、壽夭 宜陽事、忌陰事

◎黑道煞日一覽表

月支	寅	卯	辰	巳	午	未	申	酉	戌	亥	子	丑		屬性與應用領域
天刑	寅	辰	午	申	戌	子	寅	辰	午	申	戌	子	黑道煞日	司法、刑訟
朱雀	卯	巳	未	酉	亥	丑	卯	巳	未	酉	亥	丑	黑道煞日	口舌官訟
白虎（天馬）	午	申	戌	子	寅	辰	午	申	戌	子	寅	辰	黑道煞日（天馬吉日同位）	血光、死喪
天牢（天岳）	申	戌	子	寅	辰	午	申	戌	子	寅	辰	午	黑道煞日。（天岳吉日同位）	陷落、難拔
玄武	酉	亥	丑	卯	巳	未	酉	亥	丑	卯	巳	未	黑道煞日	偷盜、暗昧
勾陳	亥	丑	卯	巳	未	酉	亥	丑	卯	巳	未	酉	黑道煞日	遲滯、勾纏

◎九吉三凶一覽表【1/2】

月支	益後	續世	要安	玉宇	金堂	敬安
寅	子	丑	寅	卯	辰	未
卯	午	未	申	酉	戌	丑
辰	丑	寅	卯	辰	巳	申
巳	未	申	酉	戌	亥	寅
午	寅	卯	辰	巳	午	酉
未	申	酉	戌	亥	子	卯
申	卯	辰	巳	午	未	戌
酉	酉	戌	亥	子	丑	辰
戌	辰	巳	午	未	申	亥
亥	戌	亥	子	丑	寅	巳
子	巳	午	未	申	酉	子
丑	亥	子	丑	寅	卯	午
	九吉三凶（禱祀致祭）。	九吉三凶（禱祀致祭）。	九吉三凶（禱祀致祭）。	九吉三凶（禱祀致祭）。	九吉三凶（禱祀致祭）。	九吉三凶（禱祀致祭）。
屬性與應用領域	（禱祀致祭）嫁娶、嗣續	（禱祀致祭）嫁娶、嗣續	（禱祀致祭）安撫	（禱祀致祭）豪宅、宴會	（禱祀致祭）豪宅、官貴	（禱祀致祭）恭順、敦親

◎九吉三凶一覽表【2/2】

月支	普護	福生	聖心	龍虎	罪至	受死
寅	申	酉	亥	巳	午	戌
卯	寅	卯	巳	亥	子	辰
辰	酉	戌	子	午	未	亥
巳	卯	辰	午	子	丑	巳
午	戌	亥	丑	未	申	子
未	辰	巳	未	丑	寅	午
申	亥	子	寅	申	酉	丑
酉	巳	午	申	寅	卯	未
戌	子	丑	卯	酉	戌	寅
亥	午	未	酉	卯	辰	申
子	丑	寅	辰	戌	亥	卯
丑	未	申	戌	辰	巳	酉
	九吉三凶〔禱祀致祭〕。	九吉三凶〔禱祀致祭〕。	九吉三凶〔禱祀致祭〕。	九吉三凶〔禱祀致祭〕。	九吉三凶〔禱祀致祭〕。	九吉三凶〔禱祀致祭〕。
屬性與應用領域	〔禱祀致祭〕神蔭	〔禱祀致祭〕求恩　降幅	〔禱祀致祭〕表白　祈福上告	〔祈願〕重煞　恐遭鬥爭凶事	〔祈願〕重煞　恐招罪愆凶事	〔祈願〕重煞　恐招死亡凶事

◎流年神煞一覽表

年干	歲德	歲德合
甲	甲	己
乙	庚	乙
丙	丙	辛
丁	壬	丁
戊	戊	癸
己	甲	己
庚	庚	乙
辛	丙	辛
壬	壬	丁
癸	戊	癸
屬性與應用領域	宜動土，論年論坐方	

年支	劫煞（年三殺）	災煞（年三殺）	劫煞（年三殺）	正八座日（殺師日）	年鼓輪殺
子	巳	午	巳	癸酉	丙午、辛未
丑	寅	卯	寅	甲戌	戊寅、壬辰
寅	亥	子	亥	丁亥	甲子、己亥、癸丑
卯	申	酉	申	甲子	庚申、乙酉
辰	巳	午	巳	乙丑	丙午、辛未
巳	寅	卯	寅	甲寅	戊寅、壬辰
午	亥	子	亥	丁卯	甲子、己亥、癸丑
未	申	酉	申	甲辰	庚申、乙酉
申	巳	午	巳	己巳	丙午、辛未
酉	寅	卯	寅	甲午	戊寅、壬辰
戌	亥	子	亥	丁未	甲子、己亥、癸丑
亥	申	酉	申	甲申	庚申、乙酉
屬性與應用領域	宅墳忌動，論年論坐方			地理擇日師公休日	忌鑼鼓輪鈸 忌（祈福、齋醮）

◎忌用任事煞日

月支	寅	卯	辰	巳	午	未	申	酉	戌	亥	子	丑	屬性與應用領域
日月蝕	日月蝕日【忌勿用】												〔凡事皆忌〕最凶煞
四絕日	立春前一日			立夏前一日			立秋前一日			立冬前一日			
四離日	春分前一日			夏至前一日			秋分前一日			冬至前一日			
正四廢	庚申、辛酉			壬子、癸亥			甲寅、乙卯			丙午、丁巳			
正紅紗日			丑			丑			丑			丑	
真滅沒日	初26、27、28，虛日，逢鬼金牛 初22、23、24，下弦日，逢虛日鼠 初七、初八、初九，上弦日，逢虛日鼠 初16、17，盈日，逢牛金牛 初15，望日，逢亢金龍 初一，朔日，逢角木蛟												

◎忌出行往來煞日

月支	氣往亡	往亡	歸忌
寅	立春後7日	寅	丑
卯	驚蟄後14日	巳	寅
辰	清明後21日	申	子
巳	立夏後8日	亥	丑
午	芒種後16日	卯	寅
未	小暑後24日	午	子
申	立秋後9日	酉	丑
酉	白露後18日	子	寅
戌	寒露後27日	辰	子
亥	立冬後10日	未	丑
子	大雪後20日	戌	寅
丑	小寒後30日	丑	子
屬性與應用領域	（忌出行往來）凶煞		

◎忌行喪葬陰事煞日

月支	重喪日（復日）	重日	三喪日
寅	甲	（大重凶日）巳日及亥日	辰
卯	乙		
辰	戊		
巳	丙		未
午	丁		
未	己		
申	庚		戌
酉	辛		
戌	戊		
亥	壬		丑
子	癸		
丑	己		
屬性與應用領域	通忌（神明事務） （齋醮忌用） （喪葬忌用）		

◎逐月凶煞一覽表【1/6】（祈願及神明事務）

月支	受死	龍虎	遊禍日	大退日（羅天大退）	天狗日（土瘟）（滿日）
寅	戌	巳	巳	子日逢初一	辰
卯	辰	亥	寅	未日逢初三	巳
辰	亥	午	亥	午日逢初五	午
巳	巳	子	申	酉日逢初九	未
午	子	未	巳	卯日逢十一	申
未	午	丑	寅	寅日逢十三	酉
申	丑	申	亥	丑日逢十七	戌
酉	未	寅	申	子日逢廿一	亥
戌	寅	酉	巳	戌日逢廿五	子
亥	申	卯	寅	卯日逢廿七	丑
子	卯	戌	亥	申日逢廿九	寅
丑	酉	辰	申		卯
備註	九吉三凶（禱祀致祭）。	九吉三凶（禱祀致祭）。			（滿日、天巫、天富、福德）吉神同位。
屬性與應用領域	（祈願）重煞 恐招死亡凶事	（祈願）重煞 恐招爭鬥凶事	（祈福不用）	通忌（神明事務）（開光不用）	通忌（神明事務）

◎逐月凶煞一覽表【2/6】（祈願及神明事務）

月支	天賊日	神號日	（建星虎）	帝酷殺	鼓輪殺
寅	辰	戌	逢（建除成日、三合）同位。又是天喜日	庚申 又逢初二	甲子、辛未、戊寅
卯	酉	亥		辛卯、辛亥 逢初九	乙酉、壬辰、己亥
辰	寅	子		甲戌、庚戌 逢初十	丙午、庚申、癸丑、壬辰
巳	未	丑		癸亥 又逢十一	甲子、辛未、戊寅
午	子	寅		壬子 又逢十一	乙酉、壬辰、己亥、丙午
未	巳	卯		癸丑 又逢初十	丙午、庚申、癸丑、辛未
申	戌	辰		甲寅 又逢十二	甲子、辛未、戊寅、庚申
酉	卯	巳		乙酉 又逢十三	壬辰、己亥、乙酉
戌	申	午		甲辰 又逢十三	丙午、癸丑、庚申
亥	丑	未		丁巳、己巳 逢初八	甲子、辛未、戊寅、己亥
子	午	申		丙午 又逢十五	乙酉、壬辰、己亥、甲子
丑	亥	酉		乙未、丁未 逢十三	丙午、庚申、癸丑
屬性與應用領域	忌（神明、建設）事務	通忌（神明事務）		通忌（神明事務）（祈福不用）	通忌（神明事務）（祈福不用）（齋醮不用）

◎逐月凶煞一覽表【3/6】（祈願及神明事務）

月支	寅	卯	辰	巳	午	未	申	酉	戌	亥	子	丑	屬性與應用領域
九空	辰	丑	戌	未	辰	丑	戌	未	辰	丑	戌	未	通忌（神明事務）（開光審用）
天瘟	未	戌	辰	寅	午	子	酉	申	巳	亥	丑	卯	
鬼神空座	申	申	申	寅	寅	寅	巳	巳	巳	亥	亥	亥	
地賊	丑	子	亥	戌	酉	申	未	午	巳	辰	卯	寅	
荒蕪	巳	酉	丑	申	子	辰	亥	卯	未	寅	午	戌	
獨火	巳	辰	卯	寅	丑	子	亥	戌	酉	申	未	午	
破敗	申	戌	子	寅	辰	午	申	戌	子	寅	辰	午	
神高	巳	卯	丑	亥	酉	未	巳	卯	丑	亥	酉	未	
鬼哭日	未	戌	辰	寅	午	子	酉	申	巳	亥	丑	卯	（齋醮不用）

◎逐月凶煞一覽表【4/6】（祈願及神明事務）

<table>
<tr><th>月支</th><th>寅</th><th>卯</th><th>辰</th><th>巳</th><th>午</th><th>未</th><th>申</th><th>酉</th><th>戌</th><th>亥</th><th>子</th><th>丑</th><th>屬性與應用領域</th></tr>
<tr><td>九空</td><td>辰</td><td>丑</td><td>戌</td><td>未</td><td>辰</td><td>丑</td><td>戌</td><td>未</td><td>辰</td><td>丑</td><td>戌</td><td>未</td><td>（忌出行、求財）凶煞</td></tr>
<tr><td>四忌日</td><td colspan="3">甲子</td><td colspan="3">丙子</td><td colspan="3">庚子</td><td colspan="3">壬子</td><td>通忌（出行往來求財）</td></tr>
<tr><td>四窮日</td><td colspan="3">乙亥</td><td colspan="3">丁亥</td><td colspan="3">辛亥</td><td colspan="3">癸亥</td><td>特忌（嫁娶進人口）</td></tr>
<tr><td>八專日</td><td colspan="12">甲寅　乙卯　戊戌　己未　丁未　庚申　辛酉　癸亥</td><td>特忌（婚姻、嫁娶）</td></tr>
<tr><td rowspan="2">天罡勾絞</td><td>巳</td><td>子</td><td>未</td><td>寅</td><td>酉</td><td>辰</td><td>亥</td><td>午</td><td>丑</td><td>申</td><td>卯</td><td>戌</td><td rowspan="4">特忌（婚姻、嫁娶）</td></tr>
<tr><td colspan="12">陽月，平日。陰月，收日</td></tr>
<tr><td rowspan="2">河魁勾絞</td><td>亥</td><td>午</td><td>丑</td><td>申</td><td>卯</td><td>戌</td><td>巳</td><td>子</td><td>未</td><td>寅</td><td>酉</td><td>辰</td></tr>
<tr><td colspan="12">陽月，收日。陰月，平日</td></tr>
<tr><td>土王用事</td><td colspan="12">四立（立春、立夏、立秋、立冬）前的第十八天</td><td>（忌動土興建工程）</td></tr>
</table>

◎逐月凶煞一覽表【5/6】（豎造及雜類）

月支	寅	卯	辰	巳	午	未	申	酉	戌	亥	子	丑	屬性與應用領域
天吏	酉	午	卯	子	酉	午	卯	子	酉	午	卯	子	（月建三合死地）
大時（大敗）（咸池）	卯	子	酉	午	卯	子	酉	午	卯	子	酉	午	咸池桃花敗地（月建三合沐浴地）
劫煞（月三殺）	亥	申	巳	寅	亥	申	巳	寅	亥	申	巳	寅	（月三合旺神沖前一日）
災煞（月三殺）	子	酉	午	卯	子	酉	午	卯	子	酉	午	卯	（月建三合旺神沖日）
月煞（月三殺）	丑	戌	未	辰	丑	戌	未	辰	丑	戌	未	辰	（月三合旺神沖後一日）
五墓	乙未	乙未	戊辰	丙戌	丙戌	戊辰	辛丑	辛丑	戊辰	壬辰	壬辰	戊辰	（月氣坐墓）（舉事不開展）
祿空 十惡大敗	己丑、庚辰、辛巳、壬申、癸亥 甲辰、乙巳、丙申、丁亥、戊戌（十惡大敗日）												（祿神空亡）（舉事無成、基礎敗壞）
大耗（月破）（破日）	申	酉	戌	亥	子	丑	寅	卯	辰	巳	午	未	（月破之日）（大破財、大耗神）
	（破日、月破）同位。												

◎逐月凶煞一覽表【6/6】〔豎造及雜類〕

月支	月厭日	厭對日	火星日〔忌修造等製造火星之日〕	冰消瓦陷
寅	戌	辰	◕ 甲戌、乙丑、己未、庚戌、辛丑、壬辰、癸未	巳
卯	酉	卯	○ 甲子、戊午、己酉、庚子、辛卯、壬午、癸酉	子
辰	申	寅	⊙ 丁巳、戊申、己亥、庚寅、辛巳、壬申	丑
巳	未	丑	◕ 甲戌、乙丑、己未、庚戌、辛丑、壬辰、癸未	申
午	午	子	○ 甲子、戊午、己酉、庚子、辛卯、壬午、癸酉	卯
未	巳	亥	⊙ 丁巳、戊申、己亥、庚寅、辛巳、壬申	戌
申	辰	戌	◕ 甲戌、乙丑、己未、庚戌、辛丑、壬辰、癸未	亥
酉	卯	酉	○ 甲子、戊午、己酉、庚子、辛卯、壬午、癸酉	午
戌	寅	申	⊙ 丁巳、戊申、己亥、庚寅、辛巳、壬申	未
亥	丑	未	◕ 甲戌、乙丑、己未、庚戌、辛丑、壬辰、癸未	寅
子	子	午	○ 甲子、戊午、己酉、庚子、辛卯、壬午、癸酉	酉
丑	亥	巳	⊙ 丁巳、戊申、己亥、庚寅、辛巳、壬申	辰
屬性與應用領域	通論〔月建凶日〕〔厭日不娶親〕		避免碰觸出火星引致火災〔祭拜與入宅最忌〕〔豎造工程亦忌〕	〔豎造易分崩離析〕

◎凡事皆宜之最吉神一覽表

月支	天德日	天德合	月德日	月德合	天赦日
寅	丁	壬	丙	辛	戊寅
卯			甲	己	
辰	壬	丁	壬	丁	
巳	辛	丙	庚	乙	甲午
午			丙	辛	
未	甲	己	甲	己	
申	癸	戊	壬	丁	戊申
酉			庚	乙	
戌	丙	辛	丙	辛	
亥	乙	庚	甲	己	甲子
子			壬	丁	
丑	庚	乙	庚	乙	
屬性與應用領域	〔百事無忌〕最吉神				

◎公務管理專用吉神一覽表

月支	王日	官日	相日	民日	守日	臨日
寅	寅	卯	巳	午	辰	午
卯						亥
辰						申
巳	巳	午	申	酉	未	丑
午						戌
未						卯
申	申	酉	亥	子	戌	子
酉						巳
戌						寅
亥	亥	子	寅	辰	丑	未
子						辰
丑						酉
屬性與應用領域	〔公務管理〕專用吉神 ◎最宜事業親臨任事					

◎逐月吉神一覽表【1/3】〔祈願吉福神〕

月支	寅	卯	辰	巳	午	未	申	酉	戌	亥	子	丑	備註	屬性與應用領域
天願日	乙亥	甲戌	乙酉	丙申	丁未	戊午	己巳	庚辰	辛卯	壬寅	癸丑	甲子		通宜〔向上天祈願〕
月恩日	丙	丁	庚	己	戊	辛	壬	癸	庚	乙	甲	辛		〔月建相生喜神〕
天巫〔滿日〕	辰	巳	午	未	申	酉	戌	亥	子	丑	寅	卯	〔天富、福德〕〔天狗、土瘟〕同位	通宜〔向上天祈願〕〔宜於神明醫藥之事〕
天喜日〔成日〕	戌	亥	子	丑	寅	卯	辰	巳	午	午	申	酉	〔喜神〕神號凶神同位。	通論〔當月喜神〕〔宜於喜吉之事〕
天恩日													甲子、乙丑、丙寅、丁卯、戊辰 己卯、庚辰、辛巳、壬午、癸未 己酉、庚戌、辛亥、壬子、癸丑	通宜〔向上天祈願〕

◎逐月吉神一覽表【2/3】（通用吉福神）

月支	驛馬日	天馬（白虎）		四相日	時德日	天貴日	陽德日	（司命）（天府）	陰德日
寅	申	午	（白虎黑道同位）	丙、丁	午	甲、乙	戌	與司命黃道日同位。天府吉日同位。	酉
卯	巳	申					子		未
辰	寅	戌					寅		巳
巳	亥	子		戊、己	辰	丙、丁	辰		卯
午	申	寅					午		丑
未	巳	辰					申		亥
申	寅	午		壬、癸	子	庚、辛	戌		酉
酉	亥	申					子		未
戌	申	戌					寅		巳
亥	巳	子		甲、乙	寅	壬、癸	辰		卯
子	寅	寅					午		丑
丑	亥	辰					申		亥
屬性與應用領域	通宜（出行、移徙）	通宜（出行、移徙）（注意白虎同行）		（四時五行所相生喜神）		（四時五行旺日）	通論（當月喜神）（陽德宜於陽事）（陰德宜於陰事）		

◎逐月吉神一覽表【3/3】（通用吉福神）

月支	寅	卯	辰	巳	午	未	申	酉	戌	亥	子	丑	屬性與應用領域
吉期（除日）	卯	辰	巳	午	未	申	酉	戌	亥	子	丑	寅	通論（當月喜神）〔宜於喜吉之事〕
	〔建除十二神之除日〕同位。												
福德〔金匱〕〔月財〕	辰	午	申	戌	子	寅	辰	午	申	戌	子	寅	〔黃道吉日〕〔宜於求財之事〕
	〔金匱黃道、月財吉日〕同位。												
五富日	亥	寅	巳	申	亥	寅	巳	申	亥	寅	巳	申	〔求財、收成、倉庫〕
天倉日	寅	丑	子	亥	戌	酉	申	未	午	巳	辰	卯	添倉，宜〔求財、收藏〕
解神日	申	申	戌	戌	子	子	寅	寅	辰	辰	午	午	通宜〔攘災祭解〕
除神日	申日及酉日〔除神之用等同建除十二神之除日〕												通宜〔攘災祭解〕
月空吉日	壬	庚	丙	甲	壬	庚	丙	甲	壬	庚	丙	甲	〔中空事務〕吉神

筆　記　欄：

國家圖書館出版品預行編目資料

通書擇日透析 / 劉貴編著. -- 初版. -- 臺北市 : 進源網路事業有限公司, 2024.10

面 ; 公分. -- (擇日叢書 ; 5009)

ISBN 978-986-88870-8-4 (精裝)

1.CST: 擇日

293.4 113011185

◎擇日叢書 5009

通書擇日透析

作　　者／劉　貴編著

出 版 者／進源網路事業有限公司

發 行 人／林芳伃

法律顧問／江皇樺律師

社　　址／台北市華西街61-1號

電　　話／(02)2304-2670・2304-0856・2336-5280

傳　　真／(02)2302-9249

http://www.chinyuan.com.tw

WeChatID：chinyuanbooks

LineID：@fhq0021u

E-mail：juh3344@ms46.hinet.net

郵政劃撥／台北50075331進源書局帳戶

電腦排版／旭豐數位排版有限公司

印　　刷／肯定設計印刷有限公司

出版日期／二〇二四年十月

定　　價／精裝新台幣1000元

著作權所有・翻印必究

◎本書如有缺頁破損或裝訂錯誤，請寄回本書局調換

進源

源進